Therese Fuhrer

Augustinus

W0236168

Klassische Philologie kompakt

Herausgegeben von
Martin Hose

Beratung:
Siegmar Döpp, Bernhard Zimmermann

Therese Fuhrer

Augustinus

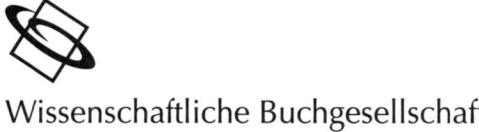

Wissenschaftliche Buchgesellschaft

Einbandgestaltung: schreiberVIS, Seeheim.

Die Deutsche Bibliothek verzeichnet diese Publikation
in der Deutschen Nationalbibliografie;
detaillierte bibliografische Daten sind im Internet über
http://dnb.ddb.de abrufbar.

Das Werk ist in allen seinen Teilen urheberrechtlich geschützt.
Jede Verwertung ist ohne Zustimmung des Verlages unzulässig.
Das gilt insbesondere für Vervielfältigungen,
Übersetzungen, Mikroverfilmungen und die Einspeicherung in
und Verarbeitung durch elektronische Systeme.

© 2004 by Wissenschaftliche Buchgesellschaft, Darmstadt
Gedruckt auf säurefreiem und alterungsbeständigem Papier
Printed in Germany

Besuchen Sie uns im Internet: www.wbg-darmstadt.de

ISBN 3-534-15768-0

Inhaltsverzeichnis

Einleitung

Die Spätantike galt in der altertumswissenschaftlichen Forschung bis vor wenigen Jahrzehnten als Verfallszeit, in welcher der Glanz der antiken Kulturen verblasst war und von den Christen erst recht verdunkelt wurde. Namentlich in der Klassischen Philologie blieb sie deshalb lange Zeit ein randständiges Gebiet, weil sich die Texte spätantiker Autoren nicht mehr vollständig der klassisch-antiken – und das heißt der heidnischen – Tradition zuordnen ließen, weil die meisten Autoren Christen waren und sich mit christlichem Gedankengut auseinandersetzten. *Christiana non leguntur* lautete – in Abwandlung des inzwischen obsolet gewordenen mittelalterlichen *Graeca non leguntur* – das Verdikt, und dies führte dazu, dass namhafte lateinisch schreibende Autoren wie Minucius Felix, Tertullian, Cyprian, Arnobius, Laktanz, Hieronymus, Augustin, Ambrosius, Prudentius, Paulinus von Nola, Sulpicius Severus, Sidonius Apollinaris, Boethius, Venantius Fortunatus usw. nur vereinzelt Gegenstand der Forschung waren und meist anderen Fachdisziplinen überlassen wurden: der Patristik, der Mittelalter-Philosophie, der lateinischen Philologie des Mittelalters. Doch warum sollte sich die Klassische Philologie einen großen Teil der Schriften, welche die abendländische Philosophie und die Theologie vom Mittelalter bis in die Moderne am nachhaltigsten geprägt haben, entgehen lassen? Es sind dies ja doch Schriften antiker, lateinisch schreibender Autoren, die einerseits einen wahren Thesaurus an antikem Bildungsgut verarbeiten und im Dienst der Vermittlung der christlichen Lehre und der Bibelexegese produktiv nutzen sowie andererseits am Prozess der Um- und Neuinterpretation der paganen Denktraditionen entscheidend mitgewirkt haben. Zudem bietet gerade der Umstand, dass diese Autoren auch Gegenstand der Forschung anderer Fachdisziplinen sind, der Latinistik die Möglichkeit der kulturwissenschaftlichen Vernetzung, die den altertumswissenschaftlichen Fächern ein Kaleidoskop von spannenden Perspektiven eröffnet.

Augustin kann – nicht zuletzt wegen der *Confessiones* – als eine der prominentesten Persönlichkeiten der Spätantike und als einer der großen Autoren der antiken Literatur gelten. Der Tübinger Historiker Udo Sautter rechnet ihn zu den „101 wichtigsten Personen der Weltgeschichte" – so der Titel eines Bandes von *Wissen in der Beck'schen Reihe* (München 2002) –, zu den „große(n) Menschen, denen die Welt gehorchte" (nach Jacob Burckhardt), den „Personen der Weltgeschichte, die jeder kennen sollte", und stellt ihn damit in eine Reihe mit Persönlichkeiten von Hammurabi bis Michail Gorbatschow, in der diachronen Darstellung zwischen Konstantin den Großen und Attila. Augustin hat hier seinen Platz wohl wegen seiner Reputation als „größter der Kirchenväter" gefunden.

In der vorliegenden Einführung in ‚Leben und Werk' soll jedoch nicht der ‚Augustin der Superlative', sondern Augustin als Figur der Spätantike und Autor eines umfangreichen Werks in lateinischer Sprache im Zentrum stehen. Angesprochen sind gemäß dem Titel der vorliegenden Reihe in erster Linie Studierende der Klassischen Philologie, insbesondere der Latinistik. Dies wirkt sich dahingehend aus, dass nicht philosophische und theologische Fragestellungen, sondern die Texte als Literatur im Vordergrund stehen sollen, insbesondere diejenigen Schriften, die sich mit der pagan-antiken Tradition und dem immer noch hauptsächlich pagan geprägten kulturellen Umfeld auseinandersetzen. Mit diesem Fokus will sich dieses Buch auch von anderen Einführungen unterscheiden, die eher ein theologisch und philosophisch interessiertes Publikum ansprechen wollen und können (vgl. Bibliographischer Anhang, 1: „Einführungen zu Person und Werk Augustins") und auch weniger den Charakter eines Lehrbuchs haben; sie sollen und können mit dem vorliegenden Buch nicht ersetzt werden. Im Hinblick auf das hier intendierte Publikum und die Funktion, Wissen in „kompakter" Form zu vermitteln, musste eine Auswahl an Themen und Werken getroffen werden, die innerhalb des Überblicks über ‚Leben und Werk' Schwerpunkte bilden sollen. Deshalb ist den Frühdialogen, den *Confessiones* und *De Civitate Dei* je ein eigenes Kapitel gewidmet, und deshalb ist der thematische Fokus auf die Fragen gerichtet, die auch in der paganen Tradition eine große Rolle spielen. Bereits in Teil A, in dem Augustins Biographie nachgezeichnet und der historische und (kirchen-)politische Hintergrund ausgeleuchtet werden sollen, ist der Blick immer wieder auf die Funktion der augustinischen Schriften in diesem Kontext und die Auswirkungen dieses Kontexts auf die augustinischen Schriften gerichtet. Historiker, Theologen und Philosophen würden wohl die Fragen anders stellen und anders lautende Antworten geben; vielleicht findet jedoch auch eine Leserin/ein Leser mit Studien- oder Forschungsschwerpunkt auf diesen Fachgebieten Interesse an dieser Darstellung.

Hinweise für die Lektüre Der didaktischen Ausrichtung der Reihe wurde in verschiedener Hinsicht Rechnung getragen:

- Die Ausführungen sind möglichst kleinteilig gegliedert; die einzelnen Kapitel oder teilweise auch Abschnitte sollten auch einzeln gelesen und verstanden werden können; Redundanzen sind deshalb bewusst in Kauf genommen worden.
- Die wichtigen Informationen sind – wenn möglich – tabellarisch aufgeführt oder in Kästchen hervorgehoben; wichtige Namen und Begriffe sind auch als Marginalien neben dem Haupttext aufgeführt, um eine schnelle Orientierung zu ermöglichen; Querverweise und ein ausführliches Register sollen demselben Ziel dienen.
- Belegstellen und wörtliche Zitate sind auf ein Minimum reduziert; längere Zitate von Textstellen finden sich nur dort, wo ein ganzer Gedankengang im Wortlaut ‚das Thema' eines Kapitels ist.
- Der bibliographische Anhang ist – wie bei einem Autor wie Augustin nicht anders zu erwarten ist – sehr umfangreich, enthält jedoch nur eine sehr begrenzte Auswahl an Einträgen. Neben den wichtigen Referenzwerken, Reihen und Zeitschriften ist unter Punkt 7 die für den Haupttext grundlegende Literatur nach Kapiteln und Abschnitten des Haupttexts gegliedert aufgeführt. Literaturverweise finden sich nur selten im Haupttext, können so aber aufgrund des bibliographischen Anhangs erschlossen werden. Häufig beschränkt sich die Auswahl auf die einschlägigen Artikel des Augustinus-Lexikons, da dort die wichtigen Thesen klar dargestellt sind und weitere Literatur zitiert wird.

– Die augustinischen Schriften werden mit ihren lateinischen Titeln zitiert; eine vollständige Liste der Werktitel mit deutscher Übersetzung findet sich in Kapitel B I 2. In Stellenangaben sowie im Register sind die Titel abgekürzt; eine Liste der Abkürzungen findet sich auf S. 177–179.

Angesichts der Masse an Informationen, die in diesen Kapiteln enthalten sind, wird man mit der Möglichkeit von Fehlern und Irrtümern rechnen müssen. Mein geschätzter Kollege Prof. Alfred Schindler (Zürich) hat mich mit seiner theologischen Fachkompetenz vor manchen missverständlichen und auch unkorrekten Formulierungen bewahrt und mir manchen wertvollen Hinweis gegeben. Meine Zürcher Mitarbeiter(innen) Samuel Zinsli, Kaspar Howald und Beate Beer haben mich bei den Korrekturarbeiten unterstützt. Für das Gedruckte und damit für alle verbleibenden Errata trage ich jedoch die alleinige Verantwortung. Andrea Malits hat das Register erstellt, Lucius Hartmann die Karten gezeichnet. Ihnen allen sei an dieser Stelle gedankt. Martin Hose danke ich für ergiebige Diskussionen im Verlauf der Arbeit an diesem Buch, das im Wesentlichen während eines Freisemesters in München entstanden ist.

A. Augustin im Diskurs der Spätantike

I. Der Diskurs der Spätantike: Personen, Themen und Tendenzen

1. Die Spätantike

Augustin steht mit seinem Wirken an der Schwelle zum Mittelalter und hat durch seine Schriften die Kirchenpolitik und Moraltheologie der folgenden Jahrhunderte entscheidend mitgeprägt. Diese Scharnierstellung und enorme Nachwirkung haben dazu geführt, dass er heute eher als streitbarer Kirchenvater und katholischer Heiliger wahrgenommen wird denn als ‚antiker Mensch', als Bürger des römischen Reichs, als Angehöriger der intellektuellen Elite am römischen Kaiserhof und im nordafrikanischen Klerus. Um dieser Tendenz entgegenzuwirken, ist es für jede Auseinandersetzung mit den augustinischen Schriften fast unabdingbar, sie vor ihrem historischen Kontext und als Produkt eines von der Antike geprägten Intellektuellen zu lesen – nicht der so genannten Klassischen Antike, sondern der Spätzeit der Antike. Als ‚Spätantike' wird in der Regel der Zeitabschnitt vom Ende des 3. bis zur zweiten Hälfte des 6. Jahrhunderts bezeichnet, um auch die Autoren mit einzuschließen, die – wie beispielsweise Boethius – in ihren Schriften noch in hohem Maß den antiken Denkmodellen verhaftet sind und sowohl formal wie inhaltlich weiter auf die antike Tradition zurückgreifen. Auch wenn sich im Verlauf des 4. und 5. Jahrhunderts und spätestens nach der Absetzung des letzten weströmischen Kaisers, Romulus Augustus (genannt Augustulus), im Jahr 476 und der Machtübernahme durch den Germanen Odoaker und später den Ostgoten Theoderich insgesamt manches geändert hatte (das politische System, die ethnische Herkunft der führenden Politiker, die Religions- und in der Folge auch die Kulturpolitik), so stellten sich die Folgen dieser Veränderungen in den verschiedenen Regionen des weströmischen Imperiums zeitlich verschoben und mit unterschiedlicher Ausprägungen ein.

Im folgenden Abschnitt soll im Hinblick auf die Ausführungen zu Augustin die Zeit von der Mitte des 4. bis in die ersten Jahrzehnte des 5. Jahrhunderts im Zentrum stehen, die zum einen die Lebensspanne Augustins umfasst und zum anderen als Blütezeit der spätantiken Kultur gelten kann. Diese ‚Endphase' der antiken Welt war für verschiedenste ihrer ‚Errungenschaften' weniger der End- als vielmehr der Kulminationspunkt: In der Reichspolitik, der Religions- und Kirchenpolitik, aber auch im Bereich der kulturellen Leistungen – der Philosophie, der Literatur, der bildenden Kunst – sind in der Spätantike Grundlagen geschaffen worden, die für die folgenden Jahrhunderte, ja mehr als ein Jahrtausend lang prägend waren. Da das römische Reich nach der so genannten ‚Reichskrise' im dritten Jahrhundert unter Diokletian in einer Weise reorganisiert wurde, die das westliche und östliche ‚Europa' in vielen Bereichen je eigene Wege gehen ließ, und da Augustin als lateinischsprachiger Autor fast ausschließlich im Wes-

Reichsreform
unter Diokletian

5

ten gewirkt hat, kann sich dieser Überblick auf die Geschichte Westroms beschränken.

Unter Konstantin wurde mit der Legalisierung der christlichen Religion (313: Toleranzedikt von Mailand) der Grundstein zur Christianisierung gelegt, was gegen Ende des 4. Jahrhunderts dazu führte, dass die christliche Lehre zur Staatsreligion erhoben und die heidnischen Kulte untersagt wurden (381 beziehungsweise 391). Doch hatte sich seit der Gründung von Konstantinopel anstelle des alten Byzantion und der getrennten Verwaltung von West- und Ostrom auch die Kirchenpolitik, die in erster Linie entweder an den Ökumenischen, das heißt West- und Ostkirche einschließenden Konzilen (oder Reichssynoden) oder an den Provinzialkonzilen (oder Provinzialsynoden), also den Versammlungen der Bischöfe einer Kirchenprovinz, definiert wurde, in West- und Ostkirche unterschiedlich entwickelt. Die Staatskirche blieb allerdings die Kirche Roms, die sich mit der Berufung auf Petrus als Urkirche bezeichnen konnte und wo seit Damasus (366–384) der römische Bischof (erst seit dem 6. Jahrhundert als *papa* bezeichnet) eine Vorrangstellung einnahm.

Christianisierung unter Konstantin

284–305	Diokletian
294	Einrichtung der Tetrarchie
303–311/13	Letzte Christenverfolgungen
306–337	Konstantin I. ‚der Große'
312	Konstantins Bekehrung
313	Toleranzedikt von Mailand
324	Gründung von Konstantinopel
325	Erstes Ökumenisches Konzil von Nicaea: Gott Sohn ist dem Vater ‚wesensgleich' (*homoousios* bzw. *consubstantialis*)
13. 11. 354	**Geburt Augustins**
361–363	Julian der Apostat (Gallien)
363	Rhetorenedikt Julians
378	Schlacht bei Adrianopel gegen die Hunnen, Niederlage und Tod des Valens
379–395	Theodosius I. (Osten)
380	Theodosius I. befiehlt im römischen Reich die Annahme des christlichen Glaubens
381	Zweites Ökumenisches Konzil von Konstantinopel (Neufassung des Nicaenums; der Heilige Geist gleichrangig → Trinitätslehre). Konzil von Aquileia unter der Leitung des Ambrosius. Die christliche Kirche wird Staatskirche; Glaubenszwang
382–384	Streit um den Victoria-Altar in der Kurie in Rom
384	Symmachus Stadtpräfekt von Rom
384–386	**Augustinus als ‚Rhetorikprofessor' (*magister rhetoricae*) am Kaiserhof in Mailand**
390	Theodosius lässt einen Krawall in Thessaloniki mit einem Blutbad rächen; Ambrosius zwingt ihn zur Kirchenbuße
391	Verbot der heidnischen Kulte
393	Letzte Feier der olympischen Spiele
394	Sieg des Theodosius über den Gegenkaiser Eugenius am Fluss Frigidus
395	Tod des Theodosius I.; Reichsteilung
396	**Augustinus Bischof von Hippo**
24. 8. 410	Einnahme und Plünderung Roms durch den Westgotenkönig Alarich
429	Überfahrt des Vandalen (Ostgermanen) Geiserich nach Afrika, Gründung des Vandalenreichs

Mai/Juni 430	Beginn der 14-monatigen Belagerung von Hippo durch die Vandalen
28. 8. 430	**Tod Augustins in Hippo**
431	Drittes Ökumenisches Konzil von Ephesos (Maria als „Gottesgebärerin")
451	Viertes Ökumenisches Konzil von Chalkedon (zwei Naturen Christi untrennbar, aber unvermischt)
455	Eroberung Roms durch die Vandalen
475–476	Romulus Augustulus, letzter Kaiser Westroms
476–493	Odoaker *rex Italiae*
493–526	Theoderich ‚der Große' *rex Italiae*
518–567	Justinian I. Kaiser Ostroms
524	Hinrichtung des Boethius
529	Justinian schließt die platonische Akademie in Athen; Benedikt von Nursia gründet das Kloster auf dem Monte Cassino

2. Spätantikes Christentum und pagane Tradition

Mit der Christianisierung des römischen Reichs einher ging die Entwicklung der christlichen Literatur in griechischer und lateinischer Sprache, deren Autoren in Auseinandersetzung mit der übermächtigen paganen Tradition auch innovativ und im Bemühen um die Konstituierung einer orthodoxen Religion ausgesprochen produktiv waren: Erhalten ist uns eine Masse von Texten christlicher Autoren in den unterschiedlichsten literarischen Formen mit einer breiten Palette von Inhalten. Die lateinische christliche Literatur erlebt eine erste Blüte im 3. Jahrhundert – aus dem auf der paganen Seite so gut wie nichts erhalten ist – durch Autoren wie Tertullian, Minucius Felix, Cyprian und am Ende Laktanz.

Erste Blüte der lateinischen christlichen Literatur (3. Jahrhundert)

Der Höhepunkt der spätantiken Literatur in beiden Sprachen ist im 4. und am Anfang des 5. Jahrhunderts anzusetzen, als die pagane Kultur auch im Bildungsgut der christlichen Römer integriert war und durch die Bemühungen einflussreicher Nicht-Christen zum Gegenstand intensiver Gelehrtentätigkeit wurde. Im lateinischen Westen kann man sogar von einer Renaissance der klassischen Texte sprechen: Vergil, Terenz, Cicero und Sallust waren die zentralen Autoren im schulischen Unterricht und somit auch Referenztexte der grammatischen und rhetorischen Lehrbücher. Damit einher gingen die rege editorische Tätigkeit, von der uns in Form der spätantiken Vergilhandschriften noch Zeugen erhalten sind, und die Kommentierung, die uns durch Überreste von Donats *Aeneis*-Kommentar im Servius Auctus und durch den Vergil-Kommentar des Servius noch fassbar ist. Ein wichtiger Faktor in dieser Renaissance waren sicher die Bemühungen eines Kreises heidnischer Intellektueller und Politiker um den römischen Stadtpräfekten Symmachus: Als Reaktion auf die wachsende Christianisierung in Bereichen der Politik, Religion und auch der Moral sollte die griechische und römische Kultur verstärkt gefördert werden. Zeugnisse dieser rückwärtsgewandten Kulturpolitik sind die Reden des Symmachus und des Ambrosius im Zusammenhang mit dem berühmten Streit um den Victoria-Altar, den Symmachus im Senat wieder aufstellen lassen wollte, sowie die sieben Bücher *Saturnalia* des Macrobius, der Lite-

Symmachus-Kreis – Streit um den Victoria-Altar

7

raten und Politiker aus dem Kreis und Symmachus, darunter auch diesen selbst und den Grammatiker und Vergil-Kommentator Servius, im Symposion miteinander über literarische, kulturhistorische, grammatikalische und ähnliche Fragen diskutieren lässt.

3. Die Literatur des 4. und 5. Jahrhunderts

Die literarische Produktion dieser Epoche geht einerseits von Autoren aus, die wie Ausonius, Ammianus Marcellinus, Rutilius Namatianus, Claudian, Symmachus, Macrobius, Martianus Capella, der Verfasser der *Historia Augusta* in lateinischer Sprache und Themistios, Libanios, Julian, Eunapios, Nonnos in griechischer Sprache die pagane Tradition ungebrochen weiterführen; andererseits vermochten es die christlichen Autoren, ein Corpus an Texten in Prosa und Dichtung zu schaffen, das sich zwar formal und teilweise auch inhaltlich an dieser Tradition orientiert, jedoch auf neue religiöse Grundlagen gestellt ist. Die christliche Poesie dieser Epoche hat vor allem in lateinischer Sprache Bemerkenswertes hervorgebracht: Bereits unter Konstantin dichtet Juvencus eine vier Bücher umfassende Evangelienparaphrase, Proba eine solche in der Form eines Vergil-Centos (= „Flickgedicht"); der Papst Damasus, der Hieronymus mit der Bibelübersetzung beauftragt, verfasst Grabepigramme auf Märtyrer; Paulinus, der Schüler des Ausonius, Bischof von Nola und Briefpartner Augustins, und der frühere römische Beamte Prudentius gießen christliche Inhalte in klassische epische und lyrische Formen; Hilarius von Poitiers und Ambrosius, der Bischof von Mailand, der Augustin getauft hat, begründen die lateinische Hymnendichtung. Diesen vor allem in formaler Hinsicht innovativen Texten steht die christliche Prosa des 4. und 5. Jahrhunderts gegenüber, die in der Auseinandersetzung mit der paganen Philosophie und den christlichen Häresien erheblich zur Konstituierung der christlichen Lehre beigetragen hat, so dass ihre Autoren in der Folge als *patres* oder ‚Kirchenväter' gelten konnten: Im griechischen Osten ist dies die Zeit der drei Kappadokier Gregor von Nyssa, Basilius und Gregor von Nazianz, des Eusebius von Caesarea und Johannes Chrysostomos; im lateinischen Westen gehören Hilarius, Ambrosius, Hieronymus von Stridon, Rufin von Aquileia und Augustin zu den bedeutendsten Prosa-Autoren. Da nach der Teilung des Reichs in Ost- und Westrom und dem Untergang des weströmischen Reichs die lateinische Tradition sich immer stärker von der griechischen löste, waren es vor allem die lateinischen Autoren, namentlich Augustin, die für die Philosophie und Theologie in Mittelalter und früher Neuzeit prägend wurden.

4. Themen (1): Orthodoxie

Die Thematik dieser Schriften ist dominiert von religionspolitischen, jedoch innerchristlichen Auseinandersetzungen. Im Zentrum stand die Frage, ob Gott Vater den Sohn geschaffen habe, wie dies die Arianer, die Anhänger des Presbyters Arius von Alexandria, vertraten, oder ob Gott Vater und Sohn von gleicher Substanz seien (*homo-ousioi*), was anlässlich des Ersten Ökumenischen Konzils in Nicaea im Jahre 325 als rechtgläubiges Dogma (das ,Nicaenum') festgelegt wurde. Aber auch der Sieg der Lehre von der Konsubstantialität (,Wesensgleichheit' von Vater und Sohn), die als Orthodoxie definiert wurde, brachte keine Einigkeit, und immer wieder bildeten sich aufgrund unterschiedlicher Auffassungen in Fragen des Gottes- oder Bibelverständnisses oder auch der religiösen Praxis verschiedene Sondermeinungen und Glaubensgemeinschaften heraus, die aus der Sicht der Vertreter des durch den Kaiser gestützten orthodoxen und damit ,katholischen', also ,(welt-)umfassenden, universalen' Glaubens als Häresien galten. Anlässlich des Zweiten Ökumenischen Konzils von Konstantinopel im Jahre 381 wurde die Wesensgleichheit von Gottvater und Gottsohn bestätigt und der Heilige Geist als gleichrangig miteinbezogen, und außer in Germanien, wo der Arianismus auch noch im 5. Jahrhundert vorherrschend blieb, setzte sich unter Theodosius I. – mit dem tatkräftigen Einsatz des Mailänder Bischofs Ambrosius – die orthodoxe Lehre durch. Im gleichen Jahr wurde die christliche Religion in dieser Form zur Staatsreligion.

Konzil von Nicaea

Zu Beginn des 5. Jahrhunderts gewannen weitere häretische Gruppen an Bedeutung. Im Westen waren dies die Anhänger des britischen Mönchs Pelagius, der um 400 in Rom wirkte; sie wandten sich gegen die Erbsündenlehre und stellten die Bedeutung der Kindertaufe in Frage; der Mensch sei aus eigener Kraft fähig, ein gutes Leben zu führen, und die Gnade Gottes sei nicht entscheidend für das Gelingen. Ihr erbittertster Gegner war Augustin, der Bischof von Hippo, der schließlich ihre Verurteilung erwirken konnte (vgl. dazu Kapitel A II 14). Der Pelagianismus wurde auf dem Dritten Ökumenischen Konzil von Ephesus im Jahr 431, ein Jahr nach Augustins Tod, nochmals – nun auch im Osten – verurteilt. Im Osten entbrannte um die gleiche Zeit der christologische Streit zwischen den Anhängern und Gegnern des Nestorius, des Patriarchen von Konstantinopel, der die Zweinaturenlehre Christi vertrat: In Jesus Christus seien eine menschliche und eine göttliche Natur unvermischt und *getrennt* vereint (,Trennungschristologie'); die Muttergottes habe allein dessen menschliche Natur geboren. Gegen ihn wandte sich Kyrill von Alexandria, der die Einheit von Gottheit und Menschheit im Inkarnierten vertrat (,Einheitschristologie') und Maria den Status der ,Gottesgebärerin', der Theotokos, erhalten wollte; damit entsprach er der aufkommenden Marienverehrung. Auf den Ökumenischen Konzilen von Ephesus (431) und Chalkedon (451) wurden Maria als Gottesgebärerin und die zwei Naturen Christi als unvermischt und (gleichzeitig) *ungetrennt* definiert.

Pelagius und Augustin

Nestorianischer Streit – Zweinaturenlehre

5. Themen (2): Neuplatonismus

Eine wichtige Rolle in der Diskussion theologischer Fragen spielte die Auseinandersetzung der christlichen Intellektuellen mit der platonischen Lehre, die durch die Lektüre einer Auswahl von Schriften Platons und der Neuplatoniker, namentlich Plotins, Porphyrios' (3. Jahrhundert) und Jamb-

Marius Victorinus

lichs (3./4. Jahrhundert), teils im griechischen Original oder in Auszügen, teils in lateinischer Übersetzung rezipiert wurde. Im lateinischen Westen lässt sich die Vermittlung der platonischen Lehre und entsprechender Schriften im besonderen mit einem Namen verbinden: Marius Victorinus, ein gefeierter Redner und Rhetorikprofessor in Rom, dem noch im Jahre 354 auf dem Trajansforum eine Ehrenstatue errichtet worden war, konvertierte etwa zwei Jahre später zum Christentum und gab, als Kaiser Julian der Apostat 362 mit dem ‚Rhetorenedikt' die Christen von der Lehrtätigkeit ausschloss, seinen Beruf auf (vgl. Aug. *conf.* 8,3–10). Er erweist sich jedoch in seinen Schriften zur Christologie und Paulus-Exegese weiterhin als Neuplatoniker, und gemäß Augustins Zeugnis in Buch 8 der *Confessiones* hat er auch lateinische Übersetzungen neuplatonischer Traktate verfertigt. Die Art und Weise seiner Konversion und seine Synthese von Elementen der neuplatonischen Lehre einerseits und der christlichen Theologie andererseits scheinen einen großen Einfluss gehabt zu haben auf die intellektuellen Christen des späten 4. Jahrhunderts. Jedenfalls scheint sich in Mailand ein Zentrum eines christlichen Neuplatonismus gebildet zu haben, dem eine Reihe prominenter ‚Mailänder' angehörte: Victorinus' Freund Simplicianus, Ambrosius'

Neuplatoniker in Mailand

Presbyter und späterer Nachfolger im Bischofsamt und auch Adressat augustinischer Schriften; Manlius Theodorus, der Adressat von Augustins Schrift *De Beata Vita*; vielleicht Calcidius, der Kommentator des platonischen *Timaios*; und selbst ein Realpolitiker wie Ambrosius, der in seinen Predigten teilweise wörtliche Übersetzungen aus Plotins Traktaten integriert. Was die christliche Philosophie im griechisch sprechenden Osten bereits ein Jahrhundert früher praktiziert hatte, wurde nun also auch im Philosophie-skeptischen lateinischen Westen nachvollzogen: Man versuchte, die christliche Lehre in den Kategorien der platonischen Lehre zu erklären und damit einem philosophisch gebildeten Publikum nahe zu bringen. Dieser so genannte ‚christliche Neuplatonismus', eine Kombination von biblischer Lehre und neuplatonischem Intellektualismus, der mit seiner Lichtmetaphorik und der Vorstellung der Reinigung der Seele auf dem Weg zur Gottesschau eine Art ‚New-Age-Religion' für die gebildete Elite bildete, hat Augustin während seines Aufenthalts in Mailand wohl entscheidend geprägt.

E

Platoniker

Die **Platoniker**, namentlich Platon, Plotin, Porphyrios und Jamblich, kommen mit ihrer Gottesvorstellung der christlichen Lehre sehr nahe: Gott ist unkörperlich und unveränderlich, der Schöpfer und Lenker der Welt und der Weltseele, der somit über jeder Seele steht, der die menschliche Seele erleuchtet und zur Gottesschau führt. Die Platoniker werden damit von den platonisierenden Christen trotz ihrer polytheistischen Lehre über diejenigen Philosophen gestellt, die eine materialistische (d. h. nicht rein geistige) Gottesvorstellung haben (wie die Stoiker und die Epikureer). Immer wieder wird betont, dass die Platoniker in vielen Bereichen mit den Christen übereinstimmten – abgesehen von dem Umstand, dass Platon das historische Ereignis der Geburt Christi nicht erlebt und also in seiner Lehre nicht berücksichtigt habe. Immerhin wurde doch die Frage diskutiert, ob nicht Platon den Propheten **Jeremias** gehört bzw. die alttestamentarischen Schriften der Propheten gelesen habe. Augustin spricht Platon sogar das Verdienst zu, neben **Moses** in *Exod.* 3,14 das Wesen Gottes als einziger ontologisch richtig erfasst zu haben (*civ.* 8,11). Geradezu als platonischer Text wurde der Prolog zum **Johannesevangelium** gelesen.

6. Themen (3): Die Heilige Schrift

Gegenstand der Diskussionen dieser Mailänder Intellektuellen war offenbar auch der für die Christen zentrale Text, die biblischen Schriften, insbesondere die paulinischen Briefe. Zeugnis davon geben zum einen die Auslegungspredigten des Mailänder Bischofs Ambrosius, zum andern Augustins *Confessiones*, in denen von der überzeugenden Wirkung der exegetischen Methoden des Ambrosius und den Gesprächen mit Simplicianus über die Bibellektüre des Marius Victorinus berichtet wird. Die Kommentierung der Heiligen Schrift bildet denn auch einen Schwerpunkt innerhalb des Corpus christlicher Texte um die Wende vom 4. zum 5. Jahrhundert. Der Kommentar zu autoritativen Texten hatte sich in der paganen Tradition seit hellenistischer Zeit als literarische Gattung konstituiert, wobei die Referenztexte neben Dichtung auch philosophische und fachwissenschaftliche (medizinische, grammatisch-rhetorische, juristische) Schriften umfassen konnten. Als erster der Kirchenväter hat Origenes die pagane Kommentar-Technik konsequent angewendet mit dem Ziel, sämtliche biblischen Bücher zu erklären. Im lateinischen Westen gehören neben den Genannten unter anderen auch Hilarius, Augustin und Hieronymus zu den Verfassern exegetischer Schriften. Hieronymus, der Schüler des Vergil-Kommentators Donat, verfertigte zudem die bis heute maßgebliche lateinische Bibelübersetzung, die verschiedene, unter dem Titel *Itala* (später *Vetus Latina*) zusammengefasste Versionen ersetzte und in der Folge *Vulgata* genannt wurde. Der prominenteste Ort der Auslegung der Heiligen Schrift war die Predigt in der Kirche, also eine in der Regel mündliche Form, die durch Mitstenographieren verschriftlicht wurde. Doch durchziehen Fragen zur Interpretation einzelner Bibelstellen auch die umfangreiche Korrespondenz eines Augustin und Hieronymus. Das Ringen um das Verständnis dieses Referenztextes scheint einen großen Teil der Diskussionen dieser Zeit bestimmt zu haben.

Ambrosius

Hieronymus

7. Konvertiten und Aussteiger

Marius Victorinus, der sich aus dem erfolgreichen Berufsleben zurückgezogen hatte und sich fortan ausschließlich philosophischen und theologischen Studien sowie der Askese widmete, wird in Augustins *Confessiones* ebenso als Vorbild herangezogen wie der Wüstenvater Antonius, der durch Athanasios' *Vita Antonii*, die in der zweiten Hälfte des 4. Jahrhunderts ins Lateinische übersetzt worden war, prominent geworden war. Die Idee des Rückzugs aus der Öffentlichkeit in die Abgeschiedenheit auf dem Land oder auch in die Wüste, die Anachorese, oder auch in eine an strengen Regeln orientierte Gemeinschaft Gleichgesinnter, das Zönobium, ist allerdings nichts singulär Christliches und orientiert sich oft auch an pythagoreischen, hermetischen und neuplatonischen Vorbildern. Tatsächlich war der Rückzug aus dem öffentlichen Leben im 4. Jahrhundert sozial durchaus akzeptiert und wurde selbst von Persönlichkeiten aus dem Hochadel wie

Anachorese und Zönobium

Paulinus von Nola oder patrizischen Asketinnen praktiziert. Augustinus selbst stellte seine Konversion und seinen eigenen Rückzug aus dem Rhetorenberuf in diese Tradition und setzte später in seiner Heimatstadt Thagaste und als Presbyter (Priester) und Bischof in Hippo die Idee solcher Askese-Gemeinschaften in die Tat um. Hieronymus zog sich nach seiner Konversion in die syrische Wüste zurück und gründete nach seinen Aufenthalten in Antiochia, Konstantinopel und Rom ein Kloster in Bethlehem, an welches sich das Frauenkloster seiner Schülerinnen Paula und Eustochium anschloss.

8. Frauenpersönlichkeiten

Nicht zuletzt ist diese letzte Phase der Spätantike eine Zeit, in der immer wieder auch Frauen eine bedeutende Rolle zugeschrieben werden kann. Im Osten sind dies Hypatia, die den alexandrinischen Philosophie-Lehrstuhl von ihrem Vater Theon übernahm, und Eudokia, die Gemahlin Theodosius' II., die Tochter des Rhetors Leontios, die nach ihrem Weggang vom Kaiserhof in Jerusalem ein asketisches Leben führte und den Kirchenbau förderte. Im Westen taten sich öfter Damen aus der römischen Oberschicht – meist Witwen wie Paula und ihre Tochter Eustochium, die jüngere Melania aus dem Senatorengeschlecht der Valerier – dadurch hervor, dass sie ihr Vermögen und ihr Leben dem christlichen Glauben verschrieben; dieses Leben bot ihnen die Möglichkeit, eine hohe Bildung zu erlangen und soziale Unabhängigkeit zu bewahren. Einige taten sich als Autorinnen hervor wie die römische Dame Faltonia Proba mit ihrem Lobgedicht auf das Leben Christi aus Vergilversen, dem *Cento Probae*, oder die Pilgerin Egeria, die mit ihrer Schrift *Peregrinatio ad loca sancta* („Pilgerreise ins Heilige Land") in einem einfachen, fast kolloquialen, aber sehr lebhaften Stil um 400 ihre Erlebnisse auf einer Reise in den Nahen Osten, nach Jerusalem und Konstantinopel, beschreibt, wobei sie auch in der Wüste unterwegs ist, auf Eremiten trifft und an religiösen Zeremonien teilnimmt. Eine der berühmten weiblichen Gestalten der Spätantike ist auch Monnica, die Mutter Augustins, die eine katholische Heilige geworden ist: Sie spielt in Augustins *Confessiones* und den Frühschriften die Rolle der einfachen, aber intuitiv stets dem christlichen Glauben gemäß handelnden und redenden Frau, die im Leben ihres impulsiven, ehrgeizigen und suchenden Sohnes einerseits das mäßigende Korrektiv bildet und andererseits mit ihrem naiven Glauben auch den Beweis erbringt, dass die höchste Erkenntnis, die Gotteserkenntnis, nicht allein den Gebildeten und Intellektuellen vorbehalten ist und – so in der berühmten Vision von Ostia (vgl. dazu Kapitel B IV 2) – dass auch eine einfache Frau die Schau des Lichts im platonischen Sinn erlangen kann.

(Randnotiz) Monnica

9. Der spätantike Diskurs

Die zahlreichen schriftlichen, aber auch baulichen Zeugnisse, die uns heute zur Verfügung stehen, um die Geschichte und Kultur der Spätantike zu erforschen, ergeben das Bild einer zunehmend internationalisierten Gesellschaft, in der die sozialen Teilsysteme ‚Politik', ‚Religion', ‚Familie', ‚Bildungsinstitutionen', ‚Literatur', ‚Philosophie' usw. einen hohen Grad an Komplexität erreicht haben. Zu der Komplexität trägt weiter bei, dass weder innerhalb dieser Teilsysteme und noch weniger im ganzen Sozialsystem ‚Spätantike' strikt zwischen Christen und Nicht-Christen, Römern und ‚Barbaren' getrennt werden kann; vielmehr sind die Grenzen oft schwer zu ziehen, da alle Gruppen an allen Teilsystemen partizipiert haben. Da im Folgenden die sprachlichen Zeugnisse im Vordergrund stehen sollen, kann anstelle von ‚System' auch von ‚Diskurs' gesprochen werden, wobei unter dem Terminus ‚Diskurs' jede thematisch relevante Äußerung in mündlicher und schriftlicher Ausdrucksform sowie die entsprechenden Äußerungszusammenhänge und -folgen verstanden werden sollen: Der spätantike Diskurs präsentiert sich uns in der Form einer Masse von Texten, die wir nach verschiedenen Literaturgattungen einteilen – vom persönlichen Brief bis zum inhaltlich und formal ausgefeilten und höchst anspruchsvollen philosophischen oder theologischen Traktat –, mit einer thematischen Breite, wie wir sie in keiner anderen Epoche der antiken Kultur vorfinden.

Mit seinen zahlreichen und bereits in seiner Zeit viel gelesenen und wirkungsmächtigen Schriften hat nicht zuletzt Augustin einen maßgeblichen Beitrag zur Blüte der spätantiken Kultur geleistet, der Intellektuelle, der Rhetorikprofessor, der spätere Bischof, der bereits im 5. Jahrhundert als ‚Kirchenvater', das heißt als Autorität für die richtige Lehre der christlichen Kirche, angesprochen wurde.

II. Leben: ‚Dichtung und Wahrheit'

1. Die Quellenlage

Im Vergleich mit der Quellenlage zu anderen antiken Autoren ist uns im Fall Augustins eine Fülle von biographischen Daten überliefert. Allerdings stammen diese Informationen, wie dies für die meisten antiken Autoren der Fall ist, zum größeren Teil aus den eigenen Schriften, sind also Selbstzeugnisse. Allein die *Confessiones* sind eine Fundgrube für Informationen zu Herkunft, Ausbildung, beruflichem und intellektuellem Werdegang für die ersten 32½ Jahre von Augustins Leben, auch wenn die Persönlichkeit, die in dieser Schrift entworfen wird, nicht unbedingt als historisch gelten kann (vgl. dazu Kapitel A II 3). Augustins Schüler und treuer Gefolgsmann Possidius, der Bischof von Calama (Numidien), verfasste wohl im Jahre 431 – also kurz nach Augustins Tod – eine Biographie (*Vita Augustini*), die im Wesentlichen die *Confessiones* fortsetzt, das Schwergewicht also auf die weiteren 43 Lebensjahre legt: In Possidius' Darstellung ist Augustin das Modell eines Bischofs, der sich gegen eine Reihe von Häretikern für den rechten Glauben und für seine Schutzbefohlenen unermüdlich einsetzt. Auch in diesem Text ist also vieles stilisiert und deshalb mit Vorsicht zu lesen. Einen hohen dokumentarischen Wert haben Augustins Briefe und Predigten, die Aussagen erlauben über das soziale und politische Umfeld und die Aktivitäten des Priesters und Bischofs und auch zahlreiche chronologische Anhaltspunkte geben. Doch auch diese Textcorpora sind teilweise noch durch Augustin und nach dessen Tod durch Possidius sowie später durch andere redaktionell überarbeitet worden. Dass also auch hier Vorsicht geboten ist, wenn es gilt, ein möglichst historisches Bild von Augustin als Kleriker zu zeichnen, zeigt sich nach Entdeckung von 27 neuen Briefen durch Johannes Divjak im Jahr 1975 und von 26 zuvor höchstens in Auszügen bekannten Predigten durch François Dolbeau im Jahr 1990 in einer Handschrift der Mainzer Stadtbibliothek: Hier wird ein Augustin sichtbar, dessen Autorität nicht immer unumstritten war und dessen Position in moraltheologischen Fragen auch verhältnismäßig liberal sein kann, so dass der Augustin-Biograph Peter Brown vermutet, diese Dokumente seien im Mittelalter nicht zuletzt deswegen nur selten abgeschrieben und später nie gedruckt worden. Grundlegend für die Chronologie der augustinischen Schriften sind die *Retractationes*, in denen der alte Augustin die ihm vorliegenden Texte aus der eigenen Feder in der Reihenfolge ihrer Entstehung kommentiert. Possidius fertigte nach Augustins Tod aufgrund seiner Recherchen im Kirchenarchiv in Hippo eine Liste der Schriften an (den *Indiculus* oder das *Indiculum*), in der er – im Gegensatz zu Augustin in den *Retractationes* – auch dessen Briefe und Predigten verzeichnete. Diese Liste ermöglichte nicht nur das Ausscheiden einer Reihe von pseudoaugustinischen Schriften, sondern auch die Identifizierung der genannten Neufunde.

2. Curriculum Vitae Augustini

So präsentiert sich uns Augustins Biographie als Konstrukt aufgrund einer Reihe heterogener Quellen. Genaue biographische Daten zu Augustin, wie sie nach heutigem Verständnis für einen Lebenslauf von Bedeutung sind, lassen sich aus den uns zur Verfügung stehenden Texten teilweise nur schwer erschließen. Dies gilt zum einen für die Personalia der Familie und zum anderen für die Chronologie bestimmter Ereignisse oder auch der Schriften. Die Jahreszahlen der folgenden Tabelle sind demnach teilweise spekulativ und auch umstritten; sie stützen sich im Allgemeinen auf die *communis opinio* der Augustin-Forschung, in besonderen Punkten auf neueste Untersuchungen (Hombert, Vössing).

Name	Aurelius Augustinus. Das Gentilnomen Aurelius ist erst bei dem Historiker Orosius, einem Schüler Augustins, belegt (*apol.* 1,4). Das Pränomen ist nicht bekannt (für diese Zeit nicht ungewöhnlich)
Eltern	Patricius († 372), städtischer Beamter (*curialis*) in der Kleinstadt Thagaste, und Monnica († 387), eventuell berberischer Abstammung
Geschwister	Jüngerer Bruder Navigius, eine Schwester, eventuell andere Geschwister
Sohn	Adeodatus (372–390)
13. 11. 354	Geburt in **Thagaste** in Nordafrika (Numidien; heute Souk Ahras in Algerien) Elementarschul- und Grammatikunterricht in Thagaste
ca. 369–370	Grammatik- und Rhetorikunterricht in **Madaura**
370	1-jährige Unterbrechung der Ausbildung wegen Geldmangels, Rückkehr nach Thagaste (im Alter von 16 Jahren)
370–ca. 373	Rhetorikstudium in **Karthago**
373	Lektüre von Ciceros *Hortensius*; Hinwendung zum Manichäismus
ca. 373–ca. 375	mit 18 Jahren: Grammatiklehrer in **Thagaste**
ca. 375–383	mit 20 Jahren: Rhetoriklehrer in **Karthago**
382	Begegnung mit dem Manichäerbischof Faustus
383–384	mit 28 Jahren: Rhetoriklehrer in **Rom**
384–386	mit 29 Jahren: Rhetorikprofessor (*rhetoricae magister*) am kaiserlichen Hof in **Mailand**; Begegnung mit Ambrosius und Lektüre neuplatonischer Schriften
Aug. 386	Konversionserlebnis in einem Mailänder Garten (*tolle, lege*); Rückzug nach Cassiciacum; Entstehung der Frühdialoge
Januar/Februar 387	Rückkehr nach Mailand
24./25. 4. 387	Osternacht: Taufe in Mailand, zusammen mit Alypius und Adeodatus
Herbst 387	Rückkehr nach Africa geplant; ‚Vision von Ostia'; Tod der Mutter in der Hafenstadt **Ostia** im Alter von 55 Jahren
Winter 387/388	Aufenthalt in **Rom**; erste antimanichäische Schriften
Herbst 388	Rückkehr über Karthago nach **Thagaste**; Gründung einer religiösen Gemeinschaft; weitere antimanichäische Schriften; Projekt der *Disciplinarum Libri* begonnen
390	Tod des Sohnes Adeodatus (17 Jahre)

Januar 391	Reise nach **Hippo Regius** (heute Annaba in Algerien); Weihung zum Presbyter (Priester) unter Bischof Valerius
ab 391	Klösterliches Leben in Hippo; weitere antimanichäische Schriften
8. 10. 393	Eröffnungsrede am Konzil von Hippo unter Bischof Aurelius von Karthago; seither Predigttätigkeit
393–395	Beginn der Auseinandersetzung mit dem Donatismus; erste antidonatistische Schriften; Bibelkommentare
395	mit 44 Jahren: Weihe zum Hilfsbischof von Hippo neben Valerius; Entwurf der Gnadenlehre
ab 396	Alleiniger Bischof von Hippo
ab 397	Kampf gegen die Donatisten; weitere antidonatistische Schriften
397–ca. 401	Entstehung der *Confessiones*
Juni 411	*Conlatio Carthaginiensis*: Religionsgespräch in Karthago mit ca. 560 römisch-katholischen und donatistischen Bischöfen; Richterspruch gegen die Donatisten durch den kaiserlichen Beamten Marcellinus
ab ca. 411	Beginn der Auseinandersetzung mit dem Pelagianismus; antipelagianische Schriften
ab ca. 412	Arbeit an *De Civitate Dei* als Antwort auf die antichristliche Polemik nach der Eroberung Roms durch Alarich (24. 8. 410)
417 und 418	Verurteilung von Pelagius und dessen Schüler Caelestius auf Betreiben Augustins
ab 418	Auseinandersetzung mit dem Pelagianer Julian von Aeclanum
Ende 20-er Jahre	Auseinandersetzung mit den ‚Semipelagianern‘ und dem Arianerbischof Maximinus
26. 9. 426	Augustinus lässt den Presbyter Eraclius zu seinem Nachfolger wählen
ab 426	Revision der publizierten Schriften in den *Retractationes*
Mai/Juni 430	Eindringen der Vandalen nach Nordafrika, Beginn der Belagerung von Hippo
28. 8. 430	Tod Augustins (75 Jahre) im belagerten Hippo

3. Der dokumentarische Wert der *Confessiones*

Die ersten neun Bücher der *Confessiones* berichten in Form einer Ich-Erzählung von den emotionalen, intellektuellen und religiösen Erfahrungen des Protagonisten ‚Augustin‘ vom Kleinkindalter bis zum 33. Lebensjahr. Die *Confessiones* sind für diese Zeit die wichtigste Quelle zur Biographie ihres Autors, des historischen Augustin, auch wenn sie zum einen nicht als solche intendiert sind und zum anderen die idiosynkratische Sicht des Bischofs von Hippo in den Jahren ab 397 auf die Zeit von 354 bis 387 wiedergeben. Denn der Eindruck, den uns der Text von Augustins Leben in diesem Zeitabschnitt vermittelt, ist bestimmt durch die Art und Weise, wie die einzelnen Erlebnisse und Fakten kommentiert sind, und die Kommentierung durchzieht alle neun Bücher in Form von Anreden an Gott, welche die Erzählung immer wieder durchbrechen: Sie markieren den Bericht als *confessiones* im Sinne eines ‚Bekenntnisses‘ der eigenen Fehltritte und Schwächen einerseits, als ‚Glaubensbekenntnis‘ und als

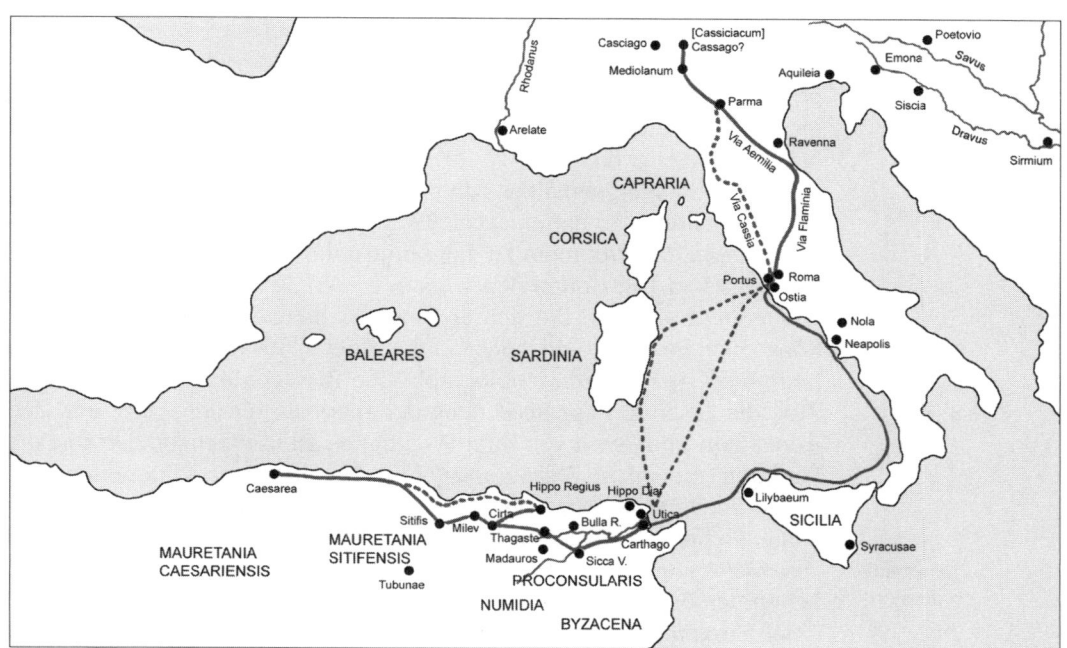

●   Orte, für die Augustins Anwesenheit bezeugt ist
[ ]   nicht mit Sicherheit identifizierbare Orte
——— Routen, die Augustin mit hoher Wahrscheinlichkeit bereist hat
- - - - Routen, die Augustin vermutlich bereist hat

Reisewege Augustins
in Italien

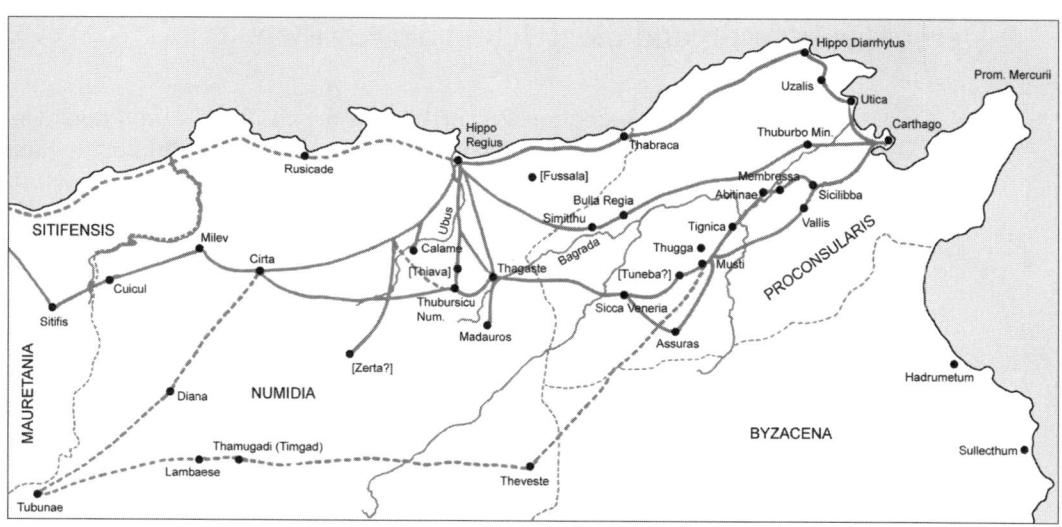

●   Orte, für die Augustins Anwesenheit bezeugt ist
[ ]   nicht mit Sicherheit identifizierbare Orte
——— Routen, die Augustin mit hoher Wahrscheinlichkeit bereist hat
- - - - Routen, die Augustin vermutlich bereist hat
·········· Grenzen der Kirchenprovinzen

Reisewege Augustins
in den Provinzen
Numidia und Africa
Proconsularis

Zeichnungen nach O. Perler, *Les voyages de saint Augustin* (Paris 1969).

‚Lob' Gottes andererseits. Die Erzählung der einzelnen Begebenheiten dient also diesem Ziel und will somit nicht umfassend sein. Die Biographie der ersten 32 Lebensjahre des Bischofs von Hippo wird als Weg eines Menschen zu Gott dargestellt und im Hinblick darauf kommentiert (vgl. dazu Kapitel B IV).

Nicht viel anders verhält es sich mit den autobiographischen Angaben in anderen Schriften zu diesen ersten 32 Lebensjahren, namentlich den Frühschriften. In den Proömien zu den philosophischen Dialogen (besonders *De Beata Vita* 1,4; *Contra Academicos* 2,3–5), in der Schrift *De Utilitate Credendi* (2 und 20), die sich an einen Manichäer wendet und ihn zur Konversion bewegen will, sowie in den Briefen aus der Zeit der achtziger Jahre (*epp.* 1–14) sind autobiographische Passagen eingestreut mit dem Ziel, die Leser von der Bedeutung der Thematik für den Autor und den Adressaten und damit von ihrer Wichtigkeit zu überzeugen. Dies ist die Funktion, die solche Selbstaussagen in der Literatur traditionellerweise haben. Auch diese Texte, die wegen ihrer chronologischen Priorität oft für authentischere Quellen gehalten werden als die *Confessiones* und etwa als „premières confessions" bezeichnet werden, haben also nicht das Ziel, das Leben des Autors zu dokumentieren. Einen dokumentarischen Wert für einen Biographen dieser Lebensphase Augustins können diese Aussagen nur dann haben, wenn man sie in ihrem Funktionszusammenhang liest und sich zugleich der Selektivität und damit Lückenhaftigkeit der Informationen bewusst bleibt.

„Premières confessions" (Randnotiz)

4. Der junge Augustin und die Religion der Christen

Auch wenn die Rezeptionsgeschichte uns in schriftlichen und noch viel mehr auf bildlichen Darstellungen von Augustin klar das Bild eines gläubigen Christen vermittelt, so ist diese Identifikation dennoch nicht selbstverständlich: Gerade der Zeitabschnitt seines Lebens, den die autobiographischen Bücher der *Confessiones* umfassen, fällt in eine Phase der Geschichte der Christen, in der vieles noch im Fluss war und der ‚Sieg des Christentums' noch nicht vollständig gesichert war. Augustin wurde unter Kaiser Konstantius II. geboren, dem Sohn Konstantins, der die nicht-christlichen Kulte offensiv bekämpfte; unter ihm kam es zu Plünderungen paganer Heiligtümer durch fanatische Christen. Doch gab es durchaus auch Gegenbewegungen, mit denen Konstantius' Neffe und Mitkaiser seit 360, Julian der Apostat (der ‚Abtrünnige'), sympathisierte, der sich schließlich durchsetzte und für kurze Zeit die Alleinherrschaft gewann (361–363). Unter ihm lebten diejenigen Kreise wieder auf, die ihre Überlegenheit über die Christen mit der Berufung auf ihre traditionelle Bildung begründeten, und im Zuge dieser Ideologie erließ Julian das berühmte Rhetorenedikt, das den Christen die Ausübung des Lehrberufs untersagte, um ihnen den Zugang zum Potential der Bildung zu verwehren. Allerdings betrieben die nachfolgenden Kaiser, Valentinian I. und Valens, wiederum die Politik der religiösen Toleranz Konstantins. Erst unter Gratian (375–383), Valentinian II. (375–392) und Theodosius I. (379–395) wurden die Heiden konsequent aus den Machtpositionen verdrängt. Im Jahr 381 erhob das Zweite Ökumenische Konzil von Konstantinopel die christliche Kirche zur Staatskirche, und 391 wurde ein kaiserliches Verbot gegen die heidnischen Kulte ausgesprochen. Nicht ohne Einfluss auf diese Entwicklung war Ambrosius, der Bischof von Mailand und auch gleichsam geistliche Minister am Kaiserhof, auf dessen Betreiben hin die arianischen Mitglieder der Kaiserfamilie, namentlich die Kaisermutter Justina, die den Arianer Auxentius als Gegenbischof eingesetzt hatte, an Einfluss verloren und im Jahr 384 Valentinian II. – gegen den Willen der heidnischen Opposition unter Symmachus – den Victoria-Altar im Senatssaal nicht wieder aufstellen ließ.

Ambrosius
als Kirchenpolitiker

Der junge Augustin lebte also in einer Zeit, in der ein römischer Bürger, zumal ein junger Intellektueller, noch kein ungebrochenes Verhältnis zur christlichen Religion haben konnte. Dies widerspiegelt sich auch in der Konfession seiner Eltern: Die Mutter Monnica wird als überzeugte und fromme Christin geschildert, die zum lokalen Klerus Thagastes einen engen Kontakt pflegte (*conf.* 3,21), der Vater Patricius hingegen als Nicht-Christ, der erst ins Katechumenat übertrat (die Taufe anstrebte), als Augustin 17 Jahre alt war (*conf.* 2,6). Nach Augustins Aussagen wurde er selbst von Anfang an christlich erzogen: Er wurde – wie er sagt – mit dem „Salz des Kreuzes gewürzt, kaum hatte er den Mutterschoß verlassen" (*conf.* 1,17), die christliche Religion war ihm „von Kind an eingepflanzt" (*util. cred.* 2; *Acad.* 2,5); als er einmal todkrank war, wurde die Taufe vorbereitet, die ihm jedoch die Mutter nach der Genesung nicht geben lassen wollte, da sie die Zeit noch nicht gekommen sah (*conf.* 1,17f.).

Augustins Eltern

Während seiner Ausbildung, die traditionsgemäß an paganen Texten und Methoden orientiert war, interessierte sich der 17-jährige Student immerhin auch für den Bibeltext – allerdings nicht aus Frömmigkeit, sondern in der Folge einer intensiven Auseinandersetzung mit Ciceros *Hortensius*, der als Protreptikos die Hinwendung zu einem von der Philosophie geleiteten Leben empfiehlt. Mit diesem berühmten Ereignis der *Hortensius*-Lektüre wird in den *Confessiones* ein Punkt signalisiert, an dem der junge Augustin ohne Umwege zu dem hätte werden können, was er erst 13 Jahre später geworden ist: zu einem Christen nicht nur dem Namen nach, sondern auch in seiner moralischen und geistigen Ausrichtung auf der Grundlage der Lehre der biblischen Schriften. Dass dies nicht gleich so gekommen ist, wird damit begründet, dass die Bibel den sprachbegabten und rhetorisch geschulten Studenten stilistisch und auch inhaltlich nicht zufrieden zu stellen vermochte. Doch andererseits war auch das politische und intellektuelle Umfeld am Anfang der siebziger Jahre des 4. Jahrhunderts ein entscheidender Faktor: Nicht nur war – nach der Darstellung der *Confessiones* – der Mensch Augustin noch nicht reif für den orthodoxen christlichen Glauben, vielmehr legten auch Zeit, Ort und Diskurs ihm diesen nicht nahe: Vor Anfang der achtziger Jahre des 4. Jahrhunderts hatte sich die orthodoxe nizänische Lehre selbst auf der höchsten politischen Ebene noch nicht durchgesetzt, es bestand also durchaus ein gewisser Pluralismus der Meinungsgruppen innerhalb des Christentums. Und auch wenn die höheren politischen Ämter bereits vorwiegend von Christen besetzt waren, so

Ciceros *Hortensius*
und Bibellektüre

wurde ihre Lehre erst in dieser Zeit (381) zur Staatsreligion; dies verhinderte nicht, dass weitere zehn Jahre lang die heidnischen Kulte bestehen bleiben, ja sogar versuchsweise reaktiviert werden konnten, wie der Streit um den Victoria-Altar zeigt. Noch nach dem kaiserlichen Verbot der heidnischen Kulte (391) wurde auf Betreiben des Symmachus im Jahr 392 unter Valentinian II. der Victoria-Altar erneut in die römische Kurie gebracht, bis Theodosius I. ihn 394 endgültig entfernte. Im Jahr 393 wurden immer noch Olympische Spiele zu Ehren des Zeus gefeiert, und 399, als Augustin bereits Bischof war, musste in Africa die Schließung heidnischer Tempel durch kaiserliche Beamte angeordnet werden. Als 410 Rom von den Westgoten geplündert wurde, stürzte das christliche Rom in eine tiefe Krise, die Augustin veranlasste, im ersten Teil von *De Civitate Dei* die Wirkungslosigkeit der paganen Götter unter Beweis stellen zu wollen. Und immerhin konnte um die Wende vom 4. zum 5. Jahrhundert eine Reihe paganer Schriften wie die *Saturnalia* und der Kommentar zu Ciceros *Somnium Scipionis* des Macrobius oder *De Nuptiis Philologiae et Mercurii* des Martianus Capella entstehen, in denen die heidnische Bildung noch einmal in ihrer ganzen Breite präsentiert wird.

Weder war also das Christentum gegenüber dem Heidentum souverän, noch war die christliche Kirche in sich gefestigt und eine Einheit. Augustin erhielt möglicherweise erst in Rom, wo während seines Aufenthalts um den Victoria-Altar gestritten wurde und Hieronymus als Sekretär des Papstes Damasus wirkte, Kenntnis von den theologischen Auseinandersetzungen der christlichen Kirche. Als er im Jahr 384 in Mailand seine Stelle am Hof antrat, begegnete er persönlich dem ‚Sieger‘ in diesem Streit, der damals auf höchster politischer Ebene für die Orthodoxie kämpfte: Ambrosius, der ihn ins Bibelstudium einführte und ihm wohl auch die orthodoxe christliche Lehre explizierte. Denn offenbar stand es für Augustin, als er sich um die Taufe bewarb und damit den Status eines ‚Katechumenen‘ annahm, außer Frage, dass er den orthodoxen Glauben (die *catholica fides*) annehmen würde. Wenn also Augustin während der ersten dreißig Jahre seines Lebens der christlichen Religion mit einer gewissen Skepsis gegenüberstand, so kann eine solche Haltung für genau diese Phase in der Geschichte der christlichen Orthodoxie als typisch gelten. Vielleicht ist es auch bezeichnend, dass – nach den Aussagen in den *Confessiones* – erst eine kirchliche und auch politische Autorität wie Ambrosius bewirken konnte, dass sich der junge Intellektuelle auf die Religion festlegte, mit der ihn zwar die Mutter erzogen hatte, die aber noch keineswegs als ‚katholisch‘ im Sinn von ‚(welt-)umfassend, universal‘ gelten konnte.

catholica fides

5. Augustin und die Manichäer

So ist es nicht in dem Sinn, wie es die *Confessiones* darstellen, erstaunlich, dass sich der junge Augustin nach der ‚Konversion‘ infolge der *Hortensius*-Lektüre um das Jahr 373 der Gemeinschaft der Manichäer anschloss, die in dieser Zeit im ganzen römischen Reich verbreitet war, auch wenn sie wiederholt durch kaiserliche Edikte (297, 327, 379) verboten worden war.

Manichäer

In Anlehnung an die persisch-zoroastrischen Lehren des Religionsstifters **Mani** (3. Jahrhundert n. Chr.) bot der Manichäismus mit seiner dualistischen Lehre eine rationalistische Erklärung der Welt: ihrer Entstehung und des Wirkens göttlicher Kräfte in ihr, die sich in Form von Licht und Finsternis, Gut und Böse manifestieren und gegeneinander kämpfen. Dabei ist das Weltbild materialistisch, d. h. die Manichäer fassen das Stoffliche als das allein Wirkliche auf; das gute und das böse Prinzip wirken durch die Licht- und Finsternisteile in der Körperwelt (auch in den Gestirnen, weshalb Astronomie und Astrologie eine wichtige Rolle spielen). Der Manichäismus ist insofern eine gnostische Religion, als sie von einer universalen Verderbnis der Menschen ausgeht, aus der sie nur durch die göttliche Erlösung in Form der Erkenntnis (‚Gnosis') herausfinden können. Bereits in der im so genannten **Kölner Mani-Kodex** fassbaren Lehre, vor allem aber im Manichäismus in Nordafrika und im Westen des Reiches waren auch christliche Elemente integriert, namentlich aus den paulinischen Schriften; das Alte Testament, zumal der Schöpfungsbericht der Genesis, wurde jedoch verworfen. Kritik übten die Manichäer auch am christlichen Postulat des Glaubens, der sich auf die Autorität der Bibel stützt, dem sie die vernunftbegründete Einsicht in ihre eigenen, wissenschaftlich abgesicherten Lehren gegenüberstellten.

Die Religion breitete sich nach ihrer Begründung durch Mani sehr schnell aus und wurde zu einer **Weltreligion**, die insbesondere unter – christlichen und nicht-christlichen – römischen Intellektuellen große Akzeptanz fand. Ihre Anhänger schieden sich in ‚Auserwählte' (*electi*), die ein streng asketisches Leben führten, und ‚Hörer' oder Laien (*auditores*). Augustin behielt nach eigenen Aussagen neun Jahre lang den Status eines *auditor*.

Die *Confessiones* stellen Augustins Hinwendung zum Manichäismus als Folge der *Hortensius*- und der missglückten Bibellektüre dar, so dass der Eindruck entstehen muss, als ob der junge Student nach einer religiösen Heimat gesucht hätte, die ihm die christliche Religion seiner Mutter nicht bieten konnte, da sie den Maßstäben der paganen Philosophie nicht genügen konnte: Weder war sie eine Anleitung zum asketischen Leben des Philosophen, wie es in Ciceros *Hortensius* offenbar skizziert wird, noch vermochten ihre Schriften dem Vergleich mit einem ciceronischen Dialog standzuhalten. Die manichäische Lehre bot nun die Möglichkeit eines Kompromisses, da sie philosophisch-rationalistische und christliche Elemente vereinigte. Die Kritik am alttestamentarischen Schöpfungsbericht scheint einen wesentlichen Teil des manichäischen Diskurses bestimmt zu haben. Hinzu kommt, dass die Manichäer die Schriften des Neuen Testaments in ihre Lehre mit einbezogen – wenn sie auch einige von ihnen als jüdische Fälschungen bezeichneten – und eine eigene Christologie entwickelten (vgl. *conf.* 5,20f.). Angesichts der Tatsache, dass diese religiöse Gemeinschaft trotz kaiserlichen Verboten im ganzen Reich verbreitet war und ihre eigenen Bischöfe hatte, und angesichts des Umstands, dass laut Bericht der *Confessiones* Augustin in seiner Ausbildung und beruflichen Karriere sowohl in der Provinzstadt Thagaste wie auch in Rom von bekennenden Manichäern gefördert wurde, liegt zudem die Vermutung nahe, dass nicht nur die Suche nach der religiösen Heimat, sondern auch existentielle Gründe diese Anhängerschaft motivierten (vgl. *util. cred.* 2): In Thagaste erhielt Augustins Familie finanzielle Unterstützung für die Ausbildung des begabten Sohnes von einem Magnaten der Stadt namens Romanianus, der Manichäer war (*Acad.* 2,3). Später erscheint Romanianus'

Manichäische
Freunde

21

Name in der Widmung der Schrift *Contra Academicos*; sein Sohn spielt in diesem Dialog sowie in den zwei Dialogen *De Beata Vita* und *De Ordine* die Rolle eines Schülers des bekehrten Augustin. Derselbe Romanianus, den geschäftliche Schwierigkeiten dazu veranlasst hatten, zu Augustin nach Mailand zu gehen, war nach *conf.* 6,24 auch an dem Projekt einer Askesegemeinschaft beteiligt, das eine Gruppe Intellektueller Anfang der achtziger Jahre in Mailand entworfen hatte, das jedoch scheiterte.

Faustus von Mileve   Während seiner Lehrtätigkeit in Karthago hatte Augustin um 383 die Gelegenheit, mit dem manichäischen Bischof Faustus von Mileve, der als überragende intellektuelle Autorität galt, über Fragen zu diskutieren, die sich ihm in der Auseinandersetzung mit der manichäischen Astrologie ergeben hatten (*conf.* 5,3–13). Doch Faustus enttäuschte den jungen Wissbegierigen trotz seinem rhetorischen Glanz und leitete damit – so die Interpretation in *conf.* 5,13 – Augustins Lösung von dieser Lehre ein: Auch die Manichäer stützten ihr Welterklärungsmodell auf einen Mythos (*fabulae*), verlangten also letztlich genau wie die Christen den Glauben an eine autoritativ vermittelte Lehre (*conf.* 5,6 und 12). Immerhin schloss sich Augustin auch nach dem Weggang aus Karthago (ca. 383) in Rom diesen „falschen und trügerischen Heiligen" an (*conf.* 5,18), die ihm denn auch zu einem weiteren Karriereschritt verhalfen: Als Symmachus, der Stadtpräfekt von Rom, die Stelle des Rhetorikprofessors, des *rhetoricae magister*, am kaiserlichen Hof in Mailand zu besetzen hatte, bewarb sich Augustin und machte seine Beziehungen zu den Manichäern in Rom geltend – mit Erfolg: Symmachus vergab den Posten an ihn (*conf.* 5,23), den Provinzialen aus Africa, der offenbar bei dem Vorstellungsgespräch und Probevortrag zu überzeugen vermochte und von dem, wie auch etwa vermutet wird, Symmachus erwarten konnte, dass er sich in Mailand gegen die starke orthodoxe Partei des Ambrosius positionieren würde. Wie Augustin an derselben Stelle in der Erzählung andeutet, hatte der Weggang aus Rom zugleich die Trennung von den manichäischen Bekannten und in der Folge den Abfall vom Manichäismus zur Folge: In Mailand sollte er nämlich dem streitbaren Bischof Ambrosius begegnen. Zwar nahm er diesen zunächst bloß als Redner wahr, und ein Vergleich mit Faustus fiel zu Ungunsten des Bischofs aus (*conf.* 5,23); doch allmählich begann auch der Inhalt von Ambrosius' Reden auf ihn zu wirken, und dies führte schließlich dazu, dass Augustin die manichäischen Lehren endgültig verwarf und sogar auch selbst widerlegen wollte (5,25).

Wie Augustin öfter betont, war er neun Jahre lang Anhänger dieser Lehre. Allerdings ist diese Zahl wohl nicht beim Nennwert zu nehmen; denn da sich Augustins Hinwendung zum Manichäismus auf das Jahr 373 datieren lässt, hätte er sich kurz nach der enttäuschenden Begegnung mit Faustus im Jahr 382 von dieser Gemeinschaft vollständig gelöst. Dies war jedoch offensichtlich nicht der Fall, da er ja in Rom durchaus noch Kontakt mit Manichäern hatte. Mit der Neunzahl soll also wohl der Eindruck erweckt werden, dass die ‚manichäische Phase' eine zwar lange, aber doch kein ganzes Jahrzehnt dauernde Etappe auf dem Weg zum ‚richtigen' Glauben war.

Mit der in den *Confessiones* dargestellten Ereigniskette wird erzählerisch motiviert, wie Augustin vom langjährigen Manichäer zum Gegner dieser Sekte wird. Während die in der manichäischen Phase entstandene Schrift *De Pulchro et de Apto* nach Augustins eigenen Aussagen schon früh verloren ging (*conf.* 4,20), besitzen wir dagegen eine ganze Reihe von Schriften gegen die Manichäer. Die antimanichäische Position manifestiert sich in den Frühschriften zunächst so, dass sich Augustin an seine manichäischen Freunde wendet und sie ebenfalls zum Abfall von dieser Lehre bewegen will. So sind *Contra Academicos* und *De Vera Religione* seinem früheren Gönner Romanianus gewidmet und *De Utilitate Credendi* einem gewissen Honoratus, der aus Augustins engerem Bekanntenkreis zu stammen scheint. In der Folge konzentriert sich die Auseinandersetzung mit dem Manichäismus auf die Exegese des biblischen Schöpfungsberichts (389: *De Genesi adversus Manichaeos*): Mit einer intellektuell überzeugenden und deshalb teilweise allegorischen Auslegung des biblischen Schöpfungsmythos, wie sie ihm Ambrosius vermittelt hatte, sollte die manichäische wissenschaftlich-rationale und materialistische Welterklärung, gemäß der die Welt als Resultat des Kampfes eines guten und eines bösen Prinzips zu verstehen ist, widerlegt werden. Auch noch die Genesis-Exegese in *conf.* 11–13 ist antimanichäisch geprägt. In *Contra Faustum* (ca. 398–404) wendet sich Augustin gegen die radikale Kritik des Manichäerbischofs Faustus am Alten Testament. Immer wieder versucht er, die dualistische Lehre der Manichäer mit Hilfe der neuplatonischen Ontologie zu widerlegen, indem er dem Bösen eine eigene Substanz abspricht und es als Mangel an Gutem definiert (vgl. dazu Kapitel B III 1), und damit löst er für sich eine Frage, mit der er sich gemäß der Darstellung in den *Confessiones* bereits während seiner manichäischen Phase eingehend beschäftigt hatte (*conf.* 3,12 und 5,20; vgl. 7,3–7 und 18f.).

Schriften gegen die Manichäer

Aus Augustins Schriften ergibt sich ein konturenreiches Bild der in Nordafrika ausgeprägten manichäischen Lehre und ihrer Anhänger, das – soweit wir dies beurteilen können – den realen Gegebenheiten entspricht. In seinen antimanichäischen Schriften referiert oder zitiert er ausführlich manichäische Texte, um sie Punkt für Punkt zu widerlegen, wodurch uns wertvolles Quellenmaterial überliefert ist. Als Bischof unternimmt er in der Schrift *Contra Epistulam Manichaei quam vocant Fundamenti* die Widerlegung eines in Africa verbreiteten ‚Grundlagenbriefs' der Lehre des Manichäismus. In *Contra Faustum* zitiert er längere Passagen einer Schrift des Faustus, in der dieser seine Lehre darstellt und verteidigt (*Capitula*). Aufschlussreich ist auch der Eindruck, der in den *Confessiones* vermittelt wird, dass die Manichäer mit ihrer christlich orientierten, aber eine rationale Grundlage versprechenden Religion die intellektuelle Elite in Nordafrika und Rom angesprochen hätten, zu der auch Leute mit politischem Einfluss zu zählen sind. Dies war offenbar trotz den verschiedenen kaiserlichen Edikten gegen die manichäische Gemeinschaft möglich, da sie sich auf den christlichen Diskurs einließ und ihn möglicherweise für diese Eliten überhaupt annehmbar machte. Es gelang ihr damit, eine religiöse und eine wissenschaftliche Weltdeutung miteinander zu kombinieren und eine Art ‚Christian Science' anzubieten. Diese beiden Faktoren – politischer Einfluss und intellektueller Anspruch – scheinen auch für den jungen Augustin attraktiv gewesen zu sein. Trotz oder vielleicht gerade wegen der intensiven Auseinandersetzung mit dieser ‚Häresie', wie er sie später nennt, wurde Augustin nach seiner Bekehrung und Taufe über zwanzig Jahre lang zu einem ihrer konsequentesten

Manichäer in Nordafrika

Gegner. Seine eigene manichäische Vergangenheit holte ihn im hohen Alter wieder ein, als ihm sein schärfster Kontrahent, Julian, der pelagianische Bischof von Aeclanum, den Vorwurf machte, als Vertreter der Erbsündenlehre eigentlich Manichäer geblieben zu sein (vgl. dazu Kapitel B III 1 und VII 2). Richtig ist wohl, dass Augustins Theologie – und damit die westliche Theologie überhaupt – in vielschichtiger Auseinandersetzung mit dem Manichäismus entworfen wurde.

6. Augustins Bildungsweg: Vom Sprachunterricht zur Philosophie

Die Darstellung der Erfahrungen des Schülers und Studenten in den ersten drei Büchern der *Confessiones* wird immer wieder als wichtiges Dokument herangezogen für die Rekonstruktion des spätantiken Schul- und Bildungssystems. Tatsächlich scheint Augustins intellektueller Werdegang nicht untypisch zu sein für einen Gebildeten des 4. Jahrhunderts: Nach dem Elementarunterricht wird er in verschiedenen Schulen in den traditionellen Disziplinen der Grammatik und Rhetorik ausgebildet; im Selbststudium liest er später, während er bereits selbst im Lehrberuf tätig ist, „alle Bücher der Künste, die man die freien nennt" (*conf.* 4,30: *omnes libros artium, quas liberales vocant*), wovon er explizit Rhetorik, Dialektik, Geometrie, Musik und Arithmetik nennt. Während die Schulbildung den Zugang zu ausgewählten Werken der damaligen ‚Weltliteratur' (von Vergil, Terenz, Cicero, Sallust, aber auch griechischen Autoren, namentlich Homer) in erster Linie zum Zweck der grammatischen und rhetorischen Übung vermittelt, sind die in einigen dieser Texte behandelten Inhalte vielmehr Gegenstand der außercurricularen Reflexionen und Diskussionen in den Kreisen der Intellektuellen, wovon die spätantiken Literaten Zeugnis ablegen: neben Augustin insbesondere Symmachus, Servius, Macrobius. Denn philosophische Themen gehörten nur selten zum regulären Bildungsstoff; Augustin jedenfalls hat sich die entsprechenden Kenntnisse nach seinen eigenen Aussagen selbst erarbeitet.

Form und Ort des Unterrichts	Inhalte	Jahr
Elementarunterricht in Thagaste bei *primi magistri* (*conf.* 1,14–20)	Lesen, Schreiben, Rechnen Latein und Griechisch	ab ca. 360 (6/7 J.)
Grammatikunterricht in Thagaste bei *grammatici* (*conf.* 1,20–30)	Vergil, *Aeneis*, Homer, Terenz	bis 369 (14 J.)
Grammatik- und Rhetorikunterricht in Madaura (*conf.* 2,5f.)	Literatur und Redekunst (*litteratura atque oratoria*)	369–370 (14–15 J.)
Einjährige Unterrichtspause (*conf.* 2,5f.)		370 (15 Jahre)
Rhetorikunterricht in Karthago (*conf.* 2,5; 3,6–8; 4,28; *beata v.* 4)	*libri eloquentiae* Lektüre Cicero, *Hortensius* (Philosophie)	ab Ende 370 (16 J.) bis 373 (18 J.)

Allerdings stilisiert Augustin den Durchgang durch die Stufen einer solchen Entwicklung im Hinblick auf sein Verhältnis zur christlichen Religion, mit der er zwar seit seiner Kindheit vertraut ist, die er sich jedoch auf Umwegen erst richtig aneignen muss. Ein solcher ‚Umweg' ist die Schulbildung, wie sie ihm in den öffentlichen Schulen in Thagaste, Madaura und Karthago vermittelt wurde. Den Grammatik- und Rhetorikunterricht charakterisiert er als typisierte und mechanische Stoffvermittlung und als Sprachdrill, bei dem allein sprachliche ‚Fehler' und ‚Tugenden' (*vitia* und *virtutes*) geahndet oder gelobt werden, nicht aber moralische. Immerhin verschafft er sich durch die Lektüre der stilbildenden Texte Ciceros Kenntnisse in der Philosophie, und Ciceros *Hortensius*, auf den er im Verlauf des Curriculums (des *discendi ordo*) im Rhetorikunterricht (!) stößt, erweckt in ihm die ‚Liebe zur' bzw. das ‚Streben nach der Weisheit' (*conf.* 3,8: die *philo-sophia* bzw. das *studium* oder den *amor sapientiae*). So wendet er sich – wiederum außerhalb des Schul-Curriculums, wohl bereits als Lehrer – nacheinander dem Bibelstudium, dem Manichäismus und den Lehren der hellenistischen Philosophenschulen – namentlich dem Skeptizismus (vgl. dazu Kapitel B II 4) – zu, bis ihn platonisierende Christen in Mailand mit der Möglichkeit bekannt machen, die christlichen Glaubensinhalte innerhalb des Systems der platonischen Philosophie zu verstehen und zu erklären.

Ciceros *Philosophica*

Diesen Bildungsweg lässt Augustin im achten Buch der *Confessiones* mit dem Bekehrungserlebnis und im folgenden Buch mit der Taufe enden; von da an kann sich sein Erkenntnisstreben ganz auf die christliche Lehre richten, auf die christlichen Vorstellungen von Gott, Mensch und Kosmos und nicht zuletzt auf das Verständnis des Bibeltextes. Der Beschäftigung mit den traditionellen Bildungsinhalten wird damit in den *Confessiones* die Funktion eines Propädeutikums zugewiesen, das dem gebildeten Christen ein Instrumentarium zur intellektuellen Durchdringung der christlichen Glaubensinhalte vermittelt: Die Reflexionen und kontroversen Diskussionen der platonischen, skeptischen, stoischen und epikureischen Schulen zu Fragen der Physik, Erkenntnislehre, Metaphysik, Ethik, Logik und Dialektik werden evaluiert, teils verworfen, teils gebilligt und adaptiert oder gar unverändert integriert. Zwar stellt Augustin diese Evaluation der paganen Lehren so dar, dass sich am Schluss dieses Vorgangs (in *conf.* 7) allein die platonische Seins- und Ideenlehre als tauglich erweist, bestimmte Bereiche der christlichen Lehre in den Denkkategorien der Philosophie zu erklären (vgl. dazu Kapitel B II 3–7). Dass aber auch die anderen Philosophenschulen – zumal die stoische – im augustinischen Denken ihre Spuren hinterlassen haben und die Grundlage für gewisse Erklärungsmodelle bilden, wird in seinen Schriften immer wieder deutlich, und zwar bis in die späteste Zeit.

Philosophische Positionen

Dass der Sohn des – wie Augustin in *conf.* 2,5 hervorhebt – nicht sehr begüterten, aber ehrgeizigen Ratsmitglieds (*curialis*) der provinziellen Kleinstadt Thagaste eine solche Ausbildung genießen konnte, ist wohl nicht selbstverständlich. Offenbar hatte man in der Familie gewisse Hoffnungen auf den begabten ältesten Sohn gesetzt und einiges in die Ausbildung investiert, die für eine spätere Beamtenlaufbahn unerlässlich war (vgl. *conf.* 2,8). Möglicherweise ist der Umstand, dass Augustin über nur geringe

Kenntnisse in der griechischen Sprache und Literatur verfügte, während die geistige Elite in der Regel zweisprachig ausgebildet wurde, Zeichen einer qualitativ nicht besonders hoch stehenden Bildung und weniger die Folge von Augustins Abneigung gegen diese Sprache, wie sie *conf.* 1,20 beschreibt. Dennoch scheint dieses Unternehmen der Familie finanzielle Schwierigkeiten bereitet zu haben, da Augustin seine Ausbildung ein Jahr lang unterbrechen musste *(conf.* 2,5 f.), bevor er das – für die Beamtenlaufbahn ebenfalls unerlässliche – Rhetorik-Studium in Karthago aufnehmen konnte. Finanziert wurde dieses Studium von einem wohlhabenden Bürger von Thagaste, Romanianus, dessen Sohn Licentius später Augustins Schüler wurde; dabei scheint der Umstand, dass es sich um einen Manichäer handelte, die Familie nicht gestört zu haben.

7. Karrierepläne

Karthago – Rom – Mailand

Die Investition der Familie und des Gönners in Augustins Ausbildung machte sich offenbar nicht sofort bezahlt; jedenfalls schlug der junge Mann nicht die klassische Beamtenlaufbahn ein, sondern wurde Lehrer, musste sich in Karthago mit rüpelhaften und in Rom mit zahlungsunwilligen Schülern herumschlagen *(conf.* 5,14 und 22). Durch Beziehungen und wohl auch aufgrund seines rhetorischen Talents, mit dem Augustin bereits während seiner Ausbildung aufgefallen sein soll (vgl. z. B. *conf.* 3,6), erhielt er die Rhetorikprofessur am Kaiserhof in Mailand (Mediolan[i]um), die ihn neben dem Unterricht dazu verpflichtete, zu Ehren hoher Beamter und des Kaisers selbst Reden zu schreiben und auch vorzutragen. Während der Tetrarchie unter Diokletian war die Stadt zur zeitweiligen Kaiserresidenz aufgerückt; durch die Vereinbarung zwischen Konstantin und seinem Widersacher Licinius über die Duldung des Christentums im Jahr 313 (,Mailänder Toleranzedikt') hatte Mailand auch kirchenpolitisch große Bedeutung erhalten, nicht zuletzt durch Ambrosius' Kampf gegen die arianischen Tendenzen in der Kaiserfamilie. In *conf.* 6,9 erwähnt Augustin eine Lobrede auf den *imperator*, die er vielleicht anlässlich des zehnten Jahrestages der Thronbesteigung Valentinians II. am 22. November 385 oder möglicherweise auch für den Konsul Bauto am 1. Januar 385 verfassen und halten musste. Er inszeniert die Vorbereitungen zu dieser Rede als großen Stress: Er leidet unter der Last des Berufs, hinterfragt den Sinn seiner Tätigkeit, die er in den *Confessiones* öfter als „Lügenberuf" bezeichnet. Damit charakterisiert sich Augustin auf eine sehr anschauliche Weise als ehrgeizigen, erfolgshungrigen und auch -verwöhnten Menschen, der in einer momentanen Sinnkrise seine spontanen Wünsche nach einem unbeschwerteren Leben mit der Hoffnung auf weitere Anerkennung in der Öffentlichkeit beiseite schiebt. Dieses durch seinen Realismus eindrückliche Bild steht am Anfang der Darstellung einer Entwicklung, die in der Tat schließlich zur Aufgabe der Rhetorikprofessur führen sollte. Gut fünfzehn Jahre später übernahm der Dichter Claudian die Stelle, von dem ein panegyrisches Gedicht auf den christlichen Neuplatoniker Manlius Theodorus, den Konsul von 399, erhalten ist, dem Augustin die wohl kurz nach seinem Rückzug im Jahr 386 entstandene Schrift *De Beata Vita* widmete. Augustin scheint also kraft seines Amtes mit den führenden Politikern und Intellektuellen Mailands in Kontakt gestanden und auch noch nach dem Verzicht auf den prestigereichen Lehrstuhl zumindest an dem philosophischen Diskurs teil- genommen zu haben.

Nachdem also Augustin mit der Rhetorikprofessur nun doch einen ein- träglichen Posten erhalten hatte, war denn auch prompt eine Reihe von Verwandten und engen Bekannten in seine Nähe gezogen: die Mutter und der Bruder Navigius, sein Jugendfreund und ehemaliger Schüler Alypius, der in Rom die Rechte studiert hatte und jetzt in Mailand als Richter tätig wurde, Nebridius, ein für die Philosophie begeisterter Freund aus der ge- meinsamen Studienzeit in Karthago, sowie sein ehemaliger Gönner Roma- nianus mit dem Sohn Licentius, der Augustins Schüler war. Gemäß den Ausführungen in *conf.* 6,20–25 wurde nun auch die Planung für die weite- re Karriere und eine standesgemäße Heirat des erfolgreichen Sohnes in An- griff genommen: Auf Druck seiner Mutter ging er ein Verlöbnis mit einem jungen Mädchen ein und löste die langjährige Beziehung zu seiner Konku- bine, der Mutter seines Sohnes Adeodat, auf. Diese – nicht namentlich ge- nannte – Frau wäre ein Hindernis gewesen für die geplante Ehe, weshalb sie nach Africa zurückkehren musste. Da die Verlobte erst zehn Jahre alt war und das heiratsfähige Alter erst in zwei Jahren erreichen würde, und da Augustin nicht während zwei Jahren sexuell enthaltsam leben wollte, ging er trotz Schmerz über die Trennung von der langjährigen Partnerin eine neue uneheliche Beziehung ein. Dieser berechnend und herzlos an- mutende Umgang mit Frauen lässt sich zumindest im Hinblick auf die Planung der beruflichen Zukunft erklären: Den Zugang zur High Society dieser Zeit konnte man sich nur verschaffen, indem man ein höheres politi- sches Amt bekleidete und mit einer Frau des entsprechenden sozialen Standes verheiratet war; denn einem amtlichen Würdenträger war weder ein Konkubinat noch eine Ehe mit Frauen aus niederer gesellschaftlicher oder rechtlicher Stellung gestattet. Tatsächlich erhoffte sich Augustin mit Hilfe seiner einflussreichen Freunde das nicht allzu anspruchsvolle politi- sche Amt eines Provinzgouverneurs (*praeses*) zu ergattern (*conf.* 6,19). Die Heirat mit einer vermögenden Frau würde keine finanziellen Probleme bieten und sexuelle Begierden maßvoll befriedigen. In die Ehepläne ein- bezogen war auch die Taufe, ein weiterer Akt des sozialpolitischen Konfor- mismus; dazu hatte Augustin kurz nach der Ankunft in Mailand mit seinem Übertritt in den Status eines Katechumenen bereits den ersten Schritt getan (*conf.* 5,25).

Diese Schilderung der Planung einer nicht allzu ehrgeizigen politischen Karriere und eines ‚bürgerlichen' Lebens mit Sozialprestige steht an einem Punkt im autobiographischen Teil der *Confessiones*, wo sich die spektaku- läre Wende bereits abzeichnet, jedoch immer wieder aufgeschoben wird. Karriere- und Ehepläne sind also zum einen ein retardierendes Moment im Fortgang der Erzählung. Zum anderen können ihnen eine gewisse Typisie- rung und damit ein überzeitlicher Charakter nicht abgesprochen werden.

Heirat versus Konkubinat

8. Konversion und Taufe: Die Absage an Karriere und Ehe

Bevor es zu einer Änderung der Lebenspraxis kommt, werden jedoch zunächst die theoretischen Voraussetzungen festgelegt in Form einer neuen Konzeption der Gottesvorstellung und der Welterklärung: Nach Augustins Bericht in den Büchern 3 bis 5 der *Confessiones* hatte ihm bislang die manichäische Lehre das Erklärungsmodell geliefert, und in Buch 6 evaluiert er verschiedene philosophische Lehren, bevor er schließlich in Buch 7 mit der neuplatonischen Lehre bekannt wird, die ihm eine Antwort auf die Frage nach der Substanz Gottes gibt und damit auch die Loslösung vom materialistischen Weltbild erlaubt; sie sei auch am ehesten mit der christlichen Religion kompatibel, was mit einer Gegenüberstellung einzelner Punkte beider Lehren deutlich gemacht wird (vgl. dazu Kapitel B II 3). In diesem Zusammenhang berichtet Augustin von einer neuplatonisch konnotierten Aufstiegserfahrung, die ihm eine rein geistige Gottesvorstellung vermittelt (*conf.* 7,16–23 und 26).

Konversions-
erzählungen

Die Inszenierung der eigenen Konversion im achten Buch ist wiederum stark typisiert. Ihr geht ein Komplex von Konversionserzählungen voraus (8,14–16): Simplicianus, der sich über Augustins Lektüre neuplatonischer Schriften in der Übersetzung des Marius Victorinus gefreut hatte, erzählt ihm vom Abbruch der glänzenden Karriere und von der Aufsehen erregenden Taufe dieses Star-Rhetors. Der hohe römische Beamte Ponticianus macht Augustin mit Athanasios' Biographie des Wüstenmönchs Antonius bekannt und berichtet, dass zwei Beamte am Kaiserhof in Trier nach der Lektüre der Antoniusvita ihre einflussreiche Stellung aufgegeben und ihre Lebensform radikal geändert hätten; auch ihre Bräute hätten sich der Jungfräulichkeit geweiht. Die beiden Trierer Hofbeamten sind möglicherweise mit Hieronymus und seinem Gefährten Bonosus zu identifizieren, die beide trotz der Aussicht auf glänzende berufliche Aufstiegsmöglichkeiten die Kaiserresidenz verließen, um in einer Gemeinschaft Gleichgesinnter ein asketisches und zölibatäres Leben zu führen. Solche Fälle wie die des erfolgreichen Rhetors beziehungsweise der hohen Beamten, die die Karriereleiter erklommen haben, plötzlich aber in diesem Leben keine Perspektive mehr sehen und die Lebensform diametral ändern, scheinen tatsächlich in der Spätantike nicht selten gewesen zu sein.

Mit der indirekten Berufung auf diese Vorbilder stellt sich Augustin in ihre Tradition. Sie mögen dem Mailänder Rhetorikprofessor als psychologische Stütze und Rechtfertigung gedient haben, gegen den Druck seines sozialen Umfelds zu handeln. In der Darstellung der *Confessiones* ist es allerdings nicht der soziale Druck, sondern allein der Sexualtrieb, der den Mann Anfang Dreißig vorerst weiterhin davon abhält, die Pläne einer bürgerlichen Ehe und damit die Möglichkeit des regelmäßigen Beischlafs aufzugeben (vgl. *conf.* 8,13). Die Vorbilder allein können also nicht ausreichen, um ihn den endgültigen Schritt zum asketischen und auch zölibatären Leben vollziehen zu lassen. Und wie die beiden Trierer Beamten durch ein bemerkenswertes Ereignis – die Lektüre der Antoniusvita – zur Konversion geführt wurden, so muss auch Augustin erst durch eine höhere

Fügung zum Aussteigen veranlasst werden. Innerhalb der Erzählung der *Confessiones* hat der Rekurs auf die Trierer Konversionserzählung also proleptische Funktion.

Die Schilderung des entscheidenden Erlebnisses gehört zu den berühmtesten Textstellen in der Weltliteratur: Es ist die Szene im Garten des Hauses in Mailand, wo Augustin zusammen mit seiner Familie sowie Alypius wohnte, der mit ihm auch die Abkehr von der manichäischen Lehre erlebt hatte. Der krisengeschüttelte Augustin hört den Ruf einer Kinderstimme (*tolle lege* – „Nimm und lies") und interpretiert ihn als göttlichen Befehl; er schlägt den Paulustext, der gerade in der Nähe liegt, auf und liest die Stelle aus dem Römerbrief 13,13 f., die ihn dazu bringt, sein bisheriges Leben aufzugeben (*conf.* 8,29 f.; vgl. die Zusammenfassung in Kapitel B IV 2). Nach einem ähnlichen Schema sind auch andere Erzählungen mit Konversionscharakter aufgebaut: Die beiden kaiserlichen Beamten in Trier lassen sich vom Text der *Vita Antonii*, den sie wie zufällig in einem Haus entdecken, zum Entschluss bringen, asketisch zu leben; vergleichbar ist auch Augustins Reaktion nach der Lektüre des ciceronischen *Hortensius* (*conf.* 3,7 f.), der platonischen Bücher und der paulinischen Briefe (*conf.* 7,26 f.; *Acad.* 2,5). Ähnliche Begebenheiten berichtet Augustin an anderer Stelle von Alypius (*conf.* 6,12) und dem Akademiker Polemon (*ep.* 144,2; *c. Iul.* 1,12). In allen Szenen üben geschriebene oder gesprochene Worte eine läuternde Wirkung auf den nicht primär intendierten Leser bzw. Hörer aus und veranlassen ihn zu einer Entscheidung. Das Vorgehen hat gewisse Ähnlichkeiten mit einer mantischen Praxis, in der heilige Schriften wie die sibyllinischen Bücher oder die Chaldäischen Orakel als ‚Stechbücher' verwendet wurden: Eine zufällig aufgeschlagene und mit einem Stift oder dem Zeigefinger (oder dem Auge) getroffene Stelle soll als göttliche Botschaft verstanden werden. Augustins fast romanhafte und gleichzeitig symbolhafte Ausgestaltung sowie die explizite Typisierung der Gartenszene ließen immer wieder Zweifel aufkommen an ihrer Historizität. Namhafte Augustin-Forscher wie Pierre Courcelle gehen deshalb davon aus, dass die Gartenszene nicht als reales Erlebnis, sondern als stilisierte Darstellung der Wirkung der Pauluslektüre zu verstehen sei. Wenn in neuester Zeit dennoch der historischen Interpretation der Vorzug gegeben wird, so geschieht dies nicht ohne Hinweis auf die im späten 4. Jahrhundert öfter feststellbare Tendenz, auch Phantasien, Visionen und religiöse Erfahrungen als historische Wahrheiten zu verstehen.

Die Erzählung macht deutlich, worum es bei dieser *conversio* geht, die nach *conf.* 8,30 allerdings nicht der Mensch, sondern Gott am Menschen vollzieht (*convertisti enim me ad te*: „du hast mich zu dir bekehrt"): um die ‚Umkehr' auf dem bisherigen Lebensweg, die Abkehr von weltlichen Zielen (vgl. *conf.* 6,9: ‚Karriere, Ehe, Geld') und um eine ‚Hinwendung' zum asketischen und zölibatären Leben und letztlich zu Gott. Die ‚Konversion' war also keine ‚Bekehrung' zum Christentum, wie dies öfter gesagt wird, da Augustin zum einen ja als Christ erzogen ist (vgl. dazu Kapitel A II 4) und zum anderen den ‚wahren' Glauben – und dieser war damals in Mailand selbstverständlich die orthodoxe, nizänische *catholica fides* – ja bereits insofern angenommen hatte, als er mit Hilfe der allegorischen Exegese des Ambrosius die biblischen Schriften und mit Hilfe der platonischen

Mailänder Gartenszene

conversio

Lehre die biblische Gottesvorstellung akzeptieren konnte. In einem weiteren Sinn kann auch bereits das dreizehn Jahre früher datierte *Hortensius*-Erlebnis als Konversion bezeichnet werden, da ebenfalls eine Textlektüre den jungen Studenten zu einer Änderung des – bis dahin ausschweifenden – Lebenswandels veranlasst hatte, allerdings zu einer ‚Hinwendung‘ zu einem durch philosophische Ideale und die manichäische Lehre bestimmten asketischen Leben.

August 386

Das Schlüsselerlebnis im Mailänder Garten lässt sich auf Anfang August 386 datieren. Die weiteren Ereignisse schließen sich in der Erzählung der *Confessiones* fast unmittelbar an: Der Rückzug aus dem Rhetorenberuf wurde sorgfältig geplant, und obwohl Augustin ein vorzeitiges Ausscheiden mit einem Brustleiden, das er auch sonst in seinen Schriften erwähnt (vgl. dazu Kapitel B VII 1), hätte begründen können, wartete er bis zum Beginn der Herbstferien (der *vindemiales feriae*, ab 23. August 386), um diesem Schritt alles Spektakuläre zu nehmen und sich dem Vorwurf zu entziehen, sich mit seinem ‚Aussteigertum‘ wichtig machen zu wollen (*conf.* 9,3f.). Er zog sich mit einem Kreis von Verwandten, Freunden und Schülern auf ein

Rückzug nach Cassiciacum

Landgut in Cassiciacum zurück (wohl dem heutigen Cassago Brianza, 30–40 km nordwestlich von Mailand), das ihm ein Mailänder Freund, der *grammaticus* Verecundus, zur Verfügung stellte. Dort führte man in der „Muße eines christlichen Lebens“ (*Christianae vitae otium*) philosophische Gespräche (*retr.* 1,1,1; *conf.* 9,7), die ihren Niederschlag in den vier ersten erhaltenen Schriften aus Augustins Feder gefunden haben (*Contra Academicos, De Beata Vita, De Ordine, Soliloquia*; vgl. dazu Kapitel B II 2). Zunächst wird also dieser Rückzug als Entschluss zur *vita contemplativa* stilisiert. Erst nach Ablauf der Ferien kündigte Augustin nach *conf.* 9,13 offiziell die Stelle am Mailänder Hof mit der Begründung, er wolle nun Gott ‚dienen‘ (*servire*) und sei auch aus den genannten gesundheitlichen Gründen seinem Amt nicht mehr gewachsen.

Taufe in Mailand

Den letzten und entscheidenden Schritt, die Taufe, mit dem er sich nun definitiv in die Gemeinde der Christen aufnehmen ließ, vollzog Augustin in der Osternacht vom 24./25. April 387 in Mailand. Zusammen mit seinem Sohn Adeodat und Alypius ließ sich der ehemalige kaiserliche Rhetor vom Bischof Ambrosius taufen – also an einem bedeutungsvollen Datum von einem prominenten Mann – wohl in der Taufkapelle neben der bischöflichen Basilika. Augustins Schilderung dieses Anlasses in *conf.* 9,14 konzentriert sich zwar auf seine theologischen Reflexionen und die Wirkung, die der Hymnengesang in der Kirche auf ihn ausübte. Möglicherweise erregte aber dieses Ereignis in ähnlichem Ausmaß öffentliches Aufsehen wie die Taufe des Star-Redners und erklärten Vorbilds Marius Victorinus in Rom, wo die Menge der Gläubigen auf diese Kunde hin in den Straßen laut seinen Namen rief (*conf.* 8,5 und 10). Augustin stellt sich also auch mit seiner Taufe zwar nur implizit, aber dennoch unmissverständlich in die Tradition eines prominenten Vorgängers.

So verliert Mailand mit Augustin seinen kaiserlichen Rhetor und potentiellen Vertreter des bürgerlichen Beamtentums, mit Alypius einen erfolgreichen Juristen (vgl. *conf.* 6,16), zudem einen kaiserlichen Kommissar (*agens in rebus*) namens Evodius, der sich entschlossen hatte, sich der Gruppe von Aussteigern anzuschließen (*conf.* 9,17). Allerdings ist auch zu

bedenken, dass Augustin seine Stelle als kaiserlicher Rhetor durch die Vermittlung des erklärten Heiden Symmachus erhalten hatte und dass im Jahr
386 der Hof in Mailand unter dem Einfluss der Kaiserinmutter Justina
stand, die gegen Ambrosius die arianische Glaubensrichtung stärken wollte
(vgl. *conf.* 9,15). Ob unter diesen Umständen ein zum katholischen, also
nizänischen Glauben bekehrter Christ als Rhetor am Mailänder Hof weiterhin geduldet worden wäre, bleibt also ohnehin fraglich.

9. Vom Aussteiger zum Zönobiten

Wenn man bedenkt, dass Augustins Familie einem erfolgreichen Bildungs-
karrieristen mit Hoffnung auf eine Beamtenlaufbahn nach Mailand gefolgt
war, so muss sein Verzicht auf Amt und Ehe für sie eine herbe Enttäuschung
gewesen sein, die auch durch die Tradition der prominenten Vorbilder nicht
zu dämpfen war. Davon ist jedoch in den *Confessiones* nicht die Rede. Vielmehr wird gesagt, dass Augustin mit einer Gemeinschaft von Landsleuten,
von der er in der Wir-Form spricht und zu der auch die Mutter Monnica, der
Sohn Adeodatus sowie die beiden Landsleute aus Thagaste, Alypius und
Evodius, gehörten, nach Africa aufbrechen wollte, um dort Gott zu ,dienen'   Tod der Mutter
(*conf.* 9,17). Dieser Plan verzögerte sich durch den Tod Monnicas in der   in Ostia
Hafenstadt Ostia, dem Augustin in *conf.* 9,23–26 die berühmte so genannte
,Vision von Ostia' – eine in platonischer und biblischer Metaphorik beschriebene geistige Erhebung zu Gott – vorausgehen lässt (vgl. dazu Kapitel
B IV 2). Mit der Darstellung dieser Ereignisse – Konversion, Ausstieg, Gotteserfahrung und Tod derjenigen Frau, die diese Entwicklung herbeigeführt
hatte – schließt der autobiographische Teil der *Confessiones*.

Im Jahr 1945 wurde in Ostia ein Fragment der Grabinschrift für Monnica
gefunden, die wahrscheinlich nach dem Abzug von Attilas Truppen – zwei
Jahrzehnte nach Augustins Tod – dort aufgestellt worden war; offenbar war
die Mutter des Bischofs von Hippo bereits früh – wohl durch die *Confessiones* – zu einer bekannten Persönlichkeit geworden.

Der Aufenthalt in Ostia fällt in die Zeit von Maximus' Invasion in Italien:
Dieser ließ die Häfen sperren und unterband damit die Schifffahrt, so dass
die geplante Überfahrt nach Africa erst nach dem Sieg des Theodosius I.
gegen den Usurpator im Sommer 388 stattfinden konnte. So verlängerte
sich Augustins Aufenthalt in Italien um ein Jahr, das er offenbar vorwiegend   Aufenthalt in Rom
in Rom verbrachte. Immerhin war er in dieser Zeit in mehrfacher Hinsicht
produktiv und aktiv: Er schrieb die Dialoge *De Quantitate Animae* und *De
Libero Arbitrio* (vollendet erst im Jahr 391), in denen er Evodius als seinen
Schüler auftreten lässt. In der antimanichäischen Schrift *De Moribus Eccle-
siae Catholicae et de Moribus Manichaeorum*, die Augustin im selben Jahr
in Rom verfasste, beschreibt er klösterliche Lebensformen, wie er sie in
Rom vorgefunden habe, die er dem manichäischen Askese-Ideal gegen-
überstellt: Die Angehörigen leben nach dem Beispiel der östlichen Zönobi-
ten (Klosterbrüder) streng asketisch und von ihrer Hände Arbeit unter der
Führung herausragender Männer beziehungsweise – in Frauengemeinschaf-
ten – von Frauen (*mor.* 65–80). Bereits in Mailand hatte Augustin von einem

Kloster (*monasterium*) vor der Stadt gehört, einer Gemeinschaft von „guten Brüdern" (*boni fratres*), die unter der Obhut des Ambrosius standen (*conf.* 8,15). Diese Lebensform schien ihm für sich selbst und seine Leute offenbar eine akzeptable Alternative zum bisherigen bürgerlichen Leben zu sein, zumal er bereits früher mit Gleichgesinnten, die sich ebenfalls aus ihrem hektischen Leben zurückziehen wollten, ähnliche Szenarien entworfen hatte (*conf.* 6,24): Damals hatte man eine gemeinsame Vermögensverwaltung geplant, mit einem jährlich wechselnden Vorsitz zweier Mitglieder dieser Gemeinschaft, welche die nötigen administrativen Angelegenheiten erledigen würden; das Projekt war jedoch an der Frage gescheitert, ob sich auch die Frauen anschließen sollten. In einem gewissen Maß kann auch das *Christianae vitae otium* auf dem Landgut in Cassiciacum, zumindest in der Stilisierung in den drei frühesten Schriften, als klösterliches Gemeinschaftsleben betrachtet werden, da gemäß der Darstellung in den *Confessiones* der Entschluss zum zölibatären Leben ja bereits gefasst war. Allerdings scheint sich diese kontemplative Lebensform doch noch stark an philosophischen, namentlich pythagoreischen und neuplatonischen Vorbildern orientiert zu haben (vgl. dazu Kapitel B VII 3), und Augustin selbst beschreibt die Gesellschaft in Cassiciacum als ‚Dienende Gottes' (*servientes tibi*), deren philosophische Gespräche noch „gleichsam im Todesröcheln nach der Schule des Hochmuts lechzten" (*conf.* 9,7). So stellt sich am Ende des biographischen Teils der *Confessiones* und in den Schriften, die in Rom entstanden sind, die weitere Entwicklung im Leben des ‚Aussteigers'

Zönobium als Lebensform Augustin als logische Folge einer Reihe von Erfahrungen und Eindrücken dar: Das Ziel musste das klösterliche Leben in einer Gemeinschaft Gleichgesinnter sein, für die allein die christliche Lehre im Zentrum stand. Trotz dem Rekurs auf den Wüstenmönch Antonius ist also nicht die Anachorese, sondern das Zönobium (vgl. dazu Kapitel A I 7), nicht die eremitische, sondern die zönobitische Ausformung des Mönchtums das Ideal Augustins.

10. Africa

Die spätantike Diözese (*dioecesis*, ‚Verwaltungsbereich') Africa reicht vom nördlichen Küstenstreifen des afrikanischen Kontinents von Mauretanien, dessen westlicher Teil (das heutige Marokko) zur Diözese Hispania gehörte, bis nach Tripolitanien und zur Grenze zum oströmischen Reich, hinter der sich die zur Diözese Ägypten gehörende Kyrenaika erstreckt. Das Gebiet umfasst das heutige Algerien, Tunesien und den westlichen Teil Libyens. Die Diözese Africa war in sechs Provinzen eingeteilt, wovon die Africa Proconsularis mit Karthago im Osten und Hippo Regius im Westen die bedeutendste war. Aus für uns nicht mehr ersichtlichen Gründen war sie verwaltungspolitisch zweigeteilt in die Bezirke (auch ‚Diözesen') Karthago und Numidien, kirchenpolitisch gehörte sie je teilweise zu den Provinzen Numidien und Byzacena. Diese komplizierte Situation führte dazu, dass der Bischof von Hippo für die politischen Belange mit dem Prokonsul von Africa Proconsularis in der Hauptstadt Karthago, für die kirchlichen Belange mit dem Primas von Numidien zu tun hatte.

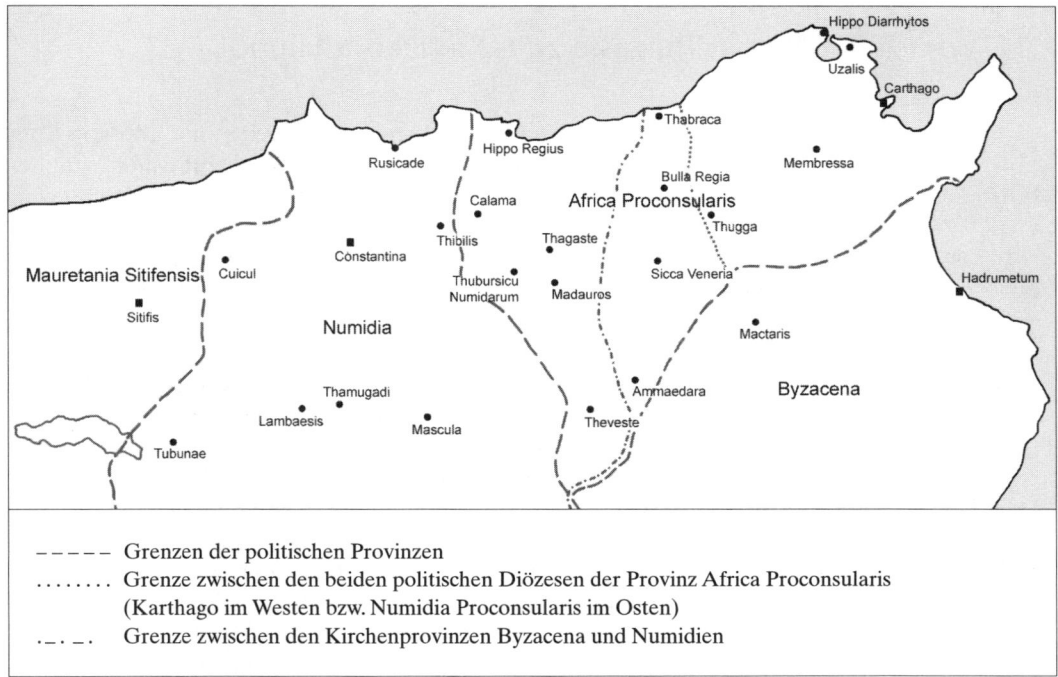

Grenzen der politischen Provinzen
.... Grenze zwischen den beiden politischen Diözesen der Provinz Africa Proconsularis
(Karthago im Westen bzw. Numidia Proconsularis im Osten)
._._. Grenze zwischen den Kirchenprovinzen Byzacena und Numidien

Man muss sich das Africa der Jahrhundertwende vom 4. zum 5. Jahrhundert als blühende, bis zum Vandaleneinfall im Jahr 429 von Kriegen verschonte Landschaft vorstellen; es war die Kornkammer Roms, die neben der Großstadt Karthago mit einer für das römische Reich verhältnismäßig hohen Zahl von ca. 250 (Klein-)Städten und noch zahlreicheren Dörfern besiedelt war.

Hippo Regius (heute Annaba, Algerien), das seinen Beinamen als einstige Residenz der Könige von Numidien erhalten hat, war wie Karthago eine alte phönizische Stadt und besaß den (nach Karthago) zweitgrößten Seehafen, der den Kontakt mit der übrigen Welt problemlos ermöglichte, zumal den Briefverkehr, der beispielsweise Kontakte zwischen Augustin und Paulinus von Nola in Kampanien oder Hieronymus in Bethlehem ermöglichte, ohne dass sich die drei je gegenseitig gesehen haben. Die Stadt liegt am Fluss Ubus (heute Seybouse) in gebirgigem, aber fruchtbarem Umland (heute Djebel Edough), das reichen Großgrundbesitzern gehörte und von armen, punisch sprechenden Landarbeitern (coloni) bebaut wurde. Begünstigt durch Klima und geographische Lage war Hippo eine der reichsten Provinzstädte im römischen Reich. Ein großer Teil der Informationen über die spätantike Diözese Africa stammt aus den Predigten des Bischofs Augustin, der die Landschaft und die sozialen Verhältnisse ihrer Bewohner im Zusammenhang mit den teilweise gewaltsamen Auseinandersetzungen mit der starken christlichen Sonderkirche der Donatisten beschreibt (vgl. dazu Kapitel A II 13). Augustins Geburtsort Thagaste (heute Souk Ahras) liegt ca. 100 km südlich von Hippo und war eine unbedeutende Kleinstadt, immerhin aber Bischofssitz.

Numidia und Africa Proconsularis (Zeichnung nach S. Lancel, *Africa*, AL 1 (1986–1994) 191f.).

Hippo Regius

Thagaste

11. Vom Zönobiten in Thagaste zum Kleriker in Hippo

Nachdem nun Augustin und seine Landsleute im Sommer 388 von Rom über Karthago in ihre Heimatstadt Thagaste zurückgekehrt waren, gründeten sie auf Augustins väterlichem Gut, das offenbar in der Zwischenzeit von seinem älteren Bruder verwaltet worden war, eine zönobitische Gemeinschaft, bestehend aus einer Gruppe getaufter Christen: Dazu zählten also der ehemalige Rhetorikprofessor Augustin und sein Sohn Adeodat, der allerdings im Jahr 390 im Alter von siebzehn Jahren starb, der Jurist Alypius und der pensionierte kaiserliche Kommissar Evodius. Obwohl Augustin, wenn er von dieser Institution spricht, anstelle von *monasterium* (‚Kloster') und *monachus* (‚Mönch') die Begriffe *diversorium* (‚Herberge') und *filii, fratres, deo servientes* oder *servi dei* (‚Söhne', ‚Brüder', ‚Gott Dienende', ‚Diener Gottes') verwendet, so lassen sich die Gemeinschaft durchaus als Kloster bzw. die in ihr lebenden Individuen als Mönche bezeichnen. Sie gehörten nicht dem Klerus an, waren also Laien, und trugen einfache, schwarze Kleidung; sie beteten und lasen die Bibel, offenbar aber auch philosophische Schriften, wie Augustins früher Briefwechsel mit dem in Italien zurückgebliebenen Freund Nebridius zeigt (*epp.* 5–14). Auch in seinen weiteren Schriften aus dieser Zeit ist eine große Nähe zumal zur platonischen Philosophie festzustellen, wie dies insbesondere im Dialog *De Magistro* deutlich wird (vgl. dazu Kapitel B II 7). Augustin gibt der Schrift die Form eines Unterrichtsgesprächs zwischen sich selbst und seinem Sohn Adeodat, das vielleicht einen Eindruck von der klösterlichen Tätigkeit geben soll.

Zönobium in Thagaste

Man kann sich leicht vorstellen, dass diese Gruppe von weltgewandten und doch einheimischen Intellektuellen die Aufmerksamkeit auch des afrikanischen Klerus auf sich zog, zumal sich in einer Provinzstadt im afrikanischen Hinterland nicht ohne Schwierigkeiten Leute finden ließen, die für ein kirchliches Amt in Frage kommen konnten. Tatsächlich wurde Alypius schon bald einmal zum Bischof von Thagaste ernannt, verfügte er als ehemaliger Richter doch über Kompetenzen, die genau für dieses Amt wichtig waren: Zu den Hauptbeschäftigungen eines Bischofs gehört die ‚Bischofsaudienz' (*audientia episcopalis*), die Schiedsgerichtsbarkeit, mit der er in staatlichen Gerichtsprozessen schlichtend eingreifen und sein Urteil dem staatlichen Richter als verbindlich vorlegen konnte – eine Einrichtung im Rahmen der konstantinischen Gesetzgebung, die verhindern sollte, dass Christen ausschließlich von nicht-christlichen Richtern beurteilt wurden. So wurde Augustins Freund nach kurzer Zeit wieder aus dem kontemplativen ins aktive Leben zurückgerufen in der Stadt, in der bereits sein Vater – wie derjenige Augustins – als Stadtrat (*curialis*) gewirkt hatte.

Alypius Bischof von Thagaste

Dagegen gelang es Augustin drei Jahre lang, eine offizielle Inanspruchnahme zu vermeiden, indem er, wenn er reiste, genau diejenigen Städte mied, in denen der Bischofssitz vakant war. So lautet jedenfalls die Information, die sich in einer augustinischen Predigt sowie in der Biographie des Possidius findet (*s.* 355,2; *vita* 4,1 f.). Aus ihr geht ebenfalls hervor, dass Augustin bei den afrikanischen Klerikern eine gewisse Bekanntheit erlangt hatte und dass umgekehrt auch ihm der Mangel an talentierten einheimischen Klerikern als Problem bekannt war. Augustin wollte jedoch offenbar an seinem Konzept des zurückgezogenen, der Askese und dem Bibelstudium gewidmeten Lebens zunächst konsequent festhalten. Die genannten Quellen berichten weiter, dass er einmal einen kaiserlichen Kommissar (*agens in rebus*) in der Stadt Hippo Regius aufsuchte, der mit ihm über das Sterben sprechen wollte; Augustin habe gehofft, den Mann für seine klösterliche Gemeinschaft gewinnen zu können. Als er die bischöfliche Basilika von Hippo betreten habe, wo der Bischof Valerius über die Probleme seiner Kirche gepredigt habe, sei er von der Menschenmenge erkannt worden, und man habe ihn dazu überredet, die Priesterweihe anzunehmen. Augustin selbst schildert diesen Vorfall, der sich auf den Januar 391 datieren lässt, in einer Predigt, die er als Bischof in derselben Stadt etwa 35 Jahre später gehalten hat (*s.* 355). Dieser Rückblick und auch die entsprechende Darstellung bei Possidius mögen manches verbrämen; immerhin bestätigen aber auch andere Quellen, dass diese spontane Art der Akquisition von Klerikern im späten Kaiserreich nicht unüblich war.

Priesterweihe
in Hippo

Der Plan der *vita contemplativa* in einer Gruppe intellektueller Christen, die in ihrer Zurückgezogenheit, ihrer Askese, ihrer Bildung doch noch eher dem Ideal der Philosophengemeinschaft zu entsprechen schienen, war also letztlich gescheitert. Das Problem war möglicherweise gerade der Ort, an dem dieses Zönobium gegründet wurde: Die kleine Stadt, in der die Rückkehrer alte Bekannte waren, konnte es sich nicht leisten oder ließ es sich jedenfalls nicht entgehen, ein Mitglied dieser Gruppe zum Bischof zu machen. Offensichtlich stellte sich Alypius diesem Ansinnen nicht entgegen, und vielleicht erwies sich dieser Schritt für das Unternehmen als wegweisend: Die Gemeinschaft der *servi dei* wurde durch ihn wenigstens zu einem Teil eingebunden in die Kirchenpolitik, die gerade in Kleinstädten durch die enge Verbindung mit der staatlichen Gerichtsbarkeit nicht von der säkularen Politik zu trennen war. Es ist wohl nicht anders denkbar, als dass die Öffentlichkeit auch an Augustin großes Interesse hatte. Er selbst scheint sich ja doch um eine gewisse Außenwirkung bemüht oder sie nicht verhindert zu haben, wie sowohl der Umstand, dass er sich einer Rekrutierung durch den Klerus regelrecht entziehen musste, als auch der Fall des kaiserlichen Kommissars in Hippo, der nach ihm verlangte und zu dem er auch hinging, deutlich machen.

12. Die Klerikalisierung des Mönchtums und Monastisierung des Klerus

Gemäß Augustins Darstellung in den *Confessiones*, die in den ersten Jahren im Bischofsamt entstanden sind, sowie in der Predigt *s.* 355 sollte der Rückzug nach Thagaste nicht nur ein mönchisches Leben ermöglichen, sondern auch den Verzicht auf amtliche Verpflichtungen bedeuten, und in dieser Hinsicht entspricht der Plan dem, was in den genannten Konversionserzählungen (Marius Victorinus, kaiserliche Beamte in Trier) realisiert worden war: Der typische Konvertit war ursprünglich ein prominenter Mann oder höherer Beamter, gab also nicht nur die Lebensform, sondern auch Status und Prestige auf. Ähnlich verlief auch die ‚Laufbahn‘ des Hieronymus, den man auch mit einem der von Augustin genannten Trierer Konvertiten identifizieren will: Nach dem Studium in Rom und der Konversion zum asketischen Leben am Kaiserhof in Trier zog er sich in die Wüste von Chalkis in Syrien zurück. Zwar gab er diese mönchische Lebensform wieder auf, ließ sich zum Priester weihen und wirkte nach Aufenthalten in den Zentren Antiochia und Konstantinopel in den Jahren 382 bis 385 in Rom als Sekretär des Papstes Damasus, doch zog er sich erneut zurück und gründete 386 in Bethlehem mit den beiden adligen Gefolgsfrauen Paula und ihrer Tochter Eustochium je ein Männer- und ein Frauenkloster, wo er als Asket und Wissenschaftler bis zu seinem Tod im Jahr 419 wirkte. Hieronymus hatte also zu der Zeit, als sich Augustin zu seinem Rückzug von der Rhetorikprofessur entschied, bereits eine ‚Karriere‘ im Dienst des Klerus hinter sich. Mit der ‚Flucht‘ aus Rom und der Klostergründung in Bethlehem, die nicht ohne öffentliches Aufsehen erfolgten, und auch bereits in seinen Ausführungen über das jungfräuliche, gottgeweihte Leben in einem Brief aus dem Jahr 384 an Eustochium (*ep.* 22), der zur Veröffentlichung bestimmt war und wohl auch Augustin bekannt wurde, machte Hieronymus deutlich, wie sein Ideal des Zönobiums aussehen sollte: Hier hatten klerikale Ämter keinen Raum. Dass sich Augustins Zönobium und noch vielmehr sein eigenes Lebenskonzept nach wenigen Jahren bereits in eine andere Richtung entwickelten, war vielleicht mit ein Grund, warum er später seine ursprünglich anders lautenden Absichten beteuern und die Not, die ihn zur Richtungsänderung zwang, deutlich machen musste; denn die Synthese von mönchischer Lebensform und kirchlichen Ämtern, wie sie Augustin und sein Kreis betrieben, bedeutete tatsächlich einen Bruch mit der allerdings noch jungen Tradition des Mönchtums.

Als Augustin also im Jahr 391 sein Priesteramt in Hippo antrat, wollte er offenbar seine zönobitische Lebensform beibehalten; jedenfalls stellte ihm der Bischof Valerius auf dem Gartengrundstück der Kirche Platz zur Verfügung, um ein Kloster zu gründen. In diesem so genannten ‚Gartenkloster‘ lebte der Priester Augustin mit seinen Mitbrüdern aus Thagaste, darunter Evodius, sowie einer Reihe fähiger Leute aus der Provinz, die sich offenbar vom Ruf der Frömmigkeit und Gelehrsamkeit dieser Gemeinschaft angezogen fühlten, wie beispielsweise Possidius. Nach der Bischofsweihe schien Augustin seinen Klerus in einer ähnlichen mönchischen Gemeinschaft um sich versammeln zu wollen und gründete innerhalb der bischöflichen Räume – also im Haus des Bischofs – ein weiteres Kloster, das er in der genannten Predigt als ‚Klerikerkloster‘, als *monasterium clericorum*, bezeichnet (*s.* 355,2). Er verpflichtete sowohl die Mönche des Gartenklosters, das weiter bestehen blieb, wie auch seine Priester, die normalerweise die Möglichkeit hatten, ein bürgerliches Leben zu führen und Ehen zu schließen, zur mönchischen Lebensweise nach einer strengen Regel, die unter dem Titel *Praeceptum* überliefert ist: zum Gelübde der Armut, zu einfacher Nahrung, zu schlichter Kleidung, dem so genannten *birrus* (‚Kapuzenmantel‘), den Augustin selbst als Bischof noch trug, zur Ehelosigkeit, zum regelmäßigen Gebet, zum Schriftstudium (vgl. dazu Kapitel B VII 3). Die Mön-

Hieronymus in Bethlehem

Augustins Klöster in Hippo

che des Klerikerklosters weihte er zu Priestern und übertrug ihnen damit priesterliche Pflichten. Gemäß den Informationen des Possidius wurden um die zehn dieser Priester als Kleriker in anderen Städten Nordafrikas eingesetzt (*vita* 11), so dass man Augustins Kloster in Hippo als „Pflanzstätte des Diözesanklerus" bezeichnen kann (Grote). So wurden Evodius und Possidius Bischöfe von Uzala und Calama. Umgekehrt zog das Kloster auch auswärtige Kleriker an wie beispielsweise den Presbyter Orosius, der wahrscheinlich aus Bracara im heutigen Portugal stammt, den Autor der *Historiae adversus Paganos*, einer christlichen Universalgeschichte von der Sintflut bis ins Jahr 417, die er, wie er sagt, im Auftrag Augustins verfasst habe (vgl. auch Kapitel B V 2). Sie und andere kamen immer wieder als Gäste nach Hippo zurück, weshalb im Kloster mit der Zeit auch ein Gästehaus eingerichtet werden musste. Diese ‚Augustinermönche avant la lettre' blieben in der Regel treue Gefolgsleute des Bischofs von Hippo, sei es als Informanten oder als Mitstreiter in den Auseinandersetzungen mit den Häretikern. So dienten Possidius und Orosius als Briefboten Augustins im Schriftverkehr mit Paulinus von Nola und Hieronymus und kämpften an Augustins Seite im pelagianischen Streit. Evodius, von dem eine Schrift *De Fide contra Manichaeos* erhalten ist, unterstützte Augustin offenbar im Kampf gegen die Manichäer. Possidius, der im Jahr 430 von den Vandalen von seinem Bischofssitz vertrieben wurde, kehrte nach der Eroberung Hippos im Jahr 431 in sein Stammkloster zurück, verfasste die *Vita Augustini* und erstellte aufgrund der Bestände im Archiv der Bischofskirche den *Indiculus*, die Liste der augustinischen Schriften.

Solche ‚Mönchspriester' oder ‚Klerikermönche' waren in dieser Zeit die Ausnahme in den bestehenden Klöstern; vielmehr wurde in den östlichen Mönchsgemeinschaften der enge Kontakt zwischen Mönchen und Klerikern als gefährlich für die klösterliche Ruhe angesehen (Pachomius, Johannes Cassian). Die Monastisierung des Klerus bzw. Klerikalisierung des Mönchtums kann also als spezifisch augustinische Leistung gelten. Doch die Möglichkeit, Gelehrsamkeit und kirchenpolitische Aktivitäten miteinander zu kombinieren, bietet vielleicht eine Erklärung dafür, dass nicht nur der Leiter dieses Klerikerklosters mit seinen Schriften eine lange dogmengeschichtliche Tradition innerhalb der westlichen katholischen Kirche begründet hat, sondern dass auch eine Reihe herausragender Persönlichkeiten wie Possidius, Orosius und auch Evodius dort tätig werden konnten.

In diesem Zusammenhang ist zu erwähnen, dass Augustins Schwester, von der in seinen Schriften nur an einer einzigen Stelle die Rede ist (*ep.* 211,4), wohl in den neunziger Jahren als Witwe nach Hippo zog und dort Leiterin eines von Augustin für sie eingerichteten Frauenklosters wurde. Eine unter Augustins Namen überlieferte Nonnenregel, die *Regularis Informatio*, basiert auf dem *Praeceptum*, das möglicherweise Augustin selbst an deren Bedürfnisse angepasst hat (vgl. dazu Kapitel B VII 3). Die beiden Klöster in Hippo dürften allerdings wohl nicht mit Hieronymus' Doppelkloster in Bethlehem vergleichbar sein, wo das Männer- und das Frauenkloster den gleichen Status hatten.

Evodius, Possidius, Orosius

Frauenkloster

13. Priester und Bischof: Der Kampf gegen die Donatisten und andere Häretiker

Als Augustin im Januar 391 zum Priester geweiht wurde und damit sein Amt in Hippo antrat, war er gerade 36 Jahre alt, hatte also, da er weitere 39 Jahre lebte, noch nicht die Hälfte seines Lebens hinter sich. Doch sollten von da an die Kirchenpolitik und der Kampf für die römische Kirche und gegen ihre Gegner im Zentrum seiner weiteren Tätigkeiten stehen: zunächst gegen die Manichäer, dann vor allem etwa 20 Jahre lang gegen die Donatisten und weitere ca. 20 Jahre gegen die Pelagianer – sei es in der öffentlichen Auseinandersetzung und direkten Begegnung oder in seinen zahlreichen Schriften, in denen er sich gegen deren Positionen wendet. In geringerem Maß kämpfte er auch gegen den Arianismus, mit dem er ja bereits in Mailand durch Ambrosius' Kirchenpolitik konfrontiert worden war. Nachdem im Zug der Goteneinfälle viele arianische Laien und Kleriker aus Germanien nach Africa gekommen waren, entstanden zwischen 418 und 427/8 neben *De Trinitate*, wo auf die arianische Lehre mehrfach Bezug genommen wird, drei explizit antiarianische Schriften (*Contra Sermonem Arrianorum, Conlatio cum Maximino Arrianorum Episcopo* und *Contra Maximinum Arrianum*); davon sind zwei gegen den gotischen Arianerbischof Maximinus gerichtet, mit dem Augustin im Jahr 427 in Hippo eine öffentliche Disputation ausgetragen hatte. Hinzu kommen die schon bald einsetzende Tätigkeit als Prediger und die rege Korrespondenz, die zum größten Teil mit seinem Amt als Kleriker im Zusammenhang steht. Ein wichtiger, jedenfalls umfangreicher Teil seiner Arbeit besteht im Studium und in der Auslegung des Bibeltexts, wofür er sich denn auch beim Bischof freie Zeit ausbedingte (*ep.* 21,3). Mit dieser Menge von Schriften ist Augustins zweite ‚Hälfte des Lebens' allein schon quantitativ besser dokumentiert als die erste, der jedoch aufgrund des autobiographischen Teils der *Confessiones* meistens mehr Aufmerksamkeit zuteil wird.

Augustins Schriften aus der Zeit nach seiner Priesterweihe machen deutlich, dass er die Kirchenpolitik von Hippo schon bald auch selbst aktiv beeinflusste, und zwar bezeichnenderweise vor allem mit Hilfe seiner Kompetenz als Redner und Gelehrter. Mit großer Virtuosität debattierte er im Jahr 392 in der Öffentlichkeit gegen den manichäischen Priester Fortunatus, wovon die Schrift *Contra Fortunatum* Zeugnis ablegt. Der amtierende Bischof Valerius war Grieche und schien mit der lateinisch sprechenden Gemeinde Verständigungsschwierigkeiten zu haben, so dass er den rhetorisch geschulten Priester auch bald predigen ließ, obwohl dies eigentlich den Bischöfen vorbehalten war. Die Verständigung mit der Bevölkerung Hippos war nicht zuletzt deshalb wichtig, weil in dieser Zeit die römische Kirche Africas eine starke Rivalin hatte: Im Umland der Städte war die donatistische Kirche vorherrschend, die sich selbst als ‚katholisch' bezeichnete und dies zumindest in Africa aufgrund ihrer Übermacht über die ‚römisch-katholische' Kirche mit einer gewissen Berechtigung auch tun konnte (so auch Aug. *ep.* 185,1 = *correct.* 1).

Arianismus

Donatistische Kirche

E

Donatisten

Die Anhänger der donatistischen Kirche vertraten die rigorose Haltung, dass diejenigen Christen, die während der Verfolgung durch Diokletian in Africa in den Jahren 303–305 ihrem Glauben abgeschworen und ihre ‚heiligen Bücher' ausgeliefert hatten und damit nicht zu Märtyrern, sondern zu ‚Traditores' wurden (‚die ihre Bibel den Heiden ausliefern'), aus der Kirche ausgeschlossen werden und erst recht keine kirchlichen Ämter bekleiden sollten. Nur durch rituelle Bußübungen, Wiedertaufen und – im Fall des Klerus – Neuordination war für die ehemaligen Kollaborateure eine Rückkehr in den Schoß dieser Kirche der Märtyrer, die sich auf den Märtyrer-Bischof Cyprian von Karthago berief, möglich. Unter dem Einfluss des Bischofs von Casae Nigrae, **Donatus**, wurde die Wahl des Bischofs von Karthago, Caecilianus, angezweifelt, weil Traditores daran teilgenommen hätten, und Donatus trat selbst das Bischofsamt von Karthago an. Ähnliche Vorfälle wiederholten sich, und so kam es zum Schisma. Trotz dem Eingreifen des kaiserlichen Militärs bereits unter Konstantin erstarkte diese Kirche in Africa zunehmend; zumal unter den punisch sprechenden, berberischen Landarbeitern gewann sie viele Anhänger, die sich zum Teil zu radikalen Truppen zusammenschlossen, den **Circumcellionen**, die plündernd gegen Nicht-Donatisten (Heiden und Christen) vorgingen. Ein Streit um die Wahl des Donatisten Maximianus zum Bischof von Karthago führte zu einem innerdonatistischen Schisma, aus dem die **Maximinianisten** hervorgingen.

Der enorme Erfolg dieser Kirche in Africa lässt sich auf unterschiedliche Weisen erklären: als Ausdruck sozialer Spannungen zwischen der armen Landbevölkerung und den wohlhabenden, der staatlichen Kirche angehörenden Städtern (Frend) oder auch als Ausdruck der Unzufriedenheit der afrikanischen Christen mit der Staatskirche und der fehlenden religiösen Verankerung der Landbewohner und auch der städtischen ärmeren Schichten in dieser Institution (Brown). Auffällige Merkmale des Donatismus sind immerhin das selbstbewusste Auftreten der Kleriker – oft in Opposition zur kaiserlichen Gewalt –, das zu Massenbekehrungen und Wiedertaufen führte; die Wichtigkeit der Reinheit der Sakramententräger, die dem Kult eine besondere Bedeutung gab; die ausgeprägte Märtyrerverehrung; die besondere Bedeutung der Lesungen, auch von Märtyrerakten, in der Liturgie und die Einbeziehung der Gemeinde durch intensiven Kirchengesang.

Unter diesen Voraussetzungen trat Augustin sein Amt als Priester von Hippo an: Er, der in Mailand unter Ambrosius' Episkopat die Kirche als Ort und Institution kennen gelernt hatte, wo nicht nur Kirchenpolitik betrieben wurde, sondern auch eine Auseinandersetzung mit theologischen Fragen auf einem intellektuell anspruchsvollen Niveau stattfinden konnte, sah sich in Africa als Vertreter einer Minderheitenkirche, die sich teilweise unter Anwendung von Gewalt gegen eine andere, im Volk stärker verankerte Kirche durchzusetzen hatte. In diesem Kontext sind wohl auch seine ersten Initiativen zu sehen, die er in seiner Funktion als Kleriker ergriff: Anlässlich eines Konzils in Hippo Ende 393 hielt er vor den versammelten afrikanischen Bischöfen eine Auslegungspredigt zum orthodoxen Glaubensbekenntnis, die er daraufhin in der Schrift *De Fide et Symbolo* leicht umarbeitete und publizierte. Im Jahr 394 schieb er in Anlehnung an den donatistischen Kirchengesang ein Kirchenlied, den *Psalmus contra Partem Donati* (*pars Donati* = ‚Partei des Donatus'), in der Form eines Abecedarius, in dem jeder Buchstabe des Alphabets einen Vers einleitet; darin wird in volkstümlichem Latein die Geschichte des donatistischen Schismas

Augustin als Priester

erzählt und zwischendurch refrainartig die Anweisung wiederholt, wie diese Sekte ‚richtig' zu beurteilen, also zu verurteilen sei. Das Lied wurde offenbar nicht nur im Gottesdienst gesungen, sondern auch publiziert, fand also sowohl als mündliches wie auch als schriftliches Dokument Verbreitung. Zu Beginn seiner langen Auseinandersetzung mit den Donatisten scheint sich Augustin jedenfalls bemüht zu haben, sowohl den Klerus wie auch die Gemeinde je auf ihrer emotionalen und ihrer intellektuellen Ebene anzusprechen und so die ‚römische' Kirche mit Informationen über die eigene, orthodoxe bzw. die fremde Lehre zu stärken. In diesem Kontext können auch Augustins Katechismusunterricht sowie seine ‚Kolloquien' zu biblischen Schriften gesehen werden: Die *Expositio quarundam Propositionum ex Epistula Apostoli ad Romanos liber unus*, eine Kommentierung von 84 Stellen aus dem Römerbrief, ist das Resultat einer Gemeinschaftsarbeit mit Mitbrüdern anlässlich des Konzils von Karthago von 394. In dieser Zeit (394 oder 395) schrieb Augustin auch einen vollständigen Kommentar zum Galaterbrief, begann den Römerbrief systematisch zu kommentieren (*Epistulae ad Romanos Inchoata Expositio liber unus*), und in den Jahren 396 oder 397 legte er auf Anfrage des Simplicianus, der inzwischen Bischof von Mailand geworden war, zwei einzelne Passagen aus, wobei er seine radikale Gnadenlehre entwickelte (*Ad Simplicianum libri duo*; vgl. dazu Kapitel B III 1 und VI 3). Im Zentrum seiner Bibelauslegung, die wohl die thematischen Schwerpunkte seines Bibelstudiums widerspiegelt, standen also diejenigen paulinischen Schriften, in denen moraltheologische Fragen im Vordergrund stehen. Aus den Jahren 392 bis 393 stammen die ersten Psalmenpredigten (*Ennarationes in Psalmos* 1–32) und ein gescheiterter Versuch der wörtlichen Genesis-Auslegung (*De Genesi ad Litteram liber imperfectus*). Dabei reflektierte er seine exegetischen Prinzipien einerseits in kürzeren Methodenkapiteln und andererseits in der Schrift *De Doctrina Christiana*, an der er in den Jahren 396/7 zu arbeiten begann und in der er sich im zweiten, später entstandenen Teil auch mit dem hermeneutischen Regelsystem (*Liber Regularum*, um 383) des – allerdings von seiner Kirche exkommunizierten – Donatisten Tyconius auseinandersetzte (vgl. dazu auch Kapitel B VI 1). Augustin blieb also auch in seiner neuen Rolle und Tätigkeit der Lehrer und Berufsredner, wobei er seine didaktischen und rhetorischen Fähigkeiten von nun an in den Dienst von Kirchenpolitik und Bibelexegese stellte.

Bezeichnend für Augustins Aktivitäten in Hippo ist auch sein energisches Vorgehen gegen eine allzu ausgelassene Maifeier am Grab des Märtyrers Leontius im Jahr 395; solche Feste an den Märtyrergräbern (genannt *laetitiae*) waren gemäß Augustins Beschreibungen häufig nicht nur der Ort von wüsten Besäufnissen, sondern auch der Ausgangspunkt von Gewaltrazzien der Circumcellionen. Mit solchen Aktionen empfahl er sich wohl geradezu als Bischof, und damit er nicht von einer anderen Stadt abgeworben werden konnte, designierte Valerius ihn bereits zu seinen Lebzeiten als Nachfolger, indem er ihn – in Absprache mit dem Primas von Numidien, aber auch nicht ohne dessen Widerstand – um die Mitte des Jahres 395 zum Hilfsbischof weihte. Augustin selbst scheint Bedenken gehabt zu haben, dass damit kanonisches Recht verletzt worden sei (Possid. *vita* 8,6). Aber dies war offenbar ein Akt der Verzweiflung: Man konnte in Hippo nicht

(Hilfs-)Bischof
von Hippo

mehr auf ihn verzichten. Valerius' Tod und damit Augustins Antritt des regulären Bischofsamts kann ins Jahr 396 datiert werden.

Augustin war nun also Bischof von Hippo. Damit übernahm er wie jeder Bischof eine Reihe von Pflichten: Die tägliche *audientia episcopalis* (vgl. dazu Kapitel A II 11) in der neben der Basilika gelegenen ‚Sakristei' (*secretarium*); die Verwaltung des kirchlichen Besitzes; eine rege, fast tägliche Predigttätigkeit, infolge seiner Popularität teilweise auch als Gastprediger außerhalb Hippos, namentlich in Karthago; die Teilnahme an und Organisation von Konzilen innerhalb Africas; die Auseinandersetzung mit kirchlichen Vertretern und Anhängern anderer Kirchen oder Glaubensrichtungen. Diese zuletzt genannte Amtspflicht ist es denn auch, der sowohl in Augustins Schriften wie auch in der Öffentlichkeit am meisten Aufmerksamkeit zuteil wird. In den ersten Jahren als Bischof kämpfte er schriftlich und mündlich weiter gegen die Manichäer: so in der Widerlegung der Schriften des Faustus, dem er im Jahr 383 in Karthago begegnet war, in *Contra Faustum* (397/8), im Traktat *De Natura Boni* (399) gegen die manichäische Zwei-Prinzipien-Lehre, und in der öffentlichen Disputation im Jahr 404 gegen den Manichäer Felix, die im Dialog *Contra Felicem*, der letzten explizit antimanichäischen Schrift, aufgezeichnet ist. Eine antimanichäische Intention kann auch den in diesen Jahren entstandenen *Confessiones* zugesprochen werden (vgl. dazu Kapitel B IV 3).

Manichäismus

Doch spätestens nach 404 gewinnt die Auseinandersetzung mit den übermächtigen Donatisten klar die Oberhand. Hier leistete Augustin vollen Einsatz, einerseits mit einer langen Reihe von Traktaten (vgl. die Liste in Kapitel B I 2: Schriftengruppe E) und andererseits als Akteur auf der kirchenpolitischen Bühne. Doch erst nach jahrelangem Ringen und nach mehrmaligem Appell an die römische Staatsgewalt hatte die katholische Kirche Africas schließlich den durchschlagenden Erfolg.

Kampf
gegen Donatisten

404   Um den um sich greifenden Gewaltakten der Circumcellionen (die sich im Jahr 403 auch gegen Augustins Gefolgsmann Possidius, den Bischof von Calama, richteten) Einhalt zu gebieten, wird auf dem **Konzil von Karthago** im Jahr 404 beschlossen, den Kaiser um die Anwendung des von Theodosius I. geschaffenen Gesetzes gegen Häretiker (*cod. Theod.* 16,5,21 aus dem Jahr 392) auf die Donatisten zu ersuchen.

405   Der Kaiser **Honorius** gibt dem Begehren mit einem **Edikt** statt, das notfalls mit Gewalt die Einheit der katholischen Kirche durchsetzen sollte. Damit werden die Donatisten, die sich nicht zur ‚römischen' katholischen Kirche bekannten, zu **Häretikern** erklärt. Gemäß dem theodosianischen Gesetz gegen Häretiker werden sie zu hohen Geldstrafen verurteilt; die donatistische Kirche wird enteignet und ist nicht mehr erbberechtigt (*cod. Theod.* 16,5,38). Doch diese Maßnahme greift nicht.

410   Als Reaktion auf eine von Bischof Aurelius von Karthago autorisierte Gesandtschaft gibt Honorius dem Kommandanten des Heeres in Africa den Befehl, die Häretiker auch mit Gewalt niederzuzwingen (gemäß *cod. Theod.* 16,5,51).

411   Auf einem dreitägigen **Religionsgespräch (*conlatio*) in Karthago** am 1., 3., und 8. Juni des Jahres 411 findet unter der Leitung des **Flavius Marcellinus**, des Bruders des Prokonsuls von Africa, eine letzte Aussprache der beiden rivalisierenden Kirchen statt (*Conlatio Carthaginiensis*). Je ca. 280 Bischöfe von jeder Kirche stehen sich gegenüber. Marcellinus, der die Funktion eines Schiedsrichters hat, spricht – wie erwartet – den Vertretern der ‚römischen' Kirche den

Sieg und damit die ‚Katholizität' zu; als Strafe sollten die Güter der Donatisten konfisziert und Geldstrafen verhängt werden.

412   Nach einem erfolglosen Appell der Donatisten an den Kaiser Honorius werden weitere schwere Sanktionen gegen den Donatismus verhängt (*cod. Theod.* 16,5,52). Der Strafe und Gewalt kann sich entziehen, wer sich der ‚römischen' Kirche anschließt.

Augustin nahm an beiden Zusammenkünften von Karthago teil, doch trat er erst beim Religionsgespräch von 411 in Erscheinung, wo ihm als einem der sieben Sprecher der katholischen Seite eine Führungsposition zufiel. Die in den Gesprächsprotokollen, den *Gesta Conlationis Carthaginiensis*, aufgezeichneten Stellungnahmen beider Seiten fasste er zusammen in einem *Breviculus Conlationis cum Donatistis*, um die leichtere Lektüre und damit die weite Verbreitung der siegreichen Argumente zu gewährleisten. Mit dem kaiserlichen Schiedsrichter Marcellinus und dessen Bruder Apringius, dem Prokonsul von Africa, hatte Augustin bereits vor der *conlatio* brieflichen Kontakt aufgenommen und konnte sich so ihres Urteils gegen die Donatisten im Voraus versichern. Marcellinus ist – neben mehreren anderen augustinischen Schriften – *De Civitate Dei* gewidmet, die Schrift, mit der Augustin an einer weiteren Front kämpfte (vgl. dazu Kapitel B V 1). Denn nach der Einnahme und Plünderung Roms durch den Westgotenkönig Alarich im Jahr 410 wurden reaktionäre heidnische Stimmen laut, die das Unglück als Strafe der (heidnischen) Götter interpretierten, die sich für die Schließung ihrer Heiligtümer und das Verbot ihrer Opfer rächen würden. Die enge zeitliche Nähe der Katastrophe von 410 und der staatlichen Maßnahmen in Africa gegen die Donatisten, die in der Widmung gerade dieser antipaganen Schrift an den antidonatistischen Schiedsrichter manifest wird, ist vielleicht nicht zufällig: Durch die immer wiederkehrenden Goteneinfälle war ja Rom nicht nur militärisch, sondern – infolge der von der gotischen Siegermacht angeordneten Zahlungen – auch finanziell geschwächt. Durch die Enteignung der Donatisten hat Honorius die Staatskasse wohl zumindest partiell sanieren können.

Ob Augustin von solchen Zusammenhängen wusste, ist seinen Schriften nicht zu entnehmen, wie überhaupt die säkulare Politik dort praktisch keine Rolle spielt – nicht einmal in *De Civitate Dei* –, was der Tatsache entspricht, dass die afrikanische Kirche ihrerseits wenig Einfluss hatte auf das politische Leben. Dagegen reflektiert Augustin eingehend das Problem, dass die Maßnahmen gegen die Donatisten ohne Zwang und Gewalt (*coercitio*) nicht durchgesetzt werden konnten, und scheint, wie er selbst in einem Brief sagt, in dieser Frage seinen Standpunkt allmählich geändert zu haben (*ep.* 93,17). In den Schriften vor 400 sprach er sich gegen jegliche Gewalt gegenüber den Donatisten aus; nach diesem Datum erkannte er jedoch die Rechtmäßigkeit des theodosianischen Gesetzes gegen die Häretiker an und unterstützte schließlich im Jahr 404 die Petition der Bischöfe an den Kaiser um die Durchsetzung dieses Gesetzes gegen die Donatisten. Am Religionsgespräch von Karthago von 411 setzte er sich selbst dafür ein, dass die Einheit der katholischen Kirche und damit auch der Übertritt der Donatisten in die katholische Kirche – notfalls mit militärischer Gewalt – erzwungen werden sollten. So wurde den rohen Gewalttaten der Donatisten, die nicht zuletzt zum Widerstand von Seiten der katholischen Kleriker

Marcellinus (Randnotiz)

Einsatz von Gewalt? (Randnotiz)

geführt hatten, militärische, organisierte Staatsgewalt entgegengesetzt. Augustin selbst bewirkte mit Berufung auf das kaiserliche Gesetz, dass der donatistische Gegenbischof von Hippo, Proculeianus, aus seiner Kirche vertrieben wurde, und ließ an ihrer Tür zwei seiner antidonatistischen Schriften anbringen (*retr.* 2,27). Augustins Unterstützung der Gewaltmaßnahmen hat ihm von verschiedenster Seite bis in die Gegenwart scharfe Kritik oder gar Ablehnung eingebracht, zumal seine Instrumentalisierung des Gleichnisses vom großen Gastmahl im Lukasevangelium (14,15–24): Wie der Hausherr die Leute zwingt, in sein Haus zum Gastmahl zu kommen, damit sein Haus voll wird, so solle man auch die Donatisten „zum Eintreten zwingen" (nach *Lc* 14,23: *compelle* oder *cog(it)e intrare*). Doch muss man gerechterweise sagen, dass Augustin selbst dieses Zitat nur selten verwendet und dass es erst von den Inquisitoren bei der Ketzerverfolgung in Mittelalter und Neuzeit systematisch instrumentalisiert worden ist – allerdings häufig mit Berufung auf Augustin. Immerhin scheint sich Augustin im Klaren darüber gewesen zu sein, dass diejenigen, die zur Konversion gezwungen worden waren, nach dem Eintritt in die katholische Kirche den rechten Glauben freiwillig vertreten mussten, da sie sonst ja falsche Katholiken wären (vgl. z. B. *ep.* 173,10). Noch mehrere Jahre nach den Aktionen – wohl im Jahr 417 – verfasste er eine Rechtfertigung der Gewalt in Form eines Briefes an den römischen Provinzialverwalter (*comes*) Bonifatius, der sich offenbar mit kritischen Stimmen zu diesem Vorgehen auseinandersetzen musste (*ep.* 185 = *De Correctione Donatistarum*); die Schrift bietet eine umfassende und informative Darstellung von Augustins Argumentation zum Thema der *coercitio*.

Ein zentrales Anliegen von Augustins Kampf gegen die Donatisten ist die Gültigkeit der Sakramente der Taufe und Ordination: Sie sind einmalig und unwiderruflich, können also von einem Menschen nur einmal empfangen werden, sind unvergänglich und in ihrer Wirkung auch unabhängig von der moralischen Integrität der Sakramentenspender, da Christus der eigentliche Spender ist; das Vergehen eines Getauften oder Ordinierten kann nur durch Reue und nicht durch die Wiedertaufe oder -ordination gesühnt werden, wie dies von den Donatisten praktiziert wurde. Die Thematik ist zentral in *De Baptismo contra Donatistas*, durchzieht jedoch auch die anderen antidonatistischen Schriften. Darunter enthalten einige eine direkte Auseinandersetzung mit Traktaten der donatistischen Bischöfe Parmenianus, Petilianus und Gaudentius (vgl. *Contra Epistulam Parmeniani, Contra Litteras Petiliani, De Unico Baptismo contra Petilianum, Contra Gaudentium Donatistarum Episcopum*). Bemerkenswert ist auch die Schrift an einen Grammatiker Cresconius, also einen Laien, aus der Zeit um die Jahreswende 400/401, in der sich Augustin mit einer harschen Kritik an Rhetorik und Dialektik – jedoch selbst rhetorisch und dialektisch brillant – gegen dessen schriftlich geäußerte Polemik wendet (*Ad Cresconium Grammaticum Partis Donati*).

Taufe und Ordination

14. Der Kampf gegen die Pelagianer

E

Pelagius
war aus Britannien nach Rom ausgewandert, wo er seit dem Ende des 4. Jahrhunderts als asketischer Mönch lebte und sich wegen seiner Askese auch in der adligen Oberschicht einen Namen gemacht und einen Schülerkreis um sich versammelt hatte. Kurz vor der Belagerung der Stadt durch Alarich reiste er um 410 über Sizilien und Africa nach Palästina aus. Seine Lehre betont die **Willensfreiheit** und **Selbstverantwortung** des Menschen für sein Tun.

Anlass für den Widerstand der römischen Kirche gegen die pelagianische Lehre gab das Auftreten von Pelagius' Schüler **Caelestius**; er war mit Pelagius aus Rom geflüchtet und hatte sich in Karthago niedergelassen, wo er sich um die Ordination zum Priester bewarb.

411 Caelestius wird aufgrund einer Schrift (*Definitiones*), die Augustin unter Caelestius' Namen zugesandt worden war, der Irrlehre angeklagt und im Oktober 411 durch das Konzil von Karthago verurteilt. Er flüchtet in den Osten. Am Konzil von **Diospolis** (Oberägypten) wird Pelagius freigesprochen (Dezember 415).

417 Im Januar 417 werden Pelagius und Caelestius am afrikanischen Konzil von Mileve verurteilt und auf Drängen der afrikanischen Bischöfe von Papst Innozenz I. exkommuniziert. Dessen Nachfolger Zosimos rehabilitiert die beiden.

418 Auf Druck der afrikanischen Kirche und in der Folge auch aufgrund eines kaiserlichen Edikts vom 30. April 418 muss Zosimos Pelagius und Caelestius wieder exkommunizieren.

Danach verlieren sich Pelagius' Spuren; Caelestius wirkte in Rom und im Osten weiter. Die Interventionen des Bischofs **Julian von Aeclanum** und weiterer 17 italischer Bischöfe beim Papst und am Kaiserhof blieben wirkungslos. Julian wurde 418 seines Amtes enthoben und flüchtete ebenfalls in den Osten. Anlässlich des Dritten Ökumenischen Konzils von Ephesos (431) wurden Pelagius (postum) und Caelestius nochmals offiziell – nun also auch im Osten – verurteilt.

Anders als der Donatismus, der sich in Africa auf ein dichtes Netz von Klerikern und eine in weiten Teilen der Bevölkerung fest verankerte Kirche stützen konnte, war der Pelagianismus eine Bewegung, die fast ausschließlich in der gebildeten Oberschicht und im höheren Klerus verbreitet war. Augustin hatte sich also im pelagianischen Streit nicht mit einer kirchlichen Institution, wie sie die donatistische Kirche in Africa war, sondern mit einer intellektuellen Bewegung auseinanderzusetzen. Die Diskussion, die sich in der Folge zwischen den Vertretern der beiden Positionen entwickelte, ist deshalb für theologische und philosophische Fragestellungen ergiebiger als der Donatismusstreit. Die Lehre des Pelagius steht der in der paganen Philosophie diskutierten Vorstellung der Autonomie des menschlichen Handelns nahe: Auch wenn die menschliche Natur in ihrem Handeln nicht völlig autonom, sondern auf den Beistand der göttlichen Gnade angewiesen ist, so ist sie doch von Gott mit der Gabe ausgestattet, durch Askese im Kampf gegen die Affekte und Triebe erfolgreich zu sein und das Gute aus freiem Willen leisten zu können. Mit dem Willen zu einer christlichen asketischen Lebensführung und der daraus folgenden Gnade Gottes kann sich der Mensch also perfektionieren und das gute Leben verwirklichen, wozu er nach Pelagius sogar verpflichtet ist.

Lehre des Pelagius

Dieses theologische und anthropologische Konzept wendet sich einerseits explizit gegen den manichäischen Fatalismus, der durch die Annahme eines bösen Prinzips den Menschen von seiner Verantwortung für die eigene Schlechtigkeit entbindet. Es steht andererseits auch in einem scharfen Gegensatz zur Position Augustins, die Pelagius mindestens durch die Lektüre der *Confessiones* – also um 400 – kennen gelernt hatte, die in Rom zu einem „Modebuch der religiös interessierten Gesellschaft" geworden waren (von Campenhausen). Augustin hatte bereits in dem Dialog *De Libero Arbitrio*, den er in Thagaste begonnen und kurz nach seiner Priesterweihe im Jahr 391 fertig gestellt hatte, die Vorstellung von der menschlichen Freiheit und Selbstverantwortung mit dem Gedanken der Gnade zu verbinden versucht. In der frühen Römerbrief-Exegese von 394, der *Expositio quarundam Quaestionum* (s. o. S. 159–161), gesteht er dem Menschen noch die Autonomie zu, sich für den christlichen Glauben frei entscheiden zu können; doch in der Schrift *Ad Simplicianum* aus den Jahren 396 oder 397 entwickelt er eine Gnadenlehre, die die menschliche Natur durchwegs pessimistisch einschätzt und bei allem Wollen und sogar bei ihrer Entscheidung zum Glauben allein auf die göttliche Gnade angewiesen sein lässt (vgl. dazu Kapitel B VI 3). Bereits etwa fünfzehn Jahre vor dem Beginn der langen Auseinandersetzung mit den Pelagianern hatte er also die Position entworfen, die er nun, herausgefordert von zwei seiner wohl aufmerksamsten Leser, Pelagius und später Julian, weiter differenzieren sollte.

(Randbemerkung: Gnadenlehre)

Die beiden Positionen lassen sich aufgrund von zwei Merkmalen pointiert unterscheiden. Zum einen durch die Funktion, welche Pelagius einerseits und Augustin andererseits der Gnade zuschreiben: Gemäß Pelagius gibt Gott die Gnade, damit der Mensch das Gute leichter tue (*ad facilius faciendum*), gemäß Augustin, damit der Mensch es *überhaupt* tue (*ad faciendum*). Pelagius spricht also der göttlichen Gnade im menschlichen Handeln und damit der Erlösung durch Christus im Heilsgeschehen nur eine subsidiäre Funktion zu. Zum anderen ist die pelagianische Lehre mehr normativ, die augustinische mehr deskriptiv: Die pelagianische Lehre gibt das Ziel des guten, gottgefälligen Lebens vor und definiert es als realistisches Resultat asketischer Anstrengung und damit menschlicher Leistung, die sich um die göttliche Gnade verdient macht; die augustinische Lehre beschreibt die *conditio humana*, die den Menschen – auch wider seinen Willen – zum Sünder werden lässt: Der Mensch kann sich zwar durch eine christliche Lebensführung, die sich aus der Liebe zu Gott und der Erfüllung des doppelten Liebesgebots der Selbst- und Nächstenliebe ergibt, um die Gnade bemühen, aber er hat keinen zwingenden Anspruch auf sie; denn Gott gibt sie nur den aus unerforschlichen Gründen von ihm Auserwählten, also aufgrund seiner Vorbestimmung (Prädestination). Damit erklärt Augustin die (scheinbare) Ungerechtigkeit der Welt, die auch die Gerechten und Guten Unglück und Leid erfahren lässt. Den Optimismus der pelagianischen Asketen im Kampf gegen Affekte und Triebe teilt Augustin also nicht, sondern bezeichnet dieses Vertrauen des Menschen in das eigene Wollen und die eigenen Fähigkeiten als Hochmut (*superbia*). Er stellt dem Selbstvertrauen der pelagianischen Position, die dem uralten pagan-philosophischen Menschenbild entspricht, das Gottvertrauen gegenüber. Er betont im Gegenteil die Schwächen und die Fallibilität der menschlichen

Natur, die er mit dem bereits von anderen Theologen nach 1 *Cor* 15,22
Erbsünde entwickelten Konzept der Erbsünde (*peccatum originale*) erklärt: Seit dem
Fall Adams ist die menschliche Natur pervertiert und zur ‚Sünde' veranlagt;
die Menschheit ist damit eine ‚Masse der Verdammten' (*massa damnata/
damnatorum* oder *perditionis*). Allerdings ist nicht wie in der manichäisch-
dualistischen Lehre das ontologisch selbständige Böse die Ursache, sondern eine Urschuld, die dadurch entstanden ist, dass Adam willentlich vom
Guten abgefallen ist, also durch eine Negation des Guten (vgl. dazu Kapitel B III 1). Mit dem Rekurs auf Gnade und Urschuld entwirft Augustin ein
im Vergleich mit antiken anthropologischen Konzepten gänzlich neues
Denkprinzip, das für den Menschen die Möglichkeit der ethischen Perfek-
tionierung ausschließt. Wie bereits im Kampf gegen die donatistische Lehre
widersetzt sich Augustin der Vorstellung, dass der Mensch oder auch eine
Institution wie die Kirche ohne Fehler (ohne ‚Sünde') sein könne.

In Africa nahm die Auseinandersetzung mit der pelagianischen Lehre
ihren Anfang mit einem Auftritt von Pelagius' Schüler Caelestius. Die beiden hielten sich auf ihrer Flucht in den Osten auch mehrere Monate in
Africa auf und nahmen im Juni 411 am Religionsgespräch von Karthago
und an den Diskussionen um die Katholizität der donatistischen Lehre teil.
Gegen Caelestius Als Caelestius die Priesterweihe verlangte, wurden er und mit ihm die pelagianische Lehre am Konzil von Karthago im Oktober 411 verurteilt. Da-
rauf wandte sich derselbe Marcellinus, der im Juni desselben Jahres in Karthago als Schiedsrichter gegen die Donatisten gewirkt hatte, an Augustin
und bat ihn um seine Meinung. Dieser musste sich damals zwar noch mit
den Folgen des Donatismusstreits auseinandersetzen, hatte aber doch bereits Kenntnis von Pelagius, der ihn während seiner Durchreise durch
Hippo auch schon brieflich kontaktiert hatte (*ep.* 146); zudem hatte man
ihm die unter dem Namen des Caelestius veröffentlichte Schrift *Definitiones* zugesandt, in der der pelagianische Standpunkt ‚definiert' wurde.
Somit war Augustin die Problematik dieser Position bekannt, und so legte
er Marcellinus in seiner ersten antipelagianischen Schrift dar, worum es in
dieser Lehre geht (*De Peccatorum Meritis et Remissione et De Baptismo
Parvulorum ad Marcellinum*, 411/412). Dabei wird deutlich, warum nur
wenige Monate nach dem entscheidenden Schlag gegen die Donatisten
die erneute Verurteilung einer Irrlehre erforderlich war: Es ging wiederum
Taufsakrament um das Taufsakrament; denn im Gegensatz zu Augustin, der von einer seit
Adam ererbten ‚sündigen' Grunddisposition des Menschen ausging und
sich deshalb für die Taufe und damit Erlösungsnotwendigkeit der Neugebo-
renen einsetzte, leugnete Pelagius die Erbsünde und sprach der Taufe allein
die Funktion zu, von *persönlicher* Schuld zu erlösen, weshalb sie für Klein-
kinder unnötig sei.

Der Umstand, dass Marcellinus sich für die Lehre interessierte und
Augustin ihn zum Adressaten der genannten Schrift macht (auch in *De Spiritu et Littera* von 412), ist deshalb von Bedeutung, weil gerade gebildete
Aristokraten wie Marcellinus für die pelagianische ‚Selbsterlösungslehre'
sehr empfänglich waren. Sie bot ihnen die Möglichkeit, sich von einem
inzwischen vulgarisierten Christentum abzuheben und durch strenge, an
die pagan-philosophische Tradition erinnernde Selbstperfektionierung
– und nicht bloß durch Geburt und Taufe – als Christen zu erweisen. Einige

aristokratische Asketinnen und Asketen erlangten wegen ihrer rigiden Haltung auch eine gewisse Prominenz, wie das damals Aufsehen erregende Beispiel der jungen Adeligen Demetrias deutlich macht, der Pelagius und Augustin je eigene Anweisungen zukommen ließen, um sie – im Fall des Pelagius – in ihrer Hinwendung zum christlichen asketischen Leben zu bestärken oder – im Fall Augustins – sie gleichzeitig vor einem überhöhten Vertrauen in die eigenen Fähigkeiten zu warnen (Pelag. *epist. ad Demetr.*; vgl. Aug. *ep.* 188 an Demetrias' Mutter Iuliana). Von der Affinität der römischen Oberschicht zu Pelagius' Position zeugt auch Augustins Schrift *De Gratia Christi et De Peccato Originali,* die er nach der endgültigen Exkommunikation des Pelagius im Jahr 418 an die drei Adligen Pinianus, dessen Schwiegermutter Albina (die Tochter der Asketin Melania, genannt ‚die Ältere') und deren Tochter bzw. Pinianus' Frau Melania, genannt ‚die Jüngere', richtete, die wie Pelagius und sein Schüler im Jahr 410 vor den Westgoten nach Africa geflüchtet waren. Der verurteilte Pelagius hatte die drei Asketen offenbar von der Orthodoxie seiner Lehre überzeugen wollen, wonach sie sich an Augustin wandten und ihn um Nachsicht für Pelagius baten (die er jedoch nicht gewährte).

Augustin scheint also nach 411 – nicht früher – zu einer im ganzen weströmischen Reich anerkannten Autorität in kirchenpolitischen Fragen geworden zu sein. Dies spiegelt sich auch im augustinischen Briefcorpus wider, in dem die Korrespondenz zwischen den afrikanischen Bischöfen und Papst Innozenz I. aus dem Jahr 417 enthalten ist (*epp.* 175–177 und 181–183), in der es um die päpstliche Autorisierung der Exkommunikation von Pelagius und Caelestius geht. Nachdem Papst Zosimos die beiden wieder rehabilitiert hatte, protestierte Augustin in einer Predigt gegen dieses Vorgehen mit dem Argument, dass mit dem Spruch eines Papstes, des inzwischen verstorbenen Innozenz I., die Sache doch erledigt sein müsse (*s.* 131,10: *causa finita est*); aus dieser auch in den antidonatistischen Schriften öfter verwendeten Formel wurde später das geflügelte Wort „Roma locuta, causa finita" gebildet („Rom hat gesprochen, der Fall ist erledigt"). Tatsächlich musste Zosimos dem Druck der Afrikaner und dem Edikt des Kaisers Honorius vom April 418 weichen und bestätigte in seiner *Epistula Tractoria* (‚Einladung zu erscheinen') die Gnadenlehre, die Erbsündenlehre und die Wirksamkeit der Taufe auf allen Altersstufen, also die – durch Augustin geprägte – afrikanische Doktrin. Der augustinische Standpunkt hatte sich auf höchster Ebene durchgesetzt.

An diesem Punkt, als der Kampf um die dogmatische Festlegung der ‚Orthodoxie' eigentlich bereits ausgefochten war, trat nun der pelagianische Bischof Julian von Aeclanum (südöstlich von Benevent, heute Mirabella Eclano bei Avellino) auf die kirchenpolitische Bühne: Er und weitere 17 Bischöfe weigerten sich, die erneute päpstliche und nun auch kaiserliche Verurteilung zu unterzeichnen. Als sie in der Folge selbst exkommuniziert wurden und fliehen mussten, beschwerte sich Julian, der in den zunächst noch sicheren Osten geflohen war, bei einem kaiserlichen Beamten in Ravenna, dem *comes* Valerius. Und wiederum war es Augustin, der als fachliche Autorität angefragt wurde: Valerius und der Papst Bonifatius I., der inzwischen Zosimos nachgefolgt war, baten Augustin um eine Stellungnahme. Vor diesem Hintergrund ist es zu verstehen, dass sich Julian mit seinen

Asketinnen
und Asketen

Julian
von Aeclanum:
Ehe und Sexualethik

Schriften ausdrücklich gegen Augustin wandte, die dieser je ausführlich beantwortete. Der ausschließlich schriftlich ausgefochtene Streit zwischen diesen beiden ‚Theologen' konzentriert sich auf die Problemkreise ‚Gnade und freier Wille', ‚Mängel der menschlichen Existenz und Wirkung der Taufe' sowie ‚Ehe und sexuelles Begehren'. Diese Auseinandersetzung, die für uns allerdings allein in den Schriften Augustins fassbar ist, in denen Julian ausführlich zitiert oder paraphrasiert wird, zeigt zwei scharfsinnig argumentierende, rhetorisch geschulte Männer, die – für Augustin eine neue Situation – einander intellektuell wohl ebenbürtig waren. Die Polemik ist dementsprechend hart – Julian nennt Augustin einen „punischen Aristoteles" (zitiert in Aug. *c. Iul. imp.* 3,199) –, die Argumentation teilweise sophistisch. Den Ausgangspunkt bilden zwei Briefe wahrscheinlich aus der Feder Julians, in denen Augustin mit dem Vorwurf des Manichäismus konfrontiert und die pelagianische Position dargelegt werden; sie wurden Alypius anlässlich eines Romaufenthalts im Jahr 419 von Papst Bonifatius I. persönlich zuhanden Augustins übergeben. Dieser reagierte mit der Schrift *Contra Duas Epistulas Pelagianorum*, die an Bonifatius adressiert ist. In vier Büchern *Ad Turbatium* warf darauf Julian dem Bischof von Hippo vor, er vertrete mit seiner Erbsündenlehre immer noch den manichäischen Dualismus; Augustin machte sich im Winter 421/422 an die Widerlegung in Form der Schrift *Contra Iulianum*. Auf Augustins Verteidigung der Ehe in der Schrift *De Nuptiis et Concupiscentia*, die an den kaiserlichen Beamten Valerius gerichtet ist, antwortete Julian mit acht Büchern mit dem Titel *Ad Florum*. Augustin erhielt diese Schrift, in der Julian Ehe und Sexualität verteidigt, allerdings erst kurze Zeit vor seinem Tod und starb bei der Arbeit an der Widerlegung in der Schrift *Contra Julianum opus imperfectum*, die auch bereits Spuren der Ermüdung zeigt, jedenfalls voller Redundanzen ist. Der Schwerpunkt liegt auf Fragen zu Ehe und Sexualethik (vgl. dazu Kapitel B VII 2). Auch hiermit wendet sich Augustin gegen den Erfolgsoptimismus der pelagianischen Asketen und betont die Schwäche der menschlichen Natur.

Augustins Position, die sich in den Schriften gegen Julian nicht nur immer deutlicher ausprägte, sondern durch die schriftliche Verbreitung auch immer prominenter wurde, stieß nun auch bei Klerikern auf Unverständnis, die dem Pelagianismus nicht nahe standen – oder nicht nahe stehen wollten; denn damit hätte man sich der Anklage der Häresie ausgesetzt. Die Schriften, in denen sich Augustin mit den Vertretern dieser Zweifel auseinandersetzt, können unter der Rubrik ‚gegen den Semipelagianismus' zusammengefasst werden, obwohl ihre Adressaten durchaus unterschiedlicher dogmatischer Herkunft sind. Die Gemeinsamkeit besteht darin, dass ihnen insbesondere Augustins Gnadenlehre Schwierigkeiten verursachte, die den Menschen durch Prädestination und unverdiente Gnade der Verantwortung für sein Handeln und auch für sein Glauben zu entheben schien: Wenn der Mensch in seinem Tun letztlich immer dem Willen Gottes unterworfen ist, wird er nicht zum Lohn für gute Werke, sondern allein aufgrund des unerforschlichen göttlichen Ratschlusses (nach *Rm* 8,28) sowohl für den Glauben wie auch für das ewige Leben auserwählt. Um die Jahre 426/427 wandten sich die Mönche der nordafrikanischen Stadt Hadrumetum (heute Sousse in Tunesien) an den Bischof von

Semipelagianismus und Prädestinationslehre

Hippo mit der Frage, warum es denn nicht allen, sondern nur einigen Menschen durch Gottes Gnade möglich sein sollte, sowohl zu glauben wie auch beim Glauben zu bleiben. Augustin antwortete mit zwei Briefen (*epp.* 214f.) sowie den beiden Schriften *De Gratia et Libero Arbitrio* und *De Correptione et Gratia*, in denen er am Zusammenwirken von Gnade und freiem Willen festhält: Die Gnade hebt die Freiheit nicht auf, der Mensch bleibt für gutes und böses Handeln selbst verantwortlich. Deshalb ist auch in diesem Gnadensystem eine Zurechtweisung (*correptio*) sinnvoll. Teilweise als Reaktion auf diese Schriften, die offenbar schnell verbreitet wurden, kam eine ähnliche Anfrage im folgenden Jahr 428 aus Südgallien, wo die pelagianischen Ideen noch länger nachwirkten. Zwei ‚Augustin-Leser', der Laienmönch Prosper Tiro von Aquitanien und ein sonst nicht bekannter Hilarius, wiesen auf ähnliche Probleme der Mönche in Marseille hin (*epp.* 225f.): In Mönchs- und Klerikerkreisen sei die augustinische Lehre von der Unverdienbarkeit der Gnade als Gefahr gesehen worden, den Bußeifer der Mönche zu schwächen und die seelsorglichen Bemühungen um ihren Erfolg zu bringen; Anfang des Glaubens und Beharren im Glauben müssten doch Sache des menschlichen Willens, nicht Wirken der Gnade sein. Darauf antworten Augustins Schriften *De Praedestinatione Sanctorum* und *De Dono Perseverantiae* (428/429): Prädestination ist keine Vorher*bestimmung*, sondern Voraus*wissen*, es gibt also keine zwingende Vorentscheidung, sondern allein das umfassende Wissen Gottes vom Schicksal des Menschen; innerhalb dieses Handlungsspielraums sind Glaubensstärke und auch das ‚Beharren' (*perseverantia*) im Glauben und im Guten nicht menschliches Verdienst, sondern ‚Geschenk' Gottes.

Während diese beiden Zielgruppen der augustinischen Schriften – die Mönche von Hadrumetum einerseits und die beiden Laien Prosper und Hilarius andererseits – Augustins Gnadenlehre keine Alternative gegenüberstellen, sondern bloß Bedenken und Zweifel aufgrund praktischer Erfahrungen markierten, verfasste der Priester Johannes Cassian, der in Marseille ein Doppelkloster gegründet hatte, in den Jahren 425–429 unter dem Titel *Conlationes* eine Zusammenstellung der Lehren der Wüstenmönche, in der er in einem Kapitel eine antiaugustinische Gnadenlehre vertritt (*conl.* 13). Dieser ‚Semipelagianismus', wie die Position wohl erst seit dem 16.Jahrhundert genannt wird, wurde im Jahr 529 am Konzil von Orange verurteilt. Augustins Gnadenlehre hatte sich durchgesetzt; allerdings wurde an diesem Konzil doch eine moderatere Position markiert und Gott immerhin der Wille zugesprochen, den Menschen retten zu wollen.

Johannes Cassian

15. Bilanz

Als Bischof hat Augustin wohl den größten Teil seiner Zeit in diese in den Schriften und an den Konzilen ausgetragenen Kämpfe gegen Manichäer, Donatisten, Heiden, Pelagianer, Semipelagianer und Arianer investiert. Nicht zu unterschätzen sind seine Aktivitäten im Kampf gegen die in der pagan geprägten Kultur Nordafrikas immer noch allgegenwärtigen heidnischen Bräuche wie die Divination, Astrologie, Zauber- und Begräbnisriten, das Tragen von Amuletten, das Schwören, Spiele und Theateraufführungen usw. In Traktaten, Briefen und Predigten setzt er sich mit diesen religiösen und weltlichen Phänomenen auseinander und differenziert dabei seinen eigenen theologischen Standpunkt mehr und mehr aus. Wie wir aus seiner Korrespondenz erschließen können, spielt er zunächst innerhalb der Kirche Africas und seit 412 auch in Rom und am Kaiserhof in Ravenna auf der kirchenpolitischen Bühne eine zunehmend wichtigere Rolle und wird immer mehr als Autorität in theologischen und dogmatischen Fragen wahrgenommen. Er, der sich aus seinem Beruf am Kaiserhof in Mailand zurückgezogen hatte, um ein Leben als Mönch in der Provinzstadt Thagaste zu führen,

Augustin in der
Öffentlichkeit

wird als Bischof und Autor der *Confessiones* zu einer Gestalt des öffentlichen Lebens, zeitweise auch zu einer aggressiven Autoritätsperson, die sich der Polemik von in Rom und adligen Kreisen durchaus renommierten Persönlichkeiten – wie des Pelagius – aussetzt, ohne ihnen je zu begegnen. Gemäß den Selbstaussagen in seinen Schriften, zumal den auch mündlich geäußerten in seinen Predigten, hat ihm diese Rolle des scharfen Dogmatikers nicht besonders behagt; offenbar hat er sie aber übernommen, um eine Theologie zu vertreten, in der die menschliche Natur in ihrem Verhältnis zur göttlichen Macht gänzlich relativiert und damit die Notwendigkeit der göttlichen Gnade und auch der kirchlichen Sakramente betont wird. Seine – ganz in paganer Tradition stehende – Ausbildung und sein rhetorisches Talent, die ihn zum Amt eines Rhetorikprofessors befähigten, machten ihn auch zum erfolgreichen Schriftsteller, Briefeschreiber, Prediger und Kirchenpolitiker: Er verstand es, mit logischer Konsequenz für oder gegen eine Position zu argumentieren, aufgrund festgelegter Prämissen ein Argument oder ein ganzes Konzept zu entwickeln und Konzepte, die diesen Prämissen widersprechen, zunächst zu analysieren und dann Punkt für Punkt zu widerlegen. Obwohl er eine bedingungslose Unterwerfung der menschlichen Fähigkeiten und Möglichkeiten unter die göttliche Macht vertrat, sind seine Schriften also nicht durch ergebene Frömmigkeit, sondern durch eine auf harter Schulung und Anstrengung basierende hohe Argumentationskunst geprägt.

Wenn auch die Auseinandersetzung mit den ‚Häretikern' die kirchenpolitischen Aktivitäten des Bischofs bis zu seinem Tod hauptsächlich bestimmte, darf nicht vergessen werden, dass er eine lange Reihe weiterer Pflichten zu erfüllen hatte, wovon in seinem Werk Spuren zu finden sind. Man kann ausrechnen, dass er in seinem Leben als Priester und Bischof ca. 8000 Mal gepredigt haben muss; aufgezeichnet und erhalten sind davon 564 *Sermones*, daneben 150 zum Teil als Predigten gehaltene Auslegungstraktate zu den Psalmen (*Enarrationes in Psalmos*), 124 zum Johannes-

Predigten, Briefe,
Diskussionen

nesevangelium (*Tractatus in Iohannis Euangelium*), 10 zum Partherbrief des Johannes (*Tractatus in Epistulam Ioannis ad Parthos*). Die Predigten hat Augustin größtenteils wohl in der Hauptbasilika von Hippo gehalten, in Anwesenheit eines Stenographen, der seine Worte aufzeichnete, und seiner Gemeinde, die ihren Bischof, der auf der Kathedra im Zentrum der Apsis inmitten seiner Priester und Diakone saß, stehend anhörte und durchaus auch mit Applaus und Zwischenrufen ihre Meinung kundtat. Die Predigten behandeln nicht nur exegetische und theologische Probleme, sondern erteilen auch moralische Lektionen an die Gemeinde; ihr sozialer

Kontext unterscheidet sich damit stark von demjenigen der meisten anderen augustinischen Schriften, die in der Regel an ein gebildetes Publikum gerichtet sind. Hinzu kommt die immense Korrespondenz, in der sich Augustin mit verschiedensten dogmatischen, exegetischen, moraltheologischen usw. Fragen auseinanderzusetzen hatte, die entweder an ihn herangetragen worden waren oder die er sich selbst gestellt hatte. Die Predigten und Briefe – sozusagen die ‚Gebrauchsliteratur' – machen allein mehr als 45 Prozent des erhaltenen Werkes aus. Auch viele der teilweise literarisch höchst anspruchsvoll durchkomponierten Traktate erweisen sich bei näherem Hinsehen als Resultate von Diskussionen, Reflexionen und Aporien, die sich im Kontext der klerikalen Aufgaben ergeben hatten, sei es, dass es um die Exegese alt- oder neutestamentarischer Stellen oder Schriften, sei es, dass es um religionsphilosophische und dogmatische Fragen geht. Eine Reihe von Gelegenheitsschriften behandelt – teilweise im Rahmen der Polemik gegen andere Positionen – pastorale Themen wie Askese und Mönchtum, Ehe und Familie, Jungfräulichkeit, Witwenschaft, Dämonen und Tod (vgl. die Übersicht in Kapitel B I 2).

In den erhaltenen Schriften, aber auch in der biographischen Darstellung des Possidius präsentiert sich dieser Bischof als auf mehreren Ebenen der Gesellschaft, Kirchenpolitik und Politik agierender, unermüdlicher ‚Arbeiter'. Nach der Information des Possidius arbeitete er auch nachts (*vita* 24), da er tagsüber von den alltäglichen bischöflichen Pflichten beansprucht wurde, namentlich der *audientia episcopalis*, wo es um Dinge wie Erbschaften, Schulden, Landbesitz und familiäre Schwierigkeiten ging, oder der Verwaltung des bischöflichen Besitzes, den er gemäß Possidius vor allem für die Armen einsetzte (*vita* 23 f.). Hinzu kommen Reisen in der ganzen Diözese Africa (vgl. die Karte oben S. 17), dabei immer wieder nach dem in der Luftlinie ca. 250 km entfernten Karthago, wo regelmäßig Konzile stattfanden und er zusammen mit Alypius von Thagaste und Possidius von Calama als Vertreter der Kirchenprovinz Numidien anwesend sein musste. So wurden manche Schriften, wie *De Civitate Dei* und *De Trinitate*, erst nach jahre- bis jahrzehntelanger Arbeit fertig gestellt. Andererseits wäre Augustin wohl ohne sein klerikales Amt und eine breite christlich denkende und an religionspolitischen Fragen interessierte Öffentlichkeit kein so produktiver und bereits zu Lebzeiten berühmter Autor geworden. Immerhin scheint er bei seiner Gemeinde auf Verständnis für seine zeitaufwendigen schriftstellerischen Aktivitäten gestoßen zu sein; denn gemäß dem Zeugnis der *Acta Ecclesiastica,* in denen das Prozedere anlässlich seiner Nachfolge protokolliert ist und die als Brief 213 überliefert sind, konnte er sich in den letzten Jahren seines Amtes (ab September 426) für einen Teil seiner Pflichten durch den Diakon und designierten Nachfolger Eraclius vertreten lassen und von den sieben Tagen der Woche immerhin fünf für die eigenen Arbeiten ausbedingen (*ep.* 213,5). Die letzten vier Jahre seines Lebens verbrachte er wohl vor allem über seinen Büchern in der Klosterbibliothek.

Bei alledem wurde er – bereits von seiner Kindheit an – immer wieder von Krankheiten heimgesucht: Waren es in den Jahren seiner Konversion akute Erkrankungen wie Brust-, Magen- und Zahnschmerzen oder Fieber (vgl. dazu Kapitel B VII 1), so plagten ihn später Hämorrhoiden (gemäß

[Randnotiz:] Bischöfliche Pflichten, Reisen

[Randnotiz:] Krankheiten

51

ep. 38,1 aus dem Jahr 397) und Schwächeanfälle, die ihn aber auch noch im Jahr 419 als 65-Jährigen nicht von der weiten Reise an ein Konzil in Karthago abhalten konnten.

Retractationes

In den Jahren nach dem genehmigten Teilrückzug unternahm Augustin die Revision seiner Schriften, die *Retractationes*, in denen er nun sein eigenes Werk zum Gegenstand der Exegese machte: Mit Ausnahme der Briefe und Predigten kommentiert er jede einzelne Schrift, korrigiert eine Aussage, präzisiert einen Begriff, schützt sich mit erklärenden Bemerkungen vor möglichen oder bereits bezeugten Fehlinterpretationen. Der über 70-jährige Bischof tat also das, was kaum ein moderner Leser noch bewältigt: Er las das augustinische Gesamtwerk, das offenbar in der Bibliothek der bischöflichen Basilika von Hippo vorhanden war; dabei sichtete er die vorhandenen, teilweise noch unedierten, teilweise unvollständigen Manuskripte, stellte sie in chronologischer Reihenfolge zusammen und notierte seine Bemerkungen. Die Retraktationen umfassen aber natürlich diejenigen Schriften nicht, die nach ihrer Fertigstellung entstanden sind, nämlich die beiden Traktate gegen die Semipelagianer *De Praedestinatione Sanctorum* und *De Dono Perseverantiae* sowie die letzte Schrift gegen Julian, über der Augustin gestorben ist (*Contra Iulianum opus imperfectum*).

Buch und Brief
als Medien
der Kommunikation

Die Tatsache, dass Augustin seine eigenen Werke archiviert und im höheren Alter nochmals sorgfältig durchgearbeitet hat, macht deutlich, welche Wichtigkeit dem Buch oder Brief als Medium der Kommunikation beigemessen wurde: Augustins Schriften dienen ja nicht der literarischen oder religiösen Erbauung, sondern transportieren eine bestimmte philosophische und/oder theologische Botschaft. Augustin bemühte sich auch selbst um die Verbreitung seiner Meinung und damit seiner Schriften, indem er beispielsweise Abschriften seiner Frühwerke aus Hippo an Paulinus in Nola schicken oder Aurelius, den Bischof von Karthago, seine aufgezeichneten Predigten zum Johannesevangelium in Umlauf bringen ließ (*epp.* 27 und 31,7 bzw. 23A*,3,6). Er scheint also – nicht anders als Hieronymus – sein Beziehungsnetz, das er als Vertreter der ‚römischen' Kirche in Hippo von vornherein hatte und im Lauf der Jahre ausbauen konnte, auch als Emissionskanal für seine mit dem Medium Buch oder Brief transportierte theologische und kirchenpolitische Position verwendet zu haben. Die Verbreitung von Augustins Schriften, ihre Wirkung und demzufolge auch Nachwirkung bis in die heutige Zeit sind nicht zuletzt ein Resultat dieser Medienpolitik.

16. Tod im belagerten Hippo

Inzwischen waren die Vandalen unter Geiserich in Africa eingefallen und begannen im Mai oder Juni 430 mit der Belagerung von Hippo, die vierzehn Monate dauern sollte. Im dritten Monat der Belagerung, im August desselben Jahres, erlitt Augustinus im für den antiken Menschen erstaunlich hohen Alter von 75 Jahren und neun Monaten einen Fieberanfall (Malaria?), von dem er sich nicht mehr erholte. In Possidius' Biographie sind diese letzten Monate bzw. Tage seines Lebens mit einigen Anekdoten ausgestaltet, in denen bezeichnenderweise Texte im Vordergrund stehen:

Augustin habe sich zu Beginn der Belagerung mit einem Plotin-Zitat getröstet (*vita* 28,11 mit Zitat nach *enn.* 1,4,7,23 f.: *non erit magnus magnum putans quod cadunt ligna et lapides et moriuntur mortales*, „kein Großer wird sein, wer denkt, es sei etwas Großes, wenn Balken und Steine einstürzen und Sterbliche sterben"); dem christlichen Bischof wird also bis zuletzt eine große Vertrautheit mit dem neuplatonischen Philosophen zugeschrieben. Possidius berichtet weiter, dass er, auf dem Totenbett liegend, die Bußpsalmen auf Blätter schreiben und an den Wänden um ihn herum aufhängen ließ und dann stunden-, ja tagelang allein sein wollte (*vita* 31,2). Diese Information entspricht der Theologie, wie sie Augustin im jahrzehntelangen Kampf gegen die Häretiker vertreten hatte: Wichtig ist, dass sich der Mensch als Schuldner und Sünder betrachtet, der nie auf seine Leistungen stolz sein darf, sondern bis zum Schluss die Haltung des Büßers einnehmen muss. Augustin habe seinen Besitz der Kirche vermacht, nicht ohne auch für seine Bibliothek Vorsorge zu treffen (*vita* 31,6). Sein Tod wird aufgrund der Chronik des Prosper Tiro von Aquitanien, der sich in Südgallien zunächst vehement für Augustins Gnadenlehre und gegen die pelagianischen Tendenzen eingesetzt hatte, auf den 28. August 430 datiert (*chron.* I p. 473,1302 und 1304). Bestattet wurde er in der bischöflichen Basilika, wohl in der für die Gräber vorgesehenen Krypta.

Augustins Nachfolger Eraclius, der bereits am 26. September 426, in der Funktion eines Diakons und designierten Bischofs, einen Teil der bischöflichen Pflichten übernommen hatte, trat nach Augustins Tod in dem von den Vandalen belagerten Hippo das Episkopat an. Während der elf Monate in diesem Amt konnte er die Einladung an das Dritte Ökumenische Konzil von Ephesos entgegennehmen, das 431 stattfand und an dem Pelagius und Caelestius nun auch im Osten endgültig verurteilt wurden. Von Eraclius sind zwei Predigten überliefert, die seiner hohen Verehrung für Augustin Ausdruck geben. Aus dieser Zeit stammt auch die Werkliste (der *Indiculus*/das *Indiculum*) des Possidius, der mit vier anderen afrikanischen Bischöfen nach Hippo geflohen war. Nach der Einnahme und Plünderung wurde die Stadt bis zur Eroberung Karthagos im Jahr 439 Hauptstadt des neu gegründeten Vandalenreichs, und unter der Herrschaft der arianischen Vandalen verloren die katholischen Kleriker ihre Ämter. Die historischen Quellen versiegen, aber immerhin scheint die Bibliothek den teilweisen Brand Hippos überstanden zu haben; denn offensichtlich blieben das in den *Retractationes* verzeichnete Corpus der augustinischen Schriften und auch die drei nachträglich entstandenen, zuletzt unvollendeten Werke erhalten und standen für die Abschriften zur Verfügung, denen wir die weitere Überlieferung verdanken. Erhalten sind uns zufällig auch Überreste von Notizzetteln aus den Jahren 386–395, die vielleicht ein eifriger ‚Augustiner' nach dem Tod des Bischofs gesammelt und weitertradiert hat; sie waren im Mittelalter unter dem Titel *Liber XXI Sententiarum* und dem Namen Augustins im Umlauf und enthalten Textbruchstücke verschiedenen Inhalts (Lektürenotizen, Begriffsklärungen, Plotin-Übersetzungen, ein Gedicht), die wohl aus der Feder des ‚Meisters' und seiner Schüler stammen. Possidius kehrte für einige Jahre zurück auf seinen – ebenfalls verwüsteten – Bischofssitz Calama und verfasste dort die Biographie Augustins, die diesen zwar nicht als Heiligen, sondern eher als Modell eines Bischofs, jedoch durchaus als Menschen seiner Zeit darstellt.

Nachfolge: Eraclius

Possidius' *Indiculus*

Reliquie Augustins

Im vandalischen Africa scheint Augustin zur Integrationsfigur der Katholiken geworden zu sein, jedenfalls nahmen den hagiographischen Quellen zufolge katholische Bischöfe, die von den Vandalenkönigen verfolgt wurden, seinen Leichnam mit in ihr Exil nach Sardinien. Dieses Ereignis wird in den verschiedenen Schriften der *Acta Sanctorum* unterschiedlich datiert; ausgegangen wird meist von der Zeit um 500, jedenfalls vor der Eroberung Hippos durch die Byzantiner im Jahr 533. Möglich wäre jedoch auch eine Datierung in die Zeit des arabischen Einfalls um die Mitte des 7. Jahrhunderts. Die Fortsetzung der Geschichte dieser Reliquie spielt in Pavia, wohin sie der Langobardenkönig Luitprand zu Beginn des 8. Jahrhunderts vor den in Sardinien einfallenden Sarazenen gerettet und wo er sie offenbar neben dem Grab des Boethius bestattet hatte. Im Jahr 1695 wurden in der Krypta der Kirche San Pietro in Ciel d'Oro, die Luitprand selbst erbaut haben soll, in einer silbernen Urne mit der Aufschrift „Agostino" Gebeine entdeckt, die aber erst durch Papst Benedikt XIII. im Jahr 1728 offiziell als diejenigen Augustins ‚identifiziert' wurden. Seit 1776 ruht ‚Augustin' nun in einem mit reichen Reliefs verzierten Sarkophag, die sein Leben darstellen, in der Kirche, in der auch Boethius' Grab liegt. Allerdings wurde im Jahr 1842 ein Teil des rechten Arms des ‚Heiligen Augustinus' in die algerisch-französische Stadt Bône, das antike Hippo Regius und das heutige algerische Annaba, gebracht, wo diese Reliquie in der katholischen Basilika auf dem Hügel Mamélon vor der Stadt immer noch zu besichtigen ist.

17. Die bischöfliche Basilika von Hippo?

Die Ruinen des antiken Hippo Regius – Theater, Thermen, Forum, Tempel, Villen mit reichen Mosaiken – wurden zu Beginn des 20. Jahrhundert von französischen Archäologen freigelegt. Im Jahr 1923 stieß der Marineoffizier und spätere Admiral der französischen Flotte, Erwan Marec, auf einen Gebäudekomplex, der bisher unter einer Viehweide verborgen geblieben war, den er aufgrund der eindeutig christlichen Bauten als ‚christliche Insula' bezeichnete. Marec vermutete in der von einem Baptisterium (Abb.: Teil des Gebäudes mit Rundturm) und weiteren Bauten umgebenen Kirche, die mit der Fläche ihres Grundrisses von 37,5 × 18,5 m zu den größten in Nordafrika gehört, die bischöfliche Basilika, die in der Folge als ‚Große Basilika' oder ‚Basilica Pacis' – dem üblichen, allerdings weder von Augustin noch von Possidius verwendeten Namen für die katholische Hauptkirche – bezeichnet wurde (vgl. *c. Fel.* 2,1: *ecclesia pacis*). Ihre beträchtlichen Ausmaße könnten durchaus den Angaben entsprechen, die die Konzilsakten von 393 über die Zahl der Teilnehmer machen: Da nicht alle 320 Bischöfe und ihr Anhang in der bischöflichen Basilika Platz hatten, musste sich ein Teil ins *secretarium* (die Sakristei) zurückziehen. Marec, der inzwischen Direktor des archäologischen Museums von Bône geworden war, identifizierte im Gebäudekomplex neben dem Baptisterium ein *catechumeneum* oder *consignatorium*, in dem sich die Taufbewerber vor der Taufe aufhielten, und ein kleines geheiztes Bad, in dem sie sich reinigten. Die weiteren Räume müssten als Bibliothek, Versammlungsräume und Wohnbereich der Kleriker gedient haben.

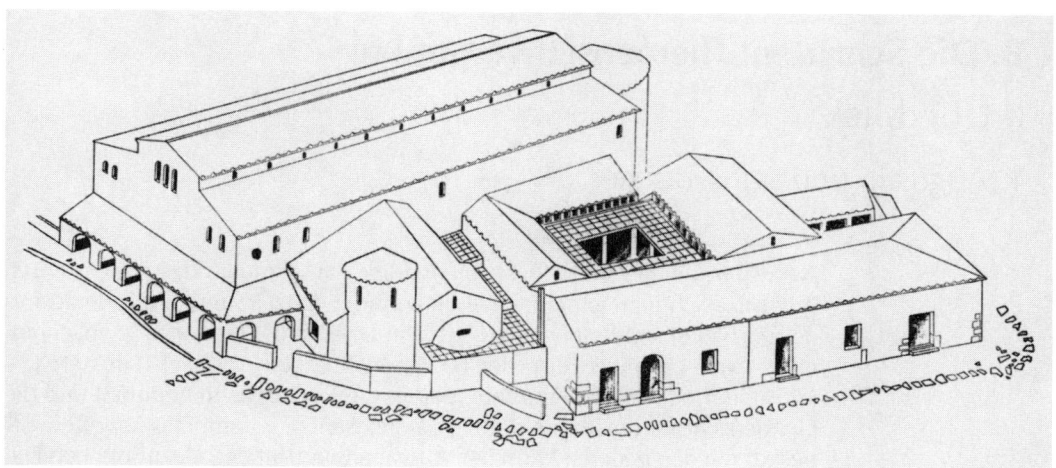

Rekonstruktionsmodell der Großen Basilika und der östlichen Nebengebäude
Zeichnung nach E. Marec, *Monuments chrétiens d'Hippone, ville épiscopale de saint Augustin* (Paris 1958) 131.

Die archäologischen Befunde stimmen allerdings mit den Informationen, die wir aus Augustins Schriften dazu haben, nicht in allen Teilen überein. Möglicherweise handelt es sich bei diesem großen Bau sogar um eine von den Donatisten erbaute Kirche, die erst nach dem entscheidenden Edikt des Honorius im Jahr 412 katholisch wurde. Eine sichere Identifizierung dieses Gebäudekomplexes mit der bischöflichen Basilika und dem augustinischen Klerikerkloster ist daher nicht möglich.

B. Die Schriften: Themenschwerpunkte

I. Überblick

1. Augustin und seine Bücher

Augustins Schüler und Biograph Possidius hat vermutet, dass kein Mensch Augustins Schriften jemals alle lesen könne (*vita* 18,9), und diese Herausforderung haben wohl nur wenige Augustin-Leser und -Leserinnen je angenommen – wie beispielsweise der Löwener Professor Michael Baius (1513–1589), der von sich behauptete, den gesamten Augustin neunmal und die Gnadenschriften mehr als siebzigmal gelesen zu haben. Das Schriftencorpus, das in den neueren kritischen Ausgaben und auf den elektronischen Datenbanken unter Augustins Namen verzeichnet ist, aus dem die Renaissance-Philologen die im Mittelalter fälschlicherweise unter seinem Namen überlieferten, also pseudoaugustinischen Schriften ausgeschieden haben, umfasst ungefähr fünf Millionen Wörter. Dies ist mehr als von jedem anderen antiken Autor. Es gibt kaum ein Thema in der politischen Geschichte, der Religion, der Philosophie, der Moraltheologie, das in Augustins Schriften nicht diskutiert wird: in den über 100 Traktaten, die oft mehrere Bücher umfassen (*De Trinitate*: 15; *De Civitate Dei*: 22; *Contra Faustum*: 33), den 308 Briefen aus seiner Korrespondenz (mit einigen Antwortbriefen anderer Verfasser) und den 564 erhaltenen Predigten, von denen einige erst vor wenigen Jahren in mittelalterlichen Handschriften entdeckt worden sind.

Als Grundlage für eine Werkübersicht dienen das Werkverzeichnis, der *Indiculus* (auch: *Indiculum*) des Possidius sowie die *Retractationes*, in denen Augustinus in den Jahren 426/427 das Resultat der kritischen Durchsicht seiner Schriften zu Protokoll gegeben und jede Schrift mit Titel und ,incipit' gekennzeichnet hat. Augustin hat auch selbst einen *Indiculus* verfasst (*retr.* 2,67), der jedoch nicht erhalten ist. Die Publikation seiner Schriften hat er selbst betreut, und aus einigen seiner Äußerungen können wir schließen, dass er darum besorgt war, nur korrigierte (,emendierte') und autorisierte Exemplare aus der Hand zu geben (*ep.* 101,1; *retr.* 1 prol. 3), was ihm jedoch nicht immer gelang; ein berühmtes Beispiel ist die *Epistula* 40 an Hieronymus, die auf dem Weg nach Bethlehem in Italien abgefangen und verbreitet wurde und so ihren Adressaten erst nach fünf Jahren erreichte. Wie aus Augustins Briefen deutlich wird, war er bemüht, seine Schriften einem weiten Leserkreis bekannt zu machen, und verschickte sie an verschiedenste Adressaten aus einem engeren und weiteren Bekanntenkreis, aber auch an ihm nicht persönlich bekannte, teils prominente Politiker, Kleriker und Theologen in Italien, in Afrika und im griechischen Osten, wie den kaiserlichen Beamten Marcellinus, den Bischof Paulinus von Nola und den Gelehrten Hieronymus. Die weitaus meisten seiner Schriften stammen aus der Zeit nach 396, als er in seinem Amt als Bischof das Medium der Schrift – zumal des Briefes – benutzte, um seine theologische und kirchenpolitische Position zu markieren. Das augustinische Briefcorpus ist denn auch eines der bedeutendsten der Spätantike.

Publikation der Schriften

Der Zirkulation der Schriften zuträglich war auch die bischöfliche Biblio- **Die bischöfliche**
thek in Hippo, die offenbar interessierten Laien und Klerikern – auch Häre- **Bibliothek**
tikern – zugänglich war, die Augustins Œuvre hier einsehen und auch ko-
pieren konnten (vgl. *ep.* 169,13; 261,3). Nach der Beschreibung des Possidius war Augustin selbst darum bemüht, in der Bibliothek Ordnung zu
bewahren und sie zum Treffpunkt theologisch Interessierter und zu einem
Studienzentrum zu machen (*vita* 18,9 und 31,5–7).

Aus dem umfangreichen Werk liest der Nicht-Spezialist meist nur eine
kleine, in der Regel immer gleiche Auswahl von Schriften, die denn auch
– nicht zuletzt wegen ihrer starken Rezeption in Mittelalter und Neuzeit –
zu den meistgelesenen und -zitierten der Weltliteratur gehören: An erster
Stelle stehen sicher die *Confessiones,* gefolgt von *De Civitate Dei, De Trinitate* und den Frühschriften, worunter die *Soliloquia* und *De Libero Arbitrio*
herausragen dürften. Die Briefe und Predigten blieben lange Zeit wenig
beachtet, erhalten jedoch in letzter Zeit wohl auch wegen der im Jahr 1974
von Johannes Divjak neuentdeckten Briefe (*epp.* 1*–29*) und der in den
Jahren 1990 von François Dolbeau in einer Handschrift der Stadtbibliothek
Mainz gefundenen Predigten (vgl. dazu Kapitel A II 1) mehr Aufmerksamkeit, da sie eine wertvolle und lebendige Zeitdokumentation darstellen.

2. Systematische Werkübersicht

Die folgende Liste (nach Geerlings 2002) gliedert die augustinischen
Schriften unter thematischen Gesichtspunkten; die chronologische Reihen-
folge ist nur innerhalb der einzelnen Rubriken berücksichtigt. Verlorene
Schriften, von denen nur die Titel bekannt sind, sind nicht aufgeführt.

A. Autobiographische Literatur:
   a) *Confessiones* – Bekenntnisse
   b) *Retractationes* – Retraktationen

B. Philosophische und antipagane Schriften:
  1. Philosophische Schriften
     a) *Contra Academicos* (*vel De Academicis*) – Gegen die Akademiker (oder:
       Die Akademiker)
     b) *De Beata Vita* – Das glückselige Leben
     c) *De Ordine* – Die Ordnung
     d) *Soliloquia* – Selbstgespräche
     e) *De Immortalitate Animae* – Die Unsterblichkeit der Seele
     f) *De Animae Quantitate* – Die Größe der Seele
     g) *De Libero Arbitrio* – Der freie Wille
     h) *De Diversis Quaestionibus octoginta tribus* – 83 verschiedene Fragen
     i) *De Magistro* – Der Lehrer
  2. Artes liberales
     a) *De Dialectica* – Die Dialektik
     b) *De Grammatica: Regulae* – Die Regeln der Grammatik
     c) *De Musica* – Die Musik
  3. Antipagane Literatur
     a) *De Excidio Urbis Romae* – Der Untergang der Stadt Rom
     b) *De Civitate Dei* – Der Gottesstaat

C. Antimanichäische Schriften:

  1. Antimanichäische Bibelkommentare

    a) *De Genesi adversus Manichaeos* – Auslegung der Genesis gegen die Manichäer

    b) *De Genesi ad Litteram liber imperfectus* – Auslegung der Genesis dem Wortsinn nach. Eine unvollendete Schrift

  2. Schriften zur Glaubensbegründung

    a) *De Utilitate Credendi* – Der Nutzen des Glaubens

    b) *De Duabus Animabus* – Die zwei Seelen

    c) *Contra Adimantum* – Gegen Adimantus

    d) *Contra Epistulam Manichaei quam vocant Fundamenti* – Gegen den so genannten Grundlagenbrief des Manichäers

    e) *Contra Faustum Manichaeum* – Gegen den Manichäer Faustus

    f) *De Natura Boni* – Das Wesen des Guten

    g) *Contra Secundinum Manichaeum* – Gegen den Manichäer Secundinus

  3. Disputationen mit Manichäern

    a) *Acta Contra Fortunatum Manichaeum* – Die Verhandlungen gegen den Manichäer Fortunatus

    b) *Contra Felicem Manichaeum* – Gegen den Manichäer Felix

  4. Schriften zur Lebensführung

    a) *De Moribus Ecclesiae Catholicae et De Moribus Manichaeorum* – Die Sitten der katholischen Kirche und die Sitten der Manichäer

D. Antidonatistische Literatur:

  1. Schriften vor 411

    a) *Psalmus contra Partem Donati* – Der Psalm gegen die Sekte des Donatus

    b) *De Unitate Ecclesiae* – Die Einheit der Kirche

    c) *Contra Epistulam Parmeniani* – Gegen den Brief des Parmenian

    d) *Ad Cresconium Grammaticum Partis Donati* – An den Philologen Cresconius aus der Sekte des Donatus

    e) *De Baptismo* – Die Taufe

    f) *Contra Litteras Petiliani* – Gegen die Briefe des Petilian

    g) *De Unico Baptismo contra Petilianum ad Constantinum* – Die Einzigkeit der Taufe, gegen Petilian. An Konstantin

  2. Schriften nach 411

    a) *Breviculus Collationis contra Donatistas* – Abriss des Synodenprotokolls gegen die Donatisten

    b) *Contra Donatistas* – Gegen die Donatisten

    c) *De Correctione Donatistarum* – Die Zurechtweisung der Donatisten

    d) *Sermo ad Caesariensis Ecclesiae Plebem* – Predigt zum Kirchenvolk von Cäsarea

    e) *Gesta cum Emerito Donatistarum Episcopo* – Verhandlungsakten mit dem donatistischen Bischof Emeritus

    f) *Contra Gaudentium Donatistarum Episcopum* – Gegen den donatistischen Bischof Gaudentius

E. Antipelagianische Schriften

  1. Schriften gegen Pelagius und Caelestius

    a) *De Peccatorum Meritis et Remissione et De Baptismo Parvulorum ad Marcellinum* – Verdiente Folgen der Sünden und ihre Vergebung; die Kindertaufe. An Marcellinus

    b) *De Spiritu et Littera* – Geist und Buchstabe

    c) *De Natura et Gratia* – Natur und Gnade

    d) *De Perfectione Iustitiae Hominis* – Vollendung der Rechtfertigung des Menschen

e) *De Gestis Pelagii* – Verhandlungen mit Pelagius
f) *De Gratia Christi et de Peccato Originali* – Die Gnade Christi und die Erbsünde
g) *De Anima et eius Origine* – Die Seele und ihr Ursprung

2. Schriften gegen Julian von Aeclanum

a) *De Nuptiis et Concupiscentia ad Valerium* – Ehe und Begierde. An Valerius
b) *Contra duas Epistulas Pelagianorum* – Gegen zwei Briefe von Pelagianern
c) *Contra Iulianum* – Gegen Julian
d) *Contra Iulianum opus imperfectum* – Das unvollendete Werk gegen Julian

3. Schriften gegen den Semipelagianismus

a) *De Gratia Testamenti Novi ad Honoratum* – Die Gnade des Neuen Testamentes. An Honoratus
b) *De Gratia et Libero Arbitrio* – Gnade und freier Wille
c) *De Correptione et Gratia* – Zurechtweisung und Gnade
d) *De Praedestinatione Sanctorum liber ad Prosperum et Hilarium primus* – Die Vorherbestimmung der Heiligen. Eine erste Schrift an Prosper und Hilarius
e) *De Dono Perseverantiae liber ad Prosperum et Hilarium secundus* – Das Geschenk der Beharrlichkeit. Eine zweite Schrift an Prosper und Hilarius

F. Antiarianische Schriften

a) *Contra Sermonem Arrianorum* – Gegen eine Predigt der Arianer
b) *Conlatio Cum Maximino Arrianorum Episcopo* – Protokoll der Zusammenkunft mit dem arianischen Bischof Maximinus
c) *Contra Maximinum Arrianum* – Gegen den Arianer Maximinus

G. Hermeneutik und Exegese

1. Hermeneutische Schriften

a) *De Doctrina Christiana* – Die christliche Lehre
b) *De Consensu Evangelistarum* – Die Übereinstimmung der Evangelisten
c) *Contra Adversarium Legis et Prophetarum* – Gegen den Feind des Gesetzes und der Propheten

2. Auslegungen und Kommentare zu alttestamentlichen Schriften

a) *De Genesi adversus Manichaeos* (s. o. C. 1.)
b) *De Genesi ad Litteram liber imperfectus* (s. o. C. 1)
c) *De Genesi ad Litteram* – Auslegung der Genesis dem Wortsinn nach
d) *Enarrationes in Psalmos* – Der Psalmenkommentar
e) *Adnotationes in Iob* – Anmerkungen zu Iob
f) *Quaestiones in Heptateuchum* – Fragen zum Heptateuch
g) *Locutiones in Heptateuchum* – Bemerkungen zum Heptateuch
h) *De octo Quaestionibus ex Vetere Testamento* – Acht Fragen zum Alten Testament

3. Auslegungen und Kommentare zu neutestamentlichen Schriften

a) *De Sermone Domini in Monte* – Die Bergpredigt
b) *Expositio quarandam Propositionum ex Epistula Apostoli ad Romanos* – Auslegung zu einigen Themen des Römerbriefes des Apostels Paulus
c) *Epistulae ad Romanos Inchoata Expositio* – Unvollendete Auslegung des Römerbriefes
d) *Expositio Epistulae ad Galatas* – Auslegung des Galaterbriefes
e) *Quaestiones Evangeliorum* – Fragen zu den Evangelien
f) *In Epistulam Iohannis ad Parthos tractatus* – Auslegung zum ersten Johannesbrief
g) *In Iohannis Evangelium tractatus* – Auslegung zum Johannesevangelium

H. Religionsphilosophische und dogmatische Literatur
- a) *De Vera Religione* – Die wahre Religion
- b) *De Fide et Symbolo* – Glaube und Glaubensbekenntnis
- c) *Ad Simplicianum* – An Simplician
- d) *De Trinitate* – Die Dreifaltigkeit
- e) *De Fide, Spe et Caritate* – Glaube, Hoffnung und Liebe
- f) *De Haeresibus ad Quodvultdeum* – Die Häresien. An Quodvultdeus

I. Pastorale Schriften
1. Grundsätzliche Überlegungen
- a) *De Catechizandis Rudibus* – Der Unterricht der Katechumenen
- b) *De Fide Rerum Invisibilium* – Der Glaube an die unsichtbaren Dinge
- c) *De Fide et Operibus* – Glaube und Werke

2. Gelegenheitsschriften
- a) *De Mendacio* – Die Lüge
- b) *De Continentia* – Die Enthaltsamkeit
- c) *De Agone Christiano* – Der Kampf der Christen
- d) *De Opere Monachorum* – Die Handarbeit der Mönche
- e) *De Bono Coniugali* – Das Gut der Ehe
- f) *De Sancta Virginitate* – Die heilige Jungfräulichkeit
- g) *De Divinatione Daemonum* – Die Wahrsagekunst der Dämonen
- h) *De Utilitate Ieiunii* – Der Nutzen des Fastens
- i) *De Bono Viduitatis* – Das Gut der Witwenschaft
- k) *Contra Priscillianistas* – Gegen die Priscillianisten
- l) *De Patientia* – Die Geduld
- m) *Contra Mendacium* – Gegen die Lüge
- n) *De Adulterinis Coniugiis* – Die ehebrecherischen Verbindungen
- o) *De Cura pro Mortuis Gerenda* – Die Sorge um die Toten
- p) *De Octo Dulcitii Quaestionibus* – Acht Fragen des Dulcitius
- q) *Adversus Iudaeos* – Gegen die Juden

K. Predigten

L. Briefe
- a) 1–270 (in chronologischer Reihenfolge)
- b) 1*–29* (395–430)

M. Dubia
- a) *De Symbolo ad Catechumenos* – Das Glaubensbekenntnis für die Katechumenen
- b) *Speculum* – Der Spiegel

3. Chronologische Werkübersicht

Die folgende Liste gliedert die Werke nach dem Datum ihrer Entstehung, das allerdings in vielen Fällen zweifelhaft und/oder umstritten ist; die hier angeführten Zahlen sind der bibliographischen Einführung von Geerlings (2002) entnommen. Wo sich die Arbeit an einer Schrift über mehrere Jahre hinzog, ist diese unter dem ersten Jahr eingeordnet; da jedoch die Predigten und Briefe je einzeln datiert werden müssten, sind diese beiden Textcorpora am Schluss der Liste separat aufgeführt. Zur leichteren Orientierung sind die Werke, die auch aufgrund ihrer starken Rezeption als Hauptwerke gelten können, fett gedruckt.

400	*Contra Epistulam Parmeniani* – Gegen den Brief des Parmenian
400	*De Consensu Evangelistarum* – Die Übereinstimmung der Evangelisten
400–401	*De Opere Monachorum* – Die Handarbeit der Mönche
400–401	*De Baptismo* – Die Taufe
401	*De Bono Coniugali* – Das Gut der Ehe
401	*De Sancta Virginitate* – Die heilige Jungfräulichkeit
401–402	*De Unitate Ecclesiae* – Die Einheit der Kirche
401–405	*Contra Litteras Petiliani* – Gegen die Briefe des Petilian
401–414	***De Genesi ad Litteram* – Auslegung der Genesis dem Wortsinn nach**
7./12. 2. 404	*Contra Felicem Manichaeum* – Gegen den Manichäer Felix
405–406	*Ad Cresconium Grammaticum Partis Donati* – An den Philologen Cresconius aus der Sekte des Donatus
406–411	*De Divinatione Daemonum* – Die Wahrsagekunst der Dämonen
407	*In Epistulam Iohannis ad Parthos tractatus* – Auslegung zum ersten Johannesbrief
408–412	*De Utilitate Ieiunii* – Der Nutzen des Fastens
410–411	*De Unico Baptismo contra Petilianum ad Constantinum* – Die Einzigkeit der Taufe, gegen Petilian. An Konstantin
410–420	*De Fide Rerum Invisibilium* – Der Glaube an die unsichtbaren Dinge
nach 24. 8. 410	*De Excidio Urbis Romae* – Der Untergang der Stadt Rom
411	*Breviculus Collationis contra Donatistas* – Abriss des Synodenprotokolls gegen die Donatisten
	De Gratia Testamenti Novi ad Honoratum – Die Gnade des Neuen Testamentes. An Honoratus
411–412	*De Peccatorum Meritis et Remissione et De Baptismo Parvulorum ad Marcellinum* – Verdiente Folgen der Sünden und ihre Vergebung; die Kindertaufe. An Marcellinus
412	*Contra Donatistas* – Gegen die Donatisten
412	*De Spiritu et Littera* – Geist und Buchstabe
412–426	***De Civitate Dei* – Der Gottesstaat**
413	*De Fide et Operibus* – Glaube und Werke
413–417	*De Natura et Gratia* – Natur und Gnade
414	*De Bono Viduitatis* – Das Gut der Witwenschaft
414–417	*In Iohannis Evangelium tractatus* – Auslegung zum Johannesevangelium
415	*Contra Priscillianistas* – Gegen die Priscillianisten
415–416	*De Perfectione Iustitiae Hominis* – Vollendung der Rechtfertigung des Menschen
417	*De Correctione Donatistarum* – Die Zurechtweisung der Donatisten
417	*De Gestis Pelagii* – Verhandlungen mit Pelagius
417	*De Patientia* – Die Geduld
418	*De Gratia Christi et de Peccato Originali* – Die Gnade Christi und die Erbsünde
	Gesta cum Emerito Donatistarum Episcopo – Verhandlungsakten mit dem donatistischen Bischof Emeritus
18. 9. 418	*Sermo ad Caesariensis Ecclesiae Plebem* – Predigt zum Kirchenvolk von Cäsarea
	Contra Gaudentium Donatistarum Episcopum – Gegen den donatistischen Bischof Gaudentius
419	*Contra Sermonem Arrianorum* – Gegen eine Predigt der Arianer
419	*Quaestiones in Heptateuchum* – Fragen zum Heptateuch

4. Zu Sprache und Stil der augustinischen Schriften

Ein weiteres Gliederungsprinzip der augustinischen Schriften müsste die unterschiedlichen Stilebenen und Sprachniveaus zugrunde legen. Je nach Inhalt und Adressaten einer Schrift wird die Sprachform variiert, was sich einerseits in den Schriften selbst deutlich manifestiert und andererseits in Augustins rhetorisch-theoretischer Schrift *De Doctrina Christiana* 4 erklärt wird: In den pastoralen und katechetischen Schriften müsse das Sprachniveau dem Fassungsvermögen der einfachen Leute angepasst werden; eine allgemein verständliche Sprache schütze vor Irrlehren; die Verständigung sei das oberste Ziel (vgl. *doctr. chr.* 4,22 und 24). So sind tatsächlich die Schriften mit einer Funktion der christlichen Unterweisung wie Predigten, exegetische Schriften an die Adresse von Mönchen oder auch Klerikern mit offenbar geringer Bildung (zum Beispiel die *Expositio quarundam Quaestionum ex Epistula Apostoli ad Romanos*), Briefe und belehrende Texte (zum Beispiel die Schrift *De Agone Christiano* mit Glaubens- und Lebensregeln für Mönche) deutlich in einfachem, schmucklosem und klarem Latein verfasst. Auf der anderen Seite stehen diejenigen Schriften, die philosophisch und theologisch anspruchsvolle Fragen erörtern und sich gleichzeitig auch an ein gebildetes heidnisches oder christliches Publikum wenden: Sie zeichnen sich durch eine große Virtuosität aus, einerseits was die Stilmittel betrifft, andererseits in Bezug auf ihre Struktur und Argumentationsstrategien, die sich oft sprachliche Phänomene (zum Beispiel die Mehrdeutigkeit bestimmter Begriffe) zunutze machen, und verraten dadurch die rhetorische Schulung ihres Verfassers. Am deutlichsten orientieren sich die Frühdialoge an dieser Tradition, indem sie sowohl formal als auch sprachlich ‚ciceronisieren'. Nochmals auf einer anderen Stilebene sind die *Confessiones* anzusiedeln, die einerseits als Beichte vor Gott und andererseits als Glaubensbekenntnis und Lob Gottes ein hohes Maß an Biblizismen, zumal Psalmenzitaten, enthalten; diese sind jedoch in Erzähl- und Reflexionspassagen eingebettet und damit teilweise auf eine Stilebene gehoben, die gemäß der klassischen Stillehre als hoch bezeichnet werden kann.

Augustins Schriften nehmen damit zwei Tendenzen der christlichen lateinischen Literatur auf. Zum einen ist hier die Anpassung an die spezifisch christliche Volkssprache fassbar, die insbesondere in der frühchristlichen Literatur am Ende des 2. Jahrhunderts vorherrschend ist und später den Charakter einer gebiets- und schichtunabhängigen Gruppensprache erhalten hat. In den dreißiger Jahren prägten Linguisten wie Mohrmann, Schrijnen und später Bartelink dafür den Begriff der ‚christlichen Sondersprache', die sich durch Christianismen und Biblizismen auszeichnet: durch aus dem Griechischen übernommene Termini Technici der Kirchensprache (*ecclesia, baptismus, presbyter, apostolus* usw.), Neologismen, die für den kirchlichen Kontext geschaffen wurden (*regenerare* für den Vorgang der Wiedergeburt bei der Taufe, *salvator, carnalis/carnalitas/carnaliter, spirit[u]alis* usw.), und eine schlichte, meist parataktische Satzstruktur. Die Sprache müsste jedenfalls gemäß der rhetorischen Stillehre als ‚rustik' bezeichnet werden, da sie nicht dem Vokabular und der Syntax des klassischen Lateins entspricht, sondern die genannten ‚Barbarismen' enthält. Da jedoch das Sprachniveau in Schriften mit pastoralem und katechetischem Charakter (Predigten, religiöser Literatur für weitere Kreise) mit Absicht an dasjenige ungebildeter Christen angepasst wurde, die aber in religiösen Fragen belehrt werden sollten, bietet sich eher der Begriff der ‚christlichen Lehrsprache' an. Zum anderen setzt Augustin in seinen inhaltlich komplexen und stilistisch ausgefeilten Schriften das Bemühen der intellektuellen Christen des 3. und 4. Jahrhunderts fort, den Ansprüchen auch eines paganen gebildeten Publikums zu genügen und der Tradition der philosophischen Literatur Ebenbürtiges entgegenzustellen.

Mit dieser Instrumentalisierung der Stilebenen und des Sprachniveaus

Sprachstil (marginal)

Christliche Sondersprache? (marginal)

steht Augustin zwar immer noch in der Tradition der klassischen Dreistil-
lehre, wie er sie mit Sicherheit auch selbst gelernt und gelehrt hat. Je nach
Bedeutung der Thematik wählt der Redner verschiedene Stilebenen: Die
unterste (das *submissum dicendi genus*) für bescheidene, die mittlere (*tem-
peratum*) für mäßig bedeutende, die oberste (*grande*) für erhabene Themen.
In seiner rhetorisch-theoretischen Abhandlung in *De Doctrina Christiana* 4
übernimmt Augustin die klassische Stillehre, definiert sie jedoch neu: Während gemäß der ciceronischen Lehre die Stilebene der Bedeutung des
Gegenstandes angepasst werden soll, ist im christlichen Kontext jeder
Gegenstand auch unabhängig von der gewählten Stilebene bedeutend
(4,35). Dadurch wird die niedere Stilebene aufgewertet: Die christliche
Botschaft kann auch im niederen Stil vermittelt werden, wie dies in der
Bibel der Fall ist, für die eine einfache Ausdrucksweise charakteristisch ist
(vgl. *conf.* 3,9 und 6,8; *doctr. chr.* 2,63). Augustin bezeichnet diese ein-   *sermo humilis*
fache Sprache gemäß der rhetorischen Terminologie als „niedrig" (*sermo
humilis*), wobei er den Begriff der ‚Niedrigkeit' (*humilitas*) nicht als Quali-
fikation der Stilebene, sondern als Ausdruck für die dem Inhalt angemessene Demutssprache verstanden wissen will (vgl. zum Beispiel *retr.* 2,3).
Die Rhetorik wird damit ganz in den Dienst der Vermittlung der christlichen Lehre gestellt (vgl. dazu Kapitel B II 6).

II. Die Frühdialoge: Klassische Formen und Fragestellungen

1. Der literarische Dialog: Typologie

Zur literarischen Gattung des Dialogs gehören Augustins vier früheste, noch in Mailand entstandene Schriften aus dem Jahr 396 (*Contra Academicos, De Beata Vita, De Ordine* und *Soliloquia*) sowie vier weitere Frühschriften in Dialogform, die in Rom und Thagaste entstanden sind und deren Abfassungszeit sich über die Jahre 387–391 erstreckt (*De Animae Quantitate, De Musica, De Magistro, De Libero Arbitrio*). Sie stehen sowohl in Bezug auf die Form als auch auf den Inhalt in der paganen und – mit Minucius Felix' *Octavius* – auch christlichen Tradition der literarischen Dialoge und sind damit im Kontext der intellektuellen Strömungen und der kulturellen Entwicklung der Spätantike zu sehen, in der die klassisch-antike Bildung noch einmal eine Blüte erlebte. Für einige Interpreten gehören Augustins Dialoge „zu den schönsten in lateinischer Sprache" (so Hoffmann und Bardy).

Vorbild Cicero   Augustins bedeutendstes Vorbild war Cicero, der in seinen philosophischen Schriften vorzugsweise die Dialogform benutzt, um nicht nur in inhaltlicher, sondern auch formaler Hinsicht an seine griechischen Vorbilder anzuknüpfen. Allerdings hält sich Cicero erklärtermaßen an den Gattungstyp, den Aristoteles mit seinen (verlorenen) Dialogen geprägt hatte und der sich nicht durch die dialektische Gesprächsführung, sondern durch zusammenhängende Lehrvorträge, durch die Voranstellung von Proömien und die Eigenart des Autors, sich auch selbst als Dialogteilnehmer auftreten zu lassen, auszeichnet. Augustins Dialog-Trilogie *Contra Academicos, De Beata Vita* und *De Ordine* ist in mehrfacher Hinsicht nach diesem Modell gestaltet: Zwar beginnen alle drei Schriften mit einem dialektisch-erotematischen Gespräch (< *erotan*: ‚fragen'), im Frage- und Antwortverfahren, und greifen damit auf die platonische Form der Dialogführung zurück; doch werden sie je mit einer zusammenhängenden Rede (*oratio perpetua*) abgeschlossen, in der Augustin selbst in der Rolle des Lehrenden seinen Standpunkt ohne Unterbrechung durch die Gesprächspartner darlegt. Den einzelnen Büchern sind Proömien vorangestellt. An die ciceronischen Dialoge erinnert auch die Szenerie des Landguts, auf dem die Gespräche stattfinden. Da Augustin in *conf.* 9,5 und 7 als Ort sowohl der Entstehung der Schriften wie ihrer Szenerie Cassiciacum nennt, werden die drei Dialoge zusammen mit den *Soliloquia*, die gleichzeitig und also wohl am selben Ort entstanden sind, als Cassiciacum-Dialoge bezeichnet.

Dialogformen   In diesem Typ des szenischen, erzählten (diegematischen) Dialogs sind in der Einleitung und in den die Reden verbindenden Zwischentexten erzählende Partien eingeschaltet, in denen der Gesprächsschauplatz szenisch ausgestaltet wird und die Sprecher charakterisiert werden; der Sprecherwechsel wird meist, jedoch nicht durchweg mit einer kurzen Insertion (Inquitformel) markiert. Dagegen werden im Typ des nicht-szenischen, dramatischen Dialogs die Äußerungen der Gesprächsteilnehmer – ohne Erzähleinlagen – unmittelbar nebeneinandergestellt (Iuxtaposition). Dieser

Typ, der sich in der mittelalterlichen Dialogtradition weit stärker durchsetzen wird als der szenische, findet sich auch bereits in Ciceros *Tusculanae Disputationes*, wo allerdings in den Proömien doch eine Szenerie skizziert wird. Augustin benutzt den Typ für alle weiteren Schriften in Dialogform: Während er in den *Soliloquia* die Inquitformel immerhin gelegentlich noch einschiebt, sind *De Animae Quantitate, De Libero Arbitrio, De Musica* und *De Magistro* rein dramatisch: Weder wird der Ort des Gesprächs beschrieben, noch werden die Dialogteilnehmer charakterisiert. Zudem wird auf Proömien gänzlich verzichtet.

Das Verhältnis der einzelnen Personen zueinander ist in den augustinischen Dialogen durchwegs das eines Lehrers zu einem oder mehreren Schülern: Augustin übernimmt – außer in den *Soliloquia*, wo er sich selbst als Schüler der *ratio* darstellt, und in *De Musica* – den Part des Lehrenden, der in einem ersten Teil mit einem oder mehreren Schülern im dialektischen Verfahren bestimmte Grundfragen erörtert und dann meist im zusammenhängenden Lehrvortrag seine eigenen Überlegungen darlegt (außer in *De Libero Arbitrio* und *De Musica*). Die Schülerrollen werden entweder im Rahmen der Ausgestaltung der Szenerie mit bestimmten Charakterzügen versehen, wie in den drei szenischen Cassiciacum-Dialogen, oder bleiben blass, auch wenn sie mit historischen Persönlichkeiten besetzt werden wie in *De Animae Quantitate* und *De Libero Arbitrio* (dem Freund Evodius) und *De Magistro* (dem Sohn Adeodat); in *De Musica* sind die Gesprächsteilnehmer in den Handschriften nur als *M(agister)* und *D(iscipulus)* bezeichnet. Augustin greift damit auf zwei verschiedene Dialogtypen zurück, den Typ des philosophischen Dialogs der platonischen und aristotelischen Tradition, der sich in der frühchristlichen Tradition ausschließlich im *Octavius* des Minucius Felix sowie in Augustins Frühdialogen findet, und den Typ des didaktischen Dialogs oder des Schulgesprächs, in dem verschiedene Themen im Wechsel von Frage und Antwort – bisweilen im Katechismen-Stil – umfassend diskutiert werden. Zwar steht das Lehrer-Schüler-Gespräch ebenfalls in der Tradition der sokratischen Gespräche Platons sowie der aristotelischen Form der Lehrvorträge Ciceros, die sich – wie in den *Tusculanae Disputationes* – auch an einen Schüler richten können, doch orientiert sich der Typ des didaktischen Dialogs vor allem an der Praxis des Schulbetriebs der ersten nachchristlichen Jahrhunderte. In ihrer ‚Reinform' sind die beiden Typen darin zu unterscheiden, dass im philosophischen Dialog ein thematisch eingegrenztes Problem aus dem Gebiet der Philosophie erörtert, im didaktischen Dialog dagegen ein Gebiet möglichst umfassend (enzyklopädisch) behandelt wird, wie beispielsweise die Thematik *de musica* (die sich in Augustins Dialog allerdings auf Rhythmik und platonische Zahlenlehre beschränkt). Im didaktischen Dialog ist die Beziehung der Gesprächspartner auf die Lehrer-Schüler-Rollen reduziert, und dieses Verhältnis bleibt durchwegs unpersönlich. Zwar kann auch hinter einem philosophischen Dialog eine didaktische Intention stehen, doch ist hier nicht wie im Lehrgespräch die Diskussion ganz auf die Darbietung von Sachinformationen ausgerichtet. Im Typ des didaktischen Dialogs herrscht die nichtszenische/dramatische Form vor, indem Fragen des Lehrers den Antworten des Schülers ohne Zwischentexte gegenübergestellt werden. Zu den hervorragendsten Bei-

Philosophischer und didaktischer Dialog

spielen dieses Gattungstyps gehören neben Augustins *De Animae Quantitate*, *De Magistro*, *De Musica* und *De Libero Arbitrio* die fiktionalen Lehrgespräche mit einer allegorischen Figur in Macrobius' *Saturnalia* sowie Martianus Capellas *De Nuptiis Philologiae et Mercurii*. Der didaktische Typ ist in den mittelalterlichen Dialogen vorherrschend, in denen verschiedenste Stoffe im Wechsel von Frage und Antwort dargestellt werden, um so die bloße Materialanhäufung literarisch ansprechend und didaktisch geschickt zu gestalten.

Während die erwähnten augustinischen Dialoge auch dann, wenn ihnen tatsächlich geführte Gespräche zugrunde liegen und die Rollen auf historische Persönlichkeiten verteilt sind, literarische Dialoge sind und damit sicherlich mit einer Stilisierung – wenn nicht mit reiner Fiktion – zu rechnen ist, basiert ein Teil der späteren Schriften in Dialogform auf Proto*Kontroversdialoge* kollen von öffentlichen Disputationen Augustins mit Häretikern (*collationes* oder *gesta*). Solche Niederschriften tatsächlich gehaltener Diskussionen, die allerdings von Augustin nachträglich redigiert wurden, sind *Contra Fortunatum* (aus dem Jahr 392 gegen den manichäischen Priester Fortunatus), *Contra Felicem* (404 gegen den Manichäer Felix), *Gesta cum Emerito Donatistarum Episcopo* (418 gegen den Donatistenbischof Emeritus), *Conlatio cum Maximino Arrianorum Episcopo* (427 gegen den Arianerbischof Maximinus). Hinzu kommen die antihäretischen Schriften, in denen sich Augustin mit schriftlich geäußerten Thesen auseinandersetzt: in *Contra Faustum* mit den *Capitula* (,Hauptthesen') des Manichäerbischofs Faustus, in *Contra Epistulam Parmeniani*, *Contra Litteras Petiliani* mit den Schriften der Donatistenbischöfe Parmenian und Petilian, in *Contra Iulianum opus imperfectum* mit Julians *Ad Florum*. Hier sind häretische Thesen und augustinische Widerlegung einander unmittelbar gegenübergestellt, so dass sich ein (fiktiver) Dialog ergibt. In diesen so genannten ,Kontroversdialogen' oder ,theologischen Dialogen' werden theologisch-dogmatische Fragen diskutiert, und da die Diskussionsstrategien der jeweiligen Kontrahenten durchaus auf dialektische oder vielmehr eristische Techniken (,Strategien des Streitgesprächs') zurückgreifen, sind auch sie in gewisser Weise mit platonischen Dialogen (wie beispielsweise dem *Euthydem*) vergleichbar.

2. Die Cassiciacum-Dialoge

Die Abfassung der Cassiciacum-Dialoge *Contra Academicos*, *De Beata Vita*, *De Ordine* und *Soliloquia* fällt gemäß Augustins Aussagen in die Zeit nach seiner Bekehrung und nach dem Rückzug mit einer Gruppe von Schülern und Verwandten auf ein Landgut in Cassiciacum, oder genauer: in die Zeit nach dem Beginn der ,Ernteferien' des Jahres 386 (*vindemiales feriae*, also nach dem 23. August) und vor der Taufe in der Osternacht 387 (*conf.* 9,7 und *retr.* 1,1,1). Das erste Gespräch der Schrift *De Beata Vita* lässt Augustin an seinem 32. Geburtstag, also am 13. November 386, stattfinden. Die Szenerie suggeriert Gespräche in einem kleinen Kreis, die bisweilen den Charakter eines Philosophie- und Literaturunterrichts haben,

wo man auch Ciceros *Hortensius* und Vergil liest und kommentiert. Als
Teilnehmer werden Licentius, der Sohn des Romanianus (des Adressaten
der Schrift *Contra Academicos*), ein weiterer Schüler Trygetius, Augustins
Jugendfreund Alypius und eine Reihe von Verwandten genannt: Augustins
Bruder Navigius, sein Sohn Adeodatus, zwei Vettern und seine Mutter, die
zwischendurch auch an den Gesprächen teilnimmt: in der Funktion der
ungebildeten Dialogpartnerin, die aber mit ihrer intuitiven Art oft das Richtige trifft und damit – zusammen mit den beiden Vettern – die Stimme des
‚common sense' vertritt (*beata v.* 6: *sensus communis*).

Die vier Dialoge bilden eine Tetralogie, nicht nur was die äußere Form
betrifft, sondern auch in Bezug auf ihre Thematik, die insgesamt grundlegende Fragen der Philosophie umfasst: Im weitesten Sinn geht es in *Contra Academicos* um Fragen der Erkenntnistheorie, in *De Beata Vita* um die
Bestimmung des höchsten Ziels der Menschen (die *beata vita*), in *De Ordine* um die Frage der Weltordnung, in den *Soliloquia* um die Möglichkeit
der Selbst- und der Gotteserkenntnis.

Im Dialog *Contra Academicos*, dem Augustin in den *Retractationes* auch
den Titel *De Academicis* gibt (*retr.* 1,1,1), richtet sich die Dialogfigur
‚Augustin' gegen die Erkenntnistheorie der ‚Akademiker', womit im ciceronischen Sprachgebrauch die ‚Skeptiker', im Besonderen die Vertreter der
Akademie seit Karneades bezeichnet werden. Das erste Buch gibt ein Gespräch zwischen den beiden Schülern Licentius und Trygetius zur Frage
wieder, ob der Mensch die Glückseligkeit (die *beata vita*) erst dann erreicht
hat, wenn er die Wahrheit gefunden hat, oder – so die Position des Licentius – bereits dann, wenn er sie noch sucht. Licentius vertritt dabei die
skeptisch-akademische Lehre, die er aus seiner Lektüre des ciceronischen
Dialogs *Hortensius* kennt: Der Mensch könne die Wahrheit gar nicht finden. Dieses erste Buch ist sozusagen ein Vorgespräch zum Dialog der Bücher 2 und 3, wo nun Augustin selbst zuerst gegen Licentius und dann
gegen seinen Freund Alypius antritt und die skeptische Position widerlegt:
Die skeptische Haltung, also die generelle Zurückhaltung des Urteils, die
Lehre, dass alles ungewiss sei und dass deshalb kein Wissen erlangt werden könne (vgl. dazu Kapitel B II 4), muss deshalb bekämpft werden, weil
sonst letztlich auch ein Glauben unmöglich gemacht wird. So erklärt sich
der Titel *Contra Academicos*. Da nun aber die skeptische Akademie letztlich aus der Schule Platons hervorgegangen ist oder sich zumindest auf sie
beruft, und da Augustin der platonischen Lehre am Schluss das Prädikat
der „wahrsten Philosophie" zuspricht (vgl. dazu Kapitel B II 3), ergibt sich
das Problem, dass er dieselbe Philosophenschule sowohl bekämpft als
auch als Vertreterin einer wahren Lehre bezeichnet; deshalb entwickelt
Augustin die These einer akademischen Geheimlehre: Die Akademiker hätten sich mit ihrem Skeptizismus nur gegen die materialistische Lehre der
Stoiker verteidigen und die wahre platonische Lehre vor ihnen schützen
wollen; im Geheimen hätten sie Platons nicht-skeptische, also dogmatische Position weiter vertreten. Erst unter Plotin, als die stoische Lehre
in keiner Schule mehr gelehrt worden sei, habe man sich wieder offen zu
der genuinen platonischen Philosophie bekennen können: dass sich die
Objekte der Wahrnehmung in einen sinnlich erfassbaren und einen allein
dem Intellekt zugänglichen Bereich, einen *mundus sensibilis* beziehungs-

Contra Academicos
(*De Academicis*)

Platonische
Philosophie
und christliche
Lehre

weise *intellegibilis*, scheiden würden und dass Wissen nur in letzterem möglich sei. Am Schluss des Dialogs spricht Augustinus den Platonikern explizit die Aufgabe zu, die christliche Lehre rational zu begründen und damit die ‚autoritativ' (durch *auctoritas*) vermittelte Doktrin durch den Weg der *ratio* zu erschließen, damit dem Glauben die Einsicht folge (dem *credere* das *intellegere*; vgl. dazu Kapitel B II 5). Augustin stützt sich sowohl für die Darlegung als auch für die Widerlegung der Thesen der skeptischen Akademie im Wesentlichen auf Ciceros *Academici Libri*, von denen uns der Dialog *Lucullus* und Teile der *Academica Posteriora* überliefert sind; doch offensichtlich gibt er der skeptisch-stoischen Diskussion einen neuplatonisch-christlichen Überbau. Aus dieser Reverenz an die platonische Akademie erklärt sich, dass Augustin in den *Retractationes* auch von den *libri de Academicis* spricht, der Schrift also den alternativen Titel *De Academicis* gibt.

De Beata Vita

Im Gespräch von *De Beata Vita* anlässlich von Augustins Geburtstagsfeier, dem kürzesten der drei szenischen Cassiciacum-Dialoge, geht es um die Frage nach dem guten Leben, das nach antiker philosophischer Terminologie das ‚glückselige Leben' ist (*beata vita, beatitudo*) und die ‚Weisheit' (*sapientia*) bedeutet. Dies ist die Kardinalfrage der antiken Philosophie: Die *eudaimonia* ist das *telos*, das ‚Ziel' des menschlichen Strebens, und die Philosophie als ‚Liebe zur Weisheit' (*philein*: ‚lieben'; *sophia*: ‚Weisheit') zeigt den Weg dazu auf. Allerdings wird die *beata vita* von den verschiedenen Philosophenschulen jeweils unterschiedlich definiert. Für die Stoiker ist es die ‚Sittlichkeit' (*virtus*), für die Epikureer die ‚Lust' (*voluptas*), für die Platoniker die Erkenntnis der Idee des Guten, für die Skeptiker sind es Irrtumsfreiheit und Seelenruhe. Augustins Dialog ist nun aber nicht einfach eine Auseinandersetzung mit bestehenden philosophischen Konzepten; vielmehr wird größtenteils auf einer abstrakten Ebene streng logisch argumentiert und mit den Mitteln der Aussagenlogik operiert: Augustinus geht vom stoischen Paradoxon aus, dass ein Mensch entweder glücklich oder elend (*beatus* oder *miser*) beziehungsweise Weiser oder Tor sei (*sapiens* oder *stultus*). Da gemäß stoischer Lehre die Grenze zur ‚Glückseligkeit' und damit zur ‚Weisheit' nur sehr schwer zu überschreiten ist, folgt daraus, dass fast ausschließlich alle Menschen ‚elend' und ‚Toren' sind, auch wenn sie sich noch so sehr um die Weisheit bemühen; der ‚Zustand' (*habitus*) der Weisheit, der Sittlichkeit und damit die Erkenntnis des Göttlichen wird nur äußerst wenigen Menschen zuteil. Dem wird in Augustins Argumentation entgegengehalten, dass der christliche Gott sich auch der Toren annehme, dass also auch der Tor ‚Gott haben' (*deum habere*) und damit diesen *habitus* erlangen könne: auch derjenige, der sich erst um die Weisheit bemüht, der noch auf der Suche nach der Erkenntnis Gottes ist, oder auch derjenige, der sittlich unbescholten lebt. Damit können die Menschen, auch ohne dass sie die höchste Erkenntnis erlangt haben, ja selbst ohne intellektuelle Anstrengung zur *beata vita* gelangen. Augustins Mutter Monnica wird am Schluss dieser *habitus* zugestanden, da sie den trinitarischen Gott und damit die Wahrheit zwar nicht rational erfasst hat, aber an sie glaubt und so auf dem Weg des Glaubens und mit göttlicher Hilfe die ‚Weisheit' erreicht hat. Gerade dieser Schlussabschnitt ist stark neuplatonisch geprägt: Gott ist der ‚Quell der Wahrheit' (*fons veritatis*), der sich durch die Emanation auch im sinnlich wahrnehmbaren Bereich manifestiert, wie die Sonne, die mit ihren Strahlen ihr Licht zu den Menschen entsendet; doch während er dies gemäß neuplatonischer Vorstellung tut, ohne selbst zu ihnen zu kommen, begibt sich der christliche Gott – durch die Inkarnation – zu den Menschen hinunter und offenbart ihnen so die Wahrheit.

In *De Ordine* geht der ganze Dialog von einem Erlebnis aus, das Lehrer *De Ordine* und Schüler nachts im Schlafgemach haben: Sie werden im Schlaf gestört vom Rauschen des nahen Baches, das einmal stärker und dann wieder schwächer wird, und die Frage nach dem Grund dieser Unregelmäßigkeit führt zur Diskussion der These, dass es für alles immer einen Grund gebe und alles nach einem bestimmten Ordnungsprinzip und nicht zufällig geschehe. An das nächtliche Gespräch knüpft sich auch die Frage, ob Gott, als er die Welt geschaffen und geordnet hat, dabei auch das *malum* (das Böse/Leid) geschaffen und in die Ordnung miteingeschlossen habe; wenn ja: warum er dies getan habe; wenn nein: ob man denn annehmen müsse, dass es etwas gebe, worüber Gott keine Macht hat (vgl. dazu Kapitel B III 1). Diese uralte, viel diskutierte Frage nach dem Ursprung des Bösen (*unde malum?*) kann in einer Diskussion im Kreis junger Schüler na- *unde malum?* türlich nicht beantwortet werden, und so endet das Gespräch in der Mitte von Buch 2 in der Aporie.

Immerhin wird auf dem Weg dorthin eine Reihe wichtiger Fragen geklärt. Am Morgen nach der nächtlichen Szene liegt Augustinus weinend und betend auf seinem Lager, während Licentius einen Psalmenvers singt (79,8 nach der Septuaginta-Zählung [= 80,8 der hebräischen Bibel]): „Gott aller Kräfte, wende uns um und zeige uns dein Angesicht, und wir werden gerettet sein" (*deus virtutum, converte nos et ostende faciem tuam, et salvi erimus*). Es handelt sich um denselben Vers, den er am Abend zuvor zu Monnicas Missfallen auf dem Abort gesungen hatte. In der Folge interpretiert Augustin diese Situation wie auch die Diskussion der vergangenen Nacht allegorisch (*ord.* 1,23): Der Abort und die Nacht entsprechen dem „Schmutz des Körpers" und der „Finsternis" des „Irrtums", von denen der Sänger sich mit der im Psalmenvers ausgesprochenen Bitte abwenden will, um sich Gott zuwenden zu können. Dieses „Sich-Zuwenden" (*converti*) sei ein „Sich-Erheben" von der Maßlosigkeit der Laster hin „zu sich selbst mithilfe von Sittlichkeit und Mäßigung" (*virtute ac temperantia in sese attolli*). Das „Antlitz Gottes", das der Sänger im Psalmenvers erblicken will, sei nichts anderes als die Wahrheit, nach der sie alle sich sehnen, die sie lieben und der sie sich „rein und schön" zurückgeben wollen. Auch das Gespräch zwischen Augustin und seinen Schülern ist von dem Verlangen nach Reinigung von den durch die Sinnenwelt bedingten Irrtümern geleitet und soll zur Schau der Wahrheit führen. Die Intention des Gebets im Psalmenvers wird also gleichgestellt mit der Suche nach einer philosophischen Erklärung der göttlichen Weltordnung im Dialog. Da auch die Mutter Monnica dieses Ziel kennt und sich darum bemüht, kann auch ihre Beteiligung am Gespräch als *philosophari* beziehungsweise ihre Position als *philosophia* bezeichnet werden (1,31); denn die *philosophia* ist ja genau die ‚Liebe zur Weisheit' (*amor sapientiae*), und solange diese *sapientia* nicht eine Lehre „von dieser Welt", sondern von der nicht-materiellen, intelligiblen Welt ist (vgl. dazu Kapitel B II 3), entspricht auch Monnicas Streben demjenigen eines Philosophen (1,32). Die religiöse Haltung der einfachen Christin wird also mit der intellektuellen Suche der Gebildeten auf eine Stufe gestellt.

Allerdings lässt Augustin dieser Gleichstellung der beiden Wege, die – wie er sagt – beide letztlich zur Gottesschau führen würden, eine Wertung folgen, die auch in den Äußerungen anderer Schriften zum Begriffspaar *ratio–auctoritas* vertreten wird (vgl. dazu Kapitel B II 5 und 6): Er fordert Licentius auf, zu seinen Studien zurückzukehren, die er in den Rahmen der Ausbildung in den ‚freien Wissenschaftsdisziplinen' (*disciplinae liberales*) stellt. Dieser Prozess der intellektuellen Bildung wird als stärkende und reinigende Vorbereitung auf die Wahrheitserkenntnis und die *beata vita* verstanden. Die in Licentius' Psalmengesang ausgesprochene Bitte um die *conversio* und Schau Gottes genügt allein nicht, da bloße Frömmigkeit die nach intellektueller Erkenntnis Strebenden nicht an das Licht der Wahrheit ‚gewöhnen' kann. Augustin lässt also zwar das philosophische Gespräch in einer religiös geprägten Atmosphäre stattfinden, in der Gebete und Psalmengesang durchaus ihren Platz haben; Frömmigkeit und Religiosität bilden sozusagen die ethische und mentale Grunddisposition der Gesprächsteilnehmer auf ihrer Suche nach der Wahrheit und der Erkenntnis des trinitarischen Gottes (*ord.* 1,29). Doch erst die „wahre und reine Philosophie" (*vera et germana philosophia*) – also die platonische – ermöglicht die rational begründete Einsicht in das Verhältnis zwischen Gott Vater, Gott Sohn und dem heiligen Geist (2,16; vgl. dazu Kapitel B III 5).

Nachdem also die Diskussion in *De Ordine* über die Frage nach dem Ursprung des Bösen in der Weltordnung in der Aporie geendet hat (2,23), legt Augustin den Weg dar, den die Schüler erst gehen müssen, bevor sie die Lösung finden können. Entsprechend einem „göttlichen Gesetz" (*dei lex*) sind zum einen bestimmte Lebensregeln zu befolgen (vgl. dazu Kapitel B VII 3), zum anderen ist der „geordnete Bildungsweg" (*ordo eruditionis*) einzuhalten (2,25), der durch die sieben Stufen der ‚sieben freien Künste' (*septem artes liberales*) führt (vgl. dazu Kapitel B II 6).

Der vierte, nicht-szenische Cassiciacum-Dialog, die *Soliloquia*, ist – wie der Titel sagt – ein ‚Selbstgespräch', in dem Augustin sich selbst im Dialog mit seiner eigenen Vernunft (*ratio*) darstellt. Die Äußerungen der Dialogfigur ‚Augustin' repräsentieren die Sinnlichkeit, diejenigen der *ratio* die intellektuellen Fähigkeiten des Menschen, der hier eben mit sich selbst spricht. Der Titel *Soliloquia* ist eine augustinische Wortschöpfung, wie in 2,14 gesagt wird, und tatsächlich gibt es bis dahin keinen lateinischen Begriff, der dem griechischen ‚Monolog' entsprechen würde. Neu ist zudem die Idee, eine ganze Schrift als Selbstgespräch zu konzipieren. Mark Aurels *Selbstbetrachtungen* (genannt *eis heauton*), die zumindest in Bezug auf den Titel vergleichbar sind, entsprechen mit ihrer Zielsetzung, Selbstreflexion zu betreiben, eher der Schreibweise der *Confessiones*. Was Augustin aber in den *Soliloquia* darstellt, ist keine Selbstreflexion, sondern ein Gespräch über philosophische Themen, in dem er sich selbst als Dialogfigur die Schülerrolle zuteilt und sich dabei auch Überlegungsfehler begehen lässt, während die *ratio* den Lehrerpart spielt und den Schüler ‚Augustin' manchmal auch korrigiert und in eine andere Denkrichtung weist. Dies

ratio und *auctoritas*

Soliloquia

entspricht der platonischen Grundauffassung, dass das Denken ein ‚Reden der Seele mit sich selbst' und in dieser Weise eine Methode philosophischer Erkenntnis sei (vgl. *sol.* 2,14). Dabei gibt Augustin sich und seiner ‚Vernunft' individuelle Züge und lässt das Gespräch auch in einer – allerdings nur sparsam gestalteten – szenischen Umgebung stattfinden, also nicht in einer rein geistigen Umgebung im ‚Innern' seiner selbst. Rein formal handelt es sich also um einen regelrechten Dialog. Die *Soliloquia* sind somit eine wohl von Augustin konzipierte neue Form des philosophischen Dialogs.

Ein wichtiger Unterschied zu den drei anderen Cassiciacum-Dialogen besteht darin, dass Augustin in den *Soliloquia* den Gedankengang ohne vorbereitendes Gespräch mit den üblichen Begriffsklärungen, Definitionen, Rekapitulationen, Holzwegen usw. unbehindert sich entwickeln lässt. Möglicherweise ist dies auch der Grund, dass in den *Soliloquia* der Lehrvortrag (die *oratio perpetua*) fehlt. Allerdings hat er gemäß seinen Äußerungen in den *Retractationes* eine Fortsetzung geplant und auch Skizzen dazu angefertigt, die unter dem Titel *De Immortalitate Animae* gegen seinen Willen publiziert worden sind (*retr.* 1,5,1). Eine längere Rede findet sich immerhin am Anfang der Schrift: Auf Geheiß seiner *ratio* formuliert ‚Augustin' ein Gebet, in dem er Gott eine lange Reihe von Eigenschaften (Prädikaten) in Form von theologischen Aussagen zuspricht. Im folgenden Dialog mit der *ratio*, der mit der berühmten Aussage „Gott und die Seele will ich erkennen" (*deum et animam scire cupio*) eingeleitet wird (*sol.* 1,7), werden diese Gottesprädikate erklärt und damit philosophisch und theologisch gedeutet. Der Diskussion liegt der erkenntnistheoretische Dualismus zugrunde, der sich in der Tradition der spätantiken Platonauslegung entwickelt hat: Auf der einen Seite steht die Welt der Sinne, der Gegenstandswelt, des Scheins, der Abbilder; auf der anderen Seite die Welt der Seele, der Vernunft, des Geistes, des Seins, des logischen Denkens, der Zahlen, der Urbilder, der Wahrheit, der Schönheit und der Weisheit, die mit Gott gleichgesetzt werden. Gott ist aber auch der Schöpfer der Welt, die höchste Gerechtigkeit, das höchste Eine, das höchste Sein, die ewige Ordnung und Harmonie, das All, die Natur: Er umfasst alles. Dabei werden stellenweise fast schulbuchmäßig platonische Theoreme und Metaphern referiert (vgl. dazu Kapitel B III 2). Die *Soliloquia* bieten somit eine zusammenfassende Darstellung der platonischen Erkenntnistheorie, die in den drei szenischen Dialogen dem Gespräch oder den Schlussreden zugrunde gelegt wird.

> Platonische Welt- und Gottesvorstellung

3. Augustin als Leser platonischer Schriften

In der Darstellung der *Confessiones* wird die Bedeutung der (neu-)platonischen Philosophie für Augustin im Kontext seiner Lösung von der manichäischen Lehre und der Hinwendung zur ‚rechtgläubigen' christlichen Religion erklärt. Nach dem Bruch mit dem Manichäismus verfiel Augustin – so die Erzählung in *conf.* 5 und 6 – in einen Zustand der ‚geistigen Lähmung', in dem er sich, nach Orientierung suchend, zunächst mit der skeptischen Philosophie auseinandersetzte und auch verschiedene andere philosophische Lehren evaluierte. Doch offensichtlich fand er erst in „gewissen Büchern der Platoniker" (*quidam Platonicorum libri*) in der lateinischen Übersetzung des Marius Victorinus ein System, welches ihm die Möglichkeit bot, bestimmte Inhalte der christlichen Lehre rational zu durchdringen (*conf.* 7,13 und 8,3; vgl. *beata v.* 4). Auch in der Darstellung seines Konversionserlebnisses im Proömium zum zweiten Teil des Dialogs *Contra Academicos* spricht Augustin über die Bedeutung „gewisser Bücher" (*libri quidam*), die in ihm eine Reaktion auslösten, die mit derjenigen nach der *Hortensius*-Lektüre vergleichbar ist, und ihn zur Bekehrung veranlassten (*Acad.* 2,5). Gemäß diesen Berichten las er nach den ‚Büchern der Platoniker' Paulus, der sich ihm vor diesem philosophischen Hintergrund neu erschloss. Augustin scheint also entscheidende Ereignisse in seiner geistigen Entwicklung mit Vorliebe mit Lektüreerlebnissen zu verbinden; der Platonikerlektüre wird dabei eine wichtige Rolle im Hinblick auf die Akzeptanz der biblischen Bücher zugesprochen.

Zumal in den Frühdialogen, so in der Schlusspartie von *Contra Academicos* und öfter in *De Ordine*, macht Augustin deutlich, welche Bedeutung er der (platonischen) Philosophie beimisst (vgl. zum Beispiel *Acad.* 3,42; *ord.* 1,32). Dabei geht er vom Begriff der ‚Philosophie' aus, den er in der lateinischen Übersetzung mit *studium sapientiae* oder *amor sapientiae* wiedergibt (nach Platon, *Phaidros* 278d): Die Philosophie ist ein ‚Streben nach der Weisheit'. Die platonische Lehre im Besonderen ist zudem keine „Weisheit von dieser Welt" (nach *1 Cor* 1,20 und 3,19), die sich mit den „Elementen dieser Welt" (*elementa huius mundi*) befasst und daher entsprechend der christlichen Philosophiekritik abgelehnt werden müsste (nach *Col* 2,8); denn sie ist keine materialistische Lehre wie die der Stoiker und Epikureer. Vielmehr vertritt sie eine Zweiweltenlehre, geht also von einer „anderen, intelligiblen Welt" aus, die mit dem Reich Gottes gleichgesetzt werden kann. Ebenso können die *philosophi* als ‚Liebhaber der Weisheit' (*amatores sapientiae*) gelten, und da Gott (Sohn) und die ‚Weisheit' gemäß Paulus' Aussage in *1 Cor* 1,24 gleichzusetzen sind (vgl. *sol.* 1,3; auch *civ.* 8,1), sind sie auch „Liebhaber Gottes" (*amatores dei*). Da die christliche und platonische Gotteslehre übereinstimmen, also auch für die Platoniker Gott unkörperlich und unveränderlich ist, vertreten die platonischen *philosophi* die „wahrste Philosophie" (*Acad.* 3,42: *verissima philosophia*). Dabei werden jedoch gleichzeitig ihre Grenzen deutlich gemacht: Die platonische Philosophie kann zwar eine rationale Erklärung dessen bieten, was Augustin als Christ ‚glaubt'; doch lässt einzig der christliche Glaube die Möglichkeit zu, dass die höchste Erkenntnis *allen* Menschen offenbart wird; denn dies ist nur durch den inkarnierten Gott, Christus, möglich, und die Vorstellung eines menschgewordenen Gottes lehnen die Platoniker strikt ab (*Acad.* 3,42; vgl. dazu Kapitel B III 5). Ihre Lehre dient somit sozusagen als ‚Hilfswissenschaft', die deshalb akzeptiert werden kann, weil sie „mit der heiligen Lehre nicht im Widerspruch steht" (*Acad.* 3,43). Rund vierzig Jahre später, in der Auseinandersetzung mit dem philosophisch gebildeten Julian von Aeclanum, hat Augustin den Begriff ‚wahre Philosophie' allein auf die christliche Lehre bezogen: Die wahre Philosophie könne nur die christliche Lehre sein, die *Christiana philosophia* (*c. Iul.* 4,72).

Marginalien:
quidam Platonicorum libri

Platonische Zweiweltenlehre

verissima philosophia

Was Augustin also offenbar an der platonischen Philosophie interessierte, war die Vorstellung einer immateriellen, intelligiblen Welt, verbunden mit einer rein geistigen Gottesvorstellung. Hinzu kommt eine Reihe weiterer Elemente: das Prinzip der Verinnerlichung durch die Rückkehr zu sich selbst und durch die Selbsterkenntnis, die zur Gotteserkenntnis führt; die Körperflüchtigkeit, die neben der Ausprägung des Dualismus von Leib und Seele in der nachplatonischen Tradition mehr und mehr Bedeutung erlangt; zahlentheoretische Spekulationen, in denen die Formen alles Wirklichen auf die Zahl zurückgeführt werden, der Gott als absolute Einheit zugrunde liegt (vgl. dazu die Ausführungen in *De Musica*). Andere Elemente der platonischen Lehre lehnte Augustin jedoch ab: In einer Gegenüberstellung der beiden Lehren in *conf.* 7,13–15 referiert er, was er in den ‚Büchern der Platoniker‘ im Vergleich mit der Bibel „gelesen" (und als identisch erkannt) und was er „nicht gelesen" habe (*ibi legi – non ibi legi* etc.). Dabei spielt der Prolog des Johannesevangeliums eine grundlegende Rolle (*Io* 1,1–12): Gemäß einer platonischen Interpretation dieses Texts – die Eusebius von Caesarea Plotins Schüler Amelios zuschreibt (*praep. ev.* 11,19,1–4) – kann der Logos oder Nous (*verbum*), der sowohl „beim ersten Prinzip" (*in principio*) wie auch „bei Gott" (*apud deum*) und Gott selbst ist (*et deus erat verbum*), mit der zweiten Hypostase gleichgesetzt werden. Das göttliche Licht, das die Menschen „erleuchtet" (*lumen verum, quod inluminat omnem hominem venientem in hunc mundum*), ist die dritte Hypostase. Der Gott, der „in dieser Welt war", die von ihm geschaffen wurde, die ihn aber nicht erkannte (*in hoc mundo erat, et mundus per eum factus est, et mundus eum non cognovit*), ist der Demiurg des platonischen *Timaios*. Was sich jedoch in den platonischen Büchern nicht findet, ist das ‚fleischgewordene Wort‘ (*Io* 1,14: *verbum caro factum est*): die Vorstellung von Gottes Menschwerdung und dem Kreuzestod (vgl. dazu Kapitel B III 5). Diese platonische Interpretation des Logos des Johannesevangeliums wird in den *Confessiones* auf die Interpretation des Mailänder Klerikers Simplician sowie später in *De Civitate Dei* auf einen von Simplician genannten „Platoniker", den man etwa mit Marius Victorinus identifiziert, zurückgeführt (*conf.* 8,3; *civ.* 10,29).

> Synkrisis

Uneinig ist man sich in der Augustin-Forschung über die Identifizierung der platonischen Schriften, denen in den *Confessiones* diese bedeutende Rolle zugeschrieben wird: Las Augustin in Mailand nur Plotin (Henry) oder nur Porphyrios (Theiler, Beatrice) oder beide (Courcelle, O'Meara)? Wegen Augustins vagen Angaben wird man wohl kaum je über Hypothesen hinaus gelangen können, so dass man sich mit den folgenden Feststellungen begnügen muss:

> Plotin oder Porphyrios?

(1) Augustin war in Cassiciacum mit dem neuplatonischen Gedankengut vertraut. Die erkennbaren inhaltlichen Reminiszenzen sind jedoch meist sehr allgemein und lassen in der Regel nicht auf eine bestimmte Quelle schließen; die Möglichkeit einer mündlichen Vermittlung der Gedanken im Umfeld der Mailänder Platoniker darf wohl nicht unterschätzt werden (vgl. dazu Kapitel A I 5 und II 6).

(2) Die Texte, zu denen in den Frühschriften – aber auch in späteren Schriften – nicht nur gedankliche Anklänge, sondern auch inhaltliche Parallelen festgestellt werden können, sind Plotins Traktat „Über das Schöne"

(*enn.* 1,6), aus dem auch Ambrosius in seiner Predigt *De Isaac vel De Anima* fast wörtlich zitiert (8,78f.), sowie *Enneade* 5,1 („Über die drei hauptsächlichen Hypostasen"), 6,4/5 („Das Seiende, obgleich eines und dasselbe, ist zugleich als Ganzes überall") und 3,2/3 („Von der Vorsehung"); Augustins Reflexionen über die Natur des Bösen (vgl. dazu Kapitel B III 1) finden ihre Entsprechung im Traktat „Woher kommt das Böse?" (*enn.* 1,8). Vieles spricht auch dafür, dass Augustin Porphyrios' verlorene Schrift *De Regressu Animae,* die er in *De Civitate Dei* nennt, und möglicherweise andere Schriften des Plotin-Schülers bereits in Mailand gekannt hat; denn in *De Ordine* verbindet er den stufenweisen Aufstieg der Seele zu Gott mit dem Konzept der sukzessiven Studien der *disciplinae liberales,* das deutlich neuplatonische Züge aufweist, sich jedoch bei Plotin nicht findet (vgl. dazu Kapitel B II 6).

(3) Die Identifizierung weiterer neuplatonischer Quellen wird wohl spekulativ bleiben müssen, zumal sie auch von der ebenfalls ungeklärten Frage abhängig ist, ob und wie die Schriften Plotins und Porphyrios' im lateinischen Westen überhaupt verbreitet waren und vermittelt wurden.

In der Augustinus-Forschung der ersten Hälfte des 20. Jahrhunderts fand zudem eine lebhafte, emotional und argumentativ aufwendig geführte Auseinandersetzung zur Frage statt, ob sich Augustin im Jahr 386 tatsächlich zum Christentum und nicht vielmehr zur platonischen Philosophie bekehrt habe (so Alfaric). Seit den Studien von Pierre Courcelle ist man sich jedoch einig, dass Augustin die platonische Lehre, die er in Mailand kennen gelernt hatte, nicht als Alternative zur christlichen Religion verstanden haben kann, sondern dass er mit seinem wiederholten Rekurs auf Marius Victorinus auf die Tradition hinweist, in der die beiden Lehren als kompatibel galten. Im Gegensatz zu Courcelle, der von einer – Augustin durch Ambrosius vermittelten – Synthese von Christentum und Platonismus ausgegangen war, ohne das Verhältnis von Philosophie und christlicher Religion genauer bestimmen zu wollen, wird allerdings in der neueren Forschung – namentlich von Goulven Madec – betont, dass Augustin entsprechend dieser Tradition zwar christliche Vorstellungen mit Hilfe der neuplatonischen Metaphysik erklärt und biblische Wörter als philosophische Termini deutet, dass er dabei aber immer die christliche Religion in der Form, zu der er sich im Sommer 386 bekehrt hat, als *Grundlage* betrachtet. Wie sich zudem in den Frühschriften feststellen lässt, stellt Augustin gewisse Aspekte des Platonismus vereinfacht dar; Kurt Flasch spricht sogar von einem „Populärplatonismus", weshalb man Augustin keinesfalls als Neuplatoniker bezeichnen könne. Zumindest unmittelbar nach der ersten Begegnung mit dieser Lehre wird er sich auch kaum eine umfassende und detaillierte Kenntnis der Schriften und des Lehrsystems der Platoniker erworben haben können, zumal wahrscheinlich seine christlichen Quellen und ‚Informanten' ihm den Neuplatonismus bereits als eklektizistische und synkretistische Philosophie präsentiert haben dürften.

Neuplatoniker
oder Christ?

4. Augustins Auseinandersetzung mit dem Skeptizismus

Im Rahmen der Darstellung seines intellektuellen Werdegangs in den ersten neun Büchern der *Confessiones* lässt sich Augustin – in den Büchern 5 bis 7 – auch eine ‚skeptische Phase' durchlaufen: Im Bemühen, die materialistische Lehre der Manichäer zu widerlegen, habe er sich mit verschiedenen Philosophenschulen und ihren erkenntnistheoretischen und physikalischen Lehren befasst, sei jedoch in einer Position verharrt, die er mit derjenigen der skeptischen Akademiker vergleicht. „Nach Art der Akademiker an allem zweifelnd" (*Academicorum more dubitans de omnibus*) habe er sich aber keiner der traditionellen paganen Lehren anvertrauen wollen, da ihnen der explizite Bezug auf die christliche Lehre fehle (*conf.* 5,25; vgl. *beata v.* 4; *util. cred.* 20). Er verharrte also in der abwartenden Position des Katechumenats der katholischen Kirche und suchte weiterhin nach Gewissheit (dem *certum*), die er erst nach der Lektüre der *Platonicorum libri* und der paulinischen Schriften fand. Augustin vergleicht also in den *Confessiones* wie auch in den ‚autobiographischen' Einlagen anderer Schriften seine Suche nach Gewissheit mit der Haltung der skeptischen Akademiker.

So fügt sich die Erzählung vom Rückzug auf das Landgut bei Cassiciacum, wo er mit seinen Schülern die in den Dialogen (*libri disputati*) aufgezeichneten Gespräche geführt haben soll (*conf.* 9,7), lückenlos ein in die Vorstellung einer ‚geistigen Entwicklung' des Protagonisten der *Confessiones*. Tatsächlich enthält ja die erste erhaltene Schrift, *Contra Academicos*, eine Abrechnung mit dem Skeptizismus; in der Konzeption des ‚Entwicklungsromans' der *Confessiones* wäre dies zugleich eine Abrechnung mit einer abgeschlossenen Lebensphase, mit der das Corpus der Cassiciacum-Dialoge eingeleitet wird. Allerdings lässt sich der Beginn mit *Contra Academicos* auch ohne Rekurs auf die Biographie erklären: Die Tetralogie der Cassiciacum-Schriften ist nicht nur in Bezug auf die Form, sondern auch in Bezug auf die Gesamtkonzeption vergleichbar mit den philosophischen Traktaten Ciceros aus den vierziger Jahren v. Chr., die dieser laut eigenen Aussagen systematisch miteinander verzahnen wollte (Cic. *div.* 2,1–4): Nach der Aufforderung zur Beschäftigung mit der Philosophie im Protreptikos *Hortensius* behandeln die *Academici Libri* Grundfragen der Erkenntnistheorie, wobei Cicero sich für die akademisch-skeptische Position ausspricht; darauf folgt eine ganze Serie von Dialogen zu Themen aus den Bereichen Ethik und Theologie (von *De Finibus* bis *De Fato*). Da die *Academici Libri* an den Anfang dieser systematischen Abhandlungen gestellt sind, hat Cicero der skeptischen Erkenntnistheorie offensichtlich grundlegende Bedeutung beigemessen für die Behandlung weiterer Bereiche der Philosophie. Tatsächlich lässt er diese Position für die inhaltliche Disposition der Schriften bestimmend sein: Die kontroversen Lehrmeinungen verschiedener Philosophenschulen werden einander gegenübergestellt und evaluiert, und letztlich bleibt doch nur die Möglichkeit zu sagen, was ‚plausibel' (*verisimile, probabile*) erscheint. Cicero selbst vertritt als Dialogfigur keinen eigenen Standpunkt, sondern prüft nur kritisch, was andere

Abrechnung mit dem Skeptizismus

Ciceros Academici Libri

sagen. Die *Academici Libri* exponieren also Ciceros Position und Methode, die den folgenden Dialogen zugrunde gelegt werden. Ähnlich ist auch Augustins Konzeption der Tetralogie der Cassiciacum-Dialoge zu sehen: Er beginnt mit dem Dialog *Contra Academicos*, aber nicht, um eine skeptische Position und Methode zu exponieren, sondern eine anti-skeptische.

Doch auch für die Widerlegung der skeptischen Philosophie legt Augustin seinen Ausführungen im wesentlichen Ciceros *Academici Libri* und damit die Auseinandersetzung der akademischen Skeptiker mit der stoischen Erkenntnistheorie zugrunde. Die Stoiker vertreten die Position, dass die menschliche Sinneswahrnehmung zuverlässig sei, dass ein Sinneseindruck (*visum*, gr. *phantasia*), wenn er ‚kataleptisch‘ (‚erfassend‘) sei, auch ‚wahr‘ sei, dass er also das zugrunde liegende Objekt oder den Sachverhalt zuverlässig abbilde, so dass ihm das Zentralorgan der Seele ‚zustimmen‘

Erkenntnistheorie

könne (*adsentiri*, gr. *synkatatithesthai*). Die akademisch-skeptische Position, die in Platons Schule von Arkesilaos (3. Jh. v. Chr.) und Karneades (3./2. Jh. v. Chr.) vertreten worden war, lässt sich mit der These ‚*nihil percipi/sciri posse*‘ umschreiben („es kann nichts erfasst/gewusst werden"): Die menschliche Sinneswahrnehmung sei trügerisch, der menschliche Intellekt könne eine kataleptische Erscheinung nicht von einer nicht-kataleptischen unterscheiden; denn alle Erscheinungen seien verwechselbar. Deshalb soll der Skeptiker seine ‚Zustimmung‘ zurückhalten (*nulli rei adsentiri*, gr. *epechein*).

In seiner Widerlegung der skeptischen Position macht sich Augustin einerseits die stoische Argumentation zunutze, andererseits verwendet er eine Reihe argumentativer Tricks, die der Beweisführung der skeptischen Schule entstammen. Ein prominentes Beispiel sei hier an erster Stelle erwähnt: Gegen die These ‚*nihil percipi/sciri posse*‘ macht er geltend, dass wenigstens der weise Mensch doch sicher etwas wahrnehmen und auch wissen könne, nämlich warum, wie und ob er überhaupt ‚lebe‘, und schließlich doch die Weisheit selbst (*Acad.* 3,19); dies seien Dinge, die untrüglich wahr seien, es sei keine Verwechslung möglich, also könne man ihnen ‚zustimmen‘, und folglich könne man Wissen erlangen. Die Aussage ‚dass ich lebe‘ ist nun zwar natürlich keine objektive, allgemeingültige und überhaupt keine philosophisch relevante, sondern eine subjektive ‚Wahrheit‘;

Das augustinische ‚Cogito‘

sie besteht jedoch unabhängig von der fehleranfälligen Sinneswahrnehmung, weil der menschliche Geist sie durch sich selbst erfasst, und damit muss sie selbst dem skeptischen Wahrheitskriterium genügen. Dieses Argument – „ich weiß doch wenigstens, dass ich existiere" – greift Augustin später öfter wieder auf (vgl. dazu Kapitel B III 4). Ähnlich funktioniert die folgende Argumentation: Er könne zwar – wie ein Skeptiker – beispielsweise nicht sagen/wissen, ob etwas *per se* weiß, kalt, süß oder bitter sei usw.; er könne aber sagen und *wisse*, dass *ihm* etwas weiß *scheine* (*hoc mihi candidum videri scio*), dass sich für ihn etwas kalt anfühle (*hoc mihi esse frigidum scio*), dass ihm beispielsweise Olivenblätter bitter schmecken: das wisse er, auch wenn sie anderen möglicherweise *nicht* und vielleicht auch ihm selbst *nicht immer* bitter schmecken usw. Auch hier handelt es sich um subjektives Wissen bzw. subjektive Wahrheiten. Über objektive Gegebenheiten wie die materielle Beschaffenheit der Gegenstände, also darüber, ob diese *per se* weiß, kalt, süß oder bitter *sind*, will er nichts sagen; denn dies *könne* er nicht wissen. Damit vertritt Augustin zwar insofern genau die skeptische Position, als er *nicht* die Zuverlässigkeit der Sinneswahrnehmung behauptet; er beansprucht aber – antiskeptisch – ein Wissen, das losgelöst ist von den Gegebenheiten der Objektwelt (*Acad.* 3,26).

Auch mit dem Argument der ‚Uneinigkeit der Philosophen' (*dissensio philosophorum*) greift Augustin auf skeptisches Material zurück (*Acad.* 3,23): Die Philosophen würden zum Teil diametral entgegengesetzte Meinungen vertreten in Bezug auf die Frage, wie viele Welten es gebe, ob die Welt geschaffen und vergänglich sei oder nicht, und zu jeder Meinung würden stichhaltige Argumente beigebracht. Dies sei ein Beweis dafür, dass sich ein Wissen darüber nicht erlangen lasse. Augustin gibt den skeptischen Standpunkt in diesen Fragen nicht etwa preis, obwohl er natürlich als Christ behaupten müsste, dass es nur eine Welt gebe und diese von Gott geschaffen sei; vielmehr sagt er, er wisse doch wenigstens dies: Es gebe ‚entweder eine Welt oder viele', die Welt sei ‚entweder geschaffen und vergänglich oder geschaffen und nicht vergänglich oder nicht geschaffen und nicht vergänglich oder nicht geschaffen und vergänglich'. Er hat also ein Wissen von einer – logischen! – Wahrheit; denn diese Sätze sind, da sie als Disjunktionen formuliert sind, im logischen Sinn wahr. Dasselbe lässt sich von mathematischen Wahrheiten sagen: Er, Augustin, wisse doch, dass drei mal drei neun ist (3,25; vgl. *lib. arb.* 2,21).

dissensio philosophorum

Augustin vertritt also, wenn er die Argumente der akademischen Skeptiker ‚widerlegt', nicht etwa wie die Stoiker – ihre Hauptgegner in den Fragen der Erkenntnistheorie – eine materialistisch-sensualistische Position, sondern argumentiert gut platonisch: Er will nicht etwa für die Zuverlässigkeit der Sinneswahrnehmung eintreten; vielmehr behauptet er mit seinem Rekurs auf die subjektiven, logischen und mathematischen Wahrheiten, dass man genau dann Wissen haben könne, wenn man sich *nicht* auf die Sinne verlasse. Das Wissen, das durch eine subjektive, eine formal logische oder eine mathematische Wahrheit gewonnen wird, ist ein Wissen, das losgelöst ist von den Täuschungen der Sinnenwelt, und gerade darin sieht Augustin auch den Wert dieses Wissens. Die ursprünglich skeptischen Argumente werden als Instrumentarium zur Widerlegung der materialistischen stoischen Erkenntnistheorie akzeptiert; dagegen werden sie, wenn sie ohne diesen Funktionszusammenhang benutzt werden, bekämpft, da sie das Glauben verbieten (vgl. dazu Kapitel B II 5).

Auch an anderen Stellen in *Contra Academicos* lässt sich beobachten, dass Augustin in seiner Argumentation gegen die akademischen Thesen selbst oft eine skeptische Haltung einnimmt und sich in seinem Urteil nicht festlegen will, indem er bestreitet, über ein Wissen zu verfügen, und seinen eigenen Thesen nur den Status von ‚Plausibilitäten' (*probabilia*) gibt; immer wieder macht er deutlich, dass er selbst durchaus noch auf der Suche sei, und betont, dass er noch kein Wissen erlangt habe (*Acad.* 2,23 und 30; 3, 5 und 43). Solche Äußerungen sind einerseits als Bescheidenheitstopoi zu verstehen, andererseits ist dahinter wohl auch eine besondere Absicht zu sehen: Bei all diesen Thesen handelt es sich ja um Aussagen, die sich in der Tradition der pagan-philosophischen Diskussion herausgebildet haben, und um physikalische und erkenntnistheoretische Fragen, die kontrovers

Augustinus Scepticus?

diskutiert werden können. Die skeptische Haltung ist damit Ausdruck der Unzulänglichkeit des menschlichen Erkenntnisvermögens. Wo es aber um theologische Wahrheiten geht, darf ein Christ nicht skeptisch sein. Der fundamentale Unterschied zu den Skeptikern besteht also darin, dass der Christ zwar auch kein Wissen von der Wahrheit hat, aber doch mit Überzeugung *glaubt*, dass seine Lehre die höchste Wahrheit enthält. Allerdings ist die Erkenntnis dieser Wahrheit nur durch göttliche Offenbarung möglich (*Acad.* 3,13 und 42). Dieser Vorgang, den Augustin später ‚Erleuchtung' (*illuminatio*) nennt, wird in *Contra Academicos* nicht weiter erklärt, jedoch im Dialog *De Magistro* thematisiert (vgl. dazu Kapitel B II 7). Auch wenn Augustin also den Skeptizismus wegen seiner destruktiven Wirkung bekämpft hat, so hat er sich doch dessen Anti-Sensualismus zunutze gemacht und die skeptischen Argumentationsstrategien fruchtbar gemacht, um die menschliche Erkenntnisfähigkeit und die menschlichen Erkenntnisansprüche grundsätzlich und im Einzelnen zu diskutieren und zu relativieren.

5. Glauben und Wissen

Die Thematik von Glauben und Wissen (oder Glauben und Vernunft) ist ein zentraler Gegenstand der Philosophie in ihrer ganzen Geschichte. Sowohl Wissen wie auch Glauben zeichnen sich dadurch aus, dass eine Aussage oder ein Sachverhalt mit Überzeugung für wahr gehalten wird; sie unterscheiden sie sich jedoch dadurch, dass beim Wissen durch die Verfügbarkeit einer nachprüfbaren Begründung die Wahrheit des Gewussten garantiert ist, während beim Glauben die Aussage oder der Sachverhalt *nicht* auf ihre/seine Wahrheit hin überprüft werden kann, weil die Aussage oder der Sachverhalt nicht oder noch nicht überprüfbar ist. Das Verhältnis von Glauben und Wissen spielt vor allem im Grenzbereich von Philosophie und Theologie beziehungsweise Religion eine zentrale Rolle: Die Philosophie gilt als Vernunftwissenschaft, die den Erkenntnisgegenstand ‚Gott' oder ‚das Absolute', die letzte Wahrheit usw. in den Kategorien der Vernunft beschreiben und erfassen kann. Dem gegenüber steht die Religion mit einem unbedingten Glaubensanspruch. In der Diskussion um die Dialektik von Glauben und Wissen – und im Zusammenhang damit auch in der Frage nach dem Verhältnis von Religion und Philosophie – haben sich folgende Positionen herausgebildet:

Wissen contra Glauben

(1) Zwischen Glauben und Wissen besteht ein Widerspruch. In dieser Kontroverse kann man logischerweise zwei Positionen vertreten: (1a) Wissen steht über dem Glauben. Im philosophischen Bereich sind hier Platons Überlegungen zum Verhältnis von ‚Meinen' und dem wahren ‚Wissen' bzw. Erkennen zu erwähnen (*doxa* und *episteme*). Das Meinen ist für Platon höchstens eine Vorform des Wissens, die daher überwunden werden muss. Wichtig wurde die Frage nach dem Wert des religiösen Glaubens in der Auseinandersetzung zwischen frühem Christentum und paganer Kultur, in der sich die christliche Lehre mit den etablierten philosophischen Lehren messen und auseinandersetzen musste. Dabei haben die Christen grundsätzlich zwei verschiedene Strategien entwickelt, von denen die eine die Position

(1a) gerade umkehrt: (1b) Glauben steht über dem Wissen. Die christliche Lehre wird als radikal anders der Philosophie gegenübergestellt; zwischen der dürftigen *menschlichen* Vernunft und dem unerforschlichen Ratschluss Gottes wird ein unüberbrückbarer Gegensatz postuliert; der Glaube wird als Provokation der Vernunft dargestellt (Tertullians *credo quia absurdum*: „Ich glaube, weil es unvernünftig ist"). Noch Martin Luther nannte die Vernunft eine „Dirne des Teufels". Die andere Strategie betrachtet

(2) Glauben und Wissen als zwei aufeinander bezogene geistige Akte. Diese Position vertreten die alexandrinischen Theologen Clemens von Alexandria und Origenes (3. Jh.) und vor allem Augustin mit seinem berühmten Grundsatz *crede ut intellegas* („glaube, um zu erkennen"). Im Gegensatz zu Platon, der das ‚Meinen' (*doxa*) als Vorform des Wissens diesem unterordnet, wird bei Augustin das Glauben aufgewertet (dem Thema ist die ganze Schrift *De Utilitate Credendi* gewidmet): Das Glauben ist die Grundlage der Erkenntnis und damit des Wissens. Erst dann folgt die intellektuelle Erkenntnis der Glaubensinhalte.

Zwei aufeinander bezogene geistige Akte?

Wie zumal in *Contra Academicos*, aber auch in der Darstellung der *Confessiones* deutlich wird, hat sich Augustin offenbar mit verschiedenen erkenntnistheoretischen Konzepten der hellenistischen Philosophenschulen befasst und kennt auch die Problematik des religiösen Glaubensanspruchs. Wie er in den autobiographischen Passagen in den Frühschriften (vgl. besonders *util. cred.* 2) sowie den *Confessiones* öfter betont, habe er sich der manichäischen Lehre nicht zuletzt deshalb zugewandt, weil sie ihm ein auf rationalen Kriterien aufgebautes Lehrsystem versprochen habe. Zwar haben die Manichäer dieses Versprechen nicht einlösen können, doch auch nach dem Übertritt ins Katechumenat der katholischen Kirche behält Augustin – zumindest in den Frühschriften – den Anspruch bei, die autoritativ (durch *auctoritas*) vermittelten christlichen Lehr- und Lerninhalte auch intellektuell (mit der *ratio*) erfassen zu wollen. Der Begriff *auctoritas* gehört zu den zentralen Begriffen der lateinischen Sprache und der römischen Kultur. Abgesehen von fachsprachlichen Bedeutungen beispielsweise im römischen Recht (‚Beglaubigung, Vollmacht') oder in der Grammatik (‚Gültigkeit' einer Regel) bezeichnet er das ‚Ansehen' von Personen aufgrund ihrer Fähigkeit, durch persönliche Kompetenz zu überzeugen und damit auch ‚Einfluss' auszuüben auf das Denken anderer und die Entscheidungen anderer; davon abgeleitet kann *auctoritas* auch Verhaltensmustern, Aussagen und Texten zugesprochen werden. Auch die Gegenüberstellung von *auctoritas* und *ratio* ist in der paganen lateinischen Literatur geläufig. Allerdings findet sich das Begriffspaar selten im Kontext von Reflexionen zum Verhältnis von Autoritätsglaube und Autoritätskritik, und erst Augustin hat es für seine theologischen Diskussionen fruchtbar gemacht. Zumal in den Cassiciacum-Dialogen wird öfter die Dialektik von *auctoritas* und *credere* auf der einen und *ratio* und *intellegere* oder *scire* auf der anderen Seite herausgestellt. Augustin spricht von zwei ‚Wegen' (oder auch ‚Gewichten'), die sich im Bemühen um die Gotteserkenntnis ergänzen (*ord.* 2,16; vgl. *Acad.* 3,43): Den Weg der *ratio* wählen diejenigen Menschen, welche die Erkenntnisinhalte mit dem Begriffsinstrumentarium der (platonischen) Philosophie intellektuell zu erfassen versuchen (vgl. dazu Kapitel B II 6); den Weg der *auctoritas* wählen diejenigen Menschen,

auctoritas – ratio, credere – intellegere

die an die Wahrheit der christlichen Lehre glauben, die also von ihrer Autorität überzeugt sind, ohne die Lehrinhalte nachprüfen und rational begründen zu wollen. In jedem Fall muss zuerst der Weg der *auctoritas* begangen werden; denn am Anfang jeder Erkenntnis steht das Vertrauen auf eine Autorität, hinter der eine bereits erkannte Wahrheit steht (*ord.* 2,26). Diese Autorität ist entweder göttlich – für einen Christen ist dies die biblische Autorität –, oder sie ist eine menschliche, die dem Lernenden Vorbild ist oder ihm den Weg weist zu derjenigen Lehre, welche die höchste Erkenntnis vermittelt (*ord.* 2,27). Der individuelle Wissenserwerb beginnt mit dem Glauben an Aussagen von Personen (Eltern, Lehrer), die erst im Nachhinein als wahr oder falsch erwiesen werden können (*util. cred.* 13 und 25). Dieser Glaube ist existentiell; denn wie kann der Mensch überhaupt handeln, wenn er nichts glauben darf? Wie ist das Leben überhaupt möglich, wenn man sich nicht auf bestimmte Gegebenheiten, auf die Aussagen bestimmter Autoritäten, auf deren Erfahrungen stützen darf? Warum sollen die Kinder ihren Eltern gehorchen und sie lieben, wenn sie nicht *glauben*, dass sie ihre Eltern sind? Wie sollen die Freundschaft und überhaupt die menschliche Gesellschaft funktionieren, wenn der Einzelne sich nur auf ein begründetes Wissen stützen und nichts glauben darf? Dies gilt, so sagt Augustin, auch für die Philosophie, die er in gut platonisch-ciceronischer Tradition als *studium sapientiae* versteht, als ‚Streben nach der Weisheit': Jeder Philosoph (jeder ‚Strebende') vertraut sich anfangs der Autorität einer bestimmten Lehre an, er ‚glaubt' zuerst an ein bestimmtes Weisheitsideal, er ‚glaubt', dass diese Lehre ihn zur Erkenntnis von den göttlichen und menschlichen Dingen führen werde. Der Glaube an eine Autorität bildet also gewissermaßen die heuristische Grundlage für die Philosophie. Andererseits ist dieses Vertrauen auf eine Autorität nicht bloß ein irrationaler Akt, vielmehr wird von Anfang an auch die *ratio* beigezogen, wenn es gilt, die richtige, wahre Autorität zu suchen; das *credere auctoritati* wird also von einem (wenn auch nur erst minimalen) Wissen begleitet über das, was und wem man glauben will (vgl. *vera rel.* 45).

Bereits Clemens von Alexandria und Origenes, die wie Augustin in der paganen Philosophie geschulte intellektuelle Christen waren, haben versucht, mit Hilfe namentlich der stoischen Erkenntnistheorie den geistigen Akt des Glaubens im religiösen Bereich zu erklären, wohl nicht zuletzt, um damit (pagan-)philosophischen Kritikern entgegentreten zu können. Das Glauben oder ‚der Glaube' sollte als geistiger Akt in den Kategorien und mit Hilfe der erkenntnistheoretischen Terminologie und in seinem Verhältnis zum Wissen erklärt werden. Doch erst Augustin macht den Gegensatz zwischen Glauben und Wissen zu einem zentralen Thema seiner Schriften. Die Gegenüberstellung der Begriffe *credere* und *intellegere* kann geradezu als augustinisches ‚Leitmotiv' bezeichnet werden. Dabei rekurriert auch er insbesondere auf die stoische Erkenntnistheorie: Im Unterschied zum bloßen Meinen (*putare, opinari* usw.), wozu auch die Leichtgläubigkeit (*credulitas*) gehört, bezeichnet der Begriff des Glaubens (*credere*) das unbedingte Vertrauen in Dinge, die entweder gar nicht gewusst oder nicht spontan, sondern erst nachträglich gewusst werden können (vgl. *util. cred.* 25). Im Dialog *De Magistro* werden die beiden Akte *credere* und *intellegere* (bzw. *scire*) wie folgt zueinander in Beziehung gesetzt (*mag.* 37):

credere ≠ putare / opinari

Bereiche von *credere / intellegere*

Was ich also erkenne, das glaube ich auch; aber nicht alles, was ich glaube, erkenne ich auch. Also weiß ich alles, was ich erkenne, nicht aber alles, was ich glaube.

quod ergo intellego, id etiam credo; at non omne, quod credo, etiam intellego. omne autem, quod intellego, scio; non omne, quod credo, scio.

Gewisse Inhalte/Objekte können nur geglaubt werden; die anderen, die erkannt und gewusst werden, werden gleichzeitig auch geglaubt. Der Akt des *credere* erreicht somit alle Inhalte/Objekte, denen unbedingtes Vertrauen zukommt, der Akt des *scire/intellegere* dagegen nur eine Teilmenge davon, wobei er das *credere* nicht auszuschalten vermag. Es ergibt sich also die These, dass der Akt des *credere* die Gesamtmenge der Inhalte/ Objekte, denen unbedingtes Vertrauen zukommt, und damit auch die Teilmenge der intelligiblen Dinge, der Akt des *intellegere* allein dagegen nur diese eine Teilmenge erfassen kann. Der geistige Akt des Glaubens wird damit gegenüber dem Erkennen und dem Wissen aufgewertet, in Bezug auf die Quantität der erfassten Objekte sogar darüber gestellt.

Diese Dialektik von Wissen und Glauben hat Augustin als Bischof in einer Predigt auf die griffige Formel *crede, ut intellegas* gebracht („glaube, um zu erkennen"), die er dem Anspruch *intellegam, ut credam* („ich will erkennen, um glauben zu können") entgegensetzt (*s.* 43; vgl. *s. Guelf.* 11,4) und mit der er ein Zitat aus der lateinischen Übersetzung der Septuaginta-Version von Jesaja 7,9 umformuliert (*nisi credideritis, non intellegetis*: „Wenn ihr nicht glaubt, werdet ihr nicht erkennen"). Diese Aufforderung zum bedingungslosen Glauben mit dem *Ziel* der tieferen ‚Einsicht in die Glaubenswahrheit' (zum *intellectus fidei*) wurde später zur „Programmformel für die patristische Theologie und ihr Glaubensverständnis" (Geerlings). Anselm von Canterbury (11.Jh.) hat den erkenntnistheoretischen Grundsatz *fides quaerens intellectum* („der Glaube, der nach Einsicht strebt") zum zentralen Thema seiner Schriften gemacht.

intellectus fidei

6. Die *disciplinae liberales* und die Philosophie

Eingebunden in Augustins Überlegungen zum Verhältnis von Wissen und Glauben beziehungsweise von *ratio* und *auctoritas* ist das Konzept einer systematischen Ausbildung in den sieben freien Künsten. Im Dialog *De Ordine* wird neben der Frage nach der Weltordnung auch die Frage nach der Lern- und Lehrordnung (*ordo eruditionis*) gestellt, die sich letztlich in ein kosmisches Ganzes einfügt, und diese Ordnung ist durch die Abfolge von *auctoritas* und *ratio* bestimmt: Zeitlich am Anfang steht die *auctoritas*, das Vertrauen auf eine bestimmte Lehr-Autorität; wenn es um das Verstehen der Lerninhalte geht, hat die *ratio* Priorität. Nur Ungebildete begnügen sich damit, die Lerninhalte ohne Nachprüfung und intellektuelles Erfassen für wahr zu halten. Der Weg der *ratio* ist der Weg der Philosophie, den allerdings nur wenige Gebildete gehen können (*ord.* 2,16 und 26).

Die Philosophie, mit der eine möglichst umfassende Einsicht in alle Glaubensinhalte möglich ist, ist für den frühen Augustin die platonische Lehre. Die Glaubensinhalte sind Gott Vater, Gott Sohn und der heilige

Geist, also die göttliche Trinität, die in *De Ordine* mit Hilfe der platonischen Stufenontologie philosophisch interpretiert wird (2,16; vgl. dazu Kapitel B III 5). Dieser Weg der *ratio*, die intellektuelle Erkenntnis der Glaubensinhalte, ist jedoch schwierig, und dafür skizziert Augustin das Programm einer schulischen Ausbildung in den ‚freien Wissenschaftsdisziplinen' (*disciplinae* oder *artes liberales*), den später klassischen sieben freien ‚Künsten'. Auf die Grammatik folgen Dialektik und Rhetorik; die Musik bildet das Scharnier zwischen diesen verbalen und den numeralen Disziplinen Geometrie, Astrologie (im Sinn von Astronomie) und Arithmetik. So folgen auf die Disziplinen, in denen die *ratio* der Sprache im Zentrum steht (*ord.* 2,38), diejenigen, die ganz von der Zahlenstruktur bestimmt werden und durch die Einsicht in das Wesen der Zahl zur Schau des Göttlichen führen (*ord.* 2,14 und 35–43). Dabei geht Augustin nicht von der Vorstellung einer additiven Folge der verschiedenen Disziplinen aus, sondern die erste *ars* (die Grammatik), die vierte (die Musik) und die siebente (die Arithmetik) werden ausführlicher behandelt, und da auch in den drei ersten die Zahl eine wichtige Rolle spielt, bleibt ein Zusammenhang zwischen den Einzeldisziplinen immer bestehen. Die später als Trivium und Quadrivium bezeichnete Dreier- bzw. Vierergruppierung ist jedoch bereits klar ersichtlich.

Dieser Katalog der *septem disciplinae* (oder *artes*) *liberales*, die von Martianus Capella in der Schrift *De Nuptiis Philologiae et Mercurii* (um 420 oder 470) in Form von allegorischen Gestalten ausführlich präsentiert werden, wird im Mittelalter zur Grundlage des Bildungssystems an Klosterschulen und schließlich an den Universitäten werden. Er findet sich in Augustins Dialog *De Ordine* zum ersten Mal in schriftlicher Form belegt und gleichzeitig in ein genau durchdachtes Bildungskonzept integriert. Denn diese Schulung bildet eine erste – durch die sieben Stufen dieser sieben *artes* sorgfältig gegliederte – Etappe auf dem Weg zur höchsten Erkenntnis. In dieser Systematik folgt an oberster Stelle die Philosophie als Lehre vom Einen, von der Seele und von Gott: Die Ausbildung in den sieben Wissenschaftsdisziplinen schafft also nur die Voraussetzungen für die Beschäftigung mit der Philosophie, die erst zur Einsicht in die Glaubensinhalte und zur Gotteserkenntnis befähigt (*ord.* 2,14).

Die Ausbildung in den sieben Disziplinen hat somit propädeutische Funktion im Hinblick auf die Beschäftigung mit schwierigen philosophischen Themenkreisen: der Frage nach der Beschaffenheit von Materie, Seele und Gott, nach der Existenz des Bösen und nach der Schöpfung. Solche Fragen können erst angegangen werden, wenn das nötige begriffliche Instrumentarium zur Verfügung steht und die in der Tradition bereits diskutierten Fragestellungen und evaluierten Lösungsvarianten bekannt sind (*ord.* 2,47–51). Im Dialog *De Animae Quantitate* wird die Schulung in den *disciplinae* innerhalb einer detaillierten Beschreibung des Aufstiegs der Seele zur Erkenntnis der intelligiblen Dinge (*intelligibilia*) auf die dritte (von sieben) Stufen gesetzt (*an. quant.* 72). Für die Beschreibung dieses propädeutischen Wegs benutzt Augustin öfter die Metaphorik des platonischen Höhlengleichnisses: Der Ausbildungsgang durch die Disziplinen entspricht Platons Phase der Gewöhnung an das Sonnenlicht, in das derjenige schauen will, der nach der höchsten Erkenntnis strebt (*ord.* 1,20;

disciplinae /*artes liberales*

Propädeutische Funktion der *disciplinae*

sol. 1,23; *an. quant.* 25). Gedämpft wird dieser scheinbare Erkenntnisoptimismus jedoch durch die Überzeugung, dass das Wesen Gottes vom Menschen letztlich nicht erkannt werden könne und „besser durch Nichtwissen gewusst wird" (*ord.* 2,44: *qui scitur melius nesciendo);* doch auch zu diesem Nichtwissen kann nur gelangen, wer zuerst gelernt hat, was Gott nicht ist (vgl. dazu Kapitel B III 5).

Als Quelle für dieses Bildungssystem hat man Varro (116–27 v. Chr.), den Autor der verlorenen Schrift *Disciplinarum Libri IX,* vermutet, auf den Augustin am Schluss des Dialogs auch verweist. Doch Varro hat in seinen Zyklus auch die Medizin und die Architektur mit einbezogen; zudem hat er die einzelnen Disziplinen nicht im Hinblick auf die Philosophie funktionalisiert. Das Konzept der *Enkyklios Paideia,* des Durchlaufens eines Zyklus von Wissenschaften, ist zudem schon älter, und im Besonderen die Idee vorphilosophischer Bildung in den Wissenschaften ist platonisch. Das System gerade dieser sieben Disziplinen, die in eine bestimmte, sinnvolle Reihenfolge gestellt werden und damit als wissenschaftliches Propädeutikum zum Philosophieren dienen, ist nach Ilsetraut Hadot im Besonderen neuplatonisch und geht namentlich auf Porphyrios zurück. Doch sind Augustins Darlegungen in *De Ordine* das erste uns erhaltene Zeugnis für eine Tradition, die in der Folge mehr als tausendjährig geworden ist.

Varro
oder Porphyrios?

Aus den *Retractationes* geht hervor, dass Augustin geplant hatte, diese Wissenschaftsdisziplinen in je einer Schrift systematisch abzuhandeln. Davon hat er nach eigener Aussage nur die Grammatik und einen Teil der Musik (über den Rhythmus) fertig geschrieben; zu den anderen Disziplinen sowie zur Philosophie seien – mit Ausnahme der Astrologie, die er nicht behandelt hat – nur Vorarbeiten (*principia*) übriggeblieben, die er jedoch, wie das Buch über die Grammatik, verloren habe (*retr.* 1,6). Erhalten sind neben den sechs Büchern *De Musica* in Dialogform ein Fragment von *De Dialectica* in Traktatform; Spuren der Schrift *De Grammatica,* die wohl ursprünglich wie *De Musica* als Dialog gestaltet war, dürften in der im 17. Jh. von den Mönchen von St. Maur (vgl. dazu unten S. 175) unter Augustins Namen edierten Schrift *Ars Augustini pro fratrum mediocritate breviata* (genannt *Ars Breviata*) fassbar sein. Ob die unter seinem Namen überlieferten *Principia Rhetorices* den von ihm selbst erwähnten *principia* zu dieser Disziplin entsprechen, bleibt umstritten. Als Ganzes sollten diese Schriften in einen weiteren, philosophisch begründeten Zusammenhang gestellt werden: In den *Retractationes* bezeichnet er sein Unternehmen als Plan, seine Schüler in bestimmten Schritten „durch den Bereich der Körperwelt zum Unkörperlichen" (*per corporalia … ad incorporalia*) zu führen (*retr.* 1,6 und 1,3,1; vgl. *mus.* 6,1; *vera rel.* 52).

Plan der
Disciplinarum Libri

Später hat Augustin die bereits in der paganen Philosophie, aber vor allem unter den Christen verbreitete kritische Haltung gegenüber den *artes liberales* eingenommen (*conf.* 4,30; *retr.* 1,3,2). Zumal in den *Confessiones* beklagt er es, während seiner eigenen schulischen Ausbildung dazu erzogen worden zu sein, vielmehr ‚Fehler' (*vitia*) in Grammatik und Rhetorik zu vermeiden als moralische Fehler und sich intensiver um die Tugenden (*virtutes*) der Sprachrichtigkeit zu bemühen als um ethische Tugenden; es ergebe sich also das Paradox, dass moralische Vergehen nicht geahndet, dagegen für grammatische Fehler Schläge erteilt würden. Zudem gehe es bei dem im Unterricht vermittelten Stoff nicht um die Wahrheit, sondern um Mythen – wie in Vergils *Aeneis* –, und bei den zu erlernenden Fähigkeiten nicht um das ethisch richtige Leben und um die Erlangung der Gotteserkenntnis, sondern um die erfolgreiche rhetorische Darbietung, die auch im Dienst einer moralisch schlechten Sache stehen könne. Doch im Gegensatz etwa zu Hieronymus, der sich in seinen Äußerungen von der klassischen Bildung klar distanziert (*ep.* 22,29: Horaz habe „nichts mit dem Psalter zu tun"), verwirft Augustin sie nie ganz, sondern rät in *De Doctrina Christiana*, sie so für das Bibelstudium zu ‚nutzen' (*uti*), wie sich die Israeliten das Gold der Ägypter zunutze gemacht hätten (*doctr. chr.* 2,60); noch im späten vierten Buch, der ‚Predigtlehre', spricht er der Rhetorik die Funktion zu, wenn man keinen falschen Gebrauch von ihr mache, biblisch fundierte christliche Glaubenswahrheiten und Verhaltensregeln zu vermitteln (vgl. *doctr. chr.* 4,3; Prinzip des *usus iustus*). Augustin wendet sich dabei – wie bereits Seneca *ep.* 88 – gegen die Tendenz, dem durch Neugierde erlangten Wissen einen Eigenwert zuzuschreiben; vielmehr seien die Neugierde und das Bildungswissen im Hinblick auf eine höhere Erkenntnis zu funktionalisieren. So kritisiert er zwar die *curiositas*, die zur Eitelkeit der Gebildeten führt, stellt ihr jedoch nicht etwa intellektuelle Zurückhaltung, sondern das Gebot der ständigen, auf Gott ausgerichteten ‚Suche' (das *pie quaerere*) gegenüber, wie dies exemplarisch in den *Confessiones* dargestellt ist (vgl. dazu Kapitel B IV 2). Man darf Augustin also wohl nicht verantwortlich machen für die „Diskriminierung der *curiositas*" und damit der theoretischen Neugierde, wie es Hans Blumenberg in seinen Ausführungen zum „Prozess der theoretischen Neugierde" in *Die Legitimität der Neuzeit* getan hat.

Marginalie: De Doctrina Christiana – Konzept des usus iustus

Marginalie: curiositas

7. Sprache und Erkenntnis

Im Kontext seiner Überlegungen zur Funktion der schulischen Ausbildung in Grammatik und Rhetorik hat Augustin offenbar auch über die Möglichkeit der Sprache reflektiert, Erkenntnis zu vermitteln. Von solchen Reflexionen zeugen jedenfalls der Traktat *De Dialectica*, der Vorarbeiten zu einer umfassenden Behandlung der Dialektik in Rahmen der Gesamtdarstellung der *disciplinae liberales* enthält, sowie der Dialog *De Magistro*, in dem die Sprache als Zeichensystem aufgefasst und ihre Funktion im Erkenntnisakt untersucht wird. Augustin lässt in *De Magistro* sich selbst mit seinem Sohn Adeodat ein sokratisches Gespräch führen, das zunächst gewisse Merkmale der zeitgenössischen Grammatikkatechismen aufweist: Am Anfang fragt er Adeodat nach der Anzahl der Wörter in einem bestimmten Vergilvers; doch dann lässt er ihn nicht – wie dies im Grammatikunterricht der Fall gewesen wäre – der Reihe nach Wortart, Etymologie, Quantitäten usw. der einzelnen Wörter bestimmen, sondern stellt die Frage, was die Wörter „bezeichnen" (*significare*). Damit wird das Gespräch auf eine Problematik gelenkt, die Augustin gemäß den Ausführungen in seiner Schrift *De Dialectica* nicht mehr der Grammatik, sondern der Dialektik zuordnet: Es geht jetzt nicht mehr um den Wortkörper, sondern um die Signifikation. Die Fra-

Marginalie: De Magistro: Sprache als Zeichensystem

gen, Antworten und Definitionen der Schulgrammatik dienen also bloß als Ausgangspunkt, um genau solches ‚Wissen' über Sprache in seiner Wichtigkeit zu relativieren. Die Sprache soll nicht mehr nur im Bereich der Sinneswelt, der *corporalia* – also nicht mehr als ‚verlautende Sprache' – Gegenstand der Untersuchung sein, wie dies in einem Traktat *De Grammatica* der Fall wäre, sondern allein als Phänomen, das im Innern des Menschen, im Bereich der *incorporalia*, einen mentalen Prozess auslösen kann. Im Anschluss an die anfängliche ‚Grammatikstunde' werden nun also die Signifikationsrelationen einzelner Wörter, die als Zeichen (*signa*) aufgefasst werden, im dialektischen Frage- und Antwortverfahren systematisch erörtert und definiert: das Verhältnis von Signifikant und Signifikat sowie der Bezug auf den materiellen Referenten. Das Ziel der Untersuchung ist eine Antwort auf die Frage, welche Rolle den Wörtern (den *signa*: Signifikanten) bei der Vermittlung von Wissen über Gegenstände (die *res*: Signifikate und Referenten) zukommt. Thema von *De Magistro* sind also Wesen und Funktion der Wörter im Hinblick auf Belehrung, Verstehen, Wissen, Erkenntnis und Bildung: Kann das Sprechen einen Erkenntnisprozess bewirken? Kann ein Wort Erkenntnisquelle sein? Kann man durch ein Wort etwas erkennen, so dass es ein Mittel zum Lehren und Lernen, also ein Medium für den schulischen Unterricht ist? Die Antwort, die Augustin nach mehreren Umwegen gibt, lautet: Nein. Durch Zeichen kann man nicht zur Erkenntnis von Gegenständen gelangen; vielmehr gelangt man – umgekehrt – über die unmittelbare Erfahrung der Gegenstände oder bereits vorhandenes Wissen zur Erkenntnis der Zeichen.

Augustin entlastet also die sprachlichen Zeichen von den Aufgaben der Erkenntnisvermittlung und schafft damit Platz für die Konzeption sowohl einer reinen, also sprach- oder besser: zeichenfreien Theorie des Erkennens und Denkens wie auch einer reinen Zeichentheorie der Sprache. Er geht – antiskeptisch – davon aus, dass wir wahrheitsfähig sind, also wahre Erkenntnis haben können. Zum Aufweisen von Sachen, zum Erfassen oder Vermitteln von Wahrheit – zum ‚Lehren' (*docere*) – bedarf es jedoch anderer Bedingungen als des ‚Bezeichnens' von Gegenständen oder Sachverhalten durch Wörter. Auch jede andere Information mit Zeichencharakter aus dem Bereich der Sinneswahrnehmung kann höchstens Anstoß, nicht aber Ursache für das ‚Lehren' sein. Die Bedingungen dafür sind allein im Inneren des Rezipienten, in seiner Seele, gegeben. Schließlich stellt sich auch die Frage, wie die Präsenz der rein geistigen intelligiblen Gegenstände (*intellegibilia*) in der Seele zustande kommt, wenn sie nicht durch die Zeichen verursacht wird. Die Antwort, die Augustin am Schluss des Dialogs gibt, lautet: Der vom Menschen ausgehende Wahrnehmungsakt und die äußere und innere Erfahrung genügen allein nicht, sondern es braucht noch ein Licht, welches die Erkenntnis ermöglicht. Diese vollzieht sich in der Schau, die dann stattfinden kann, wenn die Gegenstände durch die Wahrheit, die Christus ist, erleuchtet werden. Christus ist der „innere Lehrer", der „im inneren Menschen wohnt" (*mag.* 38 und 46); er ist das Licht, das es erst möglich macht, dass sich dem wahrnehmenden Subjekt etwas zeigen kann (40). Die Schau – der Prozess des Erleuchtetwerdens, die Illumination – ist also sprachfrei.

Augustins Dialog *De Magistro* ist ein bewundernswerter Versuch, mit

Zeichenfreie Theorie des Erkennens

Illumination

Sprache und
Textinterpretation

sprachlichen Zeichen zu demonstrieren, dass Wissen mit sprachlichen Zeichen allein nicht vermittelt werden kann. Es besteht also eine gewisse Spannung zwischen Sprachskepsis und sprachlicher Virtuosität. Diese Spannung zieht sich ebenso wie das Thema ‚Sprache' (in geschriebener und gesprochener Form) durch das ganze augustinische Schriftcorpus hindurch, nicht zuletzt durch die Schriften, die sich mit dem Verstehen und der Interpretation von Literatur befassen, also den exegetischen Schriften, in denen sich Augustin mit der Bibelauslegung auseinandersetzt. Hier muss ja jedem Wort eine große Bedeutung beigemessen werden, da die Bibel ein Text ist, der von göttlich inspirierten Autoren stammt, wo also jedes Wort dazu dient, die göttliche Wahrheit zu repräsentieren, und so muss jedes Wort auf seine möglichen Bedeutungen hin untersucht werden. Der Interpret der Bibel ist also letztlich einem Grammatiker vergleichbar, der einen Dichtertext auslegt, wie auch Adeodat am Anfang von *De Magistro* einen Vergilvers auf die Frage hin analysiert, was denn jedes Wort und schließlich der ganze Vers bedeuten (signifizieren). Wie jedoch Augustin öfter betont, kann eine solche Auslegung immer nur ein Versuch sein, die Intention des Autors und damit die göttliche Wahrheit zu erfassen und danach die eigene Interpretation im Medium der Sprache zum Ausdruck zu bringen: Die Auslegung ist auch nur ein Sprechen im Rahmen des Zeichensystems einer bestimmten Sprache über einen Text, der ebenfalls innerhalb eines sprachlichen Zeichensystems abgefasst ist. Vor dem Hintergrund der in *De Magistro* vertretenen These, dass die Sprache selbst keine gnoseologische (erkenntnisvermittelnde) Funktion haben kann, müssen also auch die Erwartungen an eine Interpretation des Bibeltexts entsprechend skeptisch geprägt sein (vgl. dazu Kapitel B VI 1).

III. Mensch – Welt – Gott

1. Die Weltordnung, das Böse und der freie Wille

Ein Themenkomplex, mit dem sich Augustin in seinem ganzen schriftlichen Werk immer wieder neu auseinandergesetzt hat, ist die Frage nach der Ordnung des Kosmos und der Rolle der göttlichen Vorsehung. Diese ist ihrerseits eng mit einer anderen Frage verknüpft, die in der Spätantike bereits acht Jahrhunderte alt war und heute – mehr als fünfzehn Jahrhunderte später – immer noch weiter diskutiert wird: Die Frage – für die später Leibniz den Begriff der Theodizee geprägt hat –, ob alles Geschehen innerhalb der Weltordnung der göttlichen Vorsehung unterworfen sei, also auch die *mala*, die Übel, das Böse, und ob der Mensch demzufolge der Entscheidungsfreiheit beraubt und von der Verantwortung für eine böse Tat entbunden sei. Der Begriff der *mala* umfasst in der antiken Begrifflichkeit sowohl physische, das heißt faktische Übel, die der Mensch erleidet (Schmerz, Ungerechtigkeit, Naturkatastrophen usw.), wie auch moralische Verfehlungen, die der Mensch begeht. In der philosophischen Terminologie wird seit Leibniz zwischen *malum physicum* und *malum morale* unterschieden. Auch Augustin differenziert zwischen *mala*, die wir erleiden, und *mala*, die wir tun (*lib. arb.* 1,1), eine Unterscheidung, die für die Frage nach dem Ursprung des Bösen (*unde malum?*) eine wichtige Rolle spielt.

Theodizee

unde malum?

Die Thematik ist in Augustins Schriften während der ganzen mehr als vierzigjährigen Schaffensperiode präsent, zumal in den antimanichäischen Schriften, wo er die Annahme eines bösen Prinzips bekämpft, in der Römerbriefexegese, wo er der Vorstellung der Willensfreiheit die göttliche Prädestination und unverdienbare Gnade entgegenstellt (vgl. dazu Kapitel B VI 3), und später in den antipelagianischen Schriften, wo er das Vertrauen in die menschliche Leistung im Guten dadurch erschüttern will, dass er die absolute Abhängigkeit des von Sündigkeit bestimmten Willens von göttlicher Hilfe betont. Dabei ist festzustellen, dass sich gewisse Konzepte offenbar erst allmählich und in der Auseinandersetzung mit konkreten Gegenpositionen herausgebildet haben. Im Dialog *De Ordine* aus dem Jahr 386 wird die uralte Frage nach der Weltordnung und der Rolle der *mala* in diesem Kosmos aufgeworfen, jedoch nicht beantwortet. In *De Libero Arbitrio* (388–391) wird die Problematik der menschlichen Freiheit und Verantwortung für eine böse Tat und der Abhängigkeit vom göttlichen Vorauswissen diskutiert; in Buch 3, das Augustin erst nach der Priesterweihe geschrieben hat, findet sich die erste differenzierte Auseinandersetzung mit der Gnaden- und Erbsündenlehre. Hier sowie in *De Vera Religione* (389–391) wird erstmals die Frage nach dem Ursprung des Bösen mit der Frage nach dem Grund für den willentlichen Abfall des Engels Luzifer, der zum Teufel wird, in Verbindung gebracht. In den *Confessiones* (397–401) wird die Antwort auf die Frage nach dem Ursprung des Bösen (*unde malum?*) als entscheidend für Augustins Hinwendung zu einer neuplatonisch gestützten christlichen Lehre dargestellt. Zumal in den verschiedenen Auslegungen zur Genesis wird die Natur des Bösen im Kontext der

Schöpfungslehre, des Falls der Engel und des Sündenfalls von Adam und Eva erklärt.

Im Lauf der Geschichte seiner Auseinandersetzung mit dem Themenkomplex der Frage *unde malum?* hat Augustin verschiedene Erklärungsmodelle evaluiert, die in der antiken Philosophie entwickelt worden waren; er schrieb sich somit in einen traditionellen Diskurs ein. Dabei wurde aber immer auch der schwere dogmatische Ballast mitgetragen, der sich keineswegs in erster Linie in der ja noch verhältnismäßig jungen christlichen Lehre, sondern vor allem in den traditionellen Philosophenschulen angesammelt hatte. In Augustins scharfsinnig und auf höchstem intellektuellem Niveau geführten Argumentation werden diskussionslos folgende Sätze akzeptiert und nicht hinterfragt:

1. Gott existiert.
2. Es gibt Kausalität und Ordnung in der Welt.
3. Die Ordnung ist göttlich.
4. Gott ist gut und gerecht.
5. Folglich ist die Weltordnung gut und gerecht.
6. Es gibt *mala* in der Welt.

Mit diesen Sätzen werden von vornherein bestimmte Positionen ausgeschlossen, wie beispielsweise diejenige der Atomisten und Epikurs, wonach alles durch die zufällige Verbindung von Atomen zu erklären sei – eine Position, die Augustin durchaus bekannt war. Wie die meisten anderen Philosophenschulen vertritt er die Lehre, dass die Welt nach bestimmten Prinzipien konstruiert sei, dass die Welt also ein ‚Kosmos‘ sei, ‚schön‘, geordnet und als Ganzes vollkommen oder zumindest im bestmöglichen Zustand.

Doch damit ergibt sich auch eine Reihe von Problemen: Die Kombination gerade dieser Prämissen erlaubt die provokative Schlussfolgerung, dass die *mala* von Gott kommen, obwohl er und folglich auch die Weltordnung gut und gerecht sind. Diesem Schluss wird in der antiken Philosophie etwa das Argument entgegengestellt, dass die *mala* eine relativierende und ästhetische Funktion im Weltganzen hätten: Die Ordnung konstituiere sich durch die Harmonie der Gegensätze, und auch die *mala* hätten eine Funktion im Weltganzen, so dass auch – frei nach Goethe – ‚Gutes schafft, wer Böses will‘, und das, was subjektiv als schlimm, ungerecht oder als böse wahrgenommen wird, es objektiv gesehen nicht sei, sondern innerhalb des Ganzen eine bestimmte Funktion habe. Auch Augustin referiert diese These öfter (*ord.* 1,2; *an. quant.* 80; *lib. arb.* 3,25; u. ö.). Doch damit bleibt die Frage offen, wie das Böse in die Ordnung gekommen sei und was das Böse denn sei, das in der göttlichen Ordnung wirke (*quid sit malum*). In seiner Antwort greift Augustin nun unmittelbar auf die neuplatonische Stufenontologie zurück: Das *malum* ist das Gegenteil des *bonum*, das in der reinen Form den höchsten Grad an Sein hat. Dagegen existiert das *malum* nicht per se, vielmehr ist das, was als *malum* wahrgenommen wird, bloß *privatio boni*　eine Privation des Guten (*privatio boni*), eine ‚Beraubung‘ des Guten, das Verderben der guten Wesensformen der Natur, ein Defekt des Seienden bis hin zur Negation des Seins: „Das Böse ist nichts weiter als die Beraubung des Guten bis hin zu dem, was überhaupt nicht mehr ist" (*conf.* 3,12: *malum non esse nisi privationem boni usque ad quod omnino non est*).

Die These Plotins, die besagt, dass der völlige Mangel an Sein die reine Materie sei, modifiziert Augustin jedoch in dem Sinn, dass er der Materie einen Anteil an Seiendem belässt: Indem sie nicht ohne Sein ist, kann sie nicht ‚schlecht' sein; der völlige Mangel an Sein ist vielmehr ‚nichts'. Die folgenden Ausführungen werden zeigen, warum Augustin diese Änderung vornimmt.

Zunächst müssen zwei weitere implizite Prämissen genannt werden, die auch in der pagan-philosophischen Diskussion um die Frage nach dem Ursprung des Bösen meist als gesetzt gelten:

7. Gott ist allmächtig.
8. Gott hat die Welt geschaffen.

Prämisse 7 verbietet die Annahme, dass etwas außerhalb der göttlichen Ordnung und damit gegen Gottes Ordnung entstehen könnte (sie stützt damit Prämisse 3). Sie ist grundlegend für eine monistische (nicht dualistische) Welterklärung und eine monotheistische Gottesvorstellung. Sie wird in der paganen Philosophie allgemein akzeptiert. Dagegen ist Prämisse 8 umstritten: Während Platon im Mythos des *Timaios* den göttlichen Demiurgen (‚Handwerker', ‚Weltbaumeister') die sichtbare Welt aus schon vorhandener Materie erschaffen lässt, hat sie für Aristoteles keinen Anfang und ist ewig. Der christliche Gott ist dagegen der alleinige Gott und Schöpfer zugleich, dessen Allmacht dazu führt, dass er mit der Realisierung seiner Schöpfungsideen – die ewig waren und sind – auch bereits auf das Zukünftige hin alles getan und damit prädestiniert hat.

Diese beiden Prämissen konnten allerdings für Augustin nicht immer als gesetzt gelten, zumal in der Zeit, als er sich zur dualistischen Lehre der Manichäer bekannte. Gerade in den Fragen nach dem Ursprung und der Beschaffenheit des *malum* propagierten die Manichäer – wie auch andere Gnostiker (vgl. dazu Kapitel A II 5) – eine Lehre, die von den meisten philosophischen Positionen sowie auch der christlichen Lehre grundlegend verschieden war. Dem Problem, dass in einer Welt, die aus einem guten Seinsursprung stammt, das Böse dennoch zugelassen wird, stellen die Manichäer die folgende These gegenüber: Sie gehen zwar – wie die Philosophen und die Christen – von der Grundannahme aus, dass Gott existiert und gut ist, gestehen ihm aber keine Allmacht zu, sondern nur die Herrschaft über das Reich des Lichts; ihm gegenüber steht als gleichursprüngliches Prinzip das Reich der Finsternis, wo das Teuflische und Böse herrscht. Die Welt der Finsternis lehnte sich aber gegen den guten Gott auf, es kam zum Kampf, und im Verlauf dieses Kampfes vermischte sich die gute Substanz mit der bösen, woraus unsere Welt entstanden ist. So lässt sich nicht allein die Frage nach dem Ursprung und der Beschaffenheit des *malum* in der Welt logisch stringent erklären, sondern auch die Frage nach der Motivation des menschlichen Handelns: Nicht nur ist nicht Gott für das Böse in der Welt verantwortlich zu machen, da er das Böse gar nicht unter Kontrolle hat (eine Theodizee erübrigt sich also), sondern auch der Mensch ist nicht für seine Verfehlungen anzuklagen: Nicht er selbst ist es, der sündigt, sondern die dem Prinzip des Bösen unterworfene böse Seele. Der Vorteil dieser Lehre liegt darin, dass weiterhin die Grundannahmen 1 (Gott existiert) und 4 (Gott ist gut und gerecht) gelten können. Der Dualismus, der von zwei unabhängigen Mächten ausgeht, hat jedoch zur Folge, dass

Manichäische Zwei-Prinzipien-Lehre

die Grundannahmen 5 (die Weltordnung ist gut und gerecht), 7 (Gott ist allmächtig) und 8 (Gott hat die Welt geschaffen) nicht gültig sind, und dies hat wiederum zur Folge, dass der biblische Schöpfungsbericht nicht akzeptiert werden kann. Der Mythos der Genesis wird ersetzt durch den gnostischen Mythos vom Kampf der beiden Urprinzipien, gemäß dem die Welt als Folge dieses Kampfes entstanden ist.

In den *Confessiones* begründet Augustin seine Abkehr von dieser dualistischen Religion unter anderem damit, dass auch das manichäische Erklärungsmodell der Weltentstehung nicht argumentativ begründet, sondern autoritativ vermittelt werde und letztlich nur geglaubt werden könne (*conf.* 5,6). Er habe sich in der Folge entschlossen, nicht diesen manichäischen **Christlicher** Mythos, sondern den christlichen Schöpfungsmythos seinen Fragen und **Schöpfungsmythos** Reflexionen zugrunde zu legen und für diesen – in Konkurrenz zur logisch stringenten Argumentation der Manichäer – ein überzeugendes Erklärungsmodell zu konstruieren. Zu diesem Zweck griff er auf eine Reihe von Thesen aus der paganen Philosophie zurück, die denn auch einem gebildeten Römer vertrauter waren als die Thesen der Religion Manis. Die neuplatonische Ontologie bot ihm mit der Definition des *malum* als einer Privation des Guten eine theoretisch fundierte Grundlage innerhalb des christlichen Denksystems. Entscheidend ist allerdings *ein* Unterschied zwischen dem platonischen und dem augustinischen Erklärungsmodell: Nach Plotin wird die Bestimmung des *malum* unabhängig von der Grundannahme geleistet, dass die Welt geschaffen sei. Erst Augustin bringt die beiden Prämissen in einen engen Zusammenhang; denn genau die *privatio-boni*-Theorie ist es, die das Problem, dass das *malum* nicht Teil der Schöpfung sein darf, da sonst Gott das Böse geschaffen hätte, zu einer Lösung führt: Da das *malum* nur akzidentiell mit dem *bonum* ‚in Erscheinung treten‘ kann, selbst also keinen Seinsstatus hat, kann es nicht geschaffen sein. Damit setzt Augustin dem dualistischen Modell der Manichäer eine kohärente monistische Lösung entgegen.

Christlicher Schöpfungsmythos und plotinische Privationstheorie lassen sich allerdings nicht ohne Probleme miteinander vereinen, weil zum einen Plotin das Böse als Materie ohne Sein und zum anderen die Materie als ungeschaffen definiert: Dann hätte Gott vor der Schöpfung die Materie und damit das Böse vorgefunden und wäre ihm sozusagen machtlos gegenübergestanden. Augustin modifiziert deshalb die Privations-Theorie dergestalt, dass er das *malum* nicht wie Plotin mit der Materie gleichsetzt, sondern der Materie ein Sein zugesteht und – auch gegen die Manichäer – das Böse als nicht-seiend definiert. Diese Theorie kombiniert er mit der **creatio ex nihilo** Lehre der *creatio ex nihilo*, der ‚Schöpfung aus dem Nichts/aus nichts‘ (nach *2 Mcc* 7,28). Im Gegensatz zu anderen philosophischen Vorstellungen, gemäß denen Gott oder der Demiurg den Kosmos aus der ungeformten Materie hervorgehen lässt, hat gemäß der These der *creatio ex nihilo* Gott die Welt geschaffen, indem er auch die Materie aus dem Nichts/aus nichts geschaffen hat. Dieses Nichts ist die absolute Leere, die inhaltlich nicht konkretisiert werden kann, weil sie aus dem Rahmen des Vorstellbaren fällt. Gott hat also die Welt voraussetzungslos und souverän geschaffen. Diese Lehre hat sich im 3. Jh. in der christlichen Diskussion verbreitet, nicht zuletzt gegen die gnostischen Weltbildungsmodelle. Augustin hat sie spätestens in seinen Kommentaren zur Genesis explizit vertreten. Zu den acht Prämissen kommt also eine weitere hinzu:

9. Gott hat die Welt aus dem Nichts erschaffen.

Die Materie darf aus dem Grund nicht mit dem Bösen gleichgesetzt werden, weil Gott sonst auch das Böse geschaffen hätte. Das Böse ist vielmehr genauso nichtseiend wie das Nichts, aus dem Gott die Welt geschaffen hat; es ist in dem Sinn ‚nichts‘, dass es einen kompletten Mangel an dem bedeutet, was erst geschaffen und dann geformt ist. Dagegen ist alles Geschaffene und Geformte seiend, kann aber an Seinsstatus verlieren, sei es durch Zerstörung infolge von Naturkatastrophen oder menschlicher Einwirkung, wodurch es im Sinn der Privations-Theorie stufenweise an Anteil am *bonum* verliert und sich als *malum* manifestiert. Dabei nähert es sich dem Zustand vor der Schöpfung und Formung, also dem Nichts. Das Böse
und das Nichts

Auf der logischen und ontologischen Ebene ist diese Antwort auf die Frage nach dem Bösen in der Schöpfung tatsächlich stringent. Sie klärt aber noch nicht die Frage, warum der Mensch als Geschöpf des guten Gottes doch auch Böses tut, warum er ‚sündigt‘, wobei der Terminus ‚Sünde‘ im Sinn des *malum morale*, des vom Menschen intendierten Bösen, zu verstehen ist. Augustins Antwort auf diese Frage ist ebenso bekannt wie umstritten: Er versteht genauso, wie er das physische *malum* als Annäherung an Nicht-Geschaffenes auffasst, die ‚Sünde‘ als Störung der Ordnung der Schöpfung und als Abwendung vom Schöpfer, insofern der Mensch anderes *will* als der Schöpfer und somit Böses verursacht, indem er Gutes verhindert. Auch dieses *malum* ist also eine *privatio boni*, indem sich der Mensch vom Guten entfernt, und zwar willentlich. Damit wird zwar Gott von der Verantwortung für das moralische Böse entlastet, doch der Mensch trägt sie nun selbst, da er die Freiheit hat, moralisch böse handeln zu wollen. Augustin motiviert diesen ‚bösen Willen‘ (die *mala voluntas*), zu dem der Mensch sich frei entscheidet, durch die Erbsünde, mit der Adam das Menschengeschlecht belastet hat. Er hat sich auf die Verlockung des Teufels willentlich – in einem Akt der Selbstüberschätzung (*superbia*) – eingelassen, und seit diesem Sündenfall ist der Mensch – der ‚postlapsare‘ Mensch – von vornherein ein ‚Sünder‘. Ihm bleiben zwar weiterhin die freie Willensentscheidung (das *liberum arbitrium*) und damit die *Möglichkeit*, das Gute tun zu *wollen*; doch belastet ihn die Erbsünde dergestalt, dass er nicht mehr aus eigener Kraft imstande ist, das Gute zu *tun*, also dieses Wollen in ein Handeln umzusetzen. Auch der postlapsare Mensch hat für Augustin demnach die Willensfreiheit, infolge der Erblast jedoch nur eingeschränkte Handlungsfreiheit, weshalb er wider seinen guten Willen doch das Schlechte tut. Erlöst wird er nur durch die Gnade Gottes, die für die Überwindung dieser Willensschwäche eine unabdingbare Voraussetzung – ein *adiutorium sine quo non* – ist, die aber nur den Auserwählten vorbestimmt ist (vgl. dazu Kapitel B VI 3). Erbsünde,
freie Willens-
entscheidung,
Gnade

Gemäß der Polemik von Augustins Gegnern – zumal Julians von Aeclanum – und auch gemäß einer viel zitierten These von Hans Blumenberg fällt Augustin damit wiederum auf den Standpunkt zurück, von dem er mit seinem Kampf gegen die Manichäer eigentlich wegkommen wollte: Wenn der Mensch von Anfang an mit einer Sündenschuld belastet und so die menschliche Natur gravierend korrumpiert ist, ist der Mensch also von Rückfall in den
Manichäismus?

Natur aus daraufhin angelegt, dass er bei seiner freien Entscheidung doch immer wieder das Böse wählt. Diese Hypothek ist zwar durch den (freiwilligen) Sündenfall Adams, also nicht durch Gott, erzeugt, und auch der mit der Erbsünde belastete Mensch kann im Prinzip frei entscheiden, so dass damit immer noch das Axiom des einen, guten und allmächtigen Gottes gewahrt ist und Augustin also in seinem Erklärungssystem nicht in einen Dualismus zurückfällt. Aber ob nun – wie die Manichäer sagen – das Böse als selbständiges Prinzip neben dem guten Gott oder – wie Augustin sagt – als unauslöschliche Urschuld im Menschen wirkt: Faktisch bleibt die Macht des Bösen in beiden Erklärungsmodellen bestehen, ganz gleich, in wessen Verantwortung die Interpreten sie übergeben. Sowohl Augustins Modell wie auch das manichäische Modell gehen von einer universalen Verderbnis der Menschen aus, aus der diese nur durch göttliche Erlösung (die Christen durch die Gnade Gottes, die Gnostiker durch die Erkenntnis) herausfinden können. Gemäß Blumenberg ist es – nach Augustins ersten Versuchen – erst wieder in der Neuzeit gelungen, dieses gnostische Erklärungsmodell zu überwinden.

Augustins Erklärung der Frage nach dem Bösen in der Welt basiert auf einem Gerüst aus Grundthesen, die er als gebildeter Römer aus einer jahrhundertealten Tradition übernommen hat: dass Gott existiert, dass Gott gut und gerecht und allmächtig ist und dass er die Welt nach ‚Maß, Zahl und Gewicht' (*Sap* 11,21) vollkommen geordnet und gut (als Kosmos) geschaffen hat. Diese Grundthesen oder vielmehr ihre Kombination machen das *malum*-Problem zu einem theologischen Problem, das die christlichen Intellektuellen auch vor und nach Augustin immer wieder beschäftigt hat und das später Boethius in den prägnanten Satz *si deus, unde malum* fasst. Was Augustin im Hinblick auf eine Lösung des Problems geleistet hat, betrifft die Kombination dieser Thesen mit bestimmten weiteren Thesen: mit der *privatio boni* und der *creatio ex nihilo*. Diese Prämissen und eine logisch stringente Argumentation führen ihn zu seinem Erklärungsmodell. Es scheint, dass er im Lauf der Zeit immer wieder auf neue Probleme gestoßen ist und das Gerüst mit weiteren, eigenen Thesen aufstocken musste: Mit seiner Willenstheorie, der Erbsündenlehre, der Gnadenlehre; schließlich ist er zwar nicht auf der theoretischen Ebene, aber – mit der Annahme der zwanghaften Wirkung der Erbsünde – faktisch doch bei dem dualistischen Erklärungsmodell angelangt, das er überwinden und widerlegen wollte. Die Frage bleibt, ob es eine Lösung gibt, die sowohl auf der logischen und theoretischen Ebene als auch in der Sache überzeugt. Die Antwort auf diese Frage lässt sich leicht geben: Solange bestimmte Thesen (die Existenz, die Güte und die Allmacht Gottes sowie die Schöpfungslehre) immer wieder als Prämissen zugrunde gelegt und kombiniert werden, wird immer eine Theodizee nötig sein.

2. Die augustinische Seelenlehre und ihre Metaphorik

Augustins Anthropologie ist strikt dualistisch: Der Mensch ist durch Seele und Körper definiert, die sich in verschiedener Hinsicht voneinander unterscheiden. Die Seele ist von einer immateriellen, rein geistigen, unteilbaren, von Natur aus guten Substanz, ohne Ausdehnung und unsterblich; der Körper ist materiell und sterblich. Zumal die These der Immaterialität und Unsterblichkeit der Seele und der Sterblichkeit des Körpers ist ein zentrales Dogma in der (orphisch-)platonischen Philosophie, das Augustin in den Frühschriften gegen die materialistischen Seelenlehren namentlich der Stoiker, Epikureer und Manichäer vertritt (vgl. bes. *Soliloquia, De Immortalitate Animae, De Animae Quantitate; De Duabus Animabus*) und das er auch in den späteren Schriften durchwegs voraussetzt (zum Beispiel in *De Trinitate, De Genesi ad Litteram* 6 und 7 zu *Gn* 2,7). Augustin übernimmt die christliche Vorstellung, dass die Seele nach dem Tod weiterlebe und zusammen mit dem Leib (vgl. dazu Kapitel B III 3) entweder in ewiger Verdammnis in der Hölle oder in ewiger Seligkeit im Jenseits weiterexistiere, nicht aber die platonische, dass sie durch eine ständige Reinkarnation weitere irdische Leben haben werde und für vorangegangene Schuld auch im Diesseits büßen müsse. Eine besondere Bedeutung kommt der Seelenlehre im Zusammenhang mit der Erbsündenlehre zu: Die Vorstellung, dass sich die Sünde Adams in den Menschen weitervererbt, lässt sich entweder durch das sogenannte traduzianistische Modell erklären, gemäß dem jede Seele aus Adams Seele gleichsam herausgezogen und mit der Sünde weitervererbt werde, oder durch das kreationistische Modell, gemäß dem die Seele bei der Geburt geschaffen und mit der Sünde versehen werde, oder durch die Vorstellung der Präexistenz, gemäß der die Seelen bereits vor der Geburt existierten und von der Erbsünde belastet seien (*lib. arb.* 3,56–59). Augustin schwankt zwischen dem ersten und zweiten Erklärungsmodell, tendiert jedoch zum Traduzianismus (*Gn. litt.* 7 und 10; *epp.* 143; 166; 190; *an. et or.* passim; u. ö.).

Seelenlehre und Erbsündenlehre

Mit diesem dualistischen Menschenbild steht Augustin in (neu-)platonischer Tradition, der er auch in der Verwendung der Metaphern folgt. Platon unterscheidet drei Seelenteile: den vernünftigen (rationalen) Teil (das *logistikon*), den ‚muthaften‘ Teil (das *thymoeides*) und den begehrenden Teil (das *epithymetikon*). Der rationale Teil hält im Idealfall den Mut und das Begehren unter Kontrolle (*Politeia* 4, 439c–441b). Weil sich die Seele – solange der Mensch lebt – in einem Körper befindet, also in vergänglicher Materie, die ganz ohne Vernunft ist, ist sie in ihren Aktivitäten behindert und in ihren Fähigkeiten eingeschränkt. Denn die Materie ist im Gegensatz zum rein Geistigen, wahrhaft Seienden vergänglich und veränderlich; sie täuscht deshalb die Wahrnehmung und lässt die Seele das Gute verkennen und das Schlechte begehren. Der Körper wird deshalb öfter mit einem Käfig verglichen, in dem die Seele gefangen ist, oder mit Fesseln, in welche die Seele verstrickt ist, oder mit Leim, der die Seele in der Materie festhält; denn eigentlich hätte die Seele Flügel und möchte in die Höhe fliegen, wird aber eben durch den Käfig des Körpers daran gehindert und ist sogar ‚entfiedert‘ worden. In diesem Zustand muss sie bleiben, bis der Körper stirbt, erst dann kann sie wegfliegen und fliehen. Höchstens die Beschäftigung mit der Philosophie kann ihr auch im Körper wieder Federn wachsen lassen, so dass sie schließlich die wahren Tugenden – die Idee des Guten – zu erkennen vermag (Platon, *Phaidon* 62b; 67d; 82d–83a). Solange sie diese nicht erkennen kann, reagiert sie oft falsch, begehrt Falsches, strebt nach dem Schlechten statt nach dem wahren Guten. Im Höhlengleichnis

Platonische Seelenlehre

wird die Sinnenwelt als Höhle gesehen, in welcher der Mensch in der Finsternis gefesselt ist und von wo aus er zwar nur unter großen Anstrengungen und nach einem Gewöhnungsprozess, aber letztlich doch zur Schau der Idee des Guten, die hier durch die Sonne repräsentiert ist, gelangen kann (*Politeia* 7,514a–517). Im Neuplatonismus (vgl. dazu Kapitel A I 5) werden die einzelnen Phasen dieses Heilswegs der Seele weiter differenziert und abgestuft. Plotin versteht den Prozess des Aufstiegs als zwei gegenläufige Bewegungen: Einerseits als Aufwärtsbewegung der menschlichen Seele, die über verschiedene Seinsstufen (Hypostasen) zur Erkenntnis des Nous und damit des Seienden und der Ideen aufsteigt und sich schließlich mit dem Einen (mit Gott) in einer Ekstasis, in der *unio mystica*, vereint. In gegenläufiger Bewegung ergießt sich das Eine durch Emanation über die verschiedenen Stufen hinab bis in die menschliche Seele, die somit Spuren der Struktur des göttlichen Geistes aufweist. Erst durch die Besinnung auf diese Göttlichkeit – durch die Selbsterkenntnis, die Hinwendung zu sich selbst und damit zum Göttlichen/zu Gott – wird die Seele erweckt und verlangt nach dem Aufstieg über die Körperlichkeit hinaus. Der Weg zur Vereinigung mit dem göttlichen Einen führt also über die Versenkung der Seele in ihr eigenes Wesen, die einer Rückwendung der Seele zu ihrem göttlichen Ursprung (der ‚Heimat') entspricht. Plotins Schüler Porphyrios berichtet, seinem Lehrer sei es in der Zeit ihrer gemeinsamen Bekanntschaft viermal gelungen, diesen Aufstieg zu vollenden und sich also auf die höchste Stufe – zu Gott – zu erheben. Plotin beschreibt eine solche Erfahrung der Ekstase in der Schrift „Über den Abstieg der Seele in den Körper" und verwendet dafür die Metapher des Erwachens der Seele aus der Körperlichkeit (*enn.* 4,8,1). Die Seele gleicht sich auf diesem Weg dem Göttlichen an, ein Prozess, den bereits Platon als ‚Angleichung an Gott' bezeichnet hat (als *homoiosis theo*). Dazu wird der Mensch allein durch die Beschäftigung mit der Philosophie befähigt, die eine ‚Fürsorge oder Therapie für die Seele' ist; erst durch sie wird der Eros (‚Verlangen, Streben') als die eingeborene treibende Kraft und das Verlangen, den Aufstieg zur höchsten Schau anzutreten, in ihm geweckt.

Das platonische Menschenbild wurde von den meisten christlichen Philosophen entweder übernommen oder zumindest adaptiert. Auch Augustin greift immer wieder auf das platonische Erklärungsmodell und die platonische Metaphorik zurück, wenn es um Fragen der menschlichen Natur geht. Er übernimmt zwar die aristotelische Zweiteilung der Seele in einen unvernünftigen, irrationalen Teil (*anima*, zum Teil auch *animus*), der durch die Triebe gestört werden kann, und einen vernünftigen, rationalen Teil, den ‚Geist' (*mens, ratio, intellectus, intellegentia*, zum Teil auch *animus*), der Kontrollfunktion hat (*civ.* 5,11 und 9,5; *en. Ps.* 145,5), scheint jedoch auch die platonische Dreiteilung zu kennen: Selbst ‚Begehren' (*libido*, entspricht dem *epithymetikon*) und ‚Zorn' (*ira, thymoeides*) können, wenn sie durch den dritten, vernünftigen Teil (das *logistikon*) kontrolliert werden, zu moralisch guten Taten eingesetzt werden (*civ.* 14,19). Prominent in Augustins Schriften ist die (orphisch-)platonische Seelenmetaphorik aus dem *Phaidon*: Die Seele ist im Käfig des Körpers eingesperrt, ihre Flügel bleiben an den Leimruten dieser Sinnenwelt kleben; damit sie sich aus der Finsternis zum Licht emporschwingen kann, müssen die Flügel jedoch unversehrt sein, und der Käfig muss aufgebrochen werden, damit sie in ihre eigenen Sphären entfliehen kann. Gemäß den Aussagen in Augustins Frühschriften gelingt ihr dies, wenn sie alles Sinnliche meidet und nichts Irdisches sie mehr erfreuen kann; dann wird sie Gott schauen (*sol.* 1,24). Nach den Frühschriften hat Augustin diesen Erkenntnisoptimismus allerdings aufgegeben und die Möglichkeit der Gottesschau von der göttlichen Hilfe und Gnade abhängig gemacht.

Die Vorstellung des Aufstiegs der Seele und der Möglichkeit der Ekstase liegt auch der berühmten ,Vision von Ostia' zugrunde, die in *conf.* 9,23–26 als gemeinsames Erlebnis von Mutter und Sohn nach einem intensiven Gespräch über das ewige Leben bei Gott beschrieben wird (vgl. dazu Kapitel B IV 2). In *De Animae Quantitate* ist ein Aufstiegsmodell mit sieben verschiedenen Stufen konzipiert, die unterschiedlichen Funktionen und Fähigkeiten der Seele entsprechen (*an. quant.* 70–76). Im Gegensatz zur manichäischen und stoischen Seelenlehre geht die augustinische nicht davon aus, dass die Substanz der Seele göttlich sei, sondern adoptiert die platonische Vorstellung von den ,Spuren' des Göttlichen in der menschlichen Seele. Dabei weist Augustin diesem jedoch einen gesonderten ,Ort' zu: Der Aufstieg zu Gott ist die Einkehr in ein Inneres in der Seele, in den ,inneren Menschen' (*homo interior*), in dem die Wahrheit ,wohnt' (*vera rel.* 72). Das Bild des inneren und äußeren Menschen ist paulinisch (*2 Cor* 4,16 und *Rm* 7,22), doch bereits Platon spricht vom ,inneren Menschen' (*rep.* 9,589a-b), und in der Folge findet sich das Bild auch bei Plotin und Porphyrios. Augustin greift es öfter auf (vgl. *mag.* 2; 38; 40; *Io. ev. tr.* 32,2) und entwickelt aufgrund der Unterscheidung von Außen und Innen auch die Gedächtnistheorie von *Confessiones* 11 (vgl. dazu Kapitel B IV 4), die Lehre vom ,inneren Sinn' (*sensus interior*), der die von außen kommenden Sinnesdaten beurteilt (*lib. arb.* 2,8–15), und die Lehre von der trinitarischen Verfasstheit der Seele in *De Trinitate* (vgl. dazu Kapitel B III 5). Der Aufstieg zu Gott ist also eine radikale ,Wendung nach innen'. Augustin spricht in diesem Zusammenhang öfter von der ,Rückkehr zu sich selbst', der Rückkehr zu Gott Vater oder – plotinisch – ins ,Vaterland' (*patria*), auch vom ,Eintreten in sich selbst' mit dem Ziel der Schau (*conf.* 7,16: *intravi in intima mea … intravi et vidi*). Der Bereich *innerhalb* des ,inneren Menschen', *in* dem die Wahrheit ,wohnt' (nach *vera rel.* 72), reicht nun aber noch über die Vernunft- und Geistseele hinaus, transzendiert sie und ist der Ort (vgl. dazu Kapitel B IV 4), „von woher das Licht der Vernunft angezündet wird" (*vera rel.* 72). Diese Wahrheit, die den Menschen illuminiert, der ,innere Lehrer' (vgl. dazu Kap. B II 7), kann mit Gott gleichgesetzt werden, Gott ist also „innerer als mein Innerstes und höher als mein Höchstes" (*conf.* 3,11: *interior intimo meo et superior summo meo*).

Augustin zeigt sich bereits in den Frühschriften der Tatsache bewusst, dass dieser philosophische Aufstieg zu Gott durch die Abkehr von der Sinnenwelt einer vergeistigten, intellektuellen Elite vorbehalten bleiben muss; die Mehrheit der Menschen würde es nie schaffen, sich durch Philosophie und Askese aus den ,Fesseln des Körpers' zu befreien. Hier bringt nun Augustin die christliche Heilslehre zur Geltung, die kein mit philosophischen Studien erarbeitetes Wissen verlangt, sondern die *alle* Menschen allein schon durch den Glauben an die biblische Wahrheit zu Gott hinfüh-

homo interior – sensus interior

Menschenbild
des Bischofs

ren kann. Je mehr sich Augustin als Kleriker nicht nur mit dem ihm anvertrauten Volk, sondern auch mit intellektuellen Häretikern auseinandersetzen musste, desto mehr propagierte er gerade diesen Weg des Glaubens als Weg zu Gott. Das Menschenbild bleibt jedoch dasselbe; die platonischen Bilder, mit denen die menschliche Grunddisposition verdeutlicht wird, bleiben weiterhin gültig und finden sich auch in den Predigten des späteren Bischofs: „Wenn nämlich die Seele durch die Liebe zu irdischen Dingen gebunden ist, hat sie gleichsam Leim an ihren Flügeln und kann nicht fliegen. Ist sie aber gereinigt von den niedrigen Leidenschaften dieser Welt, fliegt sie wie mit ausgebreiteten Federn und zwei von allen Hindernissen befreiten Flügeln: das heißt mit den zwei Geboten der Liebe zu Gott und zum Nächsten" (*en. Ps.* 121,1); „die Begierde ist zum Leim unserer Flügel geworden. Sie hat uns aus der Freiheit unseres Luftraums verstoßen: das heißt aus jener freien Sphäre des Geistes Gottes. Nachdem wir von da verstoßen waren, verloren wir die Flügel und wurden irgendwie Gefangene unter der Herrschaft eines Vogelfängers. Von da erlöste uns <Christus› mit seinem Blut, dem wir entflohen, um eingefangen zu werden" (*en. Ps.* 138,13). Die Bilder des Leims und der Flügel der Seele, die das platonische Menschenbild bereits rund 800 Jahre lang bestimmt haben, dienen nun einem christlichen Bischof in einer Predigt vor einem Publikum, das sicher zum geringeren Teil philosophisch gebildet ist, zur Illustration seiner Warnungen vor der Sinnlichkeit und seiner Mahnungen zu einem sittlichen und enthaltsamen Leben.

3. Die Auferstehung des Leibes

resurrectio corporis / carnis – platonische Anthropologie?

Augustin hat seine Vorstellungen zum Verhältnis von Seele und Körper im Verlauf seiner Auseinandersetzung mit verschiedenen philosophischen und theologischen Lehren immer wieder modifiziert. Ein zentrales Problem ergab sich zumal aus dem Umstand, dass das philosophische, insbesondere das platonische Körperkonzept nicht ohne weiteres mit der christlichen Lehre von der Auferstehung des Leibes (*resurrectio corporis*) vereinbar ist. In den Frühschriften spielt diese Vorstellung noch kaum eine Rolle. Erst im Lauf seiner intensiveren Beschäftigung mit der Schöpfungs- und Inkarnationslehre kam Augustin zu der Einschätzung, dass der Körper im Diesseits die Menschen einer Prüfung und einem Lernprozess aussetze und seine Erfüllung in der Auferstehung nach dem Tod und im ewigen Leben finde, wodurch erst der ganze Mensch erlöst werde. Dabei bleibt sein Körperkonzept jedoch pessimistisch: Augustin betont immer wieder, dass ihm die körperlichen Triebe, nicht zuletzt der Sexualtrieb, große Schwierigkeiten bereiten und ihn auf der Suche nach der *beata vita* behindern würden (vgl. dazu Kapitel B VII 2). Bereits in den *Soliloquia* macht er deutlich, dass er deshalb zölibatär leben wolle (1,17); sein Unterworfensein unter die Wirkung der körperlichen Sinne und Triebe umschreibt er mit dem platonischen Bild des Körpers als einer ‚Fessel' oder eines ‚Käfigs' der unkörperlichen und unsterblichen Seele (*sol.* 1,24). Der Körper ist in dieser Wahrnehmung und Metaphorik also negativ konnotiert.

In seiner Auseinandersetzung mit dem Dogma von der Auferstehung des Leibes geht nun Augustin zunächst auch von diesem dualistischen Menschenbild aus. Er entwickelt für den paradiesischen und auferstandenen Leib also kein anderes Körperkonzept, sondern behält die platonische Vorstellung im Wesentlichen bei. Dies wird deutlich aus einer Stelle in den *Retractationes*, in der die oben referierte Stelle in den *Soliloquia* kommentiert wird (*retr.* 1,4,3 zu *sol.* 1,24; vgl. dazu Kapitel B III 2):

> In dem Punkt, dass dort gesagt wurde, dieses Sinnliche sei von Grund auf zu meiden, wäre Vorsicht geboten gewesen, damit man nicht von uns denken könnte, wir würden jene Meinung des falschen Philosophen Porphyrios vertreten, nämlich dass *alle* Körper zu meiden seien. Ich habe jedoch nicht gesagt, dass „alles" Sinnliche (zu meiden sei), sondern „dieses", d. h. das verderbliche. Aber ich hätte dies besser so [„das verderbliche Sinnliche"] formulieren sollen; denn die künftige Sinnenwelt im neuen Himmel und auf der neuen Erde in der künftigen Zeit ist nicht auf *diese* Weise sinnlich.

> *et in eo quod ibi dictum est, „penitus ista sensibilia fugienda", cavendum fuit, ne putaremur illam Porphyrii falsi philosophi tenere sententiam, qua dixit* omne *corpus esse fugiendum. non autem dixi ego „omnia" sensibilia sed „ista", hoc est corruptibilia; sed hoc potius dicendum fuit; non autem* talia *sensibilia sensibilia futura sunt in futuri saeculi caelo novo et terra nova.*

Augustin nimmt Bezug auf einen Satz, den er Porphyrios zuschreibt, dass „alles Körperliche zu meiden sei" (*omne corpus esse fugiendum*; vgl. auch *civ.* 10,29), und grenzt die eigene Aussage in *sol.* 1,24 davon ab: Er habe bloß gesagt, dass „*dieses* Sinnliche zu meiden sei" (*ista sensibilia fugienda*), welches er in der Retractatio nun als „das verderbliche" (*corruptibilia*) verstehen will. Von diesem ‚verderblichen Sinnlichen' sei die künftige Sinnenwelt im Jenseits zu unterscheiden, die „nicht auf *diese* Weise sinnlich" sei (*non talia sensibilia*). Während in *sol.* 1,24 noch die Meinung vertreten wird, dass für die Seele die höchste Erkenntnis durch den Körper erschwert sei, weil er (immer) Triebe verspüre, krank werde und Schmerzen erleide, weicht der späte Augustin der *Retractationes* von dieser durchwegs körperfeindlichen Position ab: Er geht nun von der Möglichkeit aus, dass ein Körper auch ohne Triebe, Krankheit und Schmerz sein könnte; konsequenterweise müssten dann diese Hindernisse auch für die Seele wegfallen, und so könnte die Seele auch *im Körper* den Zustand der Glückseligkeit erlangen. Diese Vorstellung liegt auch Augustins Konzept von der Auferstehung des Leibes zugrunde: Vor dem Sündenfall (im Paradies) waren alle Körper gesund und vollkommen, ohne Triebe und Krankheiten (vgl. dazu Kap. B VII 1), und ebenso werden diejenigen, die nicht im Höllenfeuer ewig Schmerzen leiden müssen, dann wiederum sein, wenn sie auferstanden sind (vgl. z. B. *civ.* 13,19; 14,26; 22,30; *ep.* 118,14; *s.* 277,5 f.; u. ö.). In einem solchen unvergänglichen, für keine Krankheiten anfälligen, triebfreien Körper, den Augustin auch „geistigen Körper" (*corpus spiritale*) nennt (*Gn. litt.* 6,24, nach *1 Cor* 15,44), kann die Seele tatsächlich die *beata vita* erreichen und ist zur Schau Gottes fähig. Ein solcher Körper und solche Sinne behindern die Seele nicht; also ist nur ‚dieses' irdische, diesseitige Sinnliche zu meiden, nicht aber ‚jenes' paradiesische (*retr.* 1,4,3). Noch der späte Augustin zeigt sich also bemüht, das platonische Körperkonzept mitsamt der entsprechenden Metaphorik und die These von der Auferstehung des Leibes miteinander zu kombinieren.

Paradiesischer Körper

4. Das augustinische ‚Cogito‘

In der Auseinandersetzung mit der akademisch-skeptischen Erkenntnistheorie in *Contra Academicos* macht Augustin gegen die These, dass ‚nichts erfasst/gewusst werden könne‘ (*nihil percipi/sciri posse*) geltend, dass ein Mensch doch sicher etwas erfassen/wissen könne, nämlich ob er ‚lebe‘ (existiere) oder nicht (3,19). Damit ist die skeptische These schon einmal prinzipiell widerlegt (vgl. dazu Kapitel B II 4). Mit diesem Wissen der Selbstexistenz argumentiert Augustin auch später noch gegen den akademischen Skeptizismus; berühmt ist die Stelle in *De Civitate Dei* 11,26 (vgl. *ench.* 20; *trin.* 15,21):

> Denn wir sind, wissen, dass wir sind, und lieben dieses Sein und Wissen. Doch bezüglich dieser Aussagen, die ich gemacht habe, verwirrt uns keine Falschheit, die dem Wahren ähnlich scheint. *Denn diese Dinge berühren wir nicht wie das, was außerhalb ist, mit irgendeinem Sinn des Körpers,* wie wir zum Beispiel die Farben mit dem Sehsinn, die Töne mit dem Gehörsinn, die Gerüche mit dem Geruchssinn, den Geschmack mit dem Geschmackssinn und die harten und weichen Dinge durch den Tastsinn wahrnehmen … Bei diesen Wahrheiten machen uns die Argumente der Akademiker keine Angst, die sagen: „Was ist, wenn du dich täuschst?" **Denn wenn ich mich täusche, bin ich**. Wer nämlich nicht ist, kann sich nicht täuschen; so bin ich also, wenn ich mich täusche. Da ich demnach bin, wenn ich mich täusche, wie sollte ich mich dann darin täuschen, dass ich bin, wenn doch sicher ist, dass ich bin, wenn ich mich täusche? Da ich also als einer, der sich täuschen würde, auf jeden Fall sein würde, auch wenn ich mich täuschen würde, täusche ich mich ohne Zweifel darin nicht, dass ich weiß, dass ich bin. Folglich täusche ich mich auch darin nicht, dass ich weiß, dass ich dies weiß. Denn wie ich weiß, dass ich bin, so weiß ich auch eben dies, dass ich dies weiß.

> *nam et sumus et nos esse novimus et id esse ac nosse diligimus. in his autem tribus, quae dixi, nulla nos falsitas verisimilis turbat.* <u>*non enim ea sicut illa, quae foris sunt, ullo sensu corporis tangimus,*</u> *uelut colores videndo, sonos audiendo, odores olfaciendo, sapores gustando, dura et mollia contrectando sentimus … nulla in his veris Academicorum argumenta formido dicentium: quid si falleris?* **si enim fallor, sum.** *nam qui non est, utique nec falli potest; ac per hoc sum, si fallor. quia ergo sum si fallor, quo modo esse me fallor, quando certum est me esse, si fallor? quia igitur essem qui fallerer, etiamsi fallerer, procul dubio in eo, quod me novi esse, non fallor. consequens est autem, ut etiam in eo, quod me novi nosse, non fallar. sicut enim novi esse me, ita novi etiam hoc ipsum, nosse me.*

Dieses Argument benutzt Augustin aber nicht nur zur Widerlegung des skeptischen Zweifels, sondern auch in einem weiteren Zusammenhang: Das Wissen von der Selbstexistenz ist unerschütterlich und besteht unabhängig von den Täuschungen durch die Außenwelt und die sinnliche Wahrnehmung, weil der menschliche Geist es nicht durch die Sinne, sondern durch sich selbst erlangt (vgl. *beata. v.* 7; *sol.* 2,1; *lib. arb.* 1,16f.; 2,7; *duab. an.* 13; *conf.* 7,5; *trin.* 10,13–16). Augustin stellt damit die platonische Wendung nach innen (zum Selbst) für den im diesseitigen Körper gefangenen Menschen als einzigen Weg dar, um untrügliches, von Täuschung unangefochtenes Wissen zu erlangen.

Diese subjektivistische Argumentation ist immer wieder mit dem cartesischen *Cogito, ergo sum* verglichen worden, und man hat Augustin deshalb als Vorläufer von René Descartes bezeichnet, der ebenfalls das menschliche Selbstbewusstsein als unerschütterliches Fundament dem skeptischen Zweifel entgegensetzt. Man weiß auch, dass Descartes wiederholt darauf hingewiesen wurde, dass eine gewisse Ähnlichkeit in Ausdruck und Gedanken zwischen ihm und Augustin bestehe. Nach eigenen Aussagen hat aber Descartes Augustinus nie selbst gelesen. Immerhin hatte er aber durch seine Lehrer an der Jesuitenschule von La Flèche Kenntnis vom Gedankengut des christlichen Neuplatonismus und (nur indirekt?) wohl auch von demjenigen Augustins. Doch trotz aller Ähnlichkeit zwischen der augustinischen und der cartesischen Argumentation bestehen grundlegende Unterschiede in Aussage und Absicht der beiden Argumentationsstrategien: Für Augustin ist diese Seinsgewissheit nicht wie für Descartes von fundamentaler Bedeutung für das Menschenbild; vielmehr will er zeigen, dass der Mensch prinzipiell Wissen erlangen kann, indem er sich von der Sinnen- oder Außenwelt ab- und nach innen wendet. Das Wissen von der Selbstexistenz ist bloß eine von mehreren Arten von Wissen und steht auf einer tieferen Qualitätsstufe als das Wissen, um das es letztlich geht: das Wissen von Gott. Gemeinsam ist jedoch beiden Arten von Wissen die Wendung der nach Erkenntnis strebenden Seele nach innen.

Augustin – Vorläufer von Descartes?

Man hat Augustinus öfter vorwerfen wollen, dass er durch seine Konzeption einer welt- und materielosen Innerlichkeit und seinen – wenn auch indirekten – Einfluss auf Descartes für das „Verhängnis der Neuzeit" verantwortlich sei: für die Verselbständigung des Ichs, das als unabhängig von der Außenwelt verstanden wird (Charles Taylor). Damit treffen seine Kritiker jedoch allein Descartes selbst, der als Begründer der neuzeitlichen Philosophie gelten kann. Augustin hat nicht das ‚Ich', das menschliche Denken oder den menschlichen Geist als absolute Größe angesetzt, wie dies Descartes getan hat; in seinem Menschenbild ist der ‚innere Mensch', wo sich das ‚Cogito' gleichsam abspielt, ja bloß der ‚Ort' im Menschen, von dem aus die menschliche Seele sich selbst transzendieren kann und muss, um zum Wissen der absoluten Wahrheit, der Gotteserkenntnis, zu gelangen (vgl. dazu Kapitel B III 2).

5. Gottesvorstellung und Trinität

Augustins Gottesvorstellung ist einerseits von philosophischen Prämissen, andererseits von christlichen Dogmen bestimmt. Den Bezug zu philosophischen Konzepten betont er selbst öfter, sei es – zumal in den Frühschriften und in *De Trinitate* 5–7 –, um die Kompatibilität der christlichen und platonischen Lehre zu unterstreichen, sei es – wie in *De Civitate Dei* 8–10 –, um die Unterschiede herauszustellen. Zumal die platonische Philosophie vertritt mit ihrer Lehre von der ‚rein geistigen Welt' (dem *mundus intellegibilis*) auch eine Lehre vom Reich Gottes. Als ‚Liebhaber der Weisheit' (*philosophi = amatores sapientiae*) sind die Platoniker, da Gott und die ‚Weisheit' gleichzusetzen sind, auch ‚Liebhaber Gottes' (*amatores dei*), der gemäß ihrer ‚wahren Philosophie' unkörperlich und unveränderlich ist (vgl. dazu Kapitel B II 3). Doch bereits in den Frühschriften thematisiert

Problem
von Inkarnation
und Kreuzestod

Augustin den grundlegenden Unterschied zwischen platonischer und christlicher Lehre: Die Vorstellung, dass der ewige und unveränderliche Nous sich in einen menschlichen, also vergänglichen und veränderlichen Körper hinab begibt, der am Kreuz stirbt, widerspricht dem neuplatonischen Prinzip, dass alles Körperliche zu meiden sei (*omne corpus esse fugiendum*) und Gott sich nicht mit dem Menschen ‚mischt' (*nullus deus miscetur homini*, nach Plat. *symp.* 203a; vgl. Aug. *conf.* 7,13f.; *civ.* 9,16f.; 10,24 und 28f.). Wie Augustin in *De Civitate Dei* 8 betont, steht zudem die polytheistische Theologie der Platoniker im Widerspruch zum christlichen Monotheismus: Auch Platon selbst habe geglaubt, dass man vielen Göttern Opfer darbringen müsse (*civ.* 8,12). Während also die Platoniker zwar differenzierte und teilweise richtige Überlegungen anstellten über die Beschaffenheit und Macht des einen wahren Gottes, akzeptierten sie doch den sozial und institutionell verankerten Götterkult, der eigentlich ein Dämonenkult sei (vgl. dazu Kapitel B V 3). Dagegen würde in ihrer Lehre der eine Gott sowohl „verehrt" als auch als höchstes Prinzip „erkannt", das heißt in der christlichen Lehre würden die beiden Ebenen – Gotteslehre und religiöse Praxis – zusammenfallen, und deshalb sei sie die einzige ‚wahre Religion' (*vera rel.* 1 und 8: *in vera religione … qua unus deus colitur et … cognoscitur principium naturarum omnium … non aliam esse philosophiam, id est sapientiae studium, et aliam religionem*).

homoousion

Zentral für Augustins Gotteslehre ist die Trinität, die er bereits in den Frühschriften thematisiert. Die nizänische Formel war ihm offenbar bekannt, die vom Begriff der Konsubstantialität (dem *homoousion*) ausgeht: Gott Vater, Gott Sohn und der Heilige Geist sind zusammen *eine* Substanz, manifestieren sich aber als drei Personen (*una substantia et tres personae* bzw. *mia ousia, treis hypostaseis*: „eine Wesenheit, drei Manifestationen [des Göttlichen]"). Augustin kombiniert die nizänische Formel jedoch mit anderen theologischen Konzepten der Gottesvorstellung wie der Unwandelbarkeit oder der Unteilbarkeit des Göttlichen. Bereits im Frühdialog *De Ordine* wird das Ziel des Strebens nach der Gotteserkenntnis als Erkenntnis des trinitarischen Gottes definiert. Dieses Ziel lässt sich entweder auf dem Weg des Glaubens an die biblische *auctoritas* oder auf dem Weg der *ratio* erreichen, die diesen Gegenstand rational durchdringen und erklären kann (*ord.* 2,16; vgl. dazu Kapitel B II 5). Um diese Aussage zu illustrieren, wird eine philosophische Deutung der göttlichen Trinität skizziert:

Trinität
und neuplatonische
Stufenontologie

Und sie, die die wahre und, wenn ich so sagen darf, die echte Philosophie ist, hat keine andere Aufgabe, als zu lehren,
 [1] welches der Ursprung aller Dinge ist, der selbst keinen Ursprung hat,
 [2] und welche Größe dem Geist eigen ist, der in ihm [dem Ursprung] bleibt,
 [3] und was von dort zu unserem Heil ausgeströmt ist ohne Entartung,
von dem die ehrwürdigen heiligen Lehren … verkünden, es sei der eine allmächtige Gott und mit ihm in dreifach mächtiger Gestalt Vater, Sohn und heiliger Geist.

nullumque aliud habet negotium, quae vera et, ut ita dicam, germana philosophia est, quam ut doceat,
 [1] *quod sit omnium rerum principium sine principio*
 [2] *quantusque in eo maneat intellectus*
 [3] *quidve inde in nostram salutem sine ulla degeneratione manaverit,*
quem unum deum omnipotentem cum quo tripotentem patrem et filium et spiritum sanctum veneranda mysteria … praedicant.

Die *vera et germana philosophia*, die „wahre und echte Philosophie", die für den frühen Augustin die platonische Lehre ist, ermöglicht die intellektuelle Einsicht in das Verhältnis zwischen Gott Vater, Gott Sohn und dem heiligen Geist. Augustin skizziert hier eine Interpretation des trinitarischen Gottesbegriffs mit Hilfe der neuplatonischen Stufenontologie, indem er die beiden ersten göttlichen Personen mit philosophischen Begriffen umschreibt, die den drei plotinischen Hypostasen entsprechen: Gott Vater ist *principium omnium sine principio*, der Sohn ist *intellectus*. Der Heilige Geist wird durch den Begriff *manare* (~ Emanation) umschrieben (vgl. dazu Kapitel B III 2, bes. S. 96). Mit dem Verweis auf den in den „heiligen Lehren" (*mysteria*) verkündeten „dreifach mächtigen" (*tripotens*) trinitarischen Gott spricht er sich jedoch gegen eine hierarchische Stufung der drei Hypostasen aus. Den Platonikern gesteht er noch in *De Civitate Dei* zu, dass sie „vielleicht" den trinitarischen Gott (8,4; 10,23), allerdings nicht den inkarnierten Gott erkannt hätten (vgl. bes. *civ.* 10,29).

Eine umfassende Abhandlung der trinitarischen Theologie bieten die fünfzehn Bücher *De Trinitate*, an denen Augustin mindestens zwanzig Jahre lang gearbeitet hat (399–419). Die Frage, die im Zentrum der Schrift steht, ist bereits Thema eines Briefes aus dem Jahr 389 (*ep.* 11), dem eine Anfrage des Freundes Nebridius vorausgeht: Wie könne es möglich sein, dass, wenn der trinitarische Gott eine Einheit sei, allein der Sohn inkarniert worden sei? Augustin antwortet ihm, dass die Trinität nicht aufzutrennen sei und sich gerade durch die Wirkungen des Sohnes und des Geistes in der Menschheitsgeschichte als Dreieinigkeit manifestiere. Dadurch, dass Gott ganz Mensch wird, also die göttliche Natur mit der menschlichen verbindet, erreicht das Wirken der Trinität in der Zeitlichkeit (die *dispensatio temporalis*) den Höhepunkt. Dabei bleibt jedoch Gott in seiner Substanz derselbe. Die drei Personen sind die unterschiedlichen Manifestationen der Trinität; sie sind einerseits selbständige Individuen, andererseits stehen sie in einer „notwendigen Interdependenz" zueinander (Horn). Augustin hat dafür den Ausdruck *relative* geprägt (*trin.* 5,12–14): Die drei Personen unterscheiden sich „in der Relation" (*relative*), „nicht in der Substanz" (*non substantialiter*). Dieses Erklärungsmodell der Trinitätsrelation bzw. der Trinität als Relationsgefüge erlaubt fast unbegrenzte Möglichkeiten von Beispielen, wie die Trinität abgebildet werden kann. Bereits an der zitierten Stelle in *De Ordine* ist dieser Gedanke erkennbar: Das Prinzip ohne Ursprung (der Vater) und der Geist in diesem Prinzip (*intellectus*/der Sohn) und der Vorgang des Ausfließens aus ihm zu den Menschen (der Geist) bezeichnen drei Erscheinungsformen des trinitarischen Gottes, die in einer klaren Relation zueinander stehen. Ein anderer ‚Ternar' ist der liebende Vater, der geliebte Sohn und die Liebe, die sie verbindet (*trin.* 8,14). Biblische Beispiele für die verschiedenen Erscheinungsformen der göttlichen Personen sind Gottes Stimme aus dem Himmel auf dem Sinai, die Inkarnation in Christus und die Pfingsttaube. In *De Trinitate* 8–15 wird die Struktur des menschlichen Geistes mit solchen Trinitätsrelationen erklärt: Denn der Mensch ist ja gemäß *Gn* 1,26f. nach dem Bild Gottes (*ad imaginem dei*) geschaffen und ihm ähnlich, und so ist Gott im menschliche Geist als *imago* präsent, und der Mensch steht in einem Relationsverhältnis zu Gottes Bild (*ad imaginem*). Wir können also diese *imago dei* in uns betrachten,

De Trinitate:
Trinitätsrelation

imago dei

103

um den trinitarischen Gott zu studieren, und stoßen dabei immer wieder auf Ternare, die auf die Trinität hinweisen. Einen solchen Ternar enthält beispielsweise die Gewissheit, dass man „ist, lebt, versteht", also das ‚augustinische Cogito' (10,14; 15,21; vgl. dazu Kapitel B III 4). Auch das delphische ‚Erkenne dich selbst' (*nosce te ipsum*), das als ‚Sich-Denken' (*se cogitare*) interpretiert wird (10,7 und 13; 14,8), ist ein Modus der Selbsterfassung, der nicht nur zum Wissen von sich selbst, sondern auch zum Erkennen von ‚Spuren' der Trinität im sich erkennenden Subjekt führt (11,1).

In den Büchern 5–7 diskutiert Augustin die trinitarische Terminologie, die für die Bestimmung des Dogmas zentral ist und die auf philosophische Begrifflichkeit zurückgeht. Kritik übt er an der alten – seit Seneca belegten – Übersetzung *substantia* für *ousia* in der nizänischen Formel *una substantia et tres personae* (bzw. *mia ousia, treis hypostaseis*): Der lateinische Term *substantia* ist ursprünglich von *subsistere* (‚sich *unter* etwas stellen, sich unterwerfen') hergeleitet. Für die *höchste* Seinsstufe (das ‚Sein' schlechthin) wäre eigentlich *essentia* der prägnante Begriff (*trin.* 5,3; 7,10); der Begriff *substantia* hingegen gibt *hypostasis* wieder, das aber in der nizänischen Formel mit *persona* übersetzt wird. Damit wird im Lateinischen die Theatermaske oder die Theaterrolle bezeichnet, was einem falschen Trinitätsverständnis Vorschub leisten könnte. Trotz all diesen Einwänden übernimmt Augustin die gebräuchliche Terminologie, um – wie er sagt – überhaupt über die Trinität sprechen zu können (*trin.* 5,10).

Eine nur scheinbare Umkehrung der nizänischen Formel findet sich in einem Brief an den philosophisch gebildeten Karthager Volusianus: in der Aussage, dass sich der inkarnierte Gott mit der menschlichen Natur so habe verbinden können, dass aus zwei – und im Ternar ‚Gott, Seele, Leib' gleichzeitig drei – Substanzen in Christus eine Person geworden sei (*ep.* 137; vgl. auch z. B. *trin.* 13,22). Dabei wird jedoch mit der trinitarischen Terminologie eine Zweinaturenlehre umschrieben, die das Dogma des Vierten Ökumenischen Konzils von Chalkedon vorausnimmt: Die göttliche und menschliche Natur sind in der Person Christi vereinigt, bleiben jedoch unvermischt. Dabei erklärt Augustin die Inkarnation Gottes – entsprechend der philosophischen Bildung seines Adressaten – im Rahmen der neuplatonischen Vorstellung der ‚unvermischten Vereinigung' von Körper und Seele im Menschen (*asynchytos henosis*).

Ein weiteres Problem ergibt sich dadurch, dass dieses Erklärungsmodell der Trinitätsrelation der göttlichen Substanz eine – aristotelisch gesprochen – akzidentielle Bestimmung zuschreibt: das Aufeinander-bezogen-Sein der drei Personen, die eine Substanz sind. Gemäß der aristotelischen Kategorienlehre, auf die sich die frühchristliche Gotteslehre stützt, kann es für eine Substanz nicht wesentlich sein, auf etwas anderes bezogen zu sein; die Trinitätsrelation wäre also bloß ein Akzidens der einen autarken Substanz. Doch da Gott unveränderlich ist, hat er keine Akzidenzien, und so muss Augustin die trinitarische Interdependenz – antiaristotelisch – so definieren, dass sie als ‚wesentlich' zur göttlichen Substanz gehört; das relationale Sein des trinitarischen Gottes ist ein Fall, wo die aristotelische Substanzlehre nicht anwendbar ist. (*trin.* 5,5).

Die Argumentation, die später in Augustins antiarianischen Schriften erneut herangezogen wird, ist in *De Trinitate* frei von polemischen und anti-

---

Marginalia:

substantia und *persona*

Augustins Zweinaturenlehre

Trinität und aristotelische Kategorienlehre

häretischen Verzerrungen. Die Schrift ist vielmehr eine umfassende Darstellung der Möglichkeiten, die Trinität zu erfassen, sei es in biblischen Aussagen (Bücher 1–3), in Sprache und Denkformen der Philosophie (5–7) oder im Bild Gottes im menschlichen Geist (8–15). Die Antworten auf die Frage, wie die Einheit Gottes in der Dreiheit erklärt werden kann, bleiben aber letztlich nur ein Versuch, die Gotteserkenntnis zu erlangen. Eine der Antworten bringt die Aporie zum Ausdruck: Die Frage nach der Trinität ist die Frage „drei was?" (*quid tria vel quid tres?*); denn die Trinität bleibt etwas Unsagbares und Unfassbares (7,7–9; vgl. 5,11; *conf.* 13,12; u. ö.). Dies entspricht einer grundsätzlich skeptischen Haltung gegenüber der Möglichkeit der Gotteserkenntnis: Bereits in *De Ordine* wird als Resultat des Bemühens um die rationale – nicht autoritativ vermittelte – Gotteserkenntnis das Nichtwissen genannt; denn Gott „wird besser durch Nichtwissen gewusst" (*ord.* 2,44: *qui scitur melius nesciendo*, vgl. 2,47). So bezeichnet Augustin auch in *De Trinitate* Gott als „etwas Unfassbares" (15,2: *incomprehensibile*), und in einer Predigt sagt er: „Wenn du ihn begriffen hast, ist es nicht Gott" (*s.* 117,5: *si enim comprehendisti, non est deus*). Er ist höchstens im Prozess der ‚Wendung nach innen' und im Überschreiten des Geistes – wie beispielsweise im ekstatischen Erlebnis von Ostia – durch unvermitteltes und äußerst kurzes ‚Berühren' erfahrbar (*attingere*; vgl. *conf.* 9,24; 10,26 u. ö.). So kann man von einer augustinischen Negativen Theologie sprechen, die neben dem intellektuellen Bemühen eine ekstatische oder ‚mystische' Gotteserfahrung zulässt. Diese ergibt sich jedoch durchaus aus einem intellektuellen Prozess, und dies macht wiederum deutlich, dass Augustin kein Mystiker war, der als höchstes Ziel die Überschreitung des Subjekts auf die Überwesenheit Gottes hin und das Einswerden des Subjekts mit Gott (im Sinn der plotinischen *unio mystica*) sehen würde.

Negative Theologie

IV. Die *Confessiones*: Subjekt- und Textanalyse im Gespräch mit Gott

1. Form und Inhalt: Übersicht

Titel   Der Titel *Confessiones* ist wie das Wort *confiteri* mehrdeutig. Das Substantiv *confessio* ist ein forensischer Terminus mit der Bedeutung ‚Schuldbekenntnis‘, der im christlichen Bereich im Kontext der Märtyrerprozesse die Bedeutung ‚Einstehen für und Bekenntnis zu Christus‘ und damit auch ‚Lob (des christlichen) Gottes‘ angenommen hat. Das Verb wird dementsprechend sowohl im Sinn von ‚bekennen von Schuld‘ wie auch von ‚sich lobend bekennen zu‘ verwendet. Dadurch, dass die *Confessiones* den Menschen ‚Augustinus‘ im Dialog mit Gott darstellen, wird die *confessio* zum Geständnis oder Bekenntnis der Schuld (‚Beichte‘) vor Gott und zum Bekennen oder Lob der Größe Gottes. Der Titel *Confessiones* lässt sich als Plural somit auffächern in die Elemente ‚Bekenntnis‘ oder ‚Beichte‘ vor Gott (*confessio peccatorum*), ‚Lob‘ Gottes (*confessio laudis*) und ‚Bekenntnis‘ des Glaubens (*confessio fidei*).

Die dreizehn Bücher der *Confessiones* lassen sich in drei Teile gliedern:

1. Die Bücher 1–9 umfassen einen **autobiographischen Teil**, der Ereignisse aus dem Leben Augustins vom Kleinkindalter bis zum Tod der Mutter im Jahr 387 erzählt (vgl. dazu Kapitel A II 2). Die Lebensbeschreibung der Bücher 1–9 endet rund zehn Jahre vor dem Datum der Abfassung der Schrift (vgl. dazu Kapitel B IV 3) mit der Darstellung der Taufe, der Vision von Ostia und einem Nachruf auf die Mutter.
2. Buch 10 beschreibt das Verhältnis des Erzählers Augustin zu Gott zur Zeit der Abfassung der Schrift. Das Buch ist in sich zweigeteilt und enthält im ersten Teil einen Exkurs zum Phänomen ‚Gedächtnis‘, die **Memoria-Lehre** (10,11–37), im zweiten Teil eine Selbstprüfung zur Klärung der Frage, wie weit der Erzähler durch die johanneische Begierdentrias ‚Begierde des Fleisches/Begierde der Augen/auf Weltliches gerichteter Ehrgeiz‘ (10,41) noch verführbar ist. Buch 10 ist das weitaus längste der *Confessiones*-Bücher.
3. Die Bücher 11–13 enthalten eine durch zahlreiche Reflexionen und Exkurse unterbrochene Exegese von Stellen aus dem Anfang der Genesis. Ausgelegt werden das ‚Sechstagewerk‘ (*Gn* 1,1–31: das Hexaemeron) beziehungsweise im letzten Buch die ganze ‚Schöpfungswoche‘ (bis *Gn* 2,1–3: das Heptaemeron, ‚Siebentagewerk‘). Eingeschaltet ist in Buch 11 ein Exkurs über das **Wesen der Zeit** (11,15–38). Buch 12 besteht zum größten Teil aus einem Exkurs über methodische Fragen der **Textinterpretation** (12,17–43). Buch 13 enthält eine allegorische Interpretation des Heptaemerons.

Formale Elemente der Gliederung sind längere Proömien, welche die jeweiligen Anfangsbücher dieser drei Teile einleiten (1,1–6; 10,1–10; 11,1–4); kurze einführende Abschnitte sind jedem Buch vorangestellt. Augustin selbst gliedert in seinem Rückblick in den *Retractationes* die Schrift in zwei Teile, die er in Bezug auf die beiden Themenbereiche *de me* beziehungsweise *de scripturis sanctis* unterscheidet: „Buch eins bis zehn sind über mich, die drei übrigen über die Heilige Schrift geschrieben" (*retr.* 2,6,1: *a primo usque ad decimum de me scripti sunt, in tribus ceteris de scripturis sanctis* etc.). Dies bedeutet, dass auch Buch 10 autobiographisch gelesen werden soll. Der inhaltliche Zusammenhang von ‚Autobiographie' und Genesis-Exegese ist allerdings nicht ohne weiteres ersichtlich und gehört zu den zentralen Fragen der *Confessiones*-Forschung (vgl. dazu Kapitel B IV 3).

Ein Problem bietet der Umstand, dass die *Confessiones* in Form einer Ich-Erzählung von den Erfahrungen des Protagonisten ‚Augustinus' berichten, dass also der Autor, der historische Augustinus, teils in der Retrospektive, teils mit Bezug auf die Gegenwart sich selbst als Figur einer Erzählung darstellt (vgl. dazu Kapitel A II 3). Um die Figur des Protagonisten der Selbstdarstellung vom historischen Autor Augustin zu unterscheiden, wird im Folgenden die Figur *in* der Erzählung (der ‚Akteur') mit gnomischen Häkchen ausgezeichnet (‚Augustin'). Auch das Sprecher-Ich, das einerseits die Erzählung und andererseits die Selbstreflexionen präsentiert, ist nicht mit dem historischen Autor zu identifizieren, sondern wird als Erzähler bezeichnet. Auf den realen Autor und den historischen Hintergrund wird nur dort verwiesen, wo dies für den Kontrast zwischen der Erzählung und der aus anderen Quellen rekonstruierbaren Realität aufschlussreich ist (vgl. dazu Teil A). Autor, Erzähler, Akteur

Unbestritten ist die formale Einheit, die sich allein schon dadurch konstituiert, dass alle dreizehn Bücher als Dialog des Ichs mit Gott gestaltet sind, der als Du angesprochen und immer wieder auch in Gebetsform angerufen wird. Diese dialogische Struktur zeichnet sowohl den autobiographischen Teil aus (1–10), in dem sich die beiden Elemente ‚Erzählung' und ‚Reflexion über die erzählten Ereignisse' unterscheiden lassen, als auch den exegetischen Teil (11–13), der neben der Genesis-Interpretation die Exkurse zum Wesen der Zeit und die Methodenkapitel enthält. Ein weiteres Charakteristikum der ganzen Schrift ist die ständige Präsenz des Bibeltexts, sei es dass die augustinische Sprache davon geprägt ist, sei es dass immer wieder Zitate aus verschiedensten Büchern, vor allem aber aus dem im exegetischen Teil ausgelegten Anfang der Genesis und den Psalmen, in Erzählung und Reflexionen einbezogen werden. Da die Bibel als göttlich inspiriert gilt und der Bibeltext somit als ‚Wort Gottes' verstanden werden kann (vgl. dazu Kapitel B VI 1), lässt sich sagen, dass damit immer wieder auch Gott selbst zu ‚Wort' kommt. Kriterien der Einheit

2. Zum Inhalt der einzelnen Bücher

Im folgenden Referat des Inhalts der einzelnen Bücher kann es nicht darum gehen, den ganzen Gedankengang der *Confessiones* nachzuzeichnen. Die *Confessiones* enthalten keine zusammenhängende Erzählung, und selbst in den Büchern 1–9, wo immerhin der Abschnitt aus ‚Augustins' Leben bis zum 32. Lebensjahr im Zentrum steht, sind die Erzählpartien immer wieder durch längere reflektierende Passagen und Anreden an Gott unterbrochen, die sich oft nur schwer zusammenfassen lassen. So konzentrieren sich die folgenden Ausführungen darauf, einzelne Ereignisse oder Gedanken herauszugreifen, um eine Orientierung für die selektive Lektüre zu bieten, wobei die Erzählpartien in den Büchern 1–9 im Referat proportional mehr Raum einnehmen, als ihnen zukommen würde. Innerhalb der Zusammenfassung soll möglichst wenig interpretiert werden; allerdings ist die Auswahl der referierten Einzelheiten auch bereits eine Interpretation.

Innerhalb des komplexen Gefüges der *Confessiones* lassen sich die zwei Exkurse zum Gedächtnis und zum Wesen der Zeit in Buch 10 beziehungsweise 11 isolieren, die zwar als Ganze in ihrem Kontext je eine klar begründete Funktion haben, die aber in der Geschichte der *Confessiones*-Lektüren und -Forschung wie eigenständige Essays zum Phänomen des menschlichen Bewusstseins und zur Zeitphilosophie analysiert und gewürdigt worden sind. Diese Passagen werden in zwei gesonderten Abschnitten eingehender behandelt (vgl. dazu Kapitel B IV 4 und 5).

Proömium Buch 1 beginnt mit einem Proömium (1,1–6) in Form eines langen Gebets, indem entsprechend der Polysemie des Titels sowohl das Lob Gottes als auch das Bekenntnis der menschlichen Sündhaftigkeit ausgesprochen wird. Diese Passage leitet nicht allein Buch 1 ein, sondern kann als Prolog zur ganzen Schrift gelesen werden. Mit dem berühmten hymnischen Anfang im Psalmenstil („groß bist du, Herr, und höchsten Lobes würdig", *magnus es, domine, et laudabilis valde*) wird auch gleich die Stellung des Menschen zu Gott geklärt: Im Gegensatz zu Gott in seiner Größe, die im Folgenden mit den beiden Gottesprädikaten „Kraft und Weisheit" (*virtus* und *sapientia*) umschrieben wird, ist der Mensch ein „Bruchteil" der göttlichen Schöpfung (*aliqua portio creaturae tuae*), sterblich und sündig. Er will Gottes Lob singen; denn Gott ruft ihn dazu auf (*tu excitas*). So definiert sich das Wesen des Menschen durch die ruhelose Hinwendung zu Gott. Ruhe findet das ‚Herz' erst in Gott: „Du treibst ihn [den Menschen] an, dass er seine Freude daran finde, dich zu loben, denn auf dich hin hast du uns gemacht, und unruhig ist unser Herz, bis es ruht in dir" (*tu excitas, ut laudare te delectet, quia fecisti nos ad te, et inquietum est cor nostrum, donec requiescat in te*, Übers. Kurt Flasch). Diese berühmten und viel diskutierten Verse bieten mit dem Thema der ‚Unruhe' bzw. ‚Ruhe' des Herzens eine Art Leitmotiv der ganzen Schrift. In den folgenden ‚Versen' des Gebets wird dieses Motiv weiter ausdifferenziert: Das Ich bittet Gott, „wissen und erkennen" zu können (*scire et intellegere*), ob es Gott „erst im Gebet anrufen oder erst loben" bzw. „erst kennen oder erst im Gebet anrufen" soll. Damit ist die Problematik umschrieben, dass der Anruf und das Lob Gottes eigentlich die Kenntnis Gottes voraussetzen (*sed quis te invocat nesciens te?*). Das Gebet ist also nicht allein Anrede an Gott und Lob Gottes, sondern auch Bitte um Erkenntnis. Hinzu kommt das Element des Glaubens: Der Mensch ruft den Gott an, an den er glaubt. Diese Dialektik von Glauben und Erkenntnis, die Augustin anderswo mit dem Begriffspaar *credere* und *intellegere* umschreibt (vgl. dazu Kapitel B II 5), wird mit einem Rekurs auf *Mt* 7,7 („Sucht, so werdet ihr finden") – dem für die *Confessiones* wohl wichtigsten Schriftzitat –, also mit dem Begriffspaar *quaerere* und *invenire* zum Ausdruck gebracht. Das Objekt der Suche ist Gott, der im Folgenden mit einer langen Reihe von Prädikaten gelobt und damit auch beschrieben wird. Mit der eingeschobenen Frage „Was ist also mein Gott?" (1,4: *quid est ergo deus meus?*) wird jedoch deutlich gemacht, dass es sich hier zwar um ein Lob Gottes, aber nicht um ein Wissen von ihm handelt. Ähnlich wie in den *Soliloquia* dient also auch zu Beginn der *Confessiones* die Gottesprädikation dazu, den Fragenhorizont für die Fortsetzung der Schrift abzustecken.

Der weitere Teil von Buch 1 (1,7–31) ist nun als Erzählung mit reflexiven Einschüben gestaltet, zunächst über Geburt und Kindheit (*infantia*: 1,7–12), dann über die Jugend (*pueritia*: 1,13–31). Diese beiden Lebensalter werden dadurch charakterisiert, dass ‚Augustin‘ keine oder nur geringe Erinnerung an sie hat, und damit vom Jünglingsalter (*adulescentia*) geschieden (2,1), mit dem die deutliche Erinnerung einsetzt. Die *infantia* ist auch die Lebenszeit, in der – wie das Wort sagt – der Mensch noch nicht sprechen (*non fari*), sondern erst durch Lachen und Weinen Zeichen geben kann (1,8). Erst in der *pueritia* setzt das Erlernen des Sprechens im Umgang mit den Eltern und anderen Menschen ein und wird im Elementar- und Grammatikunterricht – beim Erlernen der *linguosae artes* – weitergeführt (1,13 f.). Die *confessio laudis* besteht im Lob Gottes, der das menschliche Leben geschaffen hat (1,9 f.). Die ‚Beichte‘ (*confessio peccati*) enthält eine Reflexion über das Vorhandensein der Sünde im Kleinkind (1,11) sowie über die Sünden des Ungehorsams, der Neugier und des Ehrgeizes des Knaben und Schülers: Er lernt nur ungern schreiben, lesen und rechnen, hasst die griechische Sprache und Homer, lässt sich aber von den Mythen der *Aeneis* zutiefst rühren, fühlt eine große Sympathie für Dido und findet an den Ehebruchgeschichten bei Terenz Gefallen (1,19–26). Während einer schlimmen Krankheit des Knaben wird eine Nottaufe vorbereitet, jedoch bei der Genesung nicht ausgeführt, da die Mutter die Zeit für verfrüht hält (1,17 f.). Der begabte Schüler erzielt große Erfolge beim Rezitieren der Rede der zornigen Juno aus dem ersten Buch der *Aeneis* (1,27), was der Erzähler Augustin im Rückblick als eitel und sinnlos verurteilt, als Streben nach Äußerlichkeiten (1,28: *ibam foras*) und damit als Entfernung von Gott.

Buch 2 beginnt mit dem Vorsatz, die begangenen ‚Schandtaten‘ und die sittliche Zerrüttung des Jünglings (in der *adulescentia*) darzustellen, und dem Geständnis, die sexuelle Begierde bisweilen ‚am Niederen‘ gesättigt und im Versteckten verschiedene Arten der Liebe (auch homosexueller?) „gewagt“ zu haben (2,1). Der Nachweis dieser ‚Sünden‘ wird innerhalb der Erzählung einiger Begebenheiten aus dem Leben des 15-Jährigen erbracht. Da dem Vater die finanziellen Mittel fehlten, musste ‚Augustin‘ den Unterricht in Madaura für ein Jahr unterbrechen (2,5). Anknüpfend an diese Erzählung werden ein paar wenige Informationen über den Vater angefügt: Er setzte sich trotz seiner bescheidenen Verhältnisse als einfacher Bürger von Thagaste für die Ausbildung seines Sohnes ein; seine Reaktion in der Badeanstalt, wo er entdeckt, dass der Jüngling mannbar geworden ist, zeigt, wie viel ihm am Fortbestand der Familie gelegen war (2,6). Sein Name Patricius wird allerdings erst im Nachruf auf Monnica in Buch 9 genannt. Die Mutter, deren Namen ebenfalls erst dort erwähnt wird, warnt ihn darauf vor sexuellen Ausschweifungen und Ehebruch, was dem Jüngling ‚weibisch‘ erscheint; er hätte sich geschämt, den Rat einer Frau anzunehmen. Vielmehr prahlt er vor seinen Kameraden mit – fingierten – sexuellen Abenteuern, um mit ihrer Lasterhaftigkeit mithalten zu können (2,7).

Buch 1: *infantia* und *pueritia*

Buch 2: *adulescentia*

Die Reflexion auf dieses Verhalten und auf die Sündhaftigkeit des Menschen im Allgemeinen folgt allerdings erst im Anschluss an die Erzählung eines Ereignisses, das zu den berühmtesten der ganzen Schrift gehört, dessen Trivialität aber für *Confessiones*-Leser wie Friedrich Nietzsche, Bertrand Russell und Bertolt Brecht in keinem Verhältnis zu der Schärfe steht, mit welcher Augustin als Erzähler die Episode kommentiert (2,9–17): In der

Birnendiebstahl Nähe seines väterlichen Weinbergs stand ein Birnbaum voller Früchte, die zwar nicht besonders schmackhaft zu sein schienen, die ‚Augustin' und seine Kumpane jedoch in einer stürmischen Nacht zu stehlen beschlossen. Ihre Motivation bestand allein darin, einen Diebstahl zu begehen; denn sie aßen nur wenige davon und warfen den größten Teil den Schweinen vor. Sie hatten also ohne Grund und allein aus Lust am Freveln gestohlen und übertrafen damit in ihrer Pervertierung sogar einen Catilina, der seine Verbrechen doch wenigstens aus einem bestimmten Grund – um in Rom die Macht zu erlangen – begangen hatte. Hinzu kommt, dass ‚Augustin' allein die Früchte nicht gestohlen hätte, dass also der Spaß am Diebstahl durch die Komplizenschaft gesteigert wurde. Die Reflexion des Erzählers über die Motivation der Tat enthält im Kern die Prämissen der Erbsündenlehre und der Theorie des ‚Bösen': Wie Adam und Eva haben er und seine Kumpane verbotenerweise und ohne Not Früchte von einem Baum gepflückt. Seit dieser Ursünde im Garten Eden haben alle Menschen die Veranlagung zu einem solchen Verhalten, zu dem sie nicht durch eine böse Macht, sondern allein durch die Lust am Ungehorsam getrieben werden und sich auch gegenseitig anstacheln.

Buch 3: Karthago Buch 3 beginnt mit dem Satz „Ich kam nach Karthago" (*veni Carthaginem*), womit markiert wird, dass die Erzählung und die reflektierenden Passagen in diesem Buch dem Aufenthalt in der Stadt gewidmet sein werden. Mit einem Wortspiel wird sie sogleich charakterisiert: In *Carthago* umgab ihn eine *sartago* („Kochkessel") voller ausschweifender Liebesleidenschaft. Der 16-jährige Jüngling stürzt sich in diesen brodelnden Kessel und lässt seinem Sexualtrieb freien Lauf. Dies wird mit den teilweise biblischen Metaphern „Schmutz, Krätze, lusterzeugende Fesseln, Schläge mit glühenden Eisenruten" illustriert, die nicht nur die sexuelle Lust, sondern auch die sie begleitenden Affekte Eifersucht und Zorn und den daraus resultierenden Streit bedeuten sollen (3,1). Vergnügen bereiten ihm auch die Schauspiele im Theater, denen nicht wie in Aristoteles' *Poetik* eine läuternde Wirkung, sondern – wie bereits in Tertullians Theaterkritik in *De Spectaculis* – die Steigerung der Leidenschaften zugeschrieben wird und die deshalb verurteilt werden (3,2–4). Immerhin widmet er sich auch dem Studium der Rhetorik, das ihn innerhalb des *discendi ordo* zur Lektüre des ciceronischen *Hortensius* veranlasst, dessen Funktion als „Aufforderung" (Protreptikos, *exhortatio*) zum Studium der Philosophie mit einem Wortspiel beschrieben wird (3,7: *ex-hort-ationem continet ad philosophiam et*

Lektüre
des *Hortensius* *vocatur Hort-ensius*; vgl. Cic. *div.* 2,1). Diese protreptische Wirkung setzt denn auch rasch ein und wird genau datiert: Der inzwischen 18-jährige Jüngling erlebt eine Konversion, die mit dem Bild der Rückkehr beschrieben wird („und ich begann aufzustehen, um zu dir zurückzukehren", *et surgere coeperam ut ad te redirem*). Der Inhalt dieser uns verlorenen Schrift ist gemäß dem Referat des Erzählers, das allerdings in Form eines

Bibelzitats gegeben wird (*Col* 2,8f.; vgl. auch unten zu Buch 7), und den Fragmenten, die zu einem großen Teil durch Augustins *De Civitate Dei* und *Contra Iulianum* überliefert sind, folgender: Cicero stellt dem Leben, das von Ehrgeiz und sinnlichen Freuden bestimmt ist, ein Leben gegenüber, das ganz der Philosophie gewidmet ist, die wörtlich übersetzt „Liebe zur Weisheit" bedeutet. Diesem durch die *Hortensius*-Lektüre entfachten *amor sapientiae* will sich der junge ‚Augustin' nun hingeben, enttäuscht einzig von dem Umstand, dass der Name ‚Christus' in dem Buch nicht vorkommt, den sein „Herz bereits mit der Muttermilch getrunken und tief innen bewahrt hatte" (3,8). Als er deshalb mit der Lektüre der Heiligen Schrift beginnt, ist er erneut enttäuscht, weil ihr Stil nicht dem ciceronischen entspricht (3,9).

Damit sind die Voraussetzungen gegeben für die Hinwendung zur manichäischen Lehre, die dank der Altersangabe, mit der das *Hortensius*-Erlebnis markiert wird, in der Rekonstruktion der Biographie des historischen Augustin auf das Jahr 373 datiert werden kann. Die Voraussetzungen zu diesem Schritt sind dadurch gegeben, dass einerseits in der manichäischen Religion der Name ‚Christus' tatsächlich vorkommt und andererseits das Alte Testament mit seinen anstößigen Stellen abgelehnt wird. Die biblische Geschichte des Alten Testaments wird ersetzt durch ‚Geschichten' von göttlichen Phantomen, die sich in Körpern manifestieren (*corporalia phantasmata*). Die Manichäer versprechen jedoch eine rationale Weltdeutung und eine Antwort auf die Frage, wie das Böse in die Welt kommt (*unde malum?*, 3,10–18). Das Referat der manichäischen Lehre ist – im Rückblick des Erzählers – mit schärfster Kritik durchzogen; diese wird in der Erzählung selbst vorweggenommen durch die Reaktion der Mutter, die dem Sohn Haus und Tisch verweigert, bis sie durch einen Traum angehalten wird, ihn wieder aufzunehmen: Sie sieht sich weinend auf einer *regula* (Messlatte) stehen, bis eine Lichtgestalt sie darauf aufmerksam macht, dass ihr Sohn neben ihr steht (3,19). Sie deutet den Traum als Prophetie der Rückkehr des Sohnes zu ihrem Glauben (3,20), und später wird diese ‚Messlatte' im Rahmen der Erzählung von ‚Augustins' Bekehrung als *regula fidei* (katholische Glaubensregel) gedeutet (8,30). Doch trotz der Zuversicht der Mutter, die sich durch die Worte des Bischofs von Thagaste, der selbst einmal Manichäer gewesen war, beschwichtigen lässt, wird der Sohn noch neun Jahre lang der manichäischen Lehre treu bleiben (3,20f.). Damit hat der Jüngling in den beiden Jahren in Karthago der ganzen Begierdentrias (dazu vgl. zu Buch 10) gefrönt: mit den sexuellen Ausschweifungen der fleischlichen Lust, mit der Theaterleidenschaft dem Begehren des Auges und mit der Abwendung von der Heiligen Schrift und der Hinwendung zum Manichäismus dem Hochmut. Die Entfernung zu Gott hat sich trotz dem *Hortensius*-Erlebnis nicht verringert.

Buch 4 umfasst eine Periode von etwa neun Jahren, in der Rekonstruktion der historischen Daten die Jahre 373–382. Im Alter von achtzehn Jahren wird ‚Augustin' in seiner Heimatstadt Thagaste Lehrer der Rhetorik, die der Erzähler im Rückblick als käufliche „Geschwätzigkeit" bezeichnet. Er lebt mit einer – nicht namentlich genannten – Frau in einem Konkubinat, das de facto einer nicht legitimierten ehelichen Gemeinschaft entspricht, und hat mit ihr einen nicht gewollten, aber doch geliebten Sohn. Er be-

Bibellektüre, Manichäismus

Buch 4: Thagaste – Karthago

schäftigt sich intensiv mit Astrologie, Astronomie und Medizin und ist trotzdem weit von Gott entfernt (4,2–6). Der Tod eines geliebten – ebenfalls nicht namentlich genannten – Freundes, der „Hälfte meiner Seele" (4,11: *dimidium animae meae*, nach Horaz *c.* 1,3,8, über Vergil), erschüttert ihn zutiefst und lässt den 20-Jährigen aus der Heimatstadt nach Karthago „fliehen" (*fugi de patria*), um sich von der unermesslichen Trauer über den Verlust und der so entstandenen Einsamkeit abzulenken und die ersehnte Ruhe zu finden (4,12). In einer Reflexion über die Freundschaft kommt der Erzähler zum Schluss, dass man dann nicht um einen verstorbenen Freund trauern muss, wenn man in ihm – wie auch in einem Feind – Gott liebt, der nicht sterblich ist (4,14). Es folgt ein platonisch inspirierter Exkurs über die vergängliche Schönheit, von der die menschliche Liebe angezogen wird; damit der Mensch zum Höchsten ‚aufsteigen' und ‚zurückkehren' kann, muss sich die Liebe aber auf den hinter dieser Schönheit stehenden, nicht vergänglichen Schöpfergott richten (4,15–19). In diesem Zusammenhang kritisiert der Erzähler Augustin seine verlorene Schrift *De Pulchro et de Apto* („Über das Schöne und Angemessene"), in der er seine manichäisch inspirierte Ästhetik dargelegt habe, die auf einer ‚Liebe zum niederen Schönen' und einer materialistischen Lehre beruhte (4,20–27). Ebenso wenig wie diese Liebe befähigt ihn die Beschäftigung mit der aristotelischen Kategorienlehre, die göttliche Schönheit zu erfassen (4,28f.). Auch das Selbststudium in den *artes liberales* lässt ihn – wie er mit Rekurs auf das platonische Höhlengleichnis sagt – mit dem Rücken zum Licht, also in der Unwissenheit, und – mit Rekurs auf *Lc* 15,12f. – als verlorenen Sohn in der Fremde, also im ‚falschen Gebrauch' dieser Studien, verharren (4,30: „Denn was nützte mir die gute Sache, wenn ich sie nicht richtig nutzte?", *nam quid mihi proderat bona res non utenti bene?*). Das Problem, das sowohl der Trauer um den toten Freund wie auch der Liebe zum vergänglichen Schönen und dem nutzlosen Wissenschaftsstudium zugrunde liegt, besteht darin, dass er als Anhänger der manichäischen Lehre bei all seinem Streben von einer materialistischen Gottesvorstellung ausgeht. Diesen Zustand beschreibt er am Schluss des Buches mit einer Reihe von Wortspielen: Er bleibt von Gott „abgekehrt" (*aversi*) und „verkehrt" (*perversi*); er will aber „zurückkehren" (*revertamur*), um nicht zerstört (*ut non evertamur*: „nach unten gekehrt") zu werden (4,31).

Buch 5: Karthago, Rom, Mailand Buch 5 umfasst drei Lebensphasen des Protagonisten, die mit drei verschiedenen Orten verbunden sind: Karthago (5,3–15), Rom (5,16–22) und Mailand (5,23–25). Zwei Begegnungen prägen die Erzählung, die beide für seine intellektuelle und spirituelle Entwicklung entscheidend sind: die Begegnung mit dem Manichäerbischof Faustus in Karthago, die grundsätzliche Zweifel am Manichäismus aufkommen lässt, und die Bekanntschaft mit dem Mailänder Bischof Ambrosius, der es ihm mit seiner allegorisierenden Interpretation ermöglicht, das Alte Testament als kanonischen Text zu akzeptieren, womit die Voraussetzungen für die ‚Rückkehr' in die katholische Kirche gegeben sind. Damit erhält das fünfte Buch eine Scharnierstellung innerhalb der autobiographischen Bücher, die dadurch verdeutlicht wird, dass es mit einem Proömium in Gebetsform eingeleitet wird (5,1f.): Die Bitte an Gott, das ‚Opfer der *Confessiones*' anzunehmen und diejenigen, die vor seinem Angesicht fliehen, zur ‚Umkehr' und zur ‚Suche' nach ihm zu veranlassen (*convertantur ergo et quaerant te*), schließt mit der Feststellung des Betenden, weder sich selbst noch Gott gefunden zu haben (*nec me inveniebam: quanto minus te*).

In diese Dialektik von Suchen und (Nicht-)Finden fügt sich die Begegnung mit Faustus in Karthago ein (datierbar ins Jahr 382): Nach der Lektüre „vieler Schriften der Philosophen" (5,3: *multa philosophorum legeram*) erscheinen dem jungen Manichäer ‚Augustin' die philosophischen Welterklärungsmodelle „plausibler" (*probabiliora*) als die manichäischen „Geschichten" (*fabulae*); denn obwohl diese sich auf naturwissenschaftliche, vorwiegend astronomische Beobachtungen stützen (5,4–9), enthalten sie vieles, das er einfach glauben muss (5,6: *credere iubebar*). So erhofft er sich von dem Gelehrten Faustus Antworten auf seine Fragen, muss aber feststellen, dass dessen Bildung sich auf die rhetorische Darbietung der manichäischen Mythen beschränkt. Dies ist für ‚Augustin' der Anfang der Lösung von der manichäischen Lehre (5,10–13). Nicht aus Ehrgeiz, sondern weil ihm die mangelnde Disziplin der Schüler in Karthago zur Last wird, fährt er – heimlich, weil gegen den Willen der Mutter – nach Rom (5,14 f.). Von einer schweren Erkrankung geheilt (5,16 f.), hat er wiederum Umgang mit Manichäern, die er zwar mit seinen Zweifeln konfrontiert, deren Freundschaft ihn jedoch von der weiteren ‚Suche' abhält: Er kann sich nicht von der materialistischen Gottesvorstellung, der Lehre von der Substanzialität des Bösen und der manichäischen Kritik an der Bibel distanzieren (5,18–21). Weil ihn die Zahlungsunwilligkeit der römischen Schüler ärgert, bewirbt er sich beim Stadtpräfekten Symmachus mit Unterstützung seiner manichäischen Freunde erfolgreich um die Stelle des Rhetors am Kaiserhof in Mailand. Und so kommt er nach Mailand – zu Ambrosius (5,23: *et veni Mediolanium ad Ambrosium episcopum*). Er hört dessen Predigten, die ihn zunächst wegen der Sprache, dann auch in der Sache überzeugen, da sie eine ‚spirituelle', d.h. allegorische Deutung der biblischen Schriften bieten (5,24: *spiritaliter*). Nun beschließt er, die Manichäer zu widerlegen, was ihm jedoch nicht gelingt, so dass er deren Lehre vorerst mit dem systematischen Zweifel der skeptischen Akademie begegnet. Weil ihm in der Philosophie jedoch der Name ‚Christus' fehlt, wird er erneut – nach der abgebrochenen Taufhandlung in 1,17 – Katechumene der katholischen Kirche (5,25).

Buch 6 beginnt mit einem Anruf an die „Hoffnung der Jugendzeit" (*spes mea a iuventute mea*), die der Katechumene mit der gegenwärtigen ‚Hoffnungslosigkeit', die Wahrheit zu finden, konfrontiert (*desperabam de inventione veri*). Diese *desperatio* ist durch die skeptische Haltung bedingt, mit der er auf die endgültige Lösung von der manichäischen Lehre reagiert. Die Erzählung setzt ein mit der Ankunft der Mutter, die sich freut, dass ihr Sohn nicht mehr Manichäer ist, und die sich sogleich dem Bischof Ambrosius anschließt (6,1). ‚Augustin' selbst findet nicht leicht Zugang zu dem vielbeschäftigten Mann, dessen – für antike Gepflogenheiten außergewöhnliches und daher berühmt gewordenes – stilles Lesen und zölibatäres Leben ihn irritieren (6,3). So bleibt er weiterhin auf der Suche nach Gewissheit (nach dem *certum*), die ihm immerhin bereits durch Ambrosius' Schriftauslegung und die Hinweise auf die ‚geistige Substanz' Gottes vorgezeichnet ist; doch kann er diese Lehrinhalte noch nicht uneinge-

Faustus von Mileve

Ambrosius

Buch 6: „Ehre, Besitz und Beischlaf"

schränkt ‚glauben' (6,4–8). Die Unsicherheit in theologischen Fragen lässt ihn auch die Entscheidung, seine äußeren Lebensumstände zu verändern, aufschieben; er hängt weiterhin an den Annehmlichkeiten des weltlichen Lebens, also an Ehre, Besitz und Beischlaf (6,9). Während der Vorbereitung einer Lobrede für den *imperator*, die er als Hofrhetor halten muss, begegnet er einem betrunkenen Bettler, den er um seine Sorglosigkeit beneidet und der ihn den Sinn des eigenen Ehrgeizes hinterfragen lässt (6,9f.). Im Kreis seiner Freunde, namentlich Alypius und Nebridius, denen er je einen biographischen Exkurs widmet (6,11–17), diskutiert er Fragen zum Ziel und Sinn des eigenen Tuns. Der entscheidende Schritt in ein Leben, das ausschließlich der Suche nach dem ‚glückseligen Leben' (*beata vita*) gewidmet wäre, wird zwar geplant, jedoch aufgeschoben (6,18f. und 24). Ein Hindernis ist nicht zuletzt der Sexualtrieb: Zwar verstößt ‚Augustin' seine langjährige geliebte Konkubine, um die er heftig trauert, und vereinbart auf Betreiben seiner Mutter eine standesgemäße Ehe; doch da die Braut das heiratsfähige Alter noch nicht erreicht hat, geht er unterdessen eine Beziehung mit einer anderen Frau ein (6,20–25). Das Buch schließt mit einem Bekenntnis zur epikureischen Lustlehre, die dieses Leben philosophisch legitimieren könnte, die aber mit Vorverweisen auf die im folgenden Buch explizierte neuplatonische Lehre gleichzeitig auch disqualifiziert wird (6,26).

Ehepläne	

Buch 7: Buch 7, das in der Mitte der dreizehn Bücher steht und mit dessen Anfang der Erzähler den Übergang vom Jünglings- zum Mannesalter (*adulescentia – iuventus*) markiert, ist durch ein entscheidendes Ereignis in zwei Teile geteilt: In 7,13 wird kurz die Begebenheit referiert, dass Gott mittels eines „durch maßlosen Stolz geblähten Menschen" (*immanissimo tyfo turgidus*) ‚Augustin' gewisse *Platonicorum libri* in lateinischer Übersetzung – gemäß 8,3 des Marius Victorinus – verschafft habe. Erst von da an ändert sich seine Vorstellung von der Substanz Gottes und des Bösen radikal.

Der Status quo seiner damaligen Gotteslehre wird im ersten Teil zusammenfassend referiert (7,1–12): Nach der Abkehr von der manichäischen Lehre denkt er die Substanz Gottes als „unvergänglich, unversehrbar und unveränderlich" (7,1: *incorruptibile et inviolabile et incommutabile*). Dieses Gottesbild ist nicht mehr mit dem manichäischen Ursprungsmythos vereinbar, in dem der Kampf des Guten mit dem Bösen die Verletzlichkeit und Veränderlichkeit Gottes voraussetzt (7,3). Allerdings geht ‚Augustin' weiterhin von einer materialistischen Gottesvorstellung aus. Ein Problem bleibt die Frage nach der Substanz des Bösen, zumal die dualistische Lösung der Manichäer nun ausscheidet: Im Konzept des guten Schöpfergotts, das ‚Augustin' nun aus der Genesis übernimmt, bleibt ungeklärt, wie das *malum* in die Welt gekommen ist (7,4–12). Er ringt sich zur Erklärung durch, dass für die ‚Sünde' (*malum peccati*) der freie Wille des Menschen, der als „böser Wille" (*voluntas mala*) die Entscheidung für das Schlechte bewirkt, und für die „Strafe" (*malum poenae*) das gerechte Urteil verantwortlich zu machen seien (7,5). Damit bleibt kein Raum mehr für Astrologie und Divination (7,8–10). Die Frage, warum sich der Mensch für das Böse entscheidet, bleibt wie die Frage nach der Substanz des Bösen ungeklärt.

Im zweiten Teil (7,13–27) wird nun die ‚neue' Gottesvorstellung exponiert, die erst durch die Lektüre der platonischen Bücher möglich wird.

adulescentia – iuventus

Dabei werden – ähnlich wie im Referat des *Hortensius* in 3,8 – nicht diese Bücher zitiert, sondern Texte aus dem Prolog des Johannesevangeliums, da die Platoniker „in vielen und mannigfaltigen Argumenten genau dasselbe nahelegen" (7,13: *hoc idem omnino multis et multiplicibus suaderi rationibus*): „Am Anfang war das Wort (*verbum*), und das Wort war bei Gott, und Gott war das Wort" usw. (7,13). Diese platonische Interpretation des johanneischen Logos (vgl. dazu Kapitel B II 3) wird in 8,3 explizit auf die Interpretation des Simplician zurückgeführt. Gleichzeitig wird nun aber auch gesagt, was die Platoniker-Texte *nicht* enthalten (7,13–15): Dass „das Wort Fleisch geworden ist und unter uns gewohnt hat" (*Io* 1,14), dass Gott „Knechtgestalt" angenommen hat (*Phil* 2,6) und für die Menschen gestorben ist (*Rm* 5,6 und 8,32). Wie jedoch die Israeliten auf Gottes Geheiß das Gold aus Ägypten – das Wertvollste aus dem Besitz der Gegner – mitgenommen haben (7,15 nach *Ex* 3,22; vgl. *doctr. chr.* 2,58–63), so akzeptiert auch ‚Augustin' aus der paganen Philosophie den platonischen Gottesbegriff. Damit gelingt es ihm, unter Gottes Führung „in sein Innerstes einzutreten" und das „unwandelbare Licht" zu schauen (7,16: *intravi in intima mea duce te … intravi et vidi … lucem incommutabilem*), allerdings nicht Gott selbst. Diese erste ‚Schau' führt ihn zur Erkenntnis, dass er Gott fern ist und im „Bereich der Unähnlichkeit" verharrt (der *regio dissimilitudinis*). Der Ruf Gottes „Ich bin, der ich bin" (*Ex* 3,14: *immo vero ego sum qui sum*) ertönt nur aus der Ferne; das absolute, intelligible Sein Gottes hat er nicht gesehen, sondern nur erst davon gehört.

Die platonischen Bücher – der Prolog des Johannesevangeliums

Die Platonikerlektüre ermöglicht ihm aber die Definition des Bösen: Es hat keine Substanz, sondern ist eine Privation oder ‚Beraubung' des Guten (*privatio boni*), ein Mangel an Gutheit, die allein Substanz hat; also hat der Schöpfergott keine böse Substanz geschaffen (7,18–20; vgl. dazu Kapitel B III 1). Auch Ungerechtigkeit hat keine Substanz, sondern ergibt sich aus der „Verkehrtheit des menschlichen Willens" (*voluntatis perversitas*), der sich von der göttlichen Substanz, der Gerechtigkeit, „völlig weggedreht" hat (7,22: *pertortae*). Nach 7,16 folgt ein weiteres Visionserlebnis: Im Aufstieg über die Sinnesdinge hinaus gelangt ,Augustins' „Denkkraft" (*ratiocinaus potentia*) zur Schau dessen, „was ist", allerdings nur „in einem Augenblick eines zitternden Erblickens" (7,23: *ad id, quod est in ictu trepidantis aspectus*): zu einer äußerst kurzen Schau der unsichtbaren Gottesnatur mittels der Dinge der Schöpfung (nach *Rm* 1,20). Zum Verharren im „Genuss" (*frui*) Gottes fehlt ihm noch die ‚Demut', die den ‚Stolz' (die *superbia*) des Intellektuellen, der „als Weiser gelten will", bricht und ihn dazu bringt, seine Erkenntnisfähigkeit allein auf Gott zurückzuführen (7,24–26; bes. 26: „Ich hatte begonnen, als weise gelten zu wollen", *coeperam velle videri sapiens*). Erst die Lektüre der Bibel bringt ihn weiter: Nachdem er durch die platonischen Schriften die rein geistige Gottesnatur erkannt hatte, „riss" er insbesondere die Schriften des Paulus „gierigst an sich" (*avidissime arripui*), und dabei wird ihm klar, dass zwar das, was die Platoniker sagen, auch hier gesagt ist, nun aber „mit dem Hinweis auf deine Gnade" (7,27: *cum conmendatione gratiae tuae*). Die platonischen Bücher enthalten den Gedanken der Schwäche der Menschen und Gottes, der *humilitas*, nicht, und so kann man Gott nicht hören, wie er ruft: „Kommet zu mir, die ihr beladen seid" (*Mt* 11,28f.: *venite ad me qui laboratis*). Die

privatio boni

Platoniker bieten zwar die Schau der ‚Heimat' (*patria*), zeigen aber nicht den ‚Weg' (*via*, nach *Io* 14,6), der auch zum „Heil für das Volk" (*populi salus*) führt und nicht nur einer intellektuellen Elite vorbehalten bleibt (7,27).

Buch 8: *vetus – nova voluntas*

Buch 8 enthält außergewöhnlich lange Erzählpartien, was am Anfang auch angekündigt wird: Es soll die Erzählung von der Befreiung aus den ‚Fesseln' folgen (8,1: *quomodo dirupisti ea* [scil. *vincula*] *narrabo*). ‚Augustin' hat nun also die richtige Gottesvorstellung (8,1), sieht jedoch, dass sein Leben, das bis dahin von „Hoffnung auf Ehre und Geld" bestimmt war (8,2: *spe honoris et pecuniae*), nicht dem Frömmigkeitskonzept entspricht, wie es andere vorleben. Was ihn von einem Rückzug aus dem weltlichen Leben, den er gemäß den Erzählungen in Buch 6 bereits früher erwogen hatte, abhält, ist die Bindung an ‚die Frau' und das „Verlangen nach Beischlaf" (8,2: *conligabar ex femina*; 8,13: *desiderii concubitus*). Er sucht Simplician auf, Ambrosius' Taufvater, der ihm als „guter Knecht Gottes" (*bonus servus tuus*) erscheint (8,1), und erzählt ihm von der Lektüre der platonischen Bücher (8,3). Simplician „beglückwünscht" ihn, dass er sich nicht von anderen Philosophen habe täuschen lassen (vgl. dazu Kapitel B II 3), und erzählt ihm die Bekehrungsgeschichte des Übersetzers dieser Bücher, des berühmten und philosophisch gebildeten Redners Marius Victorinus: Dieser habe seinen christlichen Glauben zunächst vor seinen Freunden verheimlicht, habe sich aber dann in der Öffentlichkeit und unter dem Beifall der Christen Roms taufen lassen (8,3–5; vgl. dazu Kapitel A II 8). ‚Augustin' möchte diesem Beispiel folgen, fühlt sich jedoch noch gebunden; er ist von zwei ‚Willen' bestimmt: dem „alten" oder „fleischlichen Willen" (*voluntas vetus/carnalis*) und dem „neuen" oder „geistigen Willen" (*voluntas nova/spiritalis*), die miteinander ringen (8,10), vor allem aber von der Macht der vom Körper geleiteten „Gewohnheit" (*consuetudo*; 8,11 f.). Er markiert seine zögernde Haltung mit Worten wie „bald" (8,12: *modo*), „nicht zu schnell" (8,17: *timebam enim ne … cito*) oder „morgen" (8,28: *cras*): die Haltung eines Menschen, für den Augustinus später den Raben wegen seines Schreis „*cras, cras*" zum Sinnbild macht (s. *Dolbeau* 25,27).

Der entscheidende Schritt, das berühmte Konversionserlebnis, wird mit einer Serie von anderen Bekehrungsgeschichten eingeleitet (8,14 f.): Ein kaiserlicher Beamter namens Ponticianus findet anlässlich eines Besuchs bei ‚Augustin' und Alypius einen Paulustext auf ihrem Tisch liegen, freut sich und erzählt den beiden der Reihe nach vom ägyptischen Wüstenmönch Antonius, von den Mönchsgemeinschaften in der Wüste und auch vor der Stadt Mailand sowie von der Bekehrung zweier kaiserlicher Beamter in Trier, die in einer Hütte einer christlichen Wohngemeinschaft auf die Biographie des Antonius stießen und darauf beschlossen, ihr Leben zu ändern und in dieser Hütte zu bleiben. Während der Erzählung des Ponticianus „drehte" Gott ‚Augustin' „zu mir selbst herum und holte mich hinter meinem Rücken hervor … und stellte mich mir vor mein Angesicht" (8,16: *retorquebas me ad me ipsum, auferens me a dorso meo … et constituebas me ante faciem meam*).

Die folgende Erzählsequenz – wohl die berühmteste in der ganzen Schrift – (8,19–30) ist sehr komplex komponiert; sie wechselt zwischen äußerem und innerem Schauplatz und ist zudem durch eine längere reflektierende Passage unterbrochen (8,21–24). Nach dem Weggang des Ponticianus macht ‚Augustin' dem Freund gegenüber seine große Bestürzung über das Gehörte deutlich, schreit ihn an und flieht in den „kleinen Garten" (*hortulus*) ihrer Wohnherberge (8,19). Ausgehend von der Schilderung eines Willenskampfes (8,20) folgt eine längere Reflexion über den menschlichen Willen (8,21–24), dessen Spaltung – antimanichäisch – auf die Erbsünde zurückgeführt wird. In einem inneren Monolog (8,25: *dicebam enim apud me intus*) wird die seelische Zerrissenheit dargestellt, die ‚Augustin' zwischen Nichtigkeit und Eitelkeit (8,26: *nugae nugarum et vanitates vanitantium*) und der „reinen Würde der Enthaltsamkeit" (8,27: *casta dignitas continentiae*) schwanken lässt. Doch da wird die Entscheidung von außen herbeigeführt: Unter einem Feigenbaum, der – mit biblischer Bedeutung gleichsam aufgeladen (*Gn* 3,7: Adam und Eva; *Io* 1,47–56: Nathanael und Jesus) – als Sinnbild für den Menschen vor Gott gedeutet werden kann, wirft sich ‚Augustin' zu Boden und weint (8,28); da ertönt „aus dem Nachbarhaus" (*ex vicina domo*) eine Stimme wie von Kindern: „Nimm und lies, nimm und lies" (8,29: *tolle lege, tolle lege*). Er deutet die Aussage als Gottesbefehl (*divinitus mihi iuberi*), ‚das Buch' zu öffnen und die erstbeste Stelle zu lesen. In Analogie zu einer Szene aus der *Vita Antonii*, wo Antonius zufällig zu einer Evangelienlesung kommt, die Worte *Mt* 19,21 hört („Geh hin und verkaufe alles, was du hast … und komm und folge mir nach") und auf sich selbst bezieht, interpretiert auch ‚Augustin' die Bibelworte – wie bereits die Kinderstimme – als persönliches Orakel. Er ergreift den Paulustext, der immer noch auf dem Tisch liegt, und liest die Stelle, die ihm beim Aufschlagen unter die Augen kommt: „[Lasst uns ehrenhaft leben] nicht in Schmausereien und Trinkgelagen, nicht in Unzucht und im Bett, nicht in Streit und Neid, sondern zieht den Herrn Jesus Christus an und sorgt euch nicht um das Fleisch und seine Begierden" (*Rm* 13,13 f.) – und plötzlich sind alle Zweifel endgültig gewichen (8,29). Auch Alypius ergreift das Buch und liest die Fortsetzung: „Des Schwachen im Glauben aber nehmt euch an" (*Rm* 14,1), und auch er bezieht diese Worte auf sich. Die beiden Freunde gehen ins Haus zur Mutter und teilen sich ihr mit; ‚Augustin' strebt nicht mehr nach einer „Gattin" und „weltlicher Hoffnung" (8,30: *uxor* beziehungsweise *spes saeculi*). Die Mutter sieht ihren Traum, dass sie und ihr Sohn gemeinsam auf der *regula fidei* stehen würden, erfüllt (8,30; vgl. 3,19).

Gartenszene

In Buch 9 wird der Rückzug aus den Berufsverpflichtungen und von der „Lügenkanzel" (9,4: *cathedra mendacii*) sorgfältig geplant (9,1–6) und dann auch vollzogen (9,7 und 13). Dazwischen schalten die Konvertiten zusammen mit Schülern und Verwandten einen längeren Aufenthalt auf einem Landgut in Cassiciacum ein, der sich bis in den Frühling des nächsten Jahres (387) hinzieht (vgl. dazu Kapitel A II 8). Dort führt man philosophische Gespräche, die der Erzähler Augustinus im Nachhinein als Zeugnisse der „Schule des Hochmuts" bezeichnet (9,7: *superbiae schola*). Zusammen mit Alypius und dem Sohn Adeodatus, der hier zum ersten Mal namentlich genannt und mit einem kurzen (proleptischen) Nachruf gewürdigt wird, lässt sich ‚Augustin' in der Osternacht taufen (9,14). Die Gruppe Gleichgesinnter beschließt, nach Afrika zurückzukehren, um dort Gott zu ‚dienen' (9,17; vgl. dazu Kapitel A II 9); doch in Ostia stirbt die Mutter,

Buch 9: Rückzug

deren Leben im Rückblick ausführlich gewürdigt wird (9,17–22 und 28). Kurz vor dem Tod der Mutter haben sie und ihr Sohn am Fenster eines Hauses in Ostia ein gemeinsames ekstatisches Erlebnis von einer – in platonischen und biblischen Metaphern beschriebenen – Erhebung des Geistes über die Außenwelt hinaus zu Gott sowie der anschließenden Rückkehr (9,23–26; vgl. dazu Kapitel B III 2): Im Gespräch über das „künftige ewige Leben der Heiligen" „richteten" sie sich „auf" (*erigentes*) zu „ihm selbst" (*in id ipsum* nach *Ps* 4,9), stiegen die Stufen der Welt der Körper und der Welt des rein Geistigen hinauf und „überstiegen sie, um die Region der unerschöpflichen Fülle zu berühren" (9,24: *transcendimus eas, ut attingeremus regionem ubertatis indeficientis*), wo die ewige göttliche Weisheit, das zeitlose Sein, ist. Nach dieser Berührung „mit einem vollen Schlag des Herzens" (*toto ictu cordis*), also dem unmittelbaren Kontakt mit der göttlichen Weisheit, bringen die beiden dort „Erstlingsopfer des Geistes" (*primitias spiritus*, nach *Rm* 8,23) dar und kehren zurück zum Gespräch, zum zeitlich begrenzten – im Gegensatz zum ewigen göttlichen – ‚Wort' (9,24). Das Buch schließt effektvoll mit der Sterbeszene der Mutter (9,27), der Schilderung der Trauer der Anwesenden und des Begräbnisses (9,29–33) sowie mit einer Fürbitte für die nun erstmals namentlich genannte Monnica und den Vater Patricius (9,34–37). – Damit endet der autobiographische Rückblick. Die Fortsetzung überspringt die rund zehn Jahre zwischen den Ereignissen in Ostia und der Bischofsweihe.

Buch 10: *memoria* und *triplex cupiditas*   Buch 10 ist das längste der dreizehn Bücher. Es beginnt mit dem Zitat aus *1 Cor* 13,12: „Ich werde dich erkennen, wie auch ich erkannt bin" (*cognoscam te …, cognoscam, sicut et cognitus sum*), in der Anrede an den *cognitor meus* („der du mich kennst"). Mit dieser Gleichsetzung von Selbsterkenntnis und Gotteserkenntnis wird eine Reflexion über die Zielsetzung der Schrift eingeleitet: ‚Augustin' will „die Wahrheit darlegen" (*veritatem facere*, nach *Io* 3,21), und zwar „im Herzen" (*in corde*) vor Gott in der *confessio* sowie „in der schriftlichen Aufzeichnung" (*in stilo*) vor vielen Zeugen (10,1). Deren Interesse an seiner Person kann der Erzähler Augustin offenbar voraussetzen (10,3–6). Diese Aufzeichnung enthält einerseits bereits die „Bekenntnisse der vergangenen Sünden" (10,4: *confessiones praeteritorum malorum*), also die Bücher 1–9, und andererseits soll sie im Weiteren die Frage zum Gegenstand haben, wer er jetzt – bei der Abfassung der *Confessiones* – sei, also „nicht, wer er gewesen sei" (10,6: *non qualis fuerim, sed qualis sim*). An diese Frage knüpft sich die Frage nach Gott, der in der geschaffenen Welt zwar das Verlangen nach ihm erweckt, aber nicht sie selbst ist: Erde, Meer, Schluchten und Kriechtiere weisen über sich hinaus: „Wir sind nicht dein Gott; suche ihn über uns" (10,9: *non sumus deus tuus; quaere super nos*). Die Erkenntnis Gottes muss also im „inneren Menschen" und im „inneren Ich" stattfinden (10,9), und so kann dieser ‚Aufstieg' nur über die Wendung nach innen erfolgen (10,11: *ascendam … transibo*), in der geistigen Innenwelt, in der sich das Ich „stufenweise zu Gott erhebt" (10,12: *gradibus ascendens ad eum, qui fecit me*).

Damit beginnt nach diesem längeren Proömium der erste Teil von Buch 10 mit den Ausführungen zum ‚Innenraum' der *memoria* (11–37; vgl. dazu Kapitel B IV 4), die von einem Hymnus an die göttliche Schönheit abgeschlossen werden (10,38f.): ,Augustin' hat sie zu lange ,draußen' statt im Innern gesucht (*sero te amavi, pulchritudo … et ecce intus eras et ego foris et ibi te quaerebam*). In einem zweiten Teil folgt, ausgehend von der johanneischen Begierdentrias „Begierde des Fleisches, Begierde der Augen, auf die Welt gerichteter Ehrgeiz" (10,41; vgl. 10,66: die *triplex cupiditas*, nach *1 Io* 2,16), eine Analyse der Sittlichkeit des eigenen Lebens (10,40–64). Da Gott Enthaltsamkeit verlangt, „niemand aber enthaltsam sein kann, wenn nicht Gott es ihm gibt" (*Sap* 8,21), bittet ,Augustin' um Beistand, indem er viermal den berühmt gewordenen Ausspruch einfügt: „Gib, was du verlangst, dann verlange, was du willst" (10,40 [2mal], 10,45 und 60: *da quod iubes et iube quod vis*) – ein Bekenntnis der Unfähigkeit, diese Forderung ohne Gottes Hilfe und Gnade erfüllen zu können (vgl. dazu Kapitel B VII 2). Die Frage, ob auch Praktiken wie die Magie (Theurgie) zwischen den Menschen und Gott vermitteln können, wird verneint, da diese Praktiken sich auf den falschen ,Mittler' stützen (10,67f.): Der „falsche Mittler" (*fallax mediator*) ist der Teufel, der „wahre Mittler" (*verax mediator*) ist Christus (vgl. dazu Kapitel B V 3).

Mit Buch 11 beginnt die wörtliche (,literale') Auslegung des ersten Schöpfungsberichts, des so genannten Priesterberichts, aus dem ersten Kapitel der Genesis. Auch diesem Buch ist ein längeres Proömium vorangestellt (11,1–4), das mit der rhetorischen Frage beginnt, ob Gott, der über die Ewigkeit verfügt, nicht bereits wisse, was ihm hier gerade gesagt wird. So fragt sich ,Augustin', warum er ihm überhaupt so viele Dinge erzählt: Er tut dies, um seine und die Gefühle seiner Leser gegenüber Gott zu „erwecken" (*excitare*), so dass alle ihn lobpreisen, mit denselben Psalmenworten, die das Proömium zu Buch 1 einleiten (*magnus es, domine, et laudabilis valde*). Doch wann soll er all das verkünden, was ihm – nach dem Tod der Mutter – durch Gott widerfahren ist? Jetzt – in seinem kirchlichen Amt – ist ihm „jeder Tropfen Zeit kostbar" (*caro mihi valent stillae temporum*), also will er vielmehr über das ,göttliche Gesetz' nachsinnen (11,2). Er bittet um Beistand bei der Erklärung der biblischen Bücher, der „verborgenen Tiefen deines Gesetzes" (*abdita legis tuae*), der „dunklen Geheimnisse so vieler Seiten", der „Wälder" (nach *Ps* 28 [29],9), die sich vom Anfang bis zum ewigen Reich der „heiligen Bürgerschaft" (*sancta civitas*) erstrecken (11,3).

Die Exegese wird eröffnet mit dem Wunsch, zu „hören" und auch zu „verstehen" (11,5: *audiam et intellegam*), was es bedeute, dass Gott Himmel und Erde geschaffen hat, wie Moses schrieb. Dieser kann es ihm nicht mehr selbst erklären; doch da es dabei um die Wahrheit geht, soll ihm Gott, der selbst die Wahrheit ist, die Einsicht geben (11,5: *da … haec intellegere*). Wie hat also Gott die Welt geschaffen (11,7: *quomodo autem fecisti … ?*), in welchem Sinn schuf er sie durch sein Sprechen (11,8: *sed quomodo dixisti?*), das heißt: als er „es werde … " (*fiat*) sagte? In welchem Verhältnis stehen Gottes ewiger Wille und die nichtewige Schöpfung (11,12)? Was hat Gott getan, bevor er Himmel und Erde schuf (11,14 und 40)?

An diese beiden letzten Fragen schließt sich der berühmte Exkurs über das Wesen der Zeit an (11,15–38; vgl. dazu Kapitel B IV 5). Die Antwort wird gleich zu Beginn gegeben: Gott hat mit der Welt auch die Zeit ge-

Buch 11:
Was ist Zeit?

schaffen, so dass keine ‚Zeit' hatte vergehen können, bevor er sie und die Welt geschaffen hatte, in der er hätte untätig sein können (11,15).

Buch 12:
Literalexegese des
Schöpfungsberichts

Buch 12 enthält eine Literalexegese des Schöpfungsberichts, in der die Entstehung der Welt als physikalisch erklärbarer Prozess verstanden wird. Sie geht in einem ersten Teil von der Interpretation der Verse *Gn* 1,1 und 1,2 aus (12,2–16): Gott schuf Himmel und Erde. Dabei wird gleich zu Beginn klargestellt (12,2), dass der ‚Himmel' als *caelum caeli* (nach *Ps* 113 [114],16), als rein geistige Kreatur, zu verstehen sei (12,9: *creatura aliqua intellectualis*; 12,30: *caelum intelligibile*), als Ort der Engel, der Heiligen und der Bürgerschaft Gottes (12,12), wo „Erkennen zugleich Wissen ist" (12,16: *caelum intellectuale, ubi est intellectus nosse simul*). Mit ‚Erde' ist dagegen die materielle Welt bezeichnet, zu der auch der sichtbare Himmel gehört, der am zweiten Tag geschaffen wurde (12,2: *ad illud caelum caeli etiam terrae nostrae caelum terra est*). Gott schuf diese Erde „unsichtbar und ohne Ordnung" (*Gn* 1,2a: *terra erat invisibilis et inconposita*), nämlich als „formlose Materie" (*informis materia*), den noch nicht geformten, aber allem Geformten zugrunde liegenden Urstoff, der die Gestalt der Einzeldinge noch nicht aufgenommen hatte (12,3: *informitas sine ulla specie*). Der Teilvers *Gn* 1,2b („Finsternis war über dem Abgrund", *tenebrae erant super abyssum*) besagt, dass noch kein Licht war, da ‚Finsternis' ‚Abwesenheit von Licht' ist (12,3). Aus der „Formlosigkeit der Materie" (*informitas materiae*) schuf Gott die „in Gestalt erscheinende Welt" (*speciosus mundus*), in der alles je nach Höhe der Stufe und Nähe zu Gott unterschiedlich „gestalthaft" (*speciosum*) ist (12,4), je ferner von Gott, desto mehr ihm „unähnlich" (12,7: *tanto a te longius, quanto dissimilius*). Gemäß *Gn* 1,6–8 gab Gott der ungestalten Materie diese „sichtbare Gestalt" (*species visibilis*) am dritten Tag (12,8). Der Text in *Gn* 1,1 enthält jedoch keine Zeitangabe für den Schöpfungsakt (12,9), die Erschaffung von intelligiblem Himmel und materieller, sichtbarer Welt geschah also „vor allen Tagen" (12,15: *ante omnem diem*), das heißt: vor der Zeit, wie dies in Buch 11 dargelegt worden war; erst mit der Gestaltung des Gestaltlosen kam messbare Bewegung in die Kreatur. Gegen die Position, die ‚Augustin' selbst früher vertreten hatte, nämlich dass die Materie bereits existierte und auch bereits – allerdings ungeordnete – Formen aufwies, als die bestehende Welt geschaffen wurde, wird die These der *creatio ex nihilo* ins Feld geführt (12,6 f.): „Du warst, und nichts anderes [war], aus dem du Himmel und Erde erschaffen hättest" (12,7: *tu eras et aliud nihil, unde fecisti caelum et terram*; vgl. dazu Kapitel B III 1).

Damit ist die Differenz zwischen dem ewigen, unveränderlichen Schöpfergott und der veränderlichen und vergänglichen Schöpfung markiert. Auch Gottes Wille ist unveränderlich und deshalb nicht neu entstanden, als er die Welt schuf; vielmehr ist Gott in dem Sinn ewig, dass er zeitenthoben ist, und so hat er auch einen zeitenthobenen Willen (12,18).

Hermeneutische
Reflexionen

Ausgehend von dieser Exegese, der klar eine neuplatonische Gottesvorstellung und Stufenontologie zugrunde liegt, folgt im zweiten Teil von Buch 12 eine Reihe hermeneutischer Reflexionen, mit denen der Erzähler Augustin seine Position gegenüber denjenigen anderer Genesis-Kommentatoren verteidigt (12,17–43). Dabei wird das Problem der Vielfalt möglicher Interpretationen und des mehrfachen Schriftsinns anhand einer

Reihe von Auslegungsvarianten zu *Gn* 1,1 und 1,2 diskutiert. Die Tatsache, dass verschiedene Interpreten, die er in ‚Feinde' (*hostes* und *reprehensores*) und ernst zu nehmende Kritiker (Gott ‚lobende', *laudatores*) unterteilt (12,17), zu je unterschiedlichen Ergebnissen gelangen, wird durch den Reichtum des Texts erklärt (12,37). Die ernst zu nehmenden Autoren gehen trotz ihrer unterschiedlichen Interpretationen alle von derselben Prämisse aus, nämlich dass der Text die Wahrheit enthält (12,27); denn der Autor des ausgelegten Texts, Moses, war Gottes „Gehilfe" (*famulus*) und vom Heiligen Geist inspiriert, konnte also nicht irren (12,22 f. 32. 41–43).

Buch 13 enthält die Exegese des ganzen ‚Sechstagewerks' oder Hexaemerons (*Gn* 1) sowie des siebten Schöpfungstags (*Gn* 2,1–3), also insgesamt des Heptaemerons (der ‚Schöpfungswoche'). Wie bereits am Schluss von Buch 12 angedeutet ist (12,43), wird nun nur noch eine einzige Deutung vorgetragen. Nach einem Anfangsgebet (13,1) wird zunächst an die wörtliche (‚literale') Auslegung in den beiden vorangehenden Büchern angeknüpft, die um die Interpretation von *Gn* 1,2b-3 erweitert wird (13,2–7); dann folgt eine erneute Exegese derselben Verse, die bereits allegorische Züge hat (13,8–12): Gott schwebt in seinem Geist über der noch ungeformten Materie, dem Chaos des Urgeschaffenen, und formt sie, um sie vor dem Rückfall in den Abgrund des Nichts zu bewahren.

> Buch 13: Allegorische Auslegung des Schöpfungsberichts

Im Zentrum von Buch 13 steht die allegorische (oder ‚figurale') Exegese der sechs Schöpfungstage (13,13–46), die je einzeln abgehandelt werden (13–15: erster; 16–19: zweiter; 20f.: dritter; 22–25: vierter; 26–28: fünfter; 29–46: sechster):

1. Himmel und Erde, die am ersten Tag geschaffen wurden, entsprechen den „geistigen und fleischlichen" Menschen (*spiritales et carnales*); die Erde steht also für die Christen vor der „Formgebung durch die christliche Lehre" (*forma doctrinae*), die durch Gottes Aufforderung *„fiat lux"* aus der Finsternis befreit werden und sich dem Licht „zuwenden" (13,13: *conversi sumus ad te*). Die Schau des reinen göttlichen Lichts ist jedoch allein den von Gott Auserwählten im Jenseits möglich (13,15).

2. Das am zweiten Tag geschaffene Firmament wird mit der Heiligen Schrift gleichgesetzt, die Gott „wie ein Fell" schützend über den aus dem Paradies vertriebenen Menschen ausrollte, damit sie darin lesen konnten (13,16), während die Engel den göttlichen Weltplan unmittelbar in „Gottes Angesicht" „lesen, auslesen und lieben" können (13,18: *legunt, eligunt et diligunt*).

3. Das salzig-bittere Wasser, das Gott am dritten Schöpfungstag vom Land scheidet, entspricht den Menschen, die der Welt verhaftet bleiben (13,20), während das Land die Gemeinschaft der Gottverbundenen symbolisiert, die von den Süßwasserquellen getränkt werden und Grün und Früchte – das heißt: gute Taten – hervorbringen (13,21).

4. Die Gestirne des vierten Schöpfungstages entsprechen den Menschen, die, nach oben strebend, mittels der göttlichen Strahlkraft selbst strahlen können.

5. Die Seetiere und Vögel, die Gott am fünften Tag erschuf, werden als Wunder gedeutet, die als „Werke der Heiligen" aus den „Fluten der Versuchungen" hervorgebracht wurden, bewirkt durch das göttliche Wort – das Evangelium –, das die christlichen „Boten" überall in der Welt verkündet haben (13,26).

6. Am sechsten Tag schuf Gott die „lebendige Seele", die mit den getauften und gläubigen Christen gleichgesetzt wird (13,29), und die Landtiere, die für die seelischen Regungen stehen und von denen die zahmen, sanften und ungefährlichen die Tugenden sind (13,30 f.). Die Erschaffung des Menschen ist in der Allegorie die Schöpfung des „neuen Menschen" (nach *Rm* 12,2 und *Col* 3,10), des „geistigen Menschen" (*homo spiritalis*, nach *1 Cor* 2,15), der Gott erkannt hat (13,32). Gottes Herrschaftsauftrag an den Menschen in Bezug auf die Tiere und die Früchte der Erde ist der Auftrag an die ‚geistigen und neuen Menschen', über die kirchlichen Sakramente, über die Zeichen von Wort und Rede, die in der Bibel und im Dienst ihrer Auslegung geäußert werden, und die guten Werke der Christen zu verfügen (13,33 f.). Der Wachstums- und Vermehrungsauftrag ist der Auftrag, mit „unzählig vielen Ausdrucksweisen" (*innumerabilibus locutionum modis*) die „Arten wahrer Erkenntnismöglichkeiten" (*verarum intellegentiarum genera*) zu vervielfachen (13,35 f.). Dabei ist es möglich, dass ein Ding durch körperliche Zeichen auf mannigfache Weise ausgesagt werden kann; dieser Vorgang entspricht den Vermehrungsprozessen im Wasser. Andererseits ist es auch möglich, dass eine Aussage wegen der Fruchtbarkeit der menschlichen *ratio* auf mannigfache Weise verstanden werden kann und verschiedene Vorstellungen erzeugt; dieser Vorgang entspricht den Vermehrungsprozessen unter den Menschen. Ein Beispiel ist die allegorische Auslegung der Bibel (13,37). Die Erlaubnis, dass der Mensch sich von den „Samen der Erde" ernähren dürfe, wird mit der Gepflogenheit erklärt, dass die kirchlichen Amtsträger durch die Gemeinschaft der Kirche unterhalten werden (13,38–42).

Nach einer Zusammenfassung der in den Büchern 11–13 vorgetragenen Interpretationen (13, 47–49) folgt ganz am Schluss – in Form eines Gebets – die Auslegung des siebten Schöpfungstags, der eschatologisch gedeutet wird (13,50–53): als „ewiger Sabbat", als ewige Ruhe und himmlischer Friede bei Gott und damit als Zielpunkt jedes einzelnen Menschen und der gesamten Menschheit.

Ewiger Sabbat

3. ‚Autobiographie' und Schöpfungsmythos

Die *Confessiones* gehören mit Sicherheit zu den meistgelesenen Werken der Weltliteratur. Bereits Augustin bemerkte, dass diese Schrift, mit der er kurz nach dem Antritt seines Bischofsamts begonnen hatte (396 oder 397), in der Öffentlichkeit auf großes Interesse stieß (*retr.* 2,6,1; *persev.* 53). Erklären lässt sich dies vielleicht dadurch, dass die Gedanken über mögliche Lebenswege und -formen aus dem Mund eines Bischofs per se interessiert haben. Damals wie heute ist jedoch wohl vor allem der Umstand entscheidend für den Erfolg der Schrift, dass hier ein Individuum bei der Darstellung seiner Biographie eine faszinierende Selbstentblößung und Selbstdurchdringung betreibt. Karl Jaspers bringt dies in seinem ersten Band von *Die großen Philosophen* (1957), wo er Augustin neben Platon und Kant stellt, mit der Bemerkung zum Ausdruck: „Nie vorher hatte der Mensch so vor seiner eigenen Seele gestanden". Die Faszination liegt also wohl vor allem in den Büchern 1–9 begründet, in denen Augustins intellektueller und spiritueller Werdegang dargestellt ist, der mit der Taufe, dem Visionserlebnis in Ostia an der Seite der Mutter und deren Tod abgeschlossen wird. Große Aufmerksamkeit erhalten aber immer auch die Reflexionen über das menschliche Gedächtnis in Buch 10 sowie über die Zeit in Buch 11. Dabei lassen die Bewunderer des Werks oft außer Acht, dass in den Büchern 11–13 der erste Schöpfungsbericht aus dem Anfang des Buchs Genesis interpretiert wird. Ältere Textausgaben und Übersetzungen lassen bisweilen überhaupt die Bücher 11–13 weg und reduzieren so die *Confessiones* auf die autobiographische Erzählung, womit sie das Werk verstümmeln.

Diese Wahrnehmung widerspiegelt sich auch in der Forschungsgeschichte der *Confessiones*, wo lange Zeit vorwiegend entweder (a) über ihren Wert als historische Quelle für die Rekonstruktion von Augustins Biographie der Jahre 354–397 (vgl. dazu Kapitel A II 1–3) oder (b) über die Einheit der dreizehn Bücher und die Frage nach der literarischen Gattung dieses nhaltlich (scheinbar?) heterogenen Werks diskutiert wurde.

In der Frage (a) nach der Glaubwürdigkeit der *Confessiones* als historischer Quelle hat sich am Ende des 19. Jahrhunderts unter Adolf von Harnack in Deutschland und Gaston Boissier in Frankreich die sogenannte ‚kritische Forschung‘ herausgebildet. Aufgrund der unterschiedlichen Darstellung bestimmter Ereignisse – zumal des erzählerisch herausragenden Konversionserlebnisses – in den Frühdialogen einerseits und den *Confessiones* andererseits, aber auch wegen der offensichtlichen Stilisierung der Erzählung stellt sich die Frage, inwieweit man davon ausgehen kann, dass es sich dabei um tatsächlich Erlebtes handelt. Die Frage bleibt aktuell: Die Vertreter einer historischen Interpretation gehen davon aus, dass die in den *Confessiones* erzählten Berichte tatsächlich geschehene Ereignisse wiedergeben. Die Vertreter einer fiktiven Interpretation, zu denen allen voran Pierre Courcelle gehört, gehen davon aus, dass Szenen wie die Bekehrung im Mailänder Garten nicht als reale Ereignisse, sondern als stilisierte Darstellung spirituell wichtiger Erlebnisse zu verstehen seien (vgl. dazu Kapitel A II 8). Die Frage nach dem Grad der Historizität oder Spiritualität kann jedoch dann in den Hintergrund treten, wenn man die *Confessiones* weder als dokumentarischen noch als ‚konfessionellen‘, sondern als literarischen Text liest: als nach rhetorischen und narratologischen Kriterien organisiertes Zeichensystem, in dem bestimmte Ereignisse aus dem Leben eines Menschen, der durch die Ich-Erzählung vom Leser mit dem Autor identifiziert werden soll, in Erzählform dargestellt und im Dialog mit einem als Gott angeredeten Du reflektiert werden.

Glaubwürdigkeit

Die Frage (b) nach der Einheit und der literarischen Gattung der *Confessiones* ist auch eine Frage nach der Funktion der autobiographischen Bücher 1–9 (Ereignisse aus dem Leben ‚Augustins‘ bis zum Tod der Mutter im Jahr 387, vor der Abreise nach Afrika) und 10 (zum Verhältnis zu Gott zur Zeit der Abfassung der Schrift) als Vorspann zur Exegese der Genesis in den Büchern 11–13. Diese Kombination von Autobiographie und Bibelinterpretation ist immer wieder als Rätsel bezeichnet worden, das man auf verschiedenste Weise zu lösen versucht hat. Dabei lassen sich grundsätzlich zwei Tendenzen unterscheiden: In der Regel wird davon ausgegangen, dass Augustin die *Confessiones* zwar über mehrere Jahre hin (ca. 397–

Einheit und literarische Gattung

400/401), aber als eine von vornherein in dieser Form konzipierte Schrift verfasst habe. Einige Forscher haben sich jedoch für die Hypothese ausgesprochen, dass die drei Teile nicht nur zu unterschiedlichen Zeiten, sondern auch mit unterschiedlichen Absichten entstanden seien, so etwa dass Augustin Buch 10, in dem über die Rezeption der *confessiones praeteritorum malorum* reflektiert wird (10,4), später eingeschoben habe. Zuletzt hat sich Pierre-Marie Hombert mit der Datierung von Buch 1–9 in die Jahre 397–400 und Buch 10–13 ins Jahr 403 für eine zeitlich getrennte Redaktion dieser zwei Teile ausgesprochen. Das Problem bleibt, dass Augustins das Werk schließlich doch als Einheit publiziert hat und damit als solche verstanden wissen wollte, und so ist die *Confessiones*-Forschung weiterhin bemüht, nach einem inneren Zusammenhang zu suchen. Die wichtigsten Ergebnisse lassen sich unter vier Rubriken zusammenfassen, wobei allerdings eine fast unüberschaubare Vielzahl von äußerst differenzierten Erklärungsversuchen unberücksichtigt bleiben muss:

(1) Ausgehend vom Titel lässt sich die ganze Schrift als Lob- und Dankgebet und einziges Glaubensbekenntnis interpretieren, das in Form von Beichte und Schriftauslegung vorgetragen wird.

(2) Die formale Einheit ist dadurch gewährt, dass die ‚Beichte‘ als Dialog mit Gott gestaltet ist, in dem sich das Ich an Gott als Du wendet und Gott immer wieder in Bibelzitaten zu ‚Wort‘ kommt, und dass schließlich – nach der Darstellung von Konversion, Taufe und Vision sowie des Status Quo in Buch 10 – der Mensch Gott so nahe ist, dass im Dialog des exegetischen Teils die Aufmerksamkeit vor allem dem ‚Wort Gottes‘ gelten kann.

(3) Die Einheit ist auch gewährt durch die permanente Frage nach dem Verhältnis von Schöpfung und Schöpfer: In der Darstellung des jungen ‚Augustin‘ auf dem Weg zu Gott wird auch das Verhältnis des Menschen zu seinem Schöpfer reflektiert, das in den *Confessiones* wie in der ungefähr zeitgleich entstandenen Schrift *Ad Simplicianum* als Unterworfensein unter dessen unverdienbare Gnade gesehen wird; die Bücher 11–13 enthalten ein Bekenntnis zu Gott als Schöpfer in Form der Auslegung des Schöpfungsberichts.

Abgrenzung gegen manichäische Theologie

(4) Dieses Bekenntnis ist insbesondere wichtig für die Abgrenzung von der manichäischen Theologie, gemäß der die Welt aus dem Kampf und der Vermischung der beiden Reiche von Licht und Finsternis entstanden ist und der gute Gott somit nicht Schöpfergott ist. Beide Teile der *Confessiones* können als Ergebnis dieser Abgrenzung gelesen werden. Die Heilige Schrift bot ‚Augustin‘ zunächst keine Antwort auf die Frage nach dem Bösen in der Welt, und so vertrat er neun Jahre lang die Lehre der Manichäer, die den biblischen Schöpfungsbericht verwerfen; erst durch die Lektüre der platonischen Schriften einerseits und die Einführung in die allegorische Exegese durch Ambrosius andererseits fand er den Weg zu einer Interpretation der Bibel, die seinen intellektuellen Ansprüchen genügen konnte. Um zu dokumentieren, dass diese Abwendung von der manichäischen Religion und ihrem Ursprungsmythos und die Hinwendung zum biblischen Schöpfergott endgültig vollzogen sind, folgt auf die Darstellung des geistigen Werdegangs die Interpretation der ersten Schöpfungsgeschichte in Genesis 1,1–31 bis 2,3.

Es handelt sich dabei um Stellen, an denen die Manichäer in besonderem Maß Anstoß nahmen. Augustin hatte vor den *Confessiones* bereits in zwei Schriften, die ganz der Exegese des Anfangs der Genesis gewidmet sind (*De Genesi adversus Manichaeos* und *De Genesi ad Litteram liber imperfectus*), gegen die Argumente der Manichäer Stellung genommen. Eines dieser Argumente lautet wie folgt: Wenn Gott Himmel und Erde „am Anfang" geschaffen hat (*Gn* 1,1: *in principio fecit deus caelum et terram*), so stellt sich die Frage, was denn vor dem Anfang gewesen sei und was Gott vorher getan habe und warum er so plötzlich zu diesem Entschluss gekommen sei. Die Frage wird umso dringlicher, wenn man die Fortsetzung des ersten Verses (*terra autem erat invisibilis et incomposita*) nicht wie üblich in dem Sinn versteht, dass die Erde, die Gott geschaffen hatte, „unsichtbar und ohne Ordnung war" (*erat* als Kopula), sondern in dem Sinn, dass es bereits vorher „eine unsichtbare und ungeordnete Erde gab" (*erat* als Vollverb). Damit ist dieser Gott kein Schöpfergott, vielmehr ist er, wie aus dem folgenden Vers hervorgeht, der Gott der Finsternis, also der böse Gott; denn er befand sich ja offenbar in der Finsternis, und sein Geist wohnte über dem Wasser (*Gn* 1,2: *et tenebrae erant super abyssum. et spiritus dei superferebatur super aquam*). Diese Verse enthalten also gemäß der manichäischen Interpretation keineswegs eine Erzählung vom guten Gott und der Weltentstehung, sondern eine Darstellung des bösen Gottes; das Alte Testament kann also nicht als vom guten Gott inspiriert gelten, sondern ist vielmehr eine Schrift aus dem Reich der Finsternis. Die Widerlegung dieser Deutung musste ein zentrales Anliegen sein für einen katholischen Christen, der das Alte Testament als Bestandteil der Heiligen Schrift und als Wort Gottes zu betrachten hatte. Der Schöpfungsbericht musste also in dem Sinn interpretiert werden, dass die beiden Prämissen von der Allmacht Gottes und der Weltschöpfung durch Gott, die für eine monistische (nicht dualistische) Welterklärung und eine monotheistische Gottesvorstellung grundlegend sind, ihre Gültigkeit bewahren konnten (vgl. dazu Kapitel B III 1).

So kann man sagen, dass bis ins Jahr 386 in Augustins religiösen Vorstellungen und theologischen Konzepten kein Platz war für die Schriften des Alten Testaments. Nach der Darstellung in den *Confessiones* boten ihm erst die neuplatonische Ontologie, die ihm die Annahme eines immateriellen Gottes und die Definition des *malum* als einer Privation des Guten erlaubte, sowie die ambrosianische Exegese eine Möglichkeit, auch diese Schriften als Grundlagentexte des Christentums zu akzeptieren. Das Ergebnis der Suche, die den in *Confessiones* 1–9 geschilderten Lebensweg bestimmt, besteht also letztlich darin, dass ihm diese Erkenntnisse eine Interpretation des biblischen Schöpfungsberichts im Sinn der katholischen Lehre erlaubten. Auch wenn die Genesis-Exegese in den *Confessiones* nicht mehr *explizit* antimanichäisch ist, so stellt sie doch ein Gegenstück zum Weltentstehungsmythos dieser Lehre dar, der Augustin, wie er in den *Confessiones* und anderswo öfter betont, fast ein Jahrzehnt lang anhing. Die *Confessiones* sind als Ganzes also eine Darstellung der Entwicklung eines gebildeten und intellektuell anspruchsvollen Christen, der nach langer Suche und über den Umweg der manichäischen Irrlehre zum ‚richtigen' Bibelverständnis gelangt ist.

Die *Confessiones* sind wohl auch aus der Situation heraus zu verstehen, in der sich Augustin als neuer Bischof von Hippo befand: Zum einen hatten die manichäischen Gemeinschaften in Nordafrika immer noch einen starken Rückhalt in der gebildeten Oberschicht, obwohl ihre Religion zuletzt im Jahr 379 durch ein kaiserliches Edikt verboten worden war. Zum anderen war er selbst Manichäer gewesen und hatte manichäische Bekannte und Freunde wie Romanianus und Honoratus, die als Adressaten einer Reihe von Schriften figurieren (*Contra Academicos, De Vera Religione, De Utilitate Credendi*). Als Vertreter der römischen Kirche und des katholischen Christentums hatte er jedoch seine ‚Konfession‘ deutlich zu machen, um von der Öffentlichkeit nicht weiterhin im Zusammenhang mit dieser Häresie wahrgenommen zu werden. Die *Confessiones* können also durchaus in einer Reihe mit Augustins antimanichäischen Schriften gesehen werden, mit dem Unterschied, dass die Position gegen die Manichäer hier anders markiert wird: Die Darstellung des Lebens des Menschen ‚Augustin‘ dient dazu zu zeigen, dass diese Lehre einen Suchenden nicht zum Ziel der *beata vita* führen kann, dass erst mit der Akzeptanz der katholischen Lehre und damit auch des Alten Testaments und seines Schöpfungsberichts das Ziel richtig definiert ist und so klar vor Augen steht, dass sich Gott in einer Vision zumindest ‚berühren‘ lässt. Die antimanichäische Polemik setzt sich mit *Contra Epistulam Manichaei* (396) und *Contra Faustum* (397–398) in ungebrochener Härte fort. Dabei geht es immer wieder um die Exegese des Schöpfungsberichts der Genesis, also um die Stellen in der Bibel, in deren Auslegung sich der entscheidende Unterschied zwischen den beiden Lehren herausstellt.

In Bezug auf diese selbstdefinitorische Funktion lassen sich die Bücher 1–10 der *Confessiones* mit anderen autobiographischen Texten der antiken Literatur vergleichen, also einzelnen Passagen oder ganzen Schriften, die eine kontinuierliche Darstellung eines Lebens oder Lebensabschnitts und die Reflexion über das schreibende Ich enthalten: mit den Verteidigungsreden in Platons *Apologie des Sokrates* und Isokrates' *Antidosis*, wo das Sprecher-Ich sich und seine Position vor Anklägern rechtfertigen muss, oder den Selbstdarstellungen eines Sallust oder Cicero, die sich – im Fall Ciceros zumindest zeitweise – aus der Politik zurückgezogen haben und ‚Schriftsteller‘ geworden sind, oder den Selbstaussagen von Dichtern wie Properz, Horaz und Ovid, die ihren poetologischen Standpunkt öfter mit ihrer Herkunft und ihrem Lebensentwurf begründen. Sowohl für diese Texte wie für Augustins *Confessiones* gilt: Das schreibende Ich definiert sich als Persönlichkeit, markiert seine Position in Abgrenzung zu anderen Persönlichkeiten und Positionen und begründet dies mit der eigenen Biographie.

Augustin fügt bereits in den Schriften, die vor den *Confessiones* entstanden sind, wiederholt autobiographische Passagen ein, in denen er über seinen intellektuellen und spirituellen Werdegang spricht; solche Passagen finden sich vorzugsweise in Proömien, wo der Autor traditionellerweise die Möglichkeit hat, über seine eigene Person zu sprechen (*beata v.* 4; *Acad.* 2,3–5; *util. cred.* 2; *c. ep. Man.* 3; *duab. an.* 1), aber auch als Einschübe in bestimmten Kontexten, wo Selbstaussagen instrumentalisiert werden können (*util. cred.* 20; *duab. an.* 11). In den Proömien der Dialoge *Contra*

Merkmale autobiographischer Texte

Academicos und *De Beata Vita* richtet sich der Autor an die Adressaten, denen die jeweilige Schrift gewidmet ist, und stellt die Vorgeschichte der Situation dar, in der die vorliegende Schrift entstanden ist: Eine Reihe von Faktoren im Leben des Autors hätten dazu geführt, dass er jetzt im Kreis seiner Schüler, Freunde und Verwandten zentrale Fragen der Philosophie diskutieren und zu Papier bringen könne. In den antimanichäischen Schriften *De Utilitate Credendi*, *De Duabus Animabus* und *Contra Epistulam Manichaei quam vocant Fundamenti* begründet Augustin mit den autobiographischen Aussagen, warum er sich der Religion Manis zugewandt habe, warum er sich nun klar von ihr distanziere und den Weg zur Wahrheit einzig in der katholischen Lehre begründet sehe, für die er nun im kirchlichen Dienst als Priester oder bereits Bischof eintrete. Da die Schriften sich auch an manichäische Freunde wenden – *De Utilitate Credendi* an Honoratus, *Contra Academicos* an Romanianus –, sind die autobiographischen Passagen auch als Aufforderung an die Adressaten zu verstehen, den gleichen Weg zu gehen, den ‚Augustin‘ gegangen ist. Courcelle nennt diese Passagen „premières confessions", da sie in unterschiedlicher Ausprägung Motive enthalten, die auch in den *Confessiones* wichtig sind: Es ist die Rede von der Ausbildung und dem beruflichen Werdegang, der *Hortensius*-Lektüre, der Hinwendung zum Manichäismus, der skeptischen Phase, den sexuellen Neigungen, der Beschäftigung mit der platonischen Philosophie und der erneuten Lektüre der Bibel, zumal der paulinischen Schriften, der Konstituierung eines neuen Gottesbildes, dem Rückzug aus dem Rhetorenberuf und der Aufgabe des konventionellen Lebenswegs. Die autobiographischen Bücher der *Confessiones* wirken danach wie eine ausführlichere Fassung dieser „premières confessions", und wie diese begründen auch sie – in zehn Büchern – die Position, die im noch folgenden Teil der Schrift vertreten wird.

„Premières confessions"

So gesehen lassen sich die *Confessiones* als Ganzes kaum als Autobiographie bezeichnen, und zwar nicht, weil sie – wie etwa geltend gemacht wird – das Leben des Autors nur sehr selektiv darstellen, sondern weil die autobiographische Darstellung ja nur einen Teil der ganzen Schrift umfasst und im Hinblick auf die Genesis-Exegese im anderen Teil funktionalisiert ist. Ebensowenig sind die *Confessiones* als Ganzes eine exegetische Schrift, weil auch die Genesis-Exegese als Resultat der Darstellung des Lebenswegs im ersten Teil gelten kann. In der Frage nach der literarischen Gattung der *Confessiones* ergibt sich damit allerdings ein Problem, sofern man traditionelle Kategorien zugrunde legen will: Die *Confessiones* sind keine Autobiographie, keine exegetische Schrift, auch kein philosophischer Dialog, wie man etwa wegen des Gesprächscharakters und der Nähe zu den *Soliloquia* vorgeschlagen hat. Erich Feldmann bezeichnet die Schrift deshalb als „christlichen Protreptikos", also als Werbeschrift für die christliche Lehre und damit als christliches Gegenstück zum ciceronischen *Hortensius*, der in der Darstellung der *Confessiones* auf den jungen ‚Augustin‘ genau die Wirkung ausgeübt hat, die er als protreptische Schrift definitionsgemäß ausüben muss. Tatsächlich bietet die Zeichnung der Persönlichkeit ‚Augustins‘ – in den verschiedenen Lebensaltern, mit den unterschiedlichen Erfahrungen, im Zustand von Krankheit und Trauer, mit seinen Begierden, dem Ehrgeiz, dem Streben und steten Suchen nach intellektueller

„Christlicher Protreptikos"

Befriedigung, in seinem Verhältnis zur Umwelt, zu den Eltern, Lehrern, Mitschülern, den eigenen Schülern, den Freunden und Frauen usw. – dem Leser die Möglichkeit einer ‚sympathetischen Identifikation' (Hans Robert Jauss): Sie gibt auch dem Leser, der den Weg zum bedingungslosen christlichen Leben noch nicht gefunden hat oder gegangen ist, die Möglichkeit, sich diesen Weg für sich selbst vorzustellen, da er auch für einen Menschen mit den hier beschriebenen enormen Zweifeln und Schwächen gangbar war. Wie der Mensch ‚Augustin' selbst durch verschiedene Irrwege, Fehler und ‚Sünden', aber auch durch eine Reihe von prägenden Erlebnissen – auch gerade die Lektüre bestimmter Schriften! – und Begegnungen zum weiteren Suchen „angetrieben" (*excitatus*) und motiviert worden ist, so können die hier dargestellte Person und die Lektüre der *Confessiones* ihrerseits eine *excitatio* für andere Menschen sein (vgl. *conf.* 10,3–6). Anders als eine Biographie – oder vielmehr Hagiographie – wie diejenige des Wüstenmönchs Antonius oder auch die Berichte von den Konversionen des Marius Victorinus oder der Trierer Beamten in *Confessiones* 8, die zu einer ‚admirativen Identifikation' aufrufen (vgl. *conf.* 8,14), bieten die *Confessiones* die paradigmatische Darstellung eines Menschen, der in seinem Denken und Handeln immer wieder irrt, selbst nach der Konversion und der Taufe, wie im zweiten Teil von Buch 10 deutlich gemacht wird. Er ist kein Heiliger, kein strahlendes Vorbild, sondern ein schwacher Mensch, der ganz von Gottes Hilfe abhängig und auf dessen Gnade angewiesen ist. Die oben beschriebene Eigenart der *Confessiones*, die „sensationelle und faszinierende Selbstentblößung und Selbstdurchdringung" (Jaspers), ist ein literarisches Angebot an den Leser, sich auf ähnliche Weise wie das Ich der *Confessiones* mit sich selbst auseinanderzusetzen und den Weg zu gehen, den dieses Ich auf der Grundlage der christlichen Lehre als wahren Weg hat identifizieren können

Marginalie: Sympathetische – admirative Identifikation

4. Die Memoria-Lehre

Der Memoria-Exkurs in Buch 10 wird am Buchanfang mit dem Vorsatz begründet, Gott so erkennen zu wollen, wie das Ich selbst von ihm erkannt ist: Gott kennt den „Abgrund des menschlichen Gewissens" (10,2: *abyssus humanae conscientiae*), der mit der *confessio* also nicht Gott, sondern eigentlich nur den Lesern erschlossen werden muss. Andererseits ist dieser „Abgrund" gerade der ‚Ort', wo das Ich nach Gott suchen muss (10,9: *unde quaerere debui deum meum*), also der „innere Mensch" (10,9: *ego interior* und *homo interior*). Diese Suche vollzieht sich im Aufstieg „in der Seele" oder „durch die Seele" zu Gott (10,11: *per ipsam animam meam ascendam ad illum*), und dabei gelangt das Ich auch „in die Felder und weiten Lagerhallen des Gedächtnisses" (10,12: *transibo ... et venio in campos et lata praetoria memoriae*). Die *memoria* interessiert also nicht allein als Vermögen der Erinnerung, sondern auch als Ort, der im Prozess des Aufstiegs der Seele zur Gotteserkenntnis eine wichtige Funktion hat.

Diesen ‚Innenräumen' gilt nun der Exkurs, der den ersten Hauptteil des zehnten Buches bildet (10,11–39). Die Raummetaphorik, die sich an das

Marginalie: Raummetaphorik

Bild vom ‚inneren Menschen' anfügt und zudem bereits in der antiken Mnemotechnik verwendet wurde, wird durchwegs beibehalten (vgl. 10,14: „die Halle des Gedächtnisses", *aula memoriae*), und es entsteht der Eindruck eines komplexen, strukturierten Gebildes mit vielen Winkeln und Nischen. Andererseits wird betont, dass das Gedächtnis unbegrenzt und unermesslich sei (10,15: „ein unendlich weiter Innenraum", *penetrale amplum et infinitum*; 10,16: „das unermessliche Fassungsvermögen des Gedächtnisses", *inmensa capacitas memoriae*). In diesem ‚Magazin' des Gedächtnisses wird Folgendes aufbewahrt: Die „Schätze unzähliger Bilder" (10,12: *thesauri innumerabilium imaginum*), die die Sinne zusammengetragen haben; alle Gedanken (*quidquid cogitamus*), die auf den Sinneseindrücken basieren; zudem alles, was das Vergessen noch nicht getilgt hat. Wenn das Ich – mit dem Ziel, „aus dem Gedächtnis zu erzählen" (10,12: *narrare memoriter*) – dort eintritt und verlangt, dass das, was es gerade will, hervorgeholt werde, dauert es unterschiedlich lange, bis die Dinge zur Stelle sind, da einige in „weit entlegenen Winkeln" gesucht werden müssen (10,12: *de abstrusioribus quibusdam receptaculis*), andere sich in den Vordergrund drängen, andere auf Abruf in der richtigen Reihenfolge erscheinen. Die Inhalte dieses Magazins oder Archivs werden also einerseits nach ihrer Genese (Sinneseindrücke oder darauf basierende Gedanken) und andererseits nach ihrer Abrufbarkeit unterschieden. Dabei besteht jedoch auch die Möglichkeit, dass das Vergessen (*oblivio*) etwas „verschluckt und begraben" hat (10,12: *absorbuit et sepelivit*).

So wird nun der Reihe nach das Inventar der *memoria* analysiert. Zunächst befinden sich da also „nach ihrer Art getrennt aufbewahrt" (10,13: *distincte generatimque servata*) die Bilder der Sinneseindrücke, die durch die Augen, die Ohren, die Nase, den Geschmacks- und Tastsinn hineingelangt sind (10,13–15). Diesen „Schatz" kann ‚ich' nach Belieben abrufen, sofern ‚ich' nicht etwas vergessen habe, und finde dort also beispielsweise Duft- und Geschmackserinnerungen, die ‚ich' mit bestimmten Dingen in Verbindung bringe, ‚ich' finde Bilder von Himmel, Erde und Meer, die ‚ich' gesehen habe, von ‚mir' selbst (10,14: *ibi mihi et ipse occurro meque recolo*) und auch von sinnlich wahrnehmbaren Dingen, über die man ‚mir' erzählt hat und die ‚ich' für wahr gehalten habe. Aufgrund dieser Bilder kann ‚ich' Vergleiche anstellen, Gegenwärtiges und Vergangenes verknüpfen, Künftiges antizipieren, Wünsche und Hoffnungen hegen usw.

Sinneseindrücke als Bilder

Zweitens sind in der *memoria* auch Dinge aufbewahrt, die nicht über die Sinne hineingelangt sind, die also keine ‚Bilder' sind: die Wissenschaften (*doctrinae liberales*), nämlich die Literatur, die Kunst der Disputation, die Dialektik, die Arithmetik und die Geometrie (10,16–20). Bilder spielen hier nur insofern eine Rolle, als die Töne, aus denen diese Wörter gebildet sind, durch den Gehörsinn wahrgenommen wurden, also als Geräusch in die Ohren gedrungen sind, und so sind wenigstens die Wörter für diese Dinge im Gedächtnis als Bild vorhanden. Die Dinge befinden sich jedoch auch selbst in mir (10,16: *res ipsas gero*), „wir sehen sie in uns unmittelbar so, wie sie sind" (10,18: *sicuti sunt, per se ipsas intus cernimus*). Wenn wir diese Dinge „lernen", tun wir nichts anderes, als dass wir das, was in der *memoria* bereits vorhanden ist, „denkend gleichsam sammeln" und dass wir „aufmerksam darum besorgt sind" (10,18: *invenimus nihil aliud esse*

Wissenschaftsdisziplinen im Gedächtnis

129

discere ista … nisi ea … cogitando quasi colligere atque animadvertendo curare). Daraus generiert sich auch das, was wir ‚Wissen' nennen, dessen Inhalte allerdings immer wieder neu aus den hinteren Innenräumen „herausgedacht" und „zusammengetrieben" werden müssen (*excogitanda … et cogenda*), wie die etymologische Herleitung von *cogitare* (‚denken') aus *cogere* (‚zusammentreiben') nahelegt (10,18). Woher allerdings diese Dinge kommen, die der Geist aus „entlegenen Gewölben" (10,17: *in cavis abditioribus*) denkend „zusammentreibt" und unmittelbar als wahr erkennt, weiß ‚ich' nicht (10,18).

Eine weitere Art von Gedächtnisinhalten, die nicht in Form von Bildern aufbewahrt werden, sind die „Stimmungen" oder „Verwirrungen des Geistes" (*affectiones* bzw. *perturbationes animi*) wie Freude, Trauer, Furcht und Begierde (10,21 f.). Dies sind die vier klassischen Affekte, die in der *memoria* wie in einem „Bauch" als „Speise" aufbewahrt sind und „im Mund des Denkens" „wiedergekäut" werden. Da nun die Erinnerung an vergangene Trauer nicht notwendigerweise traurig stimmen muss, sondern in gewissen Situationen sogar Freude verursachen kann, sind es also nicht die Stimmungen selbst, die im Gedächtnis aufbewahrt werden, sondern die „Begriffe", die sich der Geist von den Stimmungen aufgrund seiner Erfahrung gebildet hat (10,22: *notiones*).

Nach dieser Bestandsaufnahme folgt ein komplizierter Gedankengang, der schrittweise zu der am Anfang des Buches gestellten Frage nach der Gotteserkenntnis durch die Selbsterkenntnis zurückführt und damit die Funktion dieses Memoria-Exkurses erst richtig deutlich macht: Nach einer Rekapitulation des bisher Gesagten stellt sich die Frage, wie denn die *memoria* selbst in ihr selbst erinnert werde: „durch ein Bild oder durch sich selbst?" (10,23: *per imaginem* oder *per se ipsam*). Eine Antwort wird nicht gegeben. In der Aporie endet auch die Frage, wie denn das ‚Vergessen' (*oblivio*) erinnert werden könne, wo doch das Vergessen gerade ein Nicht-Erinnern – die „Beraubung des Gedächtnisses" – ist (10,24: *privatio memoriae*) und ein Wiedererinnern das Verbleiben des Vergessenen im Gedächtnis voraussetzt. Am Schluss dieser aporetischen Überlegungen muss ‚Augustin' konstatieren, dass die *vis memoriae* rätselhaft bleibt (10,26: „irgendetwas Schaudererregendes", *nescio quid horrendum*). Da es aber doch sein ‚Ich' („Ich, die Seele") ist, das sich „in sich selbst abmüht" und das sich erinnert (10,25: *ego certe … laboro in me ipso … ego sum, qui memini, ego animus*), so stellt sich die Frage, was das ‚Ich' selbst sei (10,26: *quid ergo sum, deus meus?*): Dieses Ich „läuft" und „fliegt" in diesen zahllosen „Gefilden, Höhlen und Grotten" seines Gedächtnisses umher, die mit den Bildern von Körpern, der Präsenz der Wissenschaften und den Begriffen der Affekte gefüllt sind, „dringt" in sie „ein" und stößt nirgendwo an ein Ende (*finis nusquam*).

Diese Aporien einerseits und die Erkenntnis der Grenzenlosigkeit der *memoria* andererseits drängen das in seinem Innern ‚herumlaufende' Ich dazu, das Gedächtnis transzendieren und über es hinaus aufsteigen zu wollen (10,26: fünffaches *transibo*), und zwar mit dem Ziel, Gott zu „berühren" – aber wo kann es ihn finden? (*transibo et memoriam, ut ubi te inveniam?*). So bleibt doch wieder nur der Ort der *memoria* übrig; denn anders als durch das „Ge-denken" (*memorem esse*) kann es Gott nicht fin-

Affekte im Gedächtnis

Vergessen und Gedächtnis

memoria im Prozess der Gotteserkenntnis

den (10,26). Also konzentriert das ‚Ich' die Suche auf den Raum des Gedächtnisses, identifiziert nun aber Gott als Objekt der Suche mit dem
„glückseligen Leben" (10,29: *beata vita*), von dem bekanntlich jeder
Mensch eine Vorstellung in der *memoria* hat: „Wir Menschen wollen alle
glücklich sein" lautet ein berühmter Grundsatz der antiken Ethik, den
Augustin mit einem Zitat aus Ciceros *Hortensius* belegt (10,31: *beati pror-
sus omnes esse volumus*, nach Cic. *Hort.* Frg. 36 M.). Dieses Streben erklärt sich dadurch, dass alle Menschen auch „Freude haben" (*gaudere*)
wollen, und da sie Freude mit Glück identifizieren, streben sie statt nach
dem wahren Glück nach falschen Freuden (10,31). Zum wahren Glück
führt aber allein die „wahre Freude" (das *verum gaudium*): die Freude an
Gott. Dass dies das Ziel aller Menschen ist, wird ‚bewiesen' mittels einer
Identifikation der „wahren Freude" mit der „Freude an der Wahrheit" und
damit der „Freude an Gott", der mit der Wahrheit gleichgesetzt werden
kann (10,33: *beata quippe vita est gaudium de veritate. hoc est enim gaudium de te*). Da alle Menschen einen „Begriff" (*notitia*) von der Wahrheit in
der *memoria* haben, wollen alle die Wahrheit, also auch die Freude über
die Wahrheit und damit das glückselige Leben, das in der Freude an Gott
besteht (10,33). So kommt ‚Augustin' erneut zum Schluss, dass Gott nicht
außerhalb der *memoria* zu finden sei (10,35: *non te inveni extra eam*),
denn er – ‚Augustin' – hat ja die Wahrheit kennengelernt, sie nicht vergessen, und immer, wenn er auf die Wahrheit gestoßen ist, hat er Gott gefunden (10,35). Zwar weiß er nicht, wo Gott im Gedächtnis sein „Lager"
(*cubile*) aufgeschlagen und sein „Heiligtum" (*sanctuarium*) erbaut hat, da
er ihn ja beim ‚Durchlaufen' seines Inneren nicht gefunden hat; denn Gott
lässt sich nicht lokalisieren. Dennoch „wohnt" Gott in der *memoria*, so
dass ‚Augustin' ihn da finden kann, wenn er sich seiner „erinnert" (10,35f.:
reminiscor bzw. *recordor*). Dort hinein gekommen ist Gott, nachdem
‚Augustin' ihn ‚in ihm über sich' gefunden hat, wo kein Ort ist (10,37: *in te
supra me … et nusquam locus*); fassbar ist er aber allein durch Erinnerung.

Gott, der keiner räumlichen und zeitlichen Dimension unterworfen ist,
sich in kein Bild umsetzt, macht sich also in der *memoria* dem Menschen
begrifflich fassbar, da die *memoria* der Ort ist, wo aufgrund der gespeicher-
ten Sinnesdaten oder ‚Bilder', aufgrund der dort immer schon präsenten
Dinge und aufgrund der Begriffe von Emotionen die Wahrheit für den
Menschen identifizierbar wird. Auch die Selbsttranszendenz ist nur noch
als Erinnerung – also in der *memoria* – fassbar. Im Kontext der vorangehenden autobiographischen Erzählung heißt dies, dass die Suche nach Gott
auch durch die Rekapitulation des Erlebten geschieht.

Augustins Memoria-Lehre ist deshalb bemerkenswert, weil sie zwar auf
bestehende rhetorische und philosophische – namentlich neuplatonische –
Traditionen zurückgreift, jedoch sowohl durch ihre Ausweitung zu einer
allgemeinen Bewusstseinstheorie als auch durch die Form der Selbst-
beobachtung über das hinausgeht, was wir von älteren Autoren kennen.
Die platonische Anamnesis-Lehre war Augustin bekannt, wie aus seinen   Anamnesis-Lehre
Bemerkungen in einem Brief an Nebridius (*epp.* 6f.) und einschlägigen
Passagen in *De Magistro* hervorgeht (40; vgl. *trin.* 12,24). Platon hat in seinen Dialogen *Menon, Phaidon, Phaidros* und später auch im *Timaios* Wissen als Wiedererinnerung (*anamnesis*) aufgefasst, da man nicht etwas

suchen könne, was man nicht schon kennt: Wenn wir nicht wissen, was wir suchen, werden wir es auch nicht bemerken, wenn wir es finden; und wenn wir wissen, was wir suchen, dann müssen wir nicht suchen. Um diesem Dilemma zu entgehen, kann der Prozess des Wissenserwerbs als ‚Erinnerung' an Wissen gedacht werden, das die Seele vorweg immer schon hat, das sie sich vor der aktuellen Existenz – während ihrer Präexistenz – erworben hat. Diese Vorstellung von erfahrungsunabhängigem, apriorischem Wissen findet sich – allerdings ohne die Annahme der Präexistenz der Seele – auch in den Überlegungen des Erzählers zu denjenigen Gedächtnisinhalten, von denen er nicht weiß, auf welchem Weg sie in die *memoria* gelangt sind, wie die Wissenschaften (*doctrinae liberales*) oder das Wissen von der *beata vita*. Hinzu kommt der plotinische Gedanke, dass das Gedächtnis ein Instrument des geistigen Aufstiegs sei. Was nun aber in der Memoria-Lehre in *Confessiones* 10 neu und wohl spezifisch augustinisch ist, ist die umfassende Funktion, die dem Gedächtnis zugeschrieben wird: Die *memoria* ist zwar bloß ein Archiv mit einer allerdings immensen Speicherkapazität, in dem Erinnerungen als Bilder, Sachen, Erfahrungen oder Begriffe gespeichert werden; doch hält sie damit dem ‚Ich' bzw. der Seele die Grundlagen verfügbar, damit das Ich/die Seele Erfahrungen abrufen, neue Sinneswahrnehmungen und Emotionen aufgrund der Erfahrungen beurteilen und verknüpfen und schließlich auch Gott erkennen kann. Die *memoria* ist also auch der Ort, wo das Wissen von Gott und die Erkenntnis der Wahrheit als Erinnerungen gespeichert sind und jederzeit vom denkenden Ich abgerufen, in Bewusstseinsinhalte transformiert und somit auch schon in Sprache gefasst werden können. Die Integrationsleistung muss also das ‚Ich' erbringen, das sich mittels der Erinnerung in den unendlichen Räumen der *memoria* bewegen kann. Ein solcher ‚Spaziergang' (10,35: *spatiari*) ist in den Büchern 1–9 dokumentiert, wo Daten aus der Vergangenheit hervorgeholt werden; eine Sichtung und Beurteilung der jüngeren ‚Daten' wird im restlichen Teil des Buches vorgenommen.

*memoria –
Instrument
des geistigen
Aufstiegs*

5. Die Frage nach dem Sein der Zeit

Der Exkurs zur Frage nach dem Sein der Zeit (11,17–38) ist zweifach motiviert: Zum einen steht die von der Genesis-Exegese ausgehende Frage dahinter, was Gott gemacht habe, bevor er Himmel und Erde schuf (11,14 und 40), die von den Kritikern der christlichen Schöpfungslehre, zumal von den Manichäern, gestellt wurde. Zum anderen schließen die Reflexionen an das Proömium an, in dem der Ewigkeit und Allwissenheit Gottes, der die Zeit geschaffen hat und alles sieht, was in der Zeit geschieht, das vergebliche Bemühen ‚Augustins' gegenübergestellt wird, all das zu verkünden, was ihm durch Gott widerfahren ist, und der sich nun auf die Schriftauslegung konzentrieren will, da ihm „jeder Tropfen Zeit kostbar ist" (11,2: *caro mihi valent stillae temporum*). Der Zeit-Exkurs ist also sowohl im Rahmen der angekündigten Bibel-Exegese, die vor dem Exkurs mit der Auslegung von *Gn* 1,1 einsetzt, als auch im Zusammenhang mit der autobiographischen Darstellung zu lesen. Die Frage nach dem Sein der Zeit ist damit einerseits als theologische Frage nach der Kreatürlichkeit der Zeit und ihrer Relation zu Gott und andererseits als philosophische Reflexion über die Flüchtigkeit der Zeit und die Relation des Menschen zu ihr zu verstehen. Dabei richtet sich der Fokus sehr schnell auf die philosophische Diskussion: Nachdem klar gestellt ist, dass Gott als Schöpfer der Welt auch die Zeit geschaffen hat, wird die Differenz zwischen Gott und Zeit herausgestellt: Keine Zeit kann Gott „gleichewig" (*coaeterna*) sein, da Gott „bleibt", während die Zeit ihrem Wesen nach nicht „bleibt", also keine Permanenz hat (11,17: *si permanerent, non essent tempora*). So stellt sich die Frage nach dem Sein der Zeit (*quid est enim tempus?*), und von da an bleibt der exegetische Rahmen in der ganzen Zeit-Diskussion ausgeblendet.

Gleich zu Beginn der Ausführungen wird deutlich, dass gleichzeitig und undifferenziert von *der* Zeit als umfassendem Phänomen und andererseits von *Zeiten* im Sinn von Zeitabschnitten oder Zeitpunkten gesprochen wird. Es wird also nicht zwischen *tempus* als Oberbegriff und *tempora* als Zeitstufen unterschieden, sondern die Rede wechselt zwischen Singular und Plural, ohne dass der semantische Unterschied markiert wird. Damit wird die Frage nach *der* Zeit zu einer Frage nach den Dimensionen einzelner Zeitabschnitte, die als vergangen, zukünftig oder gegenwärtig wahrgenommen werden. Die Frage nach dem Sein der Zeit wird also zunächst als Frage nach dem Sein der Zeitstufen *praesens*, *praeteritum* und *futurum* gestellt: Wie können denn das Vergangene und das Zukünftige ‚sein‘, wenn das Vergangene doch schon nicht mehr und das Zukünftige noch nicht ist? Auch der Gegenwart muss deshalb ein ‚Sein‘ abgesprochen werden, weil sie immer gleich in die Vergangenheit übergeht; denn wäre sie immer gegenwärtig, wäre sie nicht Zeit, sondern Ewigkeit. Damit präsentiert sich das ‚Sein‘ der Zeit für den Wahrnehmenden als ‚tendenzielles Nichtsein‘ (11,17: „So können wir in Wahrheit von der Zeit nur sagen, dass sie sei, weil sie zum Nichtsein übergeht", *ut scilicet non vere dicamus tempus esse, nisi quia tendit non esse*). Mit diesem Schwanken zwischen den Begriffen der ‚Zeit‘ und der ‚Zeitstufen‘ gelingt es Augustin jedoch, die Diskussion auf die Ebene der menschlichen Erfahrung zu transponieren und beim Reden über Zeit vom allgemeinen Sprachgebrauch auszugehen. Allerdings ist diese Perspektive subjektiv und damit auf die menschlichen Erkenntnismöglichkeiten beschränkt. Da aber trotzdem der Anspruch besteht, das ‚Sein‘ der Zeit – unabhängig von der menschlichen Wahrnehmung – als außersubjektives Phänomen erfassen zu können, müssen die Lösungsversuche immer wieder in der Aporie enden.

Der ganze Argumentationsgang lässt sich wie folgt zusammenfassen: In einem ersten Anlauf zu einer Lösung wird die alltägliche Auffassung von Zeit diskutiert; er endet mit der Vermutung, dass bei der Konstitution von Zeit die ‚Seele‘ (*animus*) eine entscheidende Rolle spielt (11,17–28). In einem zweiten Anlauf wird der naturwissenschaftliche Zeitbegriff hinterfragt; dabei gelangt ‚Augustin‘ zur Hypothese, dass Zeit als „Erstreckung der Seele" (*distentio animi*) zu verstehen sei (11,29–38). Beide Anläufe führen also zu keinem sicheren Ergebnis, so dass am Schluss des Buches eine spekulative Lösung vorgeschlagen wird (11,40f.): Vielleicht existiere ein „Geschöpf", das „über den Zeiten" steht, ein Geist (die Weltseele?), der ein

praesens, praeteritum, futurum

Wissen von der Zeit hat, das dem endlichen menschlichen Wissen vergleichbar ist, und daher nur Zeitstufen wahrnehmen kann, der jedoch mit seinem Wissen alle Zeitstufen umfasst und koordiniert.

Als erstes wird also der Umstand problematisiert, dass sich im allgemeinen Sprachgebrauch die Flüchtigkeit der Zeit nicht niederschlägt und man unbekümmert von „langer und kurzer Zeit" (*tempus longum et breve*) spricht. Dies ist problematisch, weil jede Zeitspanne in viele „flüchtige Teilchen" zerfällt (11,20: *fugitivae particulae*), die sehr schnell von der Zukunft in die Vergangenheit übergehen; dabei kann die Gegenwart nicht einmal in Form von „winzigsten Augenblicksteilen" (*minutissimae momentorum partes*) wahrgenommen werden, hat also keine Ausdehnung (*spatium*), so dass von Dauer eigentlich nicht gesprochen werden kann. Wir tun dies dennoch, weil wir die Zeit, während wir sie wahrnehmen, auch messen (11,21: *sentiendo metimur*), so dass also Dauer und Ausdehnung der Zeit durch unser eigenes Urteil konstituiert werden.

Ebenso unbekümmert spricht man von Vergangenheit, Gegenwart und Zukunft, wie man es in der Schule gelernt hat, und es gibt sowohl Voraussagen von Künftigem wie auch Erzählungen von Vergangenem, denen eine Realität nicht abgestritten werden kann (11,22–24). Dabei spielt das Problem zunächst keine Rolle, dass es hier nicht um das ‚Sein der Zeit' geht, sondern um ein ‚Reden über Zeit', sei es mit grammatischen Termini oder in Aussagen über Ereignisse in der Zeit. So kann der Erzähler sagen, dass die drei Zeitstufen dadurch, dass bestimmte vergangene oder zukünftige Ereignisse in der Rede vergegenwärtigt werden können, doch einen gewissen Seinsstatus haben. Das Sein der Zeit konstituiert sich also im ‚Innern' des Menschen, die Vergangenheit mittels der Bilder in der *memoria*, die Zukunft mittels der „Vorstellungen" (11,24: *conceptiones*) im menschlichen Geist. Da es sich aber jeweils um ein Vergegenwärtigen handelt, erhalten die Zeitstufen doch nur in der Gegenwart ein Sein. So müsste man eigentlich von den drei Zeiten als „Gegenwart von Vergangenem, Gegenwart von Gegenwärtigem und Gegenwart von Zukünftigem" sprechen (11,26: *praesens de praeteritis, praesens de praesentibus, praesens de futuris*). Auch diese drei Zeiten können allerdings wiederum nur in der Seele lokalisiert werden, wo sie sich in Form von „gegenwärtiger Erinnerung an Vergangenes, gegenwärtigem Anschauen von Gegenwärtigem und gegenwärtiger Erwartung von Zukünftigem" manifestieren (*memoria – contuitus – expectatio*). Die Tatsache, dass die Frage nach dem Sein der Zeit als Frage nach dem Sprechen über und der Wahrnehmung von Zeit diskutiert wird, wird nun aber doch als problematisch empfunden; trotzdem wird dies akzeptiert, da diese Sprechweise und Wahrnehmung der ‚Gewohnheit' (*consuetudo*) entsprechen, jedoch unter der Bedingung, dass dem Vergangenen und Zukünftigen der Seinsstatus abgesprochen wird (11,26). So bleibt denn die eigentliche Frage nach dem Sein der Zeit ungelöst, und die Aporie wird mit einer Serie von Fragen und der Bitte markiert, dass Gott dieses „Rätsel" (11,28: *aenigma*) lösen helfe, denn es gehe ja um die Deutung der Heiligen Schrift.

Im zweiten Anlauf (11,29–38) wird nun von einer naturwissenschaftlichen Definition der Zeit ausgegangen: Ein *homo doctus* habe zu ‚Augustin' gesagt, „die Zeiten seien die Bewegungen der Sonne, des Mondes und

Marginalien:

Das „Innere" – Ort der Zeitkonstituierung

Naturwissenschaftliche Definition

der Sterne". Diese Lösung wird abgelehnt mit dem Hinweis, dass die Gestirne nur „zu den Zeichen" (*in signis*) für Jahreszeiten, Tage und Jahre gehörten, also nicht die Zeiten selbst seien (11,29). Daran knüpft sich die Frage, welche Funktion die Bewegung von Körpern beim Erfassen von zeitlicher Dauer hätten: Ist ein ‚Tag' die Bewegung der Sonne in ihrem Umlauf (*motus*) oder die Dauer (*mora*) der Präsenz des Sonnenlichts oder beides? Die drei Möglichkeiten werden abgelehnt mit der Begründung, dass es eine Frage der Konvention sei, ob man den ‚Tag' mit einer bestimmten Bewegung oder Verweildauer der Sonne identifiziere. Die Zeit ist also etwas, was von Gestirnsbewegungen und der Dauer dieser Bewegung unabhängig ist (11,30f.). Als Möglichkeit der Bestimmung von Zeit wird schon einmal der Begriff der *distentio* („Ausspannung" oder „Erstreckung") ins Feld geführt (11,30), mit dem ausgedrückt sein soll, dass es eine Ausdehnung gebe, die von äußeren Gegebenheiten unabhängig ist.

So kommt der Erzähler wieder auf die subjektivistische Argumentation zurück: Es ist unbestritten, dass das ‚Ich' die Zeit misst; es „misst, weiß aber nicht, was" (11,33: *metior et quid metiar nescio*). Ein sicheres Maß gibt es nicht, da jede Maßeinheit relativ ist. Dies zeigt das Beispiel eines Verses in einem Gedicht, der trotz Definition von Längen und Kürzen der Silben in unterschiedlicher Geschwindigkeit vorgetragen werden kann. Erneut wird deshalb Zeit als „Ausspannung" oder „Erstreckung" (*distentio*) verstanden, allerdings wird nun gefragt, wovon (11,33: *cuius rei nescio*) – doch wohl „der Seele" (*et mirum si non ipsius animi*). Damit wäre die Zeit ein Phänomen, das sich nicht durch äußere Maßeinheiten objektiv fassen, sondern allein im Subjekt durch dessen eigene ‚Ausspannung' messen lässt. Die Idee wird am Beispiel des Verses weiter verfolgt, und zwar konkret am ersten Vers des ambrosianischen Hymnus, an den sich ‚Augustin' auch nach dem Begräbnis seiner Mutter erinnert hat (9,32), des berühmten *deus creator omnium* („Gott, Schöpfer aller Dinge"): Der Vers hat vier kurze und vier lange Silben, lässt sich also in Maßeinheiten teilen, die seine zeitliche Dauer bestimmen sollten. Dennoch sind es nicht diese Silben, die das Ich „misst", wenn es dem Lied folgt; vielmehr misst es „irgendetwas in meinem Gedächtnis, das ihm eingeprägt bleibt" (11,35: *sed aliquid in memoria mea metior, quod infixum manet*). Also misst das Ich die Zeiträume „im Geist" (11,36: *in te, anime meus, tempora metior*), die zeitliche Dauer ist also allein im Geist aufgrund der dort vorhandenen Kriterien messbar.

distentio animi

Das Beispiel des Hymnus wird im Folgenden weiter ausgeführt: Wenn das Ich ein ihm bekanntes Lied singt, werden Daten in Form der bekannten Silben, Wörter und Töne aus der *memoria* hervorgeholt, die in der vorgegebenen Ordnung der Reihe nach reproduziert werden, wobei zu jedem Zeitpunkt das bereits Wiedergegebene und das noch Wiederzugebende gegenwärtig sind (11,38). Das Singen des wohlbekannten Lieds, in dem einerseits Silben und Wörter Teile sind und das andererseits selbst vielleicht auch nur Teil einer längeren Tätigkeit ist, wird nun zum Bild des menschlichen Lebens, in dem einerseits die menschlichen Handlungen Teile sind und das andererseits Teil der gesamten Weltzeit (*saeculum*) ist (11,38). In all diesen Dimensionen können alle Zeitspannen als Übergang von der Erinnerung an das Vergangene zur Erwartung des Kommenden erlebt werden, immer nur in der unmittelbaren Gegenwart des Erlebenden, in der also die Zeit für die Menschen, die sie ‚wahrnehmen und messen‘, gleichsam aufgehoben ist.

Moderne Zeitphilosophie

Augustins Exkurs über das Sein der Zeit in *Confessiones* 11 ist in der modernen Philosophie viel Aufmerksamkeit zuteil geworden. Philosophen wie Edmund Husserl, Ernst Cassirer, Martin Heidegger und Hans-Georg Gadamer legen ihren eigenen Überlegungen zum Thema ‚Zeit‘ Augustins Text zugrunde. Dabei loben sie seine phänomenologische Vorgehensweise (Husserl), die erstmalige Differenzierung zwischen subjektiver und objektiver Zeitauffassung (Cassirer und Bertrand Russell) oder das vorrangig zukunftsorientierte Verständnis der Zeit (Heidegger). Zumal Augustins Versuch, die Zeit aus der Perspektive des wahrnehmenden und denkenden Subjekts und als erlebnisbezogen, also nicht als objektiv messbar zu verstehen, hat dazu geführt, dass man ihn als Wegbereiter der modernen Zeittheorien sehen wollte. Neuere Studien ziehen diese grundlegende Bedeutung der augustinischen Reflexionen über die Zeit allerdings in Zweifel (Flasch, Mesch) und machen geltend, dass Augustin auf andere antike Zeittheorien zurückgreift und dass die These, er als Erster habe die Zeit als rein subjektives Phänomen definiert, so nicht haltbar ist.

Platon, Aristoteles, Plotin

Tatsächlich sind die Überlegungen zum Verhältnis von Weltentstehung und Zeit, zu Zahl, Maß, Bewegung und Zeit oder zu Ewigkeit und Zeit, die wir bei Platon (*Tim.* 37c-39d) beziehungsweise Aristoteles (*Phys.* 4,10–14) bzw. Plotin (*enn.* 3,7) finden, in ihrer Gedankenschärfe den augustinischen mindestens ebenbürtig, und in bestimmten Einzelheiten lässt sich sogar eine zumindest indirekte Abhängigkeit Augustins von Plotin feststellen. Für diesen ist die Zeit ein „bewegtes Abbild" der „bleibenden" Ewigkeit; Zeit ist die „Ausdehnung des Lebens" (*diastasis zoes*) der Seele, die, um sich selbst zu erfassen, eine Distanz überwinden muss, aus der sich die Zeit ergibt, während der Geist (*nous*) ohne diese Bewegung in der Zeit, also in der Ewigkeit, lebt. Spuren von dieser Konzeption des ‚Geistes‘, der über der Zeit lebt, finden sich möglicherweise am Schluss von *Confessiones* 11, wo der Erzähler Augustin von der Existenz einer „Kreatur über den Zeiten" (*creatura supra tempora*) spricht und von der Möglichkeit der Existenz eines „äußerst erstaunlichen Geistes, der Bewunderung und sogar Schaudern erregt" (11,41: *nimium mirabilis est animus ... ad horrorem stupendus*), der Vergangenes und Zukünftiges wissen könne. Mit dieser – allerdings hypothetischen – Annahme eines Wesens, das über der Zeit steht und sie überblicken kann, wird deutlich, dass Augustin doch davon ausgeht, dass Zeit ein objektiv fassbares Phänomen sei.

Zeit als Kreatur Gottes

Augustins Analyse führt auch deshalb letztlich nicht zu einem rein subjektimmanenten Zeitbegriff, weil die Zeit selbst eine Kreatur Gottes ist. Die Ausführungen in *Confessiones* 11 zum Sein der Zeit sind ja im Kontext der Frage zu verstehen, was Gott vor der Schöpfung getan habe, der nur mit der Prämisse zu begegnen ist, dass „ohne Schöpfung keine Zeit sein kann" (11,40: *nullum tempus esse posse sine creatura*) und Gott der „Schöpfer aller Zeiten" sei (*creator omnium temporum*). Dass sich die (versuchsweise) Definition des Zeitbegriffs in der Diskussion auf die subjektive Wahrnehmung von Zeitstufen beschränkt, ist letztlich eine Kapitulation vor der Frage nach dem Sein dieser Kreatur.

V. *De Civitate Dei:* Die „Befreiung von der Geschichte"

1. Die historischen Voraussetzungen

Als nach einer bereits länger dauernden Phase militärischer Bedrohung am 24. August 410 die ‚ewige Stadt' Rom durch den Westgotenkönig Alarich erobert und geplündert wurde, waren nicht zuletzt auch viele Christen schockiert: Rom war für sie die Stadt, in der die Apostel Petrus und Paulus unter den Christenverfolgern gelitten hatten und als Märtyrer begraben waren, und das römische Reich war die Grundfeste, auf der die christliche Kirche aufgebaut war. Hieronymus verglich die Katastrophe mit der Zerstörung Jerusalems durch Babylon und mit der Eroberung Trojas durch die Griechen (*ep.* 127,12). Allerdings waren die Invasoren ja selbst auch Christen – wenn auch arianische Häretiker – und hatten die sakralen Orte Roms durchaus respektiert und verschont. Die meisten Stimmen wurden denn auch aus den Reihen der Heiden laut, die Roms Fall als Racheakt der alten römischen Götter bezeichneten, deren Kulte von den Christen verdrängt und schließlich verboten worden waren, oder als Folge der christlichen Ideologie, welche mit der Feindesliebe und dem Gebot, nach einer Ohrfeige auch die andere Wange hinzuhalten, eine defätistische Haltung empfehle. Die Verunsicherung, die gerade die römische Aristokratie erfasst zu haben scheint, war allerdings wohl auch durch materielle und personelle Verluste begründet.

24. August 410: Alarich plündert Rom

Die Reaktion, dass nach einer Plünderung oder Zerstörung Roms die geltende religiöse Praxis in Frage gestellt wird, hat in den Darstellungen der römischen Geschichte bereits eine lange Tradition. Damit wird die historische Entwicklung eines Staates oder einer Stadt mit dem Konzept von Lohn und Strafe – als Folge von Verdienst oder Schuld gegenüber der schützenden Gottheit – in Verbindung gebracht: Wen die Götter lieben, dem schenken sie Macht und Wohlstand, und diese Gunst verdient, wer die Götter kultisch verehrt. Ein Vertreter der Gnadenlehre augustinischen Zuschnitts konnte diese kausale Verknüpfung natürlich nicht akzeptieren: Die göttliche Gunst beziehungsweise Gnade kann der Mensch nicht verdienen (vgl. dazu Kapitel B VI 3), und da Gottes Ratschluss unergründlich ist, sind weder das Gedeihen des römischen Staates als Zeichen vorbildlichen Verhaltens noch die Katastrophe als Zeichen einer Schuld seiner Bürger oder Herrscher zu deuten. Hinzu kommt, dass in einer Zeit, in der sich die römische Kirche und der orthodoxe Glaube im Kampf gegen die Donatisten in Afrika erfolgreich durchgesetzt hatten, der Fall Roms auf keinen Fall mit äußeren Ereignissen in einen kausalen Zusammenhang gebracht werden durfte, da sonst die Autorität der Staatskirche erneut untergraben würde.

Verdienst/Schuld: Lohn/Strafe?

In diesen Kontext fügt sich Augustins ‚Unternehmen' *De Civitate Dei* ein, das er in der Praefatio an Marcellinus, den amtlichen Schiedsrichter des Konzils von Karthago im Jahr 411 (vgl. dazu Kapitel A II 13), als *magnum opus et arduum* bezeichnet: als „großes und schwieriges Werk". Das Ziel dieser Schrift lässt sich im Rahmen der historischen und politischen

Adressat: Marcellinus

Voraussetzungen wie folgt umschreiben: Die ‚Geschichte' eines Staates besteht aus einem Konglomerat von Ereignissen, die allein im Hinblick auf das irdische Dasein seiner Bürger von Bedeutung sind; da jedoch die ‚Glückseligkeit' eines Menschen nicht von irgendwelchen Gegebenheiten im Diesseits abhängt, sondern allein im Reich Gottes erlangt werden kann, ist in dieser Hinsicht die ‚irdische Geschichte' völlig irrelevant. Augustin illustriert diesen Gedanken mit dem Konzept der „irdischen" und „himmlischen Bürgerschaft" (vgl. dazu Kapitel B V 2) und ihrer Geschichte, die er von der politischen Ereignisgeschichte ganz loslöst. Er ‚befreit' die Geschichte dieser beiden *civitates* von der irdischen Geschichte in dem Sinn, dass für die Frage nach der menschlichen Glückseligkeit nicht ein historisches Ereignis wie das Gedeihen oder der Fall Roms, sondern allein die Frage nach der Zugehörigkeit des einzelnen Menschen zu einer dieser beiden *civitates* wichtig ist. So ist die Geschichte der beiden *civitates* von der irdischen Geschichte zu trennen; das verbindende Glied ist allein das Konzept der christlichen Heilsgeschichte: Mit der Geburt Christi ist die irdische Geschichte in eine neue ‚Lebensphase' gekommen (vgl. dazu Kapitel B V 4), an deren Ende – entsprechend der biblischen Offenbarung – für die einen Menschen das ewige Heil in der *civitas dei*, für die anderen die ewige Verdammnis in der *civitas diaboli* stehen werden, womit sowohl die irdische Geschichte wie auch die Geschichte der beiden *civitates* zu ihrem Ende gelangt sein werden (vgl. dazu Kapitel B V 2).

Zwar gibt es das Ideal einer irdischen Gemeinschaft von Bürgern, die sich um Gerechtigkeit und Moral bemühen, und eines frommen christlichen Herrschers, der die orthodoxe Kirche stützt: In einem Fürstenspiegel definiert Augustinus in *civ.* 5,24, welche irdischen Herrscher als „vom Glück begünstigt" (*felices*) gelten können; dabei werden jedoch nicht politische und militärische Erfolge, sondern eine Reihe ethischer und religiöser Tugenden zum Kriterium gemacht. Zu den Kaisern, welche diese Voraussetzungen erfüllt haben, gehören Konstantin und Theodosius (*civ.* 5,25f.). Doch wird mit dem Verweis auf das unglückliche Schicksal Jovians und Gratians der Wert der weltlichen Macht klar relativiert: Auch das Kriegsglück Konstantins, die in der Herrscherpropaganda gefeierte *felicitas Constantini*, war nicht die notwendige Folge seines christlichen Glaubens. Theodosius wird zwar vielleicht wegen seiner Frömmigkeit die „ewige Glückseligkeit" (*aeterna felicitas*) erlangen, doch politische und militärische Erfolge können sowohl den Guten als auch den Schlechten zuteil werden. Augustin spricht sich damit implizit gegen die Position aus, die in der Diskussion des 4. Jahrhunderts über das Verhältnis von Glauben und Erfolg etwa von Eusebius von Caesarea und Ambrosius vertreten wurde: gegen die Auffassung, dass die politischen und militärischen Erfolge eines rechtgläubigen Herrschers beweisen würden, dass der orthodoxe Glaube mit irdischen Gütern und weltlicher Macht belohnt werde. Eine solche Interpretation der politischen und militärischen Geschichte wurde im Jahr 410 von der Realität widerlegt.

Mit dem Verweis auf die *aeterna felicitas* als möglichen „Lohn" (*merces*) für den frommen Theodosius kommt eine weitere wichtige Komponente der augustinischen Argumentation hinzu: Das Ziel eines Christen kann nicht das diesseitige Glück, sondern nur das ewige Leben sein (*civ.* 5,25:

Christliche Herrscher: Irdisches „Glück"?

cum propter vitam aeternam quisque debeat esse Christianus). Dies ist das Ziel derjenigen Menschen, die nicht der „irdischen", sondern der „himmlischen Bürgerschaft" angehören, die sich im diesseitigen Leben und damit in der säkularen Geschichte wie „in der Fremde" bewegen, da sie eigentlich dem Reich angehören, in dem Christus König ist (*peregrina civitas regis Christi*); ihre Hoffnung findet in keinem weltlichen Reich Erfüllung, sondern allein in der „ewigen Bürgerschaft" (*aeterna civitas*) im Jenseits.

2. Die ‚Geschichte' der zwei *civitates* – Inhaltsübersicht

Auch wenn im Titel nur die eine der beiden *civitates* genannt ist, handelt die Schrift, wie Augustin selbst anmerkt (*retr.* 2,43,2), nicht nur von der „himmlischen Bürgerschaft" beziehungsweise der „Bürgerschaft Gottes" (*civitas caelestis* oder *civitas dei*), sondern auch von der „irdischen Bürgerschaft" beziehungsweise der „Bürgerschaft des Teufels" (*terrena civitas* – in dieser Wortfolge – bzw. *civitas diaboli*). Die beiden gegensätzlichen *civitates* werden von Augustin gemäß der Apokalypse des Johannes mit den ‚Städten' Jerusalem und Babylon (oder Rom) und mit der ihnen je zugehörigen Bürgerschaft oder ‚Gemeinschaft von Bürgern' identifiziert: Die eine umfasst die Engel und die durch Gottes Gnade auserwählten Heiligen und Gott liebenden Menschen; sie befindet sich entweder „auf Erden in der Fremde" (*peregrinans in terra*) oder im Jenseits im „himmlischen Vaterland". Die andere umfasst die gefallenen Engel und die dem Teufel dienenden, sich selbst liebenden Menschen im Diesseits und Jenseits, die von Gott nicht auserwählt, sondern verdammt werden. Beide *civitates* existieren nebeneinander, und während sie im Jenseits streng voneinander getrennt sind, leben im Diesseits die Mitglieder beider Gemeinschaften miteinander vermischt; zwar ist der Unterschied aufgrund ihrer innerlichen Ausrichtung, des *amor dei* beziehungsweise *amor sui*, klar, zeigt sich jedoch nicht in sichtbaren Grenzen: Die Mitgliedschaft der *civitas dei* auf Erden manifestiert sich nicht nur in der Zugehörigkeit zur christlichen Kirche und ist auch nicht für die ganze Dauer des irdischen Lebens garantiert. Vielmehr entscheidet sich erst am Jüngsten Tag, welche Menschen von Gott auserwählt sind und im Jenseits für immer in die *civitas dei* aufgenommen werden, so dass schließlich die gefallenen Engel ersetzt sein würden; dementsprechend ist die Zahl der Auserwählten genau definiert und also begrenzt. Mit dem politischen Gebilde eines ‚Staates' haben diese *civitates* nichts zu tun, weshalb die Übersetzung „Gottesstaat", die sich für den Titel der Schrift eingebürgert hat, irreführend ist.

Die Vorstellung einer Antithese zweier Menschengruppen ist auch in Augustins Gegenüberstellung von ‚äußerem' und ‚innerem Menschen' oder ‚altem' bzw. ‚neuem Menschen' fassbar, beispielsweise in der um 390 entstandenen Schrift *De Vera Religione* (vgl. dazu Kapitel B III 2). Von zwei *civitates* und der damit verbundenen biblischen Antithese von Jerusalem und Babylon spricht Augustin in diesem Zusammenhang erstmals in der um 400 – mehr als zehn Jahre vor dem Beginn von *De Civitate Dei* – verfassten Schrift *De Catechizandis Rudibus*. Der Gedanke ist wohl nicht neu und dürfte seinen Ursprung in der voraugustinischen jüdisch-christlichen Tradition haben; Parallelen finden sich auch in manichäischen Texten, wo ebenfalls von zwei Reichen und der Vorstellung der temporären Vermischung ihrer Einwohner im Diesseits und der endgültigen Trennung am Ende der Zeiten die Rede ist. Das Konzept, das Augustin in *De Civitate Dei* entwickelt, ist jedoch in seiner Konsequenz wohl ohne Vorbild: Hier wird erstmals die ganze Menschheitsgeschichte explizit von der säkularen Ereignisgeschichte losgelöst und als Geschichte der Existenz zweier diametral verschiedener Menschengruppen dargestellt.

Augustin gibt selbst wiederholt Hinweise auf die Intention und die damit verbundene Gliederung der Schrift, die zwar zwischen 413 bis 426 in mehreren Teilen publiziert, aber doch offenbar von Anfang an als Einheit konzipiert wurde (*ep.* 1A*; *retr.* 2,43,1 f.):

1. Hauptteil (1–10). Die zehn Bücher sind eine Widerlegung der Verfechter heidnischer Religionen im weltlichen Staat (*refutatio*; vgl. *ep.* 1A*,1). Dieser Teil ist gemäß Augustins Disposition in zwei Abschnitte von je fünf Büchern zu gliedern:

a) 1–5 richten sich gegen die Menschen, die glauben, die Verehrung vieler Götter sei die Voraussetzung für das **irdische Wohlergehen**; am Schluss ist klar, dass **Rom** nicht mit der *civitas dei* zu identifizieren ist und dass die Zugehörigkeit zu ihr nicht durch ein Streben nach irdischem Glück erlangt werden kann.

b) 6–10 richten sich gegen die Menschen, die glauben, die kultische Verehrung der Götter sei wegen des künftigen Lebens nach dem Tod beizubehalten (*retr.* 2,43,1: *propter vitam post mortem futuram*). Infolge dieser Abkehr von den Zielsetzungen und Belangen des Diesseits steht von nun an nicht mehr das Schicksal des römischen Staates im Zentrum des Interesses, sondern derjenigen Menschen, deren Religiosität durch das **Streben nach dem außerweltlichen Glück** motiviert ist. Am Schluss ist klar, dass auch sie nicht als Mitglieder der *civitas dei* gelten können. Besondere Aufmerksamkeit gilt den **platonischen Philosophen** in den Büchern 8–10.

2. Hauptteil (11–22). Die zwölf Bücher, welche die Geschichte der beiden *civitates* erzählen, sind gemäß Augustins Aussagen in drei Teile von je vier Büchern zu gliedern:

a) 11–14 enthalten die Geschichte vom **,Ursprung' (*exortus*)** der beiden *civitates* in der Engelwelt: Die Engel, die Teil der Weltschöpfung sind, zerfallen in zwei Gruppen, von denen die eine immer der *civitas dei* angehört; die andere revoltiert und fällt von Gott ab und konstituiert so die *civitas diaboli*. Ihr schließen sich nach dem Sündenfall Adam und Eva an.

b) 15–18 enthalten den **,Fortgang' (*ex-/procursus*)** in der Geschichte der beiden *civitates*: Kain erschlägt den Bruder Abel und gründet die erste Stadt, die die *terrena civitas* symbolisiert, während Abel in der *civitas dei* verbleibt und die wahre christliche Kirche präfiguriert. Der weitere Verlauf der – vornehmlich biblischen – Geschichte gliedert sich in sechs ,Weltalter' (*aetates*), von denen das letzte mit der Geburt Christi begonnen hat und immer noch andauert (vgl. dazu Kapitel B V 4).

c) 19–22 verweisen auf den **,Ausgang' (*fines*, pl.)** der Geschichte nach dem Weltende, die nun apokalyptisch ist. Am Tag des Jüngsten Gerichts werden die beiden *civitates* für immer getrennt (20). Die Mitglieder der *civitas diaboli* erleiden die Strafe der Verdammten in der Hölle, die wegen ihres unvergänglichen Körpers ewig dauert, beim Teufel und den gefallenen Engeln (21). Die Mitglieder der *civitas dei* erhalten nach der Auferstehung ihres Leibes ewiges Leben zusammen mit Gott und den guten Engeln in der ewigen Sabbatruhe (22).

Nicht augustinisch sind wohl die Überschriften (*capitula*), mit denen in einer der ältesten Handschriften (dem Corbeiensis, 6. Jh.) die Bücher in Kapitel eingeteilt werden und die auch in die gedruckten Ausgaben übernommen wurden. Bezeugt ist jedoch eine von Augustin hergestellte Zusammenfassung (*ep.* 1A*,3: *breviculus*), die vielleicht die Grundlage für die *capitula* bildete.

Der erste Hauptteil behandelt Themen, die in den augustinischen Schriften sonst kaum eine Rolle spielen: Auf der Grundlage der römischen Historiographie (Sallust, Livius, Varro), Theologie (Cicero, *De Natura Deorum*; Varro, *Antiquitates Rerum Divinarum*) und Staatsphilosophie (Cicero, *De Re Publica*) wird in den Büchern 1–5 argumentiert, dass die kultische Verehrung der paganen Götter weder Kriege noch Hungersnöte noch Mord und Totschlag unter den Bürgern des römischen Staates habe verhindern können, dass auch von den römischen Historikern der moralische Verfall des römischen Staates beklagt worden sei und dass die gebildeten Intellektuellen oft selbst nicht an die anthropomorphen Götter des Staatskults glaubten. Mit einer Reihe von Exempla und Episoden aus der römischen Geschichte wie auch mit dem wiederholten Rekurs auf die pagane römische Selbstkritik wird die traditionelle Vorstellung vom Zusammenhang zwischen Römertugenden – denen Augustin durchaus ihren Wert zugesteht – und militärischen und politischen Erfolgen unterminiert. In Auseinandersetzung mit der politischen Geschichte Roms und auch mit der Tradition staatstheoretischer Schriften reflektiert Augustin über das Konzept des ‚gerechten Kriegs‘ (*bellum iustum*; 2,17), den Staatsbegriff (2,21: *res publica* als *res populi*; vgl. auch 19,24) und die Legitimation eines Staates. Hieran knüpft sich die Frage, inwiefern sich der römische Staat von einer Räuberbande unterscheide, da beide Gemeinwesen seien und Prinzipen der Gerechtigkeit verletzen würden (4,4: *remota itaque iustitia quid sunt regna nisi magna latrocinia?*). So kommt Augustin zum Schluss, dass das Fundament eines säkularen Staates nicht die Gerechtigkeit sei, sondern auf Konsens basierende Abmachungen; man hat Augustin deshalb einen „Vorläufer des modernen Rechts- und Staatspositivismus" genannt (Höffe; vgl. auch die Überlegungen zum Verhältnis von Naturrecht und positivem Recht in Buch 19).

Erster Hauptteil: (a) Bücher 1–5

Die Ausführungen der Bücher 6–10 gehen von den varronischen Kategorien der *theologia tripertita* aus (*civ.* 6,5): Die *theologia*, die als rational begründete Lehre vom Göttlichen definiert wird, wird eingeteilt in die ‚mythische‘ Theologie der Dichter (*genus mythicon* bzw. *fabulare*), die ‚natürliche‘ der Philosophen (*genus physicon* bzw. *naturale*) und die ‚staatliche‘ (*genus civile*), wobei Varro die letztgenannte am höchsten wertet. Augustin beginnt in den Büchern 6–7 mit der Widerlegung der *theologia fabulosa* und *civilis*: Sowohl die Dichter mit ihren Mythen wie auch die ‚Bürger‘ und die ‚Priester‘ (*cives* und *sacerdotes*) in den – teilweise ausschweifenden und obszönen – städtischen Kulten befassen sich mit fiktiven Göttern. Die beiden Theologien werden deshalb miteinander gleichgesetzt und mit Rekurs auf die bereits pagane Mythen- und Religionskritik scharf angegriffen. Die *theologia naturalis*, die von den Philosophen vertreten wird, wird deshalb, weil sie sich mit dem Kosmos (6,5) befasst, über die beiden anderen gestellt und erhält in der Diskussion mehr Raum (Bücher 8–10). Dabei

Erster Hauptteil: (b) Bücher 6–10

wird jedoch ausschließlich die platonische Theologie diskutiert, wofür vorwiegend mittel- und neuplatonische Texte referiert und zitiert werden (Porphyrios, Apuleius, Jamblich u. a.; vgl. dazu Kapitel B V 3).

Insgesamt enthält der erste Hauptteil einen Schatz an Referaten und Zitaten paganer Texte, die uns teilweise nur hier überliefert sind (Fragmente aus Ciceros *De Re Publica* und Varros *Antiquitates*; Testimonien zu Porphyrios' *De Regressu Animae*); ähnliches bietet Buch 19, das ebenfalls auf Varro und Ciceros *De Re Publica* rekurriert. Eine vergleichbare Auseinandersetzung mit der paganen Kultur findet sich in keiner weiteren augustinischen Schrift.

Zweiter Hauptteil:
(a) Bücher 11–14

Der zweite Hauptteil nimmt dagegen Themen auf, die auch in anderen augustinischen Schriften diskutiert und exponiert werden. So enthalten die Bücher 11–14 eine weitere Genesis-Exegese, in der nochmals die These von der mit der Weltschöpfung einhergehenden Erschaffung von Raum und Zeit dargelegt wird (vgl. dazu Kapitel B IV 5). Aufgegriffen wird auch das Problem *unde malum?* und die Erklärung des Bösen als Mangel an Gutem und daher an Sein, der durch die ‚Schöpfung aus dem Nichts' erklärbar ist, die allem Geschaffenen einen Anteil an Nichts/Nichtsein belassen hat (vgl. dazu Kapitel B III 1). Im Zusammenhang mit der Erzählung vom Fall der Engel und dem Sündenfall der ersten Menschen wird erneut das Problem des freien Willens ausführlich diskutiert: Gott hat den Engeln und auch den ersten Menschen keine Anlage zum Bösen, sondern allein das *liberum arbitrium* gegeben; ihre freie, auf keine fremde Einwirkung zurückzuführende Entscheidung für die Abwendung von Gott und daher vom Guten und die durch die Erbsünde bedingte dauernde Pervertierung des menschlichen Willens hat er vorausgewusst, da auch die ‚bösen' Taten in der göttlichen Weltordnung eine Funktion zu erfüllen haben (vgl. dazu Kapitel B III 1). Buch 14 diskutiert im Rahmen der Erbsündenlehre auch Fragen der Sexualethik, die Augustinus später in der Auseinandersetzung mit Julian von Aeclanum weiter ausdifferenzieren wird (vgl. dazu Kapitel B VII 2).

Zweiter Hauptteil:
(b) Bücher 15–18

Die Bücher 15–18 enthalten die Erzählung der Geschichte der beiden *civitates*, die auf Erden nebeneinander existieren, vor dem Hintergrund der biblischen Geschichte, die gemäß der Weltalterlehre, die Augustin bereits in *De Genesi adversus Manichaeos* exponiert hat, in sechs Zeitabschnitte gegliedert wird (vgl. dazu Kapitel B V 4). Dabei zeigt sich Augustin bemüht, die Historizität der Bibel zu erweisen, die in Buch 18 mit einer Synchronisierung aller bekannten Daten der Geschichte von Abraham bis in die Gegenwart gestützt wird (nach Eusebs *Chronik* in der Übersetzung des Hieronymus).

Zweiter Hauptteil:
(c) Bücher 19–22

Im dritten Abschnitt, den Büchern 19–22, kommt das den beiden *civitates* je „zukommende Ende" (*debiti fines*) ins Blickfeld, also ihr endgültiges Schicksal nach dem Ablauf des sechsten Weltalters. Diesen eschatologischen Teil der Ausführungen beginnt Augustin mit einer Kritik an den teleologischen Konzepten der paganen Philosophie, die das Endziel des menschlichen Lebens (*finis, telos*), das ‚höchste Gut' (*summum bonum*) bzw. die Glückseligkeit, im Diesseits sucht, jedoch trotz 288 verschiedenen Definitionen, die Varro sorgfältig klassifiziert hat, keine Lösung gefunden hat. Das *summum bonum* kann nur im Jenseits erlangt werden: im ewigen Leben, das in 19,10–13 mit dem ‚Frieden' identifiziert wird (nach *Ps* 146 [147],12–20). Im Rahmen dieser Bestimmung ist in 19,13 die sogenannte Pax-Tafel eingefügt, in der die verschiedenen Erscheinungsformen des irdischen und ewigen Friedens systematisch aufgelistet werden. Der ‚ewige Friede' (*pax aeterna*) ist in der ungestörten Ordnung der *civitas dei* verwirklicht und wird nach dem Jüngsten Gericht allen Auserwählten zuteil werden, wenn sie zusammen mit Gott in der ewigen Sabbatruhe das ewige Leben erlangt haben; mit dieser apokalyptischen Vision am Schluss von Buch 22 endet die Schrift also ähnlich wie die *Confessiones*. Die Geschichte der beiden *civitates* wird nach Ablauf des sechsten Weltalters abgeschlossen sein; den Zeitpunkt will Augustin allerdings offen lassen, womit er sich gegen chiliastische Interpretationen biblischer Prophezeiungen wendet (Buch 20; vgl. dazu Kapitel B V 4). „Pax-Tafel"

Mit der Darstellung der römischen Geschichte und paganen Kultur im ersten Teil sowie der biblischen ‚Weltgeschichte' – der *historia sacra* – im zweiten Teil ergibt sich in *De Civitate Dei* eine komplexe Synthese von historischen und antiquarischen Daten, philosophischen und religiösen Lehrmeinungen und jüdisch-christlichen Geschichts- und Endzeitvorstellungen. Dieses Material unterschiedlichster Provenienz bildet die Folie, vor der die ‚Geschichte' der beiden *civitates* erzählt wird, der allerdings weder ein zyklisches noch ein linear auf- oder absteigendes Entwicklungsschema zugrunde gelegt werden: Beide *civitates* sind in der Zeit nach der Weltschöpfung durch den Fall der Engel und Adams entstanden und bestehen seither innerhalb der Weltzeit fort, und abgesehen von der variierenden Anzahl ihrer Mitglieder sind sie keiner Änderung unterworfen. Ihre Geschichte endet erst mit dem Jüngsten Tag. Eine fortschreitende Entwicklung wird allein in Bezug auf die irdische Geschichte der Menschheit angenommen, die analog zum heranwachsenden menschlichen Individuum sechs Lebensalter durchläuft; dabei hat sich im sechsten Weltalter nach Christi Geburt der ‚neue Mensch' herausgebildet (vgl. dazu Kapitel B V 4). Doch die ‚Daten und Fakten' der politischen und kulturellen Geschichte der diesseitigen Welt – des *saeculum* – werden keiner teleologischen Geschichtsdeutung unterzogen; ihnen wird kein Sinn im Hinblick auf eine Erklärung der Ausbreitung des Christentums und der Entwicklung der christlichen Kirche unterlegt. Die Gemeinschaft der Christen ist deshalb stark geworden, weil zu Beginn des sechsten Weltalters Christus zu den Menschen gekommen ist, nicht etwa wegen der militärischen oder politischen Erfolge eines gläubigen Herrschers oder der Aktivitäten frommer Kleriker, sondern allein aufgrund von Gottes Gnadenwirken. Damit wendet sich Augustin gegen die von Eusebius, Hieronymus und dem eigenen Schüler Orosius vertretene ‚Reichstheologie', mit der bestimmte Ereignisse innerhalb der römischen Geschichte – die *Pax Augusta*, die Siege Konstantins und Theodosius' – als Heilsgeschichte gedeutet werden, die den Sieg des Christentums vorbereitet bzw. herbeigeführt hätten. Wenn man also von einer augustinischen Geschichtsphilosophie sprechen will, so ist damit kein Deutungskonzept gemeint, das historische Ereignisse in einen Gesamtrahmen einzuordnen versucht, sondern ein Konzept, das mit der Annahme zweier ‚Welten', die zwar im Diesseits zusammen in Erscheinung treten, im Prinzip aber getrennt sind, die ‚Geschichte der Menschheit' auf einer spirituellen, also nicht faktischen Ebene erklären soll. Augustinische Geschichts-philosophie?

De Civitate Dei ist demnach nur vordergründig eine Apologie des Christentums gegen die Angriffe der Heiden; eher kann man von einer katechetischen Schrift sprechen (van Oort), die sich – wie auch die Widmung der ersten Bücher an Marcellinus nahe legt – an gebildete Christen wendet, die über Gefahren wie den paganen Kulturstolz, den manichäischen Dualismus, den donatistischen Märtyrerkult und die pelagianische Selbstherrlichkeit informiert und dagegen gewappnet werden sollen. Die Schrift wurde offenbar mit großem Interesse aufgenommen, wie einerseits die Testimonien in den Briefen deutlich machen und wie andererseits aus der Tatsache zu schließen ist, dass *De Civitate Dei* einer der am häufigsten kopierten Texte der Antike ist. Eine der erhaltenen Handschriften (Veronensis 28) stammt aus dem frühen 5. Jahrhundert aus Nordafrika und enthält die Bücher 11–16, die Augustinus um das Jahr 420 publiziert hatte; ob es sich dabei um eine Abschrift aus Augustins Umfeld handelt, lässt sich jedoch nicht bestimmen.

Der Erfolg der Schrift auch in den folgenden Jahrhunderten erklärt sich wohl in erster Linie durch den Umstand, dass die Lehre von den beiden *civitates* schon früh in ihrer Wirkungsgeschichte im Sinn einer christlichen Staatstheorie verstanden wurde: Der Gegensatz zwischen den beiden *civitates* wurde im so genannten ‚politischen Augustinismus' als Gegensatz zwischen geistlicher und weltlicher Macht interpretiert und konnte so dazu dienen, den Machtanspruch des Klerus zu legitimieren. Möglicherweise hat das Verständnis von *De Civitate Dei* als einer staatstheoretischen Schrift auch dazu beigetragen, dass der noch von Augustin ausführlich zitierte ciceronische Dialog *De Re Publica* nicht mehr weiter tradiert wurde: Die Christen hatten ja jetzt ihr eigenes Buch zu diesem Thema, mit dem der ideale Staat als ‚Gottesstaat' definiert werden konnte. Vielleicht war dies auch ein Grund dafür, dass die Tinte einer spätantiken Kopie von *De Re Publica* um das Jahr 700 vom Pergament entfernt wurde, um Platz für eine Abschrift von Augustins Psalmenkommentar (*Enarrationes in Psalmos*) zu schaffen. Jedenfalls ist dieser Palimpsest die einzige Handschrift, die größere Teile von Ciceros Staatsschrift, die hinter dem Augustintext noch lesbar sind, in die Gegenwart überliefert hat.

„Politischer Augustinismus" (Randnotiz)

3. Die Platoniker und die Dämonen

Augustins Auseinandersetzung mit der platonischen Philosophie in *De Civitate Dei* 8–10 bildet den letzten Abschnitt des ersten Hauptteils der Schrift (der Bücher 1–10), der sich gegen die Verfechter heidnischer Kulte richtet. Im ersten Teil der *refutatio* dieser Kulte (in den Büchern 1–5) hat Augustin gezeigt, dass diejenigen Menschen, deren Religiosität durch das Streben nach einer diesseitigen *beatitudo* motiviert ist, nicht der *civitas dei* angehören können. In den Büchern 6–10 geht es nun also um die Frage, ob etwa die heidnischen Kulte mit dem Ziel der *beatitudo* im Jenseits die erstrebte Gemeinschaft in der *civitas dei* vermitteln können. Während den Adressaten dieses zweiten Teils insgesamt bereits eine höhere Wertschätzung entgegengebracht wird als den Gegnern im ersten Teil, soll der Auseinandersetzung mit den Philosophen in den Büchern 8–10 nochmals mehr Aufmerksamkeit zuteil werden als den anderen Gegnern, die Augustin in den Büchern 6–7 widerlegt und denen er die Fähigkeit abgesprochen hat, die Menschen zur *civitas dei* zu führen. Augustin legt hier die drei varronischen Kategorien der Theologie zugrunde: Die Philosophen, als Vertreter der *theologia naturalis*, stehen über den Vertretern der *theologia civilis* und *fabulosa*; denn die Philosophen befassen sich nicht mit städtischen Kulten oder der poetischen Darstellung der traditionellen Mythen, sondern mit dem Kosmos (6,5: *mundus*).

Varros *theologia tripertita*

Gegner in der Auseinandersetzung in den Büchern 8–10 sind aber nicht alle Philosophen; vielmehr konzentriert sich Augustin auf die Widerlegung der Platoniker, da diese ‚Gott erkannt haben‘: Ihre Gottesvorstellung entspricht nämlich derjenigen der christlichen Lehre (vgl. dazu Kapitel B II 3). Sie werden also über diejenigen Philosophen gestellt, die eine materialistische Gottesvorstellung haben (8,1), und eben auch über alle anderen Gegner, mit denen sich Augustin in den Büchern 1–7 auseinandergesetzt hat,

Widerlegung der Platoniker

1. da die Platoniker die *beatitudo* im Jenseits ansetzen (im Unterschied zu den Gegnern in den Büchern 2–5, die eine diesseitige *beatitudo* erstreben);

2. da ihre Lehre den ganzen Kosmos umfasst (im Unterschied zu den Gegnern in den Büchern 6–7, den Vertretern der *theologia civilis* und *fabulosa*);

3. da ihre Gottesvorstellung ‚wahr‘ ist (im Unterschied zu derjenigen der anderen Philosophen, die eine materialistische Gottesvorstellung haben).

Nachdem nun also alle anderen heidnischen Kulte und Religionen widerlegt sind und nur noch die Platoniker als Beinahe-Christen übrig bleiben, stellt sich am Anfang von Buch 8 implizit die Frage, ob vielleicht sie den Zugang zur *civitas dei* vermitteln können. Der entscheidende Unterschied zwischen christlicher und platonischer Lehre wird allerdings bereits zu Beginn der Auseinandersetzung mit den Platonikern deutlich gemacht: Wie die anderen heidnischen Theologien beschränkt sich auch die platonische Theologie nicht auf die Verehrung des „einen unveränderlichen Gottes" (*unus incommutabilis deus*), sondern ist polytheistisch (8,1). Zwar habe Platon die Meinung vertreten, dass alle Götter gut seien (8,13); daraus schließt nun aber Augustin, dass die sogenannten ‚bösen Götter‘ eben nicht Götter, sondern – gemäß christlichem Sprachgebrauch – Dämonen seien (8,14). Augustin setzt sie – und damit folgt er einer traditionellen christlichen Interpretation – mit den gefallenen Engeln gleich und ihren Fürst mit dem *diabolus* (5,9; 8,22); wohl eher um der Analogie willen, setzt er die guten Götter mit den heiligen Engeln gleich (8,24 Ende). Dies bedeutet, dass platonische und christliche Lehre dieselben Vorstellungen haben vom *einen* Gott und den himmlischen und dämonischen Wesen; man spricht – wie Augustin in gut rhetorischer und apologetischer Tradition betont – trotz der verschiedenen Nomenklatur von denselben ‚Dingen‘ bzw. von denselben Wesen und dem einen Gott (9,19 und 23).

Ein Problem bleibt der Umstand, dass sich die Platoniker dem Kult, den die Menschen den ‚Göttern‘ und Dämonen darbringen, nicht widersetzen. Kultisch verehrt werden die Dämonen von den Menschen deshalb, weil sie Mittelwesen zwischen Gott und den Menschen sind und man ihnen deswegen eine Mittlerfunktion zwischen Gott und den Menschen zuschreibt (vgl. auch die Gelegenheitsschrift *De Divinatione Daemonum* aus den Jahren 406–411). Augustin spricht den Dämonen diese Mittlerfähigkeit jedoch ab: Da sie Gott feindlich gesinnt sind, können sie gar nicht Vermittler sein zwischen ihm und den Menschen, und da sie unrein sind, können sie die menschliche Seele auch nicht reinigen und auf die höchste Erkenntnis vorbereiten (8,22; 9,18; u. ö.). Dämonenkult, Theurgie und Magie sind also wirkungslos. Die Dämonen *versperren* den Weg zur Glückseligkeit viel mehr, als dass sie ihn weisen (9,15; 9,18). Auch die guten Engel verdienen und wollen keinen Kult (9,23; 10,1 und 7); sie sind zwar Gottes „Diener und Boten" (10,15: *ministri eius et nuntii*), doch sie können nicht Mittler sein zwischen Gott und den Menschen. Dies kann einzig Christus, der allein zugleich Gott und Mensch ist (9,15).

Im Verlauf der Argumentation in den Büchern 8–10 arbeitet Augustin weitere Gemeinsamkeiten und Unterschiede zwischen platonischer und christlicher Lehre heraus, von denen drei hier näher ausgeführt werden sollen:

1. Für die Platoniker besteht das höchste Ziel, wie für die Christen, darin, „Gott zu genießen" (*frui deo*) bzw. – in biblischer Sprache – „Gott anzuhangen" (*adhaerere deo*, nach *Ps* 72 [73],28) und in das „Vaterland" (*patria*) zu gelangen (10,26 und 29). Ihr Ziel ist also nichts anderes als die Gemeinschaft mit den guten Göttern bzw. Engeln in der *civitas dei*. Damit wird die platonische *patria* in der intelligiblen Welt (im *mundus intellegibilis*) mit der christlichen *patria* in der *civitas caelestis* gleichgesetzt. Dagegen lässt sich die *terrena civitas* nicht mit der sinnlich wahrnehmbaren Welt (dem *mundus sensibilis*) gleichsetzen, da Augustin die zwei *civitates* nicht aufgrund eines ontologischen Stufenschemas voneinander unterscheidet; die beiden *civitates* stehen nicht wie die platonischen zwei Welten im Urbild-Abbild-Verhältnis, sondern vielmehr in einem konträren Gegensatz zueinander.

2. Wie die Christen haben die Platoniker die Notwendigkeit eines Mittlers zwischen Gott und den Menschen erkannt. Sie sehen auch, dass die Dämonen den Affekten unterworfen und schlecht sind (8,13f.; 8,17; u. ö.). Dementsprechend sind die Platoniker, das heißt zumindest Plotin und Porphyrios, auch kritisch gegenüber Dämonenkult, Theurgie und Magie, mit denen die Mittlerdienste der Dämonen beschworen werden sollen, und erkennen diesen Praktiken höchstens eine eingeschränkte Wirkung zu (10,9–11). Sie halten die Menschen nur deshalb nicht davon ab, da sie sich davor fürchten, das nicht-philosophische ‚Volk' zu verärgern, wenn sie sich offen dagegen aussprechen; denn Dämonenglaube, Theurgie und Magie sind ja feste Bestandteile der volkstümlichen Religiosität. Weil die Platoniker den Erfolg bei den Massen nicht den weniger körperflüchtigen, materialistischen Lehren überlassen wollten, haben sie den Leuten diesen Kult belassen (8,22; 10,1; 10,3; 10,27).

3. Porphyrios hat gesehen, dass nur der „väterliche Geist" (*patrikos nous*, *paternus intellectus* oder *paterna mens*) die Menschen zum höchsten Ziel und zur höchsten Erkenntnis führen kann (10,23f.; 10,28). Nun kommt ja aber gemäß platonischer Doktrin der göttliche Nous selbst nicht mit den

Menschen in Berührung (10,24; 10,28f.), und demnach müssen sich die Menschen allein um die Erlangung der höchsten Erkenntnis bemühen. Dies kann im Diesseits nur wenigen philosophisch geschulten Intellektuellen und höchstens für kurze Augenblicke gelingen (9,16; 10,29).

Die Konsequenzen für die nicht-philosophischen, nicht-intellektuellen Heiden sind klar: Das Ziel können sie aus eigener Kraft nicht erreichen, und da sie von den Platonikern in ihrem Irrglauben an die Mittlerdienste der Dämonen belassen werden, sind ihre Möglichkeiten sogar noch geringer: Die Dämonen gehören ja wegen ihrer Schlechtigkeit selbst der *civitas diaboli* an, und deshalb verhindern sie nicht nur eine Gemeinschaft mit den guten Engeln in der *civitas dei*, sondern sie und ihr ‚Fürst‘ ziehen die Menschen in ihre Gemeinschaft hinein. Augustin beschuldigt also die Platoniker, mit ihrer gegen außen vertretenen Dämonenlehre für den Irrtum der Massen verantwortlich zu sein (10,3: sie werden zu „Urhebern der Irrtümer der Volksmenge", *populorum erroribus auctores*; vgl. 10,1; 10,27f.), und damit beschuldigt er sie implizit auch, die Menschen von der *civitas dei* abzuhalten und an die *civitas diaboli* zu binden. Dieses Vergehen wiegt umso schwerer, als die Platoniker das Ziel ja sehen, aber dennoch die Menschen auf den falschen Weg führen (10,27; 10,32); trotz ihrem Wissen um die Schlechtigkeit der Dämonen haben sie ihre Lehre nicht modifizieren wollen und den Götter- bzw. Dämonenkult beibehalten, auch nachdem sich Christus als wahrer Mittler erwiesen hatte (10,28f. und 32). Damit haben die Platoniker dazu beigetragen, dass das heidnische Volk von der *civitas dei* ausgeschlossen bleibt. In *De Vera Religione* 3–5 gesteht Augustin Platon zu, dass er, wenn er nach Christi Geburt gelebt und von dessen Wirkung auf die Menschheit erfahren hätte, ihn sicherlich als wahren Mittler zwischen Menschen und Gott anerkannt hätte. Die späteren Platoniker dagegen haben diese Möglichkeit gehabt, aber nicht genutzt. Auch wenn Augustin ihnen sozusagen ‚mildernde Umstände‘ zugesteht, indem er die Vermutung äußert, dass sie selbst Opfer dämonischer Täuschung seien (10,27), so sind sie doch schuldig, da sie die Menschen wider besseres Wissen nicht vor dem Irrtum des Götter- und Dämonenkults bewahrt haben.

Zu diesem rationalistischen Argument kommt ein weiteres hinzu: Die Platoniker *glauben* nicht an die Menschwerdung Gottes und damit auch nicht an die Mittlerfunktion Christi. Augustin bringt dieses Argument allerdings nur am Rand vor; der Vorwurf des Unglaubens wird erst in 10,32 explizit geäußert (*non credunt* [scil. *Platonici*]), obwohl dieser Punkt natürlich nicht bedeutungslos ist. Doch steht in der *refutatio* der platonischen Theologie offenbar die Taktik im Vordergrund, sich auf die Argumentationsebene der Gegner zu begeben: Indem Augustin die Kompatibilität der platonischen und der christlichen Lehre betont, kann er genau aufzeigen, *wo* die platonische Lehre versagt, und indem er rationalistisch und pragmatisch argumentiert, kann er verlangen, dass die Platoniker *verstehen*, dass nur Christus – als Mensch gewordener Gott – die Menschen zu *civitas dei* führen kann. Da aber die Menschwerdung Gottes letztlich Gegenstand des Glaubens ist, müssen am Ende doch die Fehler, die den Platonikern minutiös nachgewiesen werden, und ihre Unfähigkeit zu verstehen auf ihren

"Schuld"
der Platoniker

fehlenden Glauben zurückgeführt werden: „Sie glauben nicht, und *deshalb* verstehen sie nicht" (10,32: *non credunt et non intellegunt*).

Nachdem also Augustin gezeigt hat, dass selbst die „ehrwürdigsten" (*nobilissimi*) unter den Philosophen, die mit ihrem Verständnis von Gott und dem ‚himmlischen Vaterland' der christlichen Lehre sehr nahe kommen, die Menschen nicht zur ‚Bürgerschaft Gottes' führen können, ist die *refutatio* der heidnischen Religionen bzw. Theologien und Philosophien abgeschlossen. Das Feld ist somit frei für die Darlegung der Geschichte der beiden *civitates* und ihrem apokalyptischen Ende, an dem erst die ‚Bürgerschaft Gottes' feststehen wird, die letztlich nur durch die Gnade des christlichen Gottes erlangt werden kann (Bücher 11–22).

4. Die Weltalterlehre

Augustin greift in seiner Darstellung der Geschichte der beiden *civitates* auf das Schema der Einteilung in verschiedene Altersstufen zurück, das – neben den Schemata der Drei- oder Zweiteilung (alt-mittel-neu bzw. *ante–post*) – auch in der antiken Geschichtsschreibung verwendet wird. Die Vorstellung von den Lebensaltern der Geschichte basiert auf dem Vergleich der Geschichte der Menschheit, eines Volkes oder einer Stadt mit dem Wachstum eines einzelnen Menschen: dem Durchgang des Menschen durch die Altersstufen von der Geburt bis ins Alter. Der Bildkomplex der Altersstufen als Gliederungsprinzip der Geschichte hat neben der Metaphorik der metallenen Weltalter und neben der Gliederung nach Weltmonarchien auch im ganzen Mittelalter eine entscheidende Rolle gespielt und die Geschichtsauffassung beherrscht: Vor allem in den Weltchroniken, aber auch in den Annalen und in den zeitlich und lokal begrenzten Chroniken bildet die Metapher öfter die Grundlage der Einteilung. Während in der römischen Historiographie das Objekt der Parallelisierung mit den Lebensaltern die römische Geschichte bildet (Cato d. Ä., Seneca, Florus, *Historia Augusta*, Ammianus Marcellinus), so ist es bei den Kirchenhistorikern und bei Augustin die Weltgeschichte. Gemäß Augustins Ausführungen in *De Genesi adversus Manichaeos* 1,35–41 kommt es nach der Schöpfung und dem Sündenfall zu einer Abfolge von sechs Weltaltern (*aetates*) oder Zeitabschnitten (*articuli temporum*), die nicht nur den sechs Lebensaltern, sondern auch den sechs Schöpfungstagen entsprechen: Am ersten Schöpfungstag schuf Gott das Licht, und so erblickt jeder Mensch am ersten Tag seines Lebens das Licht, und wie die Kindheit nicht in des Menschen Gedächtnis eingeht, so fällt auch die *prima aetas* durch die Sintflut dem Vergessen anheim. Dementsprechend werden auch die weiteren Tage der Schöpfungswoche als Präfigurationen von Abschnitten der Weltgeschichte interpretiert. Der sechste Tag, an dem Gott den Menschen erschaffen hat, entspricht der Altersstufe der Menschheit nach Christi Geburt, auf der sich der ‚neue Mensch' herausgebildet hat. Die Schöpfungswoche ist also zugleich die Weltenwoche, bei deren sechstem Tag die Menschheit nun angelangt ist. Zusätzlich markiert Augustin die sechs Geschichtsabschnitte durch alttestamentliche Schlüsselfiguren oder -ereignisse (auf der Grundlage von *Mt* 1,17 und *Lc* 3,34–38):

Lebensalter der Menschheit

aetates – articuli temporum

1. *infantia* (Kindheit)   von Adam bis Noah
   1. Schöpfungstag

2. *pueritia* (Knabenalter)   von Noah bis Abraham
   2. Schöpfungstag

3. *adulescentia* (Jugendzeit)   von Abraham bis David
   3. Schöpfungstag

4. *iuventus* (Mannesalter)   von David bis zur babylonischen
   4. Schöpfungstag   Gefangenschaft

5. *gravitas* oder *aetas senioris*   von der babylonischen
   (Lebensabschnitt des alternden Mannes)   Gefangenschaft bis zur Geburt Christi
   5. Schöpfungstag

6. *senectus* (Greisenalter)   von Christus bis zum Ende der Welt
   6. Schöpfungstag

(7.Ewige Sabbatruhe)

Auf diese Periodisierung der Geschichte der Menschheit von der Schöpfung bis zur Gegenwart – allerdings ohne Bezug auf die Schöpfungswoche – greift Augustin auch in den Ausführungen in *De Civitate Dei* 15–22 zurück, wo er die Entwicklung der beiden *civitates* in der Weltgeschichte und ihr weiteres Schicksal auf der Grundlage der biblischen Geschichte und der Prophezeiungen nacherzählt (vgl. 16,24 und 43), und er schließt das Werk mit einem Ausblick auf die siebte *aetas*, die ewige Sabbatruhe (22,30). Die Lebensalter bilden die Etappen, welche die Menschheit auf ihrem Entwicklungsweg durchschreitet, der für die Bürger der *civitas dei* ein heilsgeschichtlicher Weg ist. Die auf das Heil ausgerichtete Zeitstruktur wird durch die Analogie mit den menschlichen Altersstufen mit lebensnaher Anschauung verbunden, und so soll im Prozesscharakter der Weltgeschichte das göttliche Erziehungswerk zu erkennen sein: „Ebenso wie die rechte Erziehung des einzelnen Menschen, so schritt auch die des Menschengeschlechts, wenigstens soweit es das Volk Gottes betrifft, in gewissen Zeitabschnitten (*articuli temporum*), den Altersstufen entsprechend, voran, so dass es sich allmählich vom Zeitlichen zur Erfassung des Ewigen (*a temporalibus ad aeterna*), vom Sichtbaren zum Unsichtbaren (*a visibilibus ad invisibilia*) erhob" (10,14). Auf der letzten Stufe, nach der Geburt Christi, ist also die Menschheit in der Entwicklung so weit vorangekommen, dass sich der ‚neue Mensch' (der *novus homo*), herauszubilden begonnen hat, der für das neue *saeculum* bereit ist. Augustin betont entschieden, dass die Dauer dieses sechsten Tages ungewiss sei, und damit polemisiert er gegen jene Vertreter der Kirche, die glaubten, die Dauer dieses letzten Zeitalters berechnen und damit das Weltende festlegen zu können. So haben beispielsweise Laktanz und Ambrosius die ganze Weltenwoche chiliastisch deuten wollen, so dass jedem Schöpfungstag ein Weltalter von 1000 Jahren entspricht (nach *Ps* 89 [90],4). Gemäß Augustin folgt also nach einer für den Menschen unbestimmbaren Zeit – entsprechend dem siebten Tag der Sabbatruhe – das siebte Weltalter, der neue Aion, der durch die Wiederkehr Christi (Parusie), das Weltgericht und den Weltuntergang eingeleitet wird. Dieses siebte Weltalter hat keinen Abend, es ist ewig: Es ist die ewige Sabbatruhe für Gott und die erlösten Menschen im Jenseits.

Chiliasmus

VI. Die exegetischen Schriften: Text und ‚Wahrheit'

1. Sinnermittlung: Methoden der Textinterpretation – Augustins Hermeneutik

Nach seiner Priesterweihe im Jahr 391 schrieb Augustin an den Bischof Valerius von Hippo, er möge ihm neben seinen Verpflichtungen für die Gemeinde genügend Zeit für das Bibelstudium einräumen, da er sich im Umgang mit diesem Text noch nicht sicher fühle (*ep.* 21,3). Gemäß seiner Darstellung in den *Confessiones* hatte er ja erst nach seiner Ankunft in Mailand begonnen, sich eingehend mit der Bibel zu befassen, und erst mit seinem Entschluss, Katechumene der katholischen Kirche zu werden, verband sich der Grundsatz, dieses Buch und die darin enthaltene Lehre zur Grundlage jeglicher Reflexion über Gott, die Welt und den Menschen zu machen. Bezeichnenderweise findet sich innerhalb der Erzählung der *Confessiones*, die diesen Schritt zur uneingeschränkten Akzeptanz der Heiligen Schrift beschreibt, eine ausführliche Begründung für diese Haltung (*conf.* 6,8): Aufgrund der ‚Einsicht', dass die Menschen zu schwach seien, um die Wahrheit mit ihrem ‚Verstand' (*ratio*) finden zu können, und sich deshalb auf eine ‚Autorität' (*auctoritas*) stützen müssten, kommt Augustin zum

Autorität der Bibel ‚Glauben', dass Gott der Bibel genau deshalb „auf der ganzen Welt" eine so große Autorität verschafft hat, weil er durch sie hat „geglaubt" und „gesucht" werden wollen. In diesem Gedankengang werden zwei grundsätzliche Überlegungen miteinander in eine logische Beziehung gebracht: (a) Die menschliche *ratio* ist allein zur Wahrheitserkenntnis nicht fähig und braucht göttliche Hilfe; (b) die ‚weltweite' Verbreitung der Bibel und die Anerkennung ihrer Autorität beweisen ihre Glaubwürdigkeit und garantieren, dass der Glaube an sie den Suchenden zu Gott führen wird. Als Folge dieser Überlegungen habe sich – so schreibt Augustin weiter – seine Einschätzung der Schrift grundlegend geändert: Was er zuvor als „Absurdität" (*absurditas*) kritisiert hatte, interpretiert er jetzt als „Geheimnistiefen" (*sacramentorum altitudo*). Der Text der Bibel ist also auf zwei unterschiedliche intellektuelle Niveaus der Rezipienten hin ausgerichtet: Mit den leicht verständlichen Worten (*verba apertissima*) und dem schlichten Ausdruck (*humillimum genus loquendi*) richte sich die Schrift an die Allgemeinheit (*se cunctis praebens),* während sich ihr verborgener Sinn nur wenigen Verständigen erschließe; auch das Faktum dieser sinnreich angelegten Doppelschichtigkeit erhöhe die Autorität und Glaubwürdigkeit der Bibel. Augustin begründet also seine Bereitschaft, die Autorität der Bibel nach langem Zögern doch zu akzeptieren, damit, dass sie mit ihrem verborgenen Sinn auch die *ratio* anspreche und so auch den intellektuellen Anspruch eines Gebildeten zu befriedigen vermöge.

Aber auch dem Verständigen erschließt sich der Sinn nicht auf eine einzige Weise: Gemäß der älteren Lehre vom mehrfachen Schriftsinn lässt sich ein Text prinzipiell auf zwei verschiedenen Ebenen verstehen und interpretieren: auf der wörtlichen Ebene im Literalsinn (*ad litteram, proprie*) oder auf der allegorischen Ebene als Allegorie (*figurate, allegorice, translate*).

Die Auslegung eines so angelegten Texts nennt sich dementsprechend Literalexegese bzw. Allegorese. Augustin hat die Methode der allegorischen Auslegung nach eigenen Aussagen erst durch Ambrosius in Mailand kennen gelernt und dabei entdeckt, dass sich bestimmte Schwierigkeiten im Alten Testament (das anthropomorphe Gottesbild, bestimmte moralisch anstößige Aussagen) dadurch beseitigen lassen, dass man die entsprechenden Textstellen im übertragenen Sinn versteht. Nicht zu unterschätzen ist auch der Einfluss des etwa 383 entstandenen „Regelbuchs" (*Liber Regularum*) des Donatisten Tyconius, das als erste christliche Hermeneutik bezeichnet werden kann und gemäss dem das Neue Testament als Erfüllung der Verheißungen des Alten Testaments – also typologisch – zu lesen ist; Augustin setzt sich in *De Doctrina Christiana* eingehend mit diesen Interpretationsregeln auseinander (3,42–56). In seiner eigenen Exegese wendet Augustin sowohl die literale als auch die allegorische Methode an, in der Auslegung des Schöpfungsberichts im zweiten Teil der *Confessiones* sogar unmittelbar hintereinander: in den Büchern 11–12 die Literalexegese, in Buch 13 die Allegorese (vgl. dazu Kapitel B IV 2). Als Kriterien für die Entscheidung für eine wörtliche oder allegorische Auslegung nennt er in *De Doctrina Christiana* die „Würde der Sitten" (*morum honestas*) und die „Wahrheit des Glaubens" (*fidei veritas*): Ein Verständnis des Texts ‚im eigentlichen Sinn' verbietet sich dann, wenn es der christlichen Ethik und den christlichen Glaubensinhalten widerspricht; dann empfiehlt sich ein Verständnis ‚im übertragenen Sinn' (3,14). Augustin kennt insbesondere für die Exegese des Alten Testaments auch eine Form der Lehre vom vierfachen Schriftsinn, die auf Origenes zurückgeht: In *De Utilitate Credendi* 5–9 unterscheidet er neben der Exegese auf der historischen und der allegorischen Sinnebene zwei weitere Verfahrensweisen der Interpretation: Mit der Auslegung *secundum aetiologiam* („im aitiologischen Sinn") soll eine in der Bibel belegte Aussage oder erzählte Handlung begründet werden (von gr. *aition*: ‚Ursache, Grund'); mit der Auslegung *secundum analogiam* („im analogen Sinn") soll aufgrund von Analogien gezeigt werden, dass sich das Alte und Neue Testament nicht widersprechen. Allerdings beschränkt sich die Anwendung dieser Lehre auf eine Stelle in einem frühen Genesis-Kommentar (*Gn. litt. imp.* 2).

Augustin manifestiert seine Haltung gegenüber der Bibel durchwegs als die eines Gläubigen gegenüber einem Buch, in dem eine ohne Einschränkung verbindliche und wahre Lehre enthalten ist. Dieser Haltung liegt die Annahme zugrunde, dass die Autoren der Texte göttlich inspiriert waren und dass somit hinter der verlautenden Sprache des Texts das Wort Gottes stehe, das die Wahrheit verkünde, dass also jedes Wort dazu dienen müsse, die göttliche Wahrheit zu repräsentieren. In Augustins Umgang mit dem Bibeltext wird denn auch deutlich, dass er – der Rhetor und ‚Sprachphilosoph' – jedem Wort eine große Bedeutung beimisst, wie dies im Übrigen auch der jüdisch-christlichen Tradition der Bibelexegese entspricht. Wie jedoch die Ausführungen in *De Doctrina Christiana* 2 und 3 zeigen, wo Augustin seine ‚Zeichenlehre' für die Bibelexegese fruchtbar macht, bleibt er der Sprachskeptiker, der er bereits in der Frühschrift *De Magistro* war (vgl. dazu Kapitel B II 7): Wörter sind gesprochene oder geschriebene „Zeichen" (*signa*), die sowohl im wörtlichen wie im übertragenen Sinn ver-

Litteralexegese –
Allegorese

Göttliche Inspiration

standen werden können und oft dunkel und mehrdeutig (,ambig') sind; die Erschließung des intendierten Sinnes – eine ,richtige' Interpretation – ist damit stellenweise erschwert bis unmöglich (vgl. *doctr. chr.* 2,15). Ein Problem bieten bereits die Übersetzungs- und Überlieferungsvarianten, die an bestimmten Stellen die Fragilität des Bibeltexts deutlich machen. Der Exeget kann nur versuchen, durch Prüfung des Wortlauts, durch Kollationieren von Handschriften, durch Sachkenntnis usw. den vom biblischen Autor intendierten Sinn (*sententia*) zu erschließen. Wie Augustin in *De Doctrina Christiana* 1 darlegt, sind dabei zwei Kriterien zu beachten: das Kriterium des doppelten Liebesgebots, gemäß dem eine Interpretation dann sicher falsch beziehungsweise richtig ist, wenn sie der Liebe zu Gott und der Liebe zum Nächsten widerspricht bzw. entspricht, sowie das Kriterium der *recta fides*. Abgesehen von dieser ethisch-theologischen Regel ist die Aufgabe jedoch durch philologische Fragen bestimmt: Bei jedem Wort und jeder Aussage muss nach ihrem intendierten Sinn gefragt werden, und dies kann nur mit sprachlichen Mitteln geschehen, also wiederum mit Wörtern. Eine solche Auslegung kann jedoch immer nur ein *Versuch* sein, die entsprechenden Überlegungen im Medium der Sprache zum Ausdruck zu bringen und so die Intention des Autors zu erfassen.

Doppeltes Liebes-gebot und recta fides

Vor dem Hintergrund der in *De Magistro* vertretenen These, dass Wörter keine gnoseologische Funktion haben können, ist zu erwarten, dass Augustin jeder Interpretation des Bibeltexts skeptisch gegenübersteht. Dies bestätigt sich in den ,Methodenkapiteln', in denen Augustin verschiedentlich Fragen der Textinterpretation erläutert. Dies geschieht ausführlich in *De Utilitate Credendi* 10–13, in *Confessiones* 12, 17–43 (vgl. dazu Kapitel B IV 2) sowie in *De Genesi ad Litteram* 1,19. Hier werden im Kontext der Exegese von Genesis 1,3 (*et dixit deus: fiat lux. et facta est lux*) zwei verschiedene, aber je als möglich erachtete Interpretationen bzw. ,Meinungen' (*sententiae*) der Interpreten zum Begriff *lux* evaluiert: Nach der Meinung des einen Interpreten (1) ist damit das „körperliche Licht" gemeint (*lux corporalis*), nach der Meinung eines anderen (2) das „spirituelle Licht" (*lux spiritalis*). Dabei geht es darum, die *sententia* (1) daraufhin zu prüfen, ob sie der zu ermittelnden *sententia* des biblischen Autors (B) entspricht, während *sententia* (2) unhinterfragt bleibt, da sie von vornherein als der *nostra fides* gemäß gelten kann. Auch eine dritte, nicht spezifizierte Möglichkeit der Interpretation (3) wird nicht ausgeschlossen (*Gn. litt.* 1,19):

Methodenkapitel

> Nehmen wir den Fall an, der eine (1) verstehe unter der Schriftstelle: „Gott sprach: Es werde Licht. Und es wurde Licht" die Erschaffung eines körperlichen Lichts und der andere (2) die eines geistigen. Unser Glaube zweifelt nicht daran, dass es in der geistigen Schöpfung auch ein geistiges Licht gibt (2). Dass es aber auch ein himmlisches körperliches Licht geben kann (1), sei es über oder auch vor dem Himmel, dem eine Nacht nachfolgen könnte: Dies widerspricht so lange nicht dem Glauben, bis es durch eine ganz sichere Wahrheit zurückgewiesen wird.
>
> (a) Würde dieser Fall eintreten, dann war dies (1) nicht Inhalt der göttlichen Schrift (B), sondern diese Interpretation ergab sich aus der menschlichen Unwissenheit.
>
> (b) Erbringt aber die sichere Vernunft den Beweis, dass dies (1) wahr ist, wird immer unsicher bleiben, ob der Verfasser der heiligen Bücher (B) mit diesen Worten diesen Sinn (1) gemeint hat oder nicht doch etwas anderes, nicht weniger Wahres sagen wollte (3).

(c) Wenn nun aus dem ganzen Zusammenhang hervorgeht, dass der Verfasser (B) diese Meinung (1) nicht hatte, braucht deshalb die andere (2) nicht falsch zu sein, von der er selbst (B) wollte, dass sie verstanden werden sollte; vielmehr soll sie als wahr und nützlich erkannt werden.

(d) Ergibt sich indes aus dem Zusammenhang der Schrift kein Gegenargument, dass der Verfasser tatsächlich so (1) verstanden werden wollte, bleibt immer noch die Frage, ob er nicht außerdem auch etwas anderes (3) meinen konnte.

(e) Finden wir, dass er auch etwas anderes (3) meinen konnte, wird es unsicher bleiben, welche der beiden Meinungen (1/3) er intendierte, und wir werden getrost glauben können, dass er beide Meinungen (1/3) zulassen wollte, wenn der übrige Kontext dies unterstützt.

ponamus enim in eo, quod scriptum est: „et dixit deus: fiat lux. et facta est lux", *alium (1) sensisse lucem corporalem factam et alium (2) spiritalem. esse spiritalem* *lucem (2) in creatura spiritali fides nostra non dubitat; esse autem lucem corpora-* *lem (1) caelestem aut etiam super caelum vel ante caelum, cui succedere nox* *potuerit, tamdiu non est contra fidem, donec veritate certissima refellatur.*

(a) *quod si factum fuerit, non hoc (1) habebat scriptura divina (B), sed hoc (1)* *senserat humana ignorantia.*

(b) *si autem hoc (1) verum esse certa ratio demonstraverit, adhuc incertum erit,* *utrum hoc in illis verbis sanctorum librorum scriptor (B) sentiri voluerit, an aliud ali-* *quid non minus verum (3).*

(c) *quodsi cetera contextio sermonis non hoc (1) eum (B) voluisse probaverit, non* *ideo falsum erit aliud (2), quod ipse (B) intellegi voluit, sed et verum et quod utilius* *cognoscatur.*

(d) *si autem contextio scripturae hoc (1) voluisse intellegi scriptorem non repug-* *naverit, adhuc restabit quaerere, utrum et aliud (3) non potuit.*

(e) *quodsi et aliud (3) potuisse invenerimus, incertum erit, quidnam eorum (1/3)* *ille voluerit; et utrumque (1/3) sentiri voluisse non inconvenienter creditur, si utri-* *que sententiae cetera circumstantia subfragantur.*

Gemäß Augustins Überlegungen ist also die *sententia* des (göttlich inspi- rierten) Autors der biblischen Schrift (B) von den verschiedenen *sententiae* der Interpreten (1/2/3) zu unterscheiden. Es gibt im Prinzip nur eine ein- zige *sententia* des biblischen Autors, und diese kann mit der göttlichen Wahrheit gleichgesetzt werden; die Interpreten können *deshalb* nicht immer und ohne weiteres zu dieser *sententia* vordringen, weil der Text da- zwischen steht. So gibt es oft mehrere Möglichkeiten, den Text zu interpre- tieren, also mehrere *sententiae* auf der Seite der Interpreten, die es je zu prüfen und gegeneinander abzuwägen gilt. Kriterien für die Evaluation sind neben der *fides* auch die „ganz sichere Wahrheit" (*veritas certissima*), die „sichere Vernunft" (Abschnitt b: *certa ratio*), die Nützlichkeit (Abschnitt c: *utilius*) sowie der Kontext (d: *contextio*; e: *cetera circumstantia*). Falls sich die *sententiae* bei der Auslegung schwieriger Stellen selbst aufgrund dieser Kriterien nicht auf eine einzige reduzieren lassen, werden – gemäß einer alten Regel der Textauslegung, wovon sich auch Spuren in den Scholien zu paganen Autoren finden – mehrere Möglichkeiten der Interpretation (meh- rere *sententiae*) nebeneinander stehen gelassen, wobei sogar die Möglich- keit in Betracht gezogen wird, dass dieser Pluralismus eine sinnreiche Ab- sicht des biblischen Autors sei (e: *utrumque sentiri voluisse non inconve-* *nienter creditur*).

Augustin plädiert also für eine offene, pluralistische Methode der Text- auslegung. Seine Position kann insofern als skeptisch bezeichnet werden,

Pluralismus der Meinungen

153

als hier die menschliche Fähigkeit, mittels des Texts zur Erkenntnis der göttlichen *sententia* vorzudringen, als beschränkt gesehen wird; sie ist aber doch dogmatisch in dem Sinn, dass von der Existenz der Wahrheit ausgegangen wird, ja dass diese behauptet wird. Dieses Faktum muss der Grundsatz jeder Interpretation sein, da jede *sententia* der Interpreten daraufhin angelegt sein muss, die *sententia* des biblischen Autors zu erschließen, um sich diese zu eigen machen zu können. So ist es gemäß Augustins Aussagen unzulässig,

… wenn wir uns nicht für die Meinung (des Autors) der Heiligen Schrift, sondern für die eigene Interpretation einsetzen, so dass wir wollen, unsere Meinung sei diejenige der Schrift, während wir doch vielmehr wollen müssen, dass diejenige der Schrift die unsrige sei.

… *non pro sententia divinarum scripturarum, sed pro nostra ita dimicantes, ut eam velimus scripturarum esse, quae nostra est, cum potius eam, quae scripturarum est, nostram esse velle debeamus* (*Gn. litt.* 1,18).

Augustins Hermeneutik ist also trotz ihrer skeptischen und pluralistischen Tendenz doch nicht postmodern, sondern gibt zumindest *einer sententia* den Status der absoluten Wahrheit. Es wurde zwar öfter darauf hingewiesen, dass sich Augustins Reflexionen zu den Möglichkeiten der Textinterpretation in mehrfacher Hinsicht mit dem literaturtheoretischen Ansatz des französischen Sprachphilosophen und Literaturwissenschaftlers Jacques Derrida decken: Augustins Hermeneutik läuft auf die vollständige Trennung der Signifikanten (Wort, Sprache und Text) von den Signifikaten und Referenzobjekten hinaus; ein Text ist damit offen für unterschiedlichste Interpretationen. Doch während sich Derrida mit seiner Theorie gegen das Postulat eines metaphysischen Sinns – eines Logos – wendet, geht Augustin im Fall des Bibeltexts gerade von einem solchen aus. Der Text soll diese Vielfalt von Interpretationen erzeugen und die Interpreten dazu veranlassen, um die Erkenntnis der im Text verborgenen Wahrheit zu ringen.

Das Bemühen um diese Wahrheit schlägt sich auch in Augustins exegetischen Schriften oder in Schriften mit exegetischen Einlagen nieder: Immer wieder finden sich auch Modifikationen einer Auslegung, Revisionen eines Standpunkts oder einer ‚Lektüre' des Bibeltexts. Zumal in den *Retractationes* formuliert er öfter Äußerungen aus bisher publizierten Schriften um, widerruft sie oder interpretiert sie – seine eigenen *sententiae* – nachträglich anders. Er ist also keineswegs der gestrenge Kirchenvater, der *ex cathedra* unumstößliche Lehren und gültige Textauslegungen verkündet, sondern vielmehr – wenigstens in seinen sprachlichen Äußerungen – der Exeget, der seine Meinungen nur solange gelten lässt, bis sie falsifiziert werden können.

2. Literarische Formen der Exegese

Das Urteil in der neueren Forschung über Augustin als Exegeten der biblischen Schriften ist in einer Hinsicht einhellig: Da er seine Textauslegungen nur zu einem geringen Teil auf textkritische, lexikalische, historische, geographische und verschiedenste antiquarische Studien abstützt, könne er wenig beitragen zu einem wissenschaftlich fundierten Verständnis der von ihm behandelten Schriften oder Textstellen. Insbesondere französische Gelehrte in der Tradition von Henri-Iréne Marrou schreiben diesen Mangel an Sprach- und Sachkompetenz dem Umstand zu, dass Augustin „un lettré de la décadence" sei, der den Text nach den starren Regeln analysiert, die er im Rhetorikunterricht gelernt beziehungsweise gelehrt hat. Augustin wird angelastet, (1) dass er im Vergleich mit Origenes und Hieronymus nur eine geringe Auswahl von biblischen Schriften kommentiert habe; (2) dass er sich – entgegen seinen eigenen Empfehlungen – fast ausschließlich auf lateinische Übersetzungen gestützt und den griechischen Text kaum beigezogen habe (geschweige denn den hebräischen); (3) dass er sich überhaupt zu wenig bemüht habe um das wörtliche Verständnis des Bibeltexts, so dass seine Interpretationen öfter auf einem sprachlichen Missverständnis beruhten. Tatsächlich lässt sich feststellen, dass Augustin zwar den hohen Anforderungen an die Bibelexegese, die er selbst – insbesondere in *De Doctrina Christiana* 2 und 3 – formuliert, zu genügen versucht: Er berücksichtigt und diskutiert verschiedentlich mehrere Übersetzungsvarianten und zieht da und dort den griechischen Text heran; er stellt Überlegungen an zum geschichtlichen Hintergrund; er zieht geographische, botanische, zoologische und andere Kenntnisse bei; er fragt nach den literarischen Stilmitteln (Tropen, Ethopoiien); er unterscheidet und diskutiert verschiedene Methoden der Auslegung. Aber er tut dies vergleichsweise selten und meist nur ansatzweise. Augustin ist in der Tat kein Philologe und Bibelwissenschaftler vom Format eines Origenes oder Hieronymus.

Origenes – Hieronymus

Allerdings bleibt dabei immer die Frage außer Acht, welchen Erwartungen eine exegetische Schrift überhaupt genügen *sollte*, welchen ‚Sitz im Leben' sie hatte. Das augustinische Corpus Exegeticum weist denn auch eine breite Palette von Texten auf, die bereits aufgrund ihrer literarischen Form und pragmatischen Funktion nicht eine wissenschaftlich fundierte Erklärung des Bibeltexts zum Ziel haben können. Denn neben den Wort-für-Wort- oder Lemma-Kommentaren, die ein Werk beziehungsweise ein Buch aus der Bibel oder größere zusammenhängende Teile davon kommentieren (in der folgenden Tabelle: K), finden sich kürzere Scholien, die erklärende Anmerkungen zu einem Einzelproblem in einem Text enthalten (S), Glossen in Form von kurzen Anmerkungen ausschließlich zu einzelnen Wörtern (G), die Auslegungspredigten, die einen längeren Text Vers für Vers oder auch Wort für Wort erklären (P), die Schriften mit dem Charakter von Quaestionenkommentaren, mit denen Augustin Fragen zu exegetischen Problemen zu beantworten versucht, die ihm von verschiedener Seite gestellt wurden oder die er sich selbst stellt (Q), und auch eine Reihe von Traktaten, die zwar einen ganzen Text oder eine oder mehrere Textstellen behandeln, aber nicht in erster Linie der Texterklärung dienen, sondern den Text im Hinblick auf eine bestimmte Fragestellung oder ein Grundthema kommentieren (T). Die folgende Liste enthält diejenigen Schriften oder Schriftcorpora, die entweder ausschließlich oder größtenteils der Kommentierung biblischer Bücher gewidmet sind. Als exegetische Schriften in einem umfassenderen Sinn kann jedoch auch eine Reihe weiterer Werke gelten, die allerdings nicht primär exegetische Ziele haben (wie die

„Sitz im Leben"

Confessiones oder *De Civitate Dei*, wo längere Passagen der Bibelexegese gelten) oder die rein formal nicht in die Kategorie ‚exegetische Schriften' gehören wie diejenigen Briefe, in denen Augustin auf Anfrage einzelne Bibelstellen auslegt, oder Teile der *Retractationes*, in denen er zu bestimmten exegetischen Fragen erneut Stellung nimmt.

Titel/Inhalt	Datierung	Kategorie
1. *De Genesi adversus Manichaeos libri duo* B. 1: zu *Gn* 1,1–2,2 B. 2: zu *Gn* 2,4–3,23	388 oder 389	K/T
2. *Enarrationes in Psalmos* 1–32 8 davon auch in der Form von Predigten	um 392–393	S (z. T. G) P
3. *De Genesi ad Litteram liber unus imperfectus* bis *Gn* 1,26 nicht veröffentlicht bis 426/7	393 (426/7)	K
4. *De Sermone Domini in Monte* zu *Mt* 5–7	394	K/T
5. *Expositio quarundam Propositionum* *ex Epistula Apostoli ad Romanos liber unus* 84 Stellen aus dem Römerbrief	394	Q
6. *Expositio Epistulae ad Galatas liber unus*	394 oder 395	K
7. *Epistulae ad Romanos Inchoata Expositio* *liber unus* bis *Rm* 1,7	394 oder 395	K
8. *Enarrationes in Psalmos* 33 ff.: als Predigten gehalten oder diktiert; *in psalm.* 118 (32 *sermones*), diktiert	395–415 bzw. 415–422; nach 422	P (z. T. S)
9. *Ad Simplicianum libri duo* B. 1: zu *Rm* 7,1–25 und 9,10–29 B. 2: zu 6 Stellen in *Rg* 1–3	396 oder 397	Q
10. *Adnotationes in Iob liber unus*	ca. 399 oder nach 404	G
11. *Quaestiones Evangeliorum libri duo* B. 1: 47 *quaestiones* zu *Mt* B. 2: 51 *quaestiones* zu *Lc*	ca. 399/400 oder nach 7. 12. 404	Q
12. *Quaestiones XVI* (nicht *XVII*) *in Matthaeum* Appendix zu 11)	s. o. zu 11)	Q
13. *De Consensu Evangelistarum libri quattuor* B. 1: allg. Charakterisierung der Evangelisten B. 2–4: Vergleich einzelner Stellen	um 400 oder nach 7. 12. 404	T
14. *In Iohannis Evangelium tractatus CXXIV* 1–16 17–54 55–124: diktiert	 406/7 414 nach 419	P
15. *In Epistulam Iohannis ad Parthos tractatus decem*	407	P

16. *De Genesi ad Litteram libri duodecim*	401/412–415	K/T
B. 1–5: *Gn* 1,1–2,4		
B. 6–7: *Gn* 2,7		
B. 8–9: *Gn* 2,8–2,24		
B. 10: Über den Ursprung der Seelen		
B. 11: 2,25–3,24		
B. 12: Über die drei Arten von *visiones*		
17. *De Octo Quaestionibus ex Veteri Testamento* evtl. unecht	vor 419	Q
18. *Locutiones in Heptateuchum libri septem*	419/20	S (G)
19. *Quaestiones in Heptateuchum libri septem*	419/20	S
20. *Expositio Epistulae Iacobi ad duodecim tribus* verloren		G

K Lemma-Kommentar	G Glossen
S Scholion	Q Quaestiones
P Predigt (z. T. diktiert)	T exegetischer Traktat zu einem übergeordneten Thema

Von diesen zwanzig Schriften können sechs nach formalen Kriterien als Lemma-Kommentare im engeren Sinn bezeichnet werden. Davon ist *De Genesi adversus Manichaeos* (Nr. 1) insofern ein Spezialfall, als das Ziel der Kommentierung weniger die sachliche Erklärung als die Widerlegung der manichäischen Kritik am Alten Testament zu sein scheint. Zwar sind antihäretische Tendenzen auch in den Bibelkommentaren anderer Autoren nichts Außergewöhnliches, aber solche Interpretationen sind dort sekundär und der Kommentierung einer Textstelle untergeordnet, geschweige denn dass die polemische Intention im Titel vermerkt wird. Der zweite Genesis-Kommentar, *De Genesi ad Litteram liber unus imperfectus* (Nr. 3) sowie der Römerbriefkommentar *Epistulae ad Romanos Inchoata Expositio liber unus* (Nr. 7) sind Fragment geblieben. Allein der Galaterbrief-Kommentar, die *Expositio Epistulae ad Galatas* (Nr. 6), kann rein formal die Kriterien eines Lemma-Kommentars erfüllen: Hier wird eine biblische Schrift als Ganzes behandelt, und mit dem vorangestellten Prolog und der Wort-für-Wort-Kommentierung genügt das Werk geradezu schulmäßig den formalen Kriterien, welche diese Gattung definieren. In den zwölf Büchern *De Genesi ad Litteram* (Nr. 16) werden zu den einzelnen Lemmata mehr Fragen aufgeworfen als Erläuterungen gegeben, und in mehreren Büchern wird die Kommentarform ganz aufgegeben. Augustin hat offenbar mehrmals versucht, exegetische Schriften zu verfassen, die den formalen Kriterien eines Lemma-Kommentars genügen; er hat die Versuche in zwei Fällen aufgegeben (Nr. 3 und 7), in einem Fall zu Ende geführt (Nr. 6), und in drei Fällen (Nr. 1, 4 und 16) hat er den formalen Rahmen gesprengt und die Kommentare dem thematischen Einzeltraktat angenähert. Der ‚Kommentar im strengen Sinn‘ war offensichtlich nicht sein bevorzugtes Genus.

In allen exegetischen Schriften ist zu beobachten, dass Augustin bestimmte Elemente der Kommentierung wie Textkonstitution, Textkritik, die Diskussion sprachlicher und grammatikalischer Fragen, Worterklärungen sowie historisch-antiquarische Sacherläuterungen (*emendatio* und *expla-*

Lemma-Kommentare

Einzeltraktat

157

natio) auf ein Minimum beschränkt und sie der Interpretation unterordnet.

Solche Fragen behandelt er offenbar vorzugsweise in der Form von Scholien oder Glossen (Nr. 2, 5, 18 und 19; z. T. Nr. 8), oder er macht sich Notizen im Text (Nr. 10 und 20). Die Schrift *Adnotationes in Iob liber unus* (Nr. 10) ist eine Zusammenstellung augustinischer Marginalglossen, die Augustins Schüler aus dessen Handexemplar des Buchs Hiob kopierten. Die *Locutiones in Heptateuchum libri septem* (Nr. 18) sind – teilweise glossenartig kurze – Anmerkungen zum lateinischen Text des Heptateuchs, mit denen Augustin Eigenheiten des lateinischen Ausdrucks notiert, die sich bei der Übersetzung des hebräischen oder griechischen Urtexts ergeben haben; diese Eigenheiten werden nicht oder kaum kommentiert, geschweige denn dass Text- oder Übersetzungskritik geübt wird. Etwas ausführlicher behandeln die Einträge in den *Quaestiones in Heptateuchum libri septem* (Nr. 19) verschiedene Fragen, die sich Augustin beim Vergleich seiner Übersetzung mit dem Text der Septuaginta stellten. Die nicht überlieferte Schrift *Expositio Epistulae Iacobi* (Nr. 20) dürfte mit den *Adnotationes in Iob* vergleichbar gewesen sein; denn laut Augustins eigenen Aussagen handelte es sich um Randnotizen, die eifrige Mönche aus seinem Handexemplar zusammengestellt hatten (*retr.* 2,32). Solche Randglossen waren offenbar für den Eigengebrauch bestimmt, und auch die *Enarrationes in Psalmos* 1–32 in Scholienform (Nr. 8) dürften als Vorarbeiten zu Predigten diese Funktion gehabt haben. Augustin hat also durchaus Sprachstudien betrieben, dafür jedoch eine Form gewählt, die nicht in einen Kommentar integriert ist. Solche Studien scheinen für ihn die Funktion von Vorarbeiten für die eigentliche Auslegung in anderer Form in den anderen Schriften gehabt zu haben.

Eine Form der Exegese, die Augustin während seiner Tätigkeit als Bischof offenbar bevorzugte, ist die lockerere Form bzw. Kommentartechnik der *quaestiones et responsiones*, mit der er Fragen zur Bibelexegese, die ihm vorgelegt worden waren oder die er sich selbst stellte, beantwortete und einzelne Stellen erklärte. Zum Teil handelt es sich um überarbeitete Aufzeichnungen von Diskussionen Augustins mit seinen Mitbrüdern, Schülern und Freunden zu exegetischen Problemen (Nr. 5, 9, 11, 12 und evtl. 17). Dieselbe Form haben einzelne *quaestiones* der Schrift *De Diversis Quaestionibus LXXXIII*; die Schrift *De Octo Dulcitii Quaestionibus liber unus* (aus dem Jahr 424), in der Augustin auf Anfrage eines Dulcitius mit Zitaten aus eigenen exegetischen Schriften einzelne Bibelstellen kommentiert, die Schrift *De Spiritu et Littera ad Marcellinum liber unus* (aus dem Jahr 412), in der er auf Anfrage des Marcellinus einen einzigen Vers auslegt (*2 Cor* 3, 6: *littera occidit, spiritus autem vivificat*, „Der Buchstabe tötet, der Geist aber macht lebendig"), und schließlich auch eine Reihe von Briefen an verschiedene Adressaten. Mit dieser freieren Form der Auslegung, durch die gezielt und ohne Anspruch auf Vollständigkeit Einzelfragen behandelt werden können, hat sich Augustin offenbar weniger schwer getan als mit dem ‚Kommentar im strengen Sinn'. Ein Gleiches gilt für die Auslegungs-

predigten, in denen der Bischof seiner Gemeinde kurze Textpassagen – teilweise sehr ausführlich – erklärt.

Augustins Umgang mit den biblischen Schriften ist also wohl stark durch die praktische Tätigkeit des Priesters und Bischofs und wohl auch noch des

Rhetorikprofessors bestimmt. Seine exegetische Methode war ja auch bei der Behandlung der paganen Literatur auf eine mündliche Vermittlung ausgerichtet, sei es im zusammenhängenden Vortrag oder im Dialog zwischen Lehrer und Schüler. Auch als Priester und Bischof verrichtete er seine Arbeit am Text – jetzt eben dem Bibeltext – vorwiegend in mündlicher Form: in Diskussionen im Kreis von Mitbrüdern und im – zum Teil auch brieflichen – Dialog mit Schülern, Freunden oder Amtskollegen oder in Form von Predigten, die er aufgrund von Notizen hält oder extemporiert oder diktiert. Die meisten exegetischen Schriften dürften ihren ‚Sitz im Leben‘ im Kloster und der Gemeinde von Hippo gehabt haben. Eine ‚pastorale‘ Ausrichtung findet sich selbst im Kommentar zum Galaterbrief, in dem sich eine Reihe von Parallelen zur augustinischen Mönchsregel (*Praeceptum*; vgl. dazu Kapitel B VII 3) nachweisen lassen.

3. Die Römerbriefauslegung und das Gnadenkonzept

Augustins exegetisches Werk hat zwei Schwerpunkte: die Auslegung der ersten Kapitel der Genesis und die Exegese des Römerbriefs, dem er in der Darstellung seiner Konversion in den *Confessiones* eine entscheidende Rolle zuspricht. Beide biblischen Bücher stehen wohl nicht zuletzt deshalb im Vordergrund, weil sie für Augustins Auseinandersetzung mit den Manichäern eine wichtige Rolle spielen: Während die Genesis gegen den manichäischen Weltentstehungsmythos, also *adversus Manichaeos*, ausgelegt werden musste (vgl. dazu Kapitel B IV 3), war der Römerbrief wie auch andere paulinischen Schriften Teil des von den Manichäern akzeptierten Corpus der biblischen Schriften. Tatsächlich begann Augustin mit der Kommentierung des Römerbriefs, nachdem er nach Africa, also zu den Hauptschauplätzen seiner manichäischen Vergangenheit, zurückgekehrt war. Es scheint, dass er in der Frage nach dem Ursprung des Bösen und der Allmacht des guten Gottes gegenüber dem manichäischen Dualismus eindeutig Position beziehen musste. Im Rahmen der Römerbrief-Exegese entwickelt Augustin denn auch seine Gnadenlehre, die für die Theodizeefrage zentral ist (vgl. dazu Kapitel B III 1). Zum ersten Mal kommentiert Augustin den Brief in der Schrift *Expositio quarundam Propositionum ex Epistula Apostoli ad Romanos* aus dem Jahr 394, in der als Resultat einer Gemeinschaftsarbeit mit einer Gruppe von Mitbrüdern in Karthago 84 Stellen ausgelegt werden. Wenig später beginnt Augustin mit der systematischen Kommentierung (*Epistulae ad Romanos Inchoata Expositio*), kommt aber nach dem Prolog nicht über die Grußformel hinaus (bis *Rm* 1,7). Auf Anfrage des Bischofs Simplician von Mailand befasst sich Augustin erneut mit dem Römerbrief, woraus in den Jahren 396 oder 397 die Schrift *Ad Simplicianum libri duo* hervorgeht.

Erster Römerbriefkommentar

Für die Entwicklung der Gnadenlehre spielt die Auslegung der Stelle *Rm* 9,11–13 die entscheidende Rolle, wo Paulus die Erzählung von Isaaks Söhnen Esau und Jakob aus der Genesis interpretiert: Gott habe Esau gehasst und Jakob geliebt, bevor sie überhaupt geboren waren und ‚Gutes‘ bzw. ‚Böses‘ tun konnten. Ein Vergleich der Auslegung dieser Stelle in der

Römer 9,11–13

Expositio mit der Auslegung im ersten Buch von *Ad Simplicianum* lässt deutlich werden, welche Faktoren für das Ergebnis einer Textinterpretation – also bei der Entstehung der augustinischen Gnadenlehre – eine Rolle spielen. Die der folgenden Diskussion zugrunde gelegte Textstelle aus der *Expositio* (52,1–12) gibt Augustins Interpretation aus dem Jahr 394 wieder. Nach dem Zitat der Stelle *Rm* 9,11–13 (dem Lemma) folgt eine Reihe von Fragen oder Einwänden (hier mit Q = *quaestio* markiert) und den entsprechenden Antworten (mit R = *responsio* markiert):

(1) **Lemma:** „Denn als sie [Rebekkas Kinder] noch nicht geboren waren und nichts Gutes oder Böses taten, wurde, damit die Vorherbestimmung Gottes gemäß der Erwählung bestehen bleibe, also nicht aufgrund ihrer Werke, sondern aufgrund des Berufenden, ihr [Rebekka] gesagt: ‚Der Ältere wird dem Jüngeren dienen', wie ja geschrieben steht: ‚Jakob habe ich geliebt, Esau aber gehasst'".

(2) **Q:** Dies veranlasst nun einige zu glauben, der Apostel Paulus habe die freie Willensentscheidung bestritten, aufgrund der wir uns durch das Gut der Frömmigkeit bei Gott Verdienste erwerben oder ihn durch das Übel der Gottlosigkeit beleidigen. (3) Sie sagen nämlich, dass Gott vor irgendwelchen Taten – seien es gute oder böse – der zwei noch nicht Geborenen den einen geliebt, den anderen gehasst habe.

(4) **R:** Aber wir antworten darauf, dass dies auf das Vorauswissen Gottes zurückgeht, aufgrund dessen er auch von noch Ungeborenen weiß, wie jeder einmal beschaffen sein wird.

Q: Aber es könnte nun jemand einwenden: Also hat Gott die Werke in demjenigen auserwählt, den er (im Voraus) geliebt hat, obwohl die Werke noch nicht waren; denn er wusste sie als künftig voraus. Doch wenn er die Werke auserwählt hat, wieso schreibt dann der Apostel, dass die Auserwählung nicht wegen der Werke geschehen sei?

(1) **Lemma:** „*nondum enim nascentium neque agentium aliquid boni aut mali, ut secundum electionem propositum dei maneret, non ex operibus sed ex vocante dictum est ei: ‚quia maior serviet minori', sicut scriptum est: ‚Iacob dilexi, Esau autem odio habui'*",

(2) **Q:** *nonnullos movet, ut putent apostolum Paulum abstulisse liberum voluntatis arbitrium, quo promeremur deum bono pietatis vel malo impietatis offendimus. (3) dicunt enim, quod ante opera aliqua seu bona seu mala duorum nondum nascentium deus unum dilexerit, alterum odio habuerit.*

(4) **R:** *sed respondemus praescientia dei factum esse, qua novit etiam de nondum natis, qualis quisque futurus sit.*

Q: *sed ne quis dicat: opera ergo elegit deus in eo, quem dilexit, quamquam nondum erant, quod ea futura praesciebat; quod si opera elegit, quomodo dicit apostolus non ex operibus factam electionem?*

Gleich nach dem Lemma bringt Augustin den freien Willen ins Spiel (§ 2): Einige Interpreten würden denken, dass Paulus in seiner Auslegung der Genesis-Erzählung die freie Willensentscheidung (das *liberum voluntatis arbitrium*) eliminiert habe: Der Mensch könne sich nicht durch Frömmigkeit (*pietas*) um Gott verdient machen – oder ihn durch *impietas* verletzen –, weil ja Gott Jakob bereits vor der Geburt erwählt habe (*eligere, electio*). Die Antwort lautet: Gott habe ein Vorauswissen (*praescientia*) davon, wie jeder Mensch beschaffen sein würde. Damit wird offensichtlich eine Frage an den Bibeltext herangetragen, die sich nur mittelbar aus dem Text selbst stellt, die also nicht im Lemma steht: die Frage nach dem freien Willen des Menschen bzw. seinem Unterworfensein unter Gottes All-

Freie Willens-
entscheidung
des Menschen –
Vorauswissen Gottes

macht, die auch das Vorauswissen um die ‚Werke' (*opera*) der Menschen umfasst. In Form eines hypothetischen Einwandes (*sed ne quis dicat*) wird eine neue Frage formuliert: Wenn Gott im Voraus weiß, wie ein Mensch werden wird, erwählt er ihn also doch aufgrund der künftigen Werke, was aber den Aussagen des Paulus widerspricht. In der folgenden Entgegnung (§ 5) werden deshalb die „guten Werke" (*opera bona*) als eine Folge der Liebe interpretiert, die Gott Jakob noch vor der Geburt schenkte. Auf die Frage, wie Gott denjenigen erwählt, dem er diese Liebe schenkt (§§ 7 f.), gibt Augustin eine Antwort, die charakteristisch ist für seine frühe Römerbriefauslegung (§§ 9–11): Gott erwählt denjenigen, der glauben wird. Es gibt also doch einen Erwählungsgrund, diesen bilden jedoch nicht die guten Werke, sondern der Glaube des Menschen. Somit ergibt sich folgende ‚Handlungskette': Gott erwählt denjenigen Menschen, der glaubt, und nur diesem gibt er die Liebe und damit die Voraussetzung für die guten Werke. Am Anfang steht also der Glaube, und dieser untersteht nun tatsächlich dem Willen des Menschen:

Glaube als Erwählungsgrund

> (12) Der Apostel sagt ja ebenfalls: „Der gleiche Gott, der alles in allen wirkt" (*1 Cor* 12,6); nirgends hingegen sagt er: Gott ‚glaubt' alles in allen. Dass wir also glauben, ist unser (Verdienst); dass wir aber gute Werke tun, geht auf den zurück, der denen, die an ihn glauben, den Heiligen Geist gibt.

> (12) *dicit enim idem apostolus: „idem deus, qui operatur omnia in omnibus"* (*1 Cor* 12,6), *nusquam autem dictum est: deus credit omnia in omnibus. quod ergo credimus, nostrum est, quod autem bonum operamur, illius, qui credentibus in se dat spiritum sanctum.*

Damit ist das Postulat des freien Willens, das am Anfang der Auslegung in die Diskussion eingebracht wurde, erfüllt. Allerdings kann sich die Aussage, dass der Glaube im Gegensatz zu den Werken Sache des Menschen (*nostrum est*) und damit dem menschlichen freien Willen unterstellt sei, weder auf den Wortlaut des Lemmas *Rm* 9,11–13 noch auf dessen unmittelbaren Kontext stützen. Vielmehr wird sie als Prämisse an den Bibeltext herangetragen, um die – in § 2 ebenfalls von außen herangetragene – Frage nach der Rolle des freien Willens zu beantworten. Diese Position wird mit einem exegetischen ‚Trick' legitimiert: Paulus macht in einem Vers aus dem Ersten Korintherbrief (*1 Cor* 12,6) Gott zum Subjekt von *operari*, nirgendwo aber von *credere*; Subjekt von *credere* kann also nur der Mensch sein! Wenn „Gott alles in allen *wirkt*" und nicht „alles in allen *glaubt*", ist das Glauben nicht Sache Gottes, sondern des Menschen. Auf der anderen Seite kann der Mensch nur dann selbst Subjekt von *bonum operari* sein, wenn er an Gott glaubt und Gott ihm deshalb den Heiligen Geist gibt, der in ihm die guten Werke bewirkt.

Hier könnte man nun die Frage stellen, ob nicht die *sententia* des Interpreten Augustin die Auslegung des Bibeltexts auf eine Weise bestimmt, die er selbst in seinen Methodenreflexionen verwirft (vgl. dazu Kapitel B VI 1). Tatsächlich hat Augustin rund dreißig Jahre später in der Revision seiner eigenen Schriften, den *Retractationes* aus dem Jahr 426, diese Römerbriefauslegung widerrufen (*retr.* 1,23): Der Glaube unterstehe nicht allein unserer freien Willensentscheidung, sondern selbst das Wollen sei uns letztlich von Gott gegeben. Damit interpretiert er die Stelle entsprechend seiner

Position in Retractationes *und* Ad Simplicianum

Gnadenlehre, die er bereits zwei bis drei Jahre nach der *Expositio* in der Schrift *Ad Simplicianum* in der Auslegung von *Rm* 9,11–13 entwickelt hatte. In diesem Konzept bleibt zwar die beschriebene ‚Handlungskette‘ bestehen, gemäß der Gott den Menschen aufgrund seines Glaubens auserwählt, die Erwählung also auf den Glauben folgt; doch nun kann der Mensch sogar die Entscheidung zum Glauben nicht ohne göttliche Hilfe umsetzen. Mit einem ähnlichen exegetischen ‚Trick‘ wie in der *Expositio* (*exp. prop. Rm.* 52,12) wird die Stelle *Rm* 9,12 f. in diesem neuen Sinn ausgelegt (*Simpl.* 1,2,7):

> Denn an der Stelle, wo der Apostel sagt: „Nicht aufgrund von Werken“, fährt er nicht fort: „sondern aufgrund des Glaubens ist ihr [Rebekka] gesagt worden: ‚Der Ältere wird dem Jüngeren dienen‘“. Er sagt vielmehr: „sondern nach dem Willen des Berufenden“. Denn niemand glaubt, der nicht berufen wird.

> *… quia et hoc loco, cum dixisset: „non ex operibus“, non ait: „sed ex fide dictum est ei quia maior serviet minori“, ait autem: „sed ex vocante“. nemo enim credit qui non vocatur.*

Der Glaube wird dem Menschen allein durch die ‚Berufung Gottes‘ (*vocatio dei*) zuteil: Nur diese kann ihm (muss nicht!) den ‚guten Willen‘ (*bona voluntas*) zum Glauben geben, der ja Voraussetzung ist für die ‚Erwählung‘, die aber schließlich nur wenigen Berufenen zuteil wird (nach *Mt* 20,16: *multi enim vocati, pauci autem electi*). Diese Berufung zum Glauben ist nun aber nach *Rm* 9,15 f. von der Barmherzigkeit Gottes abhängig, und nach *Rm* 7,24 f. wird der „elende Mensch“ nur durch Gottes Gnade (*gratia*) „befreit“; Gott gibt die „Gnade zum Glauben“ (die *gratia fidei*). In dieser Interpretation wird also darauf verzichtet, den Paulus-Text so zu interpretieren, dass er dem Postulat des freien Willens nicht widerspricht; vielmehr wird dem Moment der ‚Berufung‘ aus *Rm* 9,12 f. eine entscheidende Bedeutung beigemessen, da hier die Gnade wirkt – wenn Gott diese geben will. Augustin arbeitet nun fast ausschließlich mit dem vorhandenen Textmaterial, scheint also versucht zu haben, bei der Interpretation derselben Römerbriefstelle nun möglichst textimmanent zu argumentieren. So fällt jegliche Möglichkeit weg zu begründen, warum Gott Jakob liebt und Esau gehasst hat. Diese Berufung in Verbindung mit der Gnade ist nicht zu erklären, und es kommt zu einer „Logik des Schreckens“ (Flasch): Gott beruft, wen er will, und gibt die Gnade, wem er will, noch bevor man glaubt und ‚gute Werke‘ tut, also bevor man sich die Berufung und Gnade irgendwie verdienen könnte. Denn Gott kann keiner Wechselwirkung unterworfen sein. Die Frage, warum er den einen Menschen Gnade gewährt, den anderen nicht, ist allein mit dem Hinweis auf die Unerforschlichkeit der Wege Gottes zu beantworten (nach *Rm* 11,33).

> „Logik des Schreckens“

Wenn man Augustins Sprachskepsis einerseits und die methodischen Reflexionen zur Pluralität der Textinterpretationen andererseits ernst nimmt, so muss man allerdings zum Schluss kommen, dass auch diese Interpretation – die ‚Logik des Schreckens‘ – nur als eine *sent+entia* des Interpreten bezeichnet werden kann: Sie kann *nicht* eindeutig als *sentencia* des biblischen Autors, geschweige denn als identisch mit der göttlichen Wahrheit erwiesen werden. Tatsächlich sind in Augustins späteren Schriften immer wieder Versuche zu finden, das Konzept des freien Willens des Menschen mit der Vorstellung von Gottes Gnade und Allmacht in Übereinstimmung zu bringen, und er kommt zu wiederholten Malen auf seine Auslegungen von *Rm* 9,11–13 zurück. Es scheint, als habe er seine Interpretationen (seine *sententiae*) auch in schriftlicher Form als Dokumentation eines bewusst provisorischen, von der Sache her revidierbaren Auffassens der *sententia* des biblischen Autors verstanden wissen wollen. So lässt sich sagen, dass wirkungsmächtige Thesen wie die Gnadenlehre, das Konzept des freien Willens und auch die Erbsündenlehre offenbar aus dem Versuch heraus entstanden sind, schwierige und umstrittene Stellen in der Bibel schlüssig zu interpretieren.

VII. Körperlichkeit, Sexualität und Mönchtum: Die moraltheologischen Schriften

1. Körper, Krankheit und Schmerz

Selbstaussagen

Augustin spricht öfter von den eigenen Erfahrungen im Umgang mit Krankheit und Schmerz sowie von seinen Problemen mit der Körperlichkeit, zumal dem Sexualtrieb, die er nur dadurch habe überwinden können, dass er sich zu einem zölibatären Leben entschlossen habe. Diese Selbstzeugnisse werden meist von Reflexionen begleitet, die sich sowohl an der biblischen wie auch der pagan-philosophischen Tradition orientieren. Die meisten dieser Aussagen finden sich in den autobiographischen Passagen in den Frühschriften sowie später in den *Confessiones*, zumal im Zusammenhang mit der Krise vor der Bekehrung und dem Rückzug aus dem Beruf: Augustin spricht wiederholt von Schmerzen auf der Brust und Atembeschwerden (*beata v.* 1,4; *conf.* 9,4: *pulmo meus cedere coeperat*; 9,13: *difficultas spirandi*). In der Zeit des Rückzugs nach Cassiciacum habe er unter schweren Zahnschmerzen gelitten, von denen er nur durch ein Wunder gerettet worden sei (*conf.* 9,12; *sol.* 1,21). Allerdings geht aus den Aussagen auch hervor, dass die gesundheitlichen Probleme nur beschleunigt hätten, wozu er ohnehin entschlossen war (*Acad.* 1,3; *ord.* 1,5; *conf.* 9,4): Die Krankheit war sozusagen ein Katalysator, der ihm eine willkommene und „ehrliche Entschuldigung" (*non mendax excusatio*) lieferte, um sich ohne Aufhebens und ohne Gesichtsverlust von den Verpflichtungen gegenüber seinen Schülern loszusagen und nicht mehr auf der „Lügenkanzel" sitzen zu müssen (*conf.* 9,4: *cathedra mendacii*). Der damit verbundene Schmerz ist aber zugleich eine „Geißel" (*flagellum*), die ihm Gott schickte, von der er ihn aber durch seine Barmherzigkeit auch wieder befreite (*conf.* 9,12). Auch in der Phase nach dem Rückzug aus dem Rhetorenberuf, in die die Cassiciacum-Dialoge zu datieren sind, zeichnet sich Augustin als kränkelnden Mann, der mit Magenproblemen zu kämpfen hatte, der sich oft schwach fühlte, sich schonen musste und deshalb öfter das Gespräch unterbrechen musste (*ord.* 1,5 und 33; *sol.* 1,21 und 23).

Diagnose

Diese Aussagen lassen allerdings keine sicheren Schlüsse über den Gesundheitszustand des historischen Augustin zu und können also keine Grundlage bieten für eine medizinische Diagnose. Innerhalb der literarischen Darstellung der Bekehrung kann ihnen jedoch zumindest eine gewisse Signalfunktion zugesprochen werden: ‚Augustin' kann auch nach dem Rückzug nicht von seiner Krankheit genesen, weil er immer noch dem Körper und der Körperwelt verhaftet ist. Die Verfassung des Geistes oder der Seele nach der Konversion findet ihre Entsprechung in der Krankheit des Körpers. Dies wird mit den Termini und Metaphern der platonischen Seelenlehre umschrieben (vgl. dazu Kapitel B III 2): Solange die Seele im Körper ist, wird sie dem Irdischen verhaftet bleiben; sie kann jedoch versuchen, sich durch Askese von der Körper- oder Sinnenwelt zu lösen. Das Ziel ist die Erkenntnis – die ‚Schau' – der Idee des Guten, der höchsten

Wahrheit, Gottes, intelligibler Dinge also, die von der Körperwelt gänzlich losgelöst sind. Wer den Sinnen zu stark verhaftet ist, kann zu dieser Schau nicht vordringen: Seine (geistigen) Augen sind noch getrübt durch den Einfluss der Sinneswahrnehmung, seine Seele ist noch beschmutzt durch die Begierden oder zu tief in der Finsternis eingetaucht usw. Oft wird in diesem Zusammenhang auch der Bildkomplex der Gesundheit oder Krankheit der Seele oder der geistigen Augen angewendet: Seele und Augen müssen gesunden, um das Licht der Wahrheit aushalten zu können, das selbst auch mit der vollkommenen Gesundheit gleichgesetzt wird (*sol.* 1,23 und 25; *ord.* 2,51; *beata v.* 35 u. ö.). Gemäß der platonischen Position, wie sie in Augustins Frühschriften vertreten wird, kann die Seele durch die Beschäftigung mit der Philosophie geheilt werden (*Acad.* 1,4; *sol.* 1,25; vgl. Plat. *rep.* 9, 585b); doch kennt der frühe Augustin auch bereits die Vorstellung des *medicus* Christus (*sol.* 1,25; *ord.* 1,24). Indem er zum einen seine Bindung an die Körperwelt immer wieder betont (vgl. dazu Kapitel B VII 2), zum anderen die Krankheit und Schwäche seines Körpers hervorhebt, stilisiert Augustin seine autobiographische Erzählung im Rahmen dieser medizinischen Metaphorik: Der kranke Körper wird damit zum Zeichen für den Zustand seiner Seele; sie ist noch zu sehr gebunden an die Sinne, ist noch nicht gesund.

Dabei vertritt Augustin jedoch nicht eine radikal körperfeindliche Position, welche von den nach Erkenntnis Strebenden die Askese und die Verachtung und Immunisierung des Körpers verlangen würde. Entgegen der pagan-philosophischen – zumal stoischen – Tradition, die in der lateinischen Literatur insbesondere durch Ciceros und Senecas Schriften dokumentiert wird, will Augustin den Schmerz (*dolor*) in erster Linie als körperliches Phänomen verstanden wissen (vgl. *civ.* 14,7): Der *dolor* ist – außer in metaphorischer Verwendung des Wortes – kein Affekt der Seele (*affectus animi*), sondern betrifft einzelne Körperteile und wird verursacht durch Krankheit, physischen Mangel oder Gewalt. Augustin bezeichnet den Schmerz denn auch – wiederum entgegen der stoischen Tradition – als ein *malum*, er kann also nicht, wie dies der stoische Philosoph versucht, durch geistige Übung, die zur Apatheia führt, aus dem Bewusstsein eliminiert werden. Vielmehr ist die Störung durch den Schmerz gerade deswegen, weil sie den Körper affiziert, immer wahrnehmbar. Augustin, der für diese Position den Enzyklopäden Cornelius Celsus zitiert (*sol.* 1,21), steht damit der peripatetischen Tradition nahe, in der die Gesundheit zu den Gütern gerechnet wird, womit Krankheit und Schmerz umgekehrt als Übel gelten müssen. Allerdings begründet er seine Position so, wie er auch in der Auseinandersetzung mit der Frage nach dem Ursprung des Bösen in der Welt argumentiert: Das *malum* ist eine *privatio boni*, eine Verminderung des Seins, und so stören auch Krankheit und Schmerz den Idealzustand – die Gesundheit und Integrität – des Körpers, und der Schmerz will „das, was ‹zuvor› eins war, zerspalten" (*ord.* 2,48: *dolor unde perniciosus est? quia id quod unum erat dissicere nititur*). Der Schmerz hat denn auch keinen eigenen Seinsstatus, ist also nur in dem Sinn ein Übel, als er eine Verminderung des Guten ist, und kann sich daher auch nur im Guten manifestieren, indem er es durch Verderbnis vermindert (*nat. b.* 20: „Er kann selbst nur in einer guten Natur sein … die Verderbnis wächst durch Verminde-

Definition
des Schmerzes

rung des Guten", *nec ipse potest esse nisi in naturis bonis … bonum minuendo crescit corruptio*). Der Schmerz signalisiert also einen defizienten Zustand des Menschen und wird damit funktionalisiert: Er ist ein *stimulus* für den Kranken, sich um die Gesundung zu bemühen, und somit Ausdruck göttlicher Gnade. Im Fall von Augustins Selbstaussagen „hilft" ihm der Schmerz, den Rückzug aus dem Berufsleben zu wagen (*beata v.* 4; vgl. *Acad.* 1,3). Dem Schmerz kommt somit paradoxerweise eine nützliche Funktion zu, sofern der Leidende ihn richtig interpretiert oder überhaupt interpretiert, also das Zeichen wahrnimmt und diese Wahrnehmung fruchtbar macht (*nat. b.* 20; vgl. *trin.*, 13,22: *dolor medicinalis*). Diese Vorstellung der Signal- oder Wächterfunktion des Leidens ist auch biblisch (*2 Cor* 7,10). Augustin integriert sie später in seine Erbsündenlehre: Der Mensch erleidet in seinem Körper, beim Geschlechtsverkehr und beim Gebären Schmerzen, weil er mit der Erbsünde belastet ist (vgl. z. B. *Gn. adv. Man.* 2,29); das Leiden erinnert also den Menschen an seine Schwäche und Sündhaftigkeit. So erklärt sich die Theodizee-Frage, warum der Mensch als Geschöpf Gottes in der als gut – und ursprünglich ohne Schmerz und Krankheit – geschaffenen Welt überhaupt leiden muss. So erklärt sich auch die Vorstellung von der Auferstehung des Leibes, gemäß der die von allen Sünden – auch der Erbsünde – erlöste menschliche Seele im Jenseits sowohl eingekörpert als auch glückselig sein kann: Im Paradies ist der Körper keiner Verderbnis und damit auch keinen Schmerzen und Krankheiten mehr unterworfen (vgl. dazu Kapitel B III 3). Die Körper der Verdammten erleiden allerdings im Höllenfeuer, das Augustin nicht wie Origenes metaphorisch, sondern materiell versteht, Schmerzen ohne Ende (vgl. *civ.* 21).

2. Sexualität und Ehe

Erfahrungen mit der Sexualität

In den autobiographischen Büchern der *Confessiones* sowie in den Selbstaussagen anderer Schriften äußert sich Augustin öfter über seine Erfahrungen mit der eigenen Sexualität. Am Anfang von Buch 2 der *Confessiones* wird die Darstellung der ‚sittlichen Zerrüttung' des Jünglings angekündigt, und sie beginnt mit dem Geständnis, dass er die sexuelle Begierde auch ‚am Niederen' gesättigt und verschiedene Arten der Liebe erprobt habe (2,1: „ich wagte mich in das Dickicht der Wälder mit mannigfaltigen finsteren Liebesabenteuern", *silvescere ausus sum variis et umbrosis amoribus*). Mit Bezug auf *Mt* 19,12 wird die Lage sogar so zugespitzt dargestellt, dass es für sein Seelenheil besser gewesen wäre, wenn er entmannt (*abscisus*) gewesen wäre (*conf.* 2,3). Welche erotischen Erfahrungen der fünfzehnjährige ‚Augustin' erlebt hat, wird allerdings nicht weiter ausgeführt; die Bemerkung, dass er vor seinen Kameraden mit fingierten sexuellen Abenteuern geprahlt habe (2,7), lässt eher auf autoerotische Sexualität schließen. Von sexuellen Ausschweifungen ist auch in *Confessiones* 3 die Rede: Der sechzehnjährige Jüngling kann sich in der Großstadt Karthago seinem Sexualtrieb hingeben, was mit einer Reihe von Metaphern beschrieben wird, die nach heutigem Verständnis dem Sprachrepertoire der sadomasochistischen Erotik zu entstammen scheinen (3,1: „Fesseln, Schläge mit glühenden Eisenruten"). Zwar lässt die autobiographische Erzählung diese exzessiven Erlebnisse mit einer Konversion enden: Nach der Lektüre des ciceronischen *Hortensius* will ‚Augustin' dem Ehrgeiz und den körperlichen Genüssen entsagen und das asketische Leben eines Philosophen führen (3,7f.). Doch wie im Verlauf der weiteren Erzählung immer wieder betont wird, bereitet ihm das körperliche Verlangen, nicht zuletzt die sexuelle Begierde (*cupiditas*), weiterhin ernsthafte Schwierigkeiten und behindern ihn auf der Suche nach dem guten Leben (vgl. z. B. *conf.* 6,20). Die Unterwerfung unter diese „Knechtschaft" gegenüber dem eigenen Trieb, das „Kleben am Leim dieser Lust", begründet Augustin schonungslos mit der „Gewohnheit, die unersättliche Begierde sättigen zu müssen" (6,22: *consuetudo satiandae insatiabilis concupiscentiae*). Der Wunsch nach der Möglichkeit des Beischlafs motiviert letztlich auch die Beziehung zu seiner Konkubine, der Mutter seines Sohnes, die er um einer standesgemäßen Heirat Willen verstößt; da er aber die Ehe mit der minderjährigen Braut nicht sogleich eingehen kann, ersetzt er die Verstoßene rasch durch eine andere Frau. Die Thematik der ‚fleischlichen Begierde' (*concupiscentia carnis, cupiditas, libido, voluptas*) durchzieht nicht nur die Darstellung der Zeit vor der entscheidenden Konversion im Mailänder Garten, bei der sich ‚Augustin' endgültig zu einem zölibatären Leben entschließt, sondern liegt auch der Bilanz des ‚gegenwärtigen' Lebens in *Confessiones* 10 zugrunde: Mit der wiederholten Feststellung, dass der Mensch ohne Gottes Hilfe zu einem enthaltsamen Leben nicht fähig sei (*da quod iubes et iube quod vis*), wird sie zum Eingeständnis der eigenen Schwäche (10,41–64; vgl. dazu Kapitel B IV 2); dabei gehören auch sexuelle Traumphantasien und nächtliche Samenergüsse zum Erlebnisrepertoire (10,41f.). Eine Darstellung des Ringens um dieses Ziel enthalten auch die *Soliloquia*, die in der Zeit nach der Konversion entstanden sind: ‚Augustin' will zölibatär leben, sich also der „körperlichen Berührungen mit Frauen" und der „körperlichen Lust" entziehen (1,17: *corporum contactus* bzw. *corporis voluptas*), ist aber noch nicht frei davon: Er ist noch nicht ganz „geheilt" und lässt sich nachts noch von Gedanken an die Zärtlichkeiten des Beischlafs „kitzeln" (1,25: *titillare*).

cupiditas – consuetudo

Solche Selbstaussagen haben in der Augustin-Forschung immer wieder zu Spekulationen über das Sexualleben des historischen Augustin geführt. Aufgrund der Äußerungen in *Confessiones* 2,1 hat man auch auf homosexuelle Neigungen schließen wollen. Zudem hat die Darstellung der engen Mutterbindung in den Frühdialogen und den *Confessiones* vielfältige psychoanalytische Deutungen provoziert. Zumal die in den philosophischen und moraltheologischen Schriften vertretene Körperfeindlichkeit und restriktive Sexualethik hat man entwicklungspsychologisch deuten wollen. Tatsächlich lädt die Selbstanalyse der *Confessiones* und auch der *Soliloquia* geradezu dazu ein, nicht nur Schlüsse über das Verhältnis des historischen Augustin zum eigenen Körper, seinen Geschlechtstrieb und die erotischen Erfahrungen zu ziehen, sondern dieses auch mit seinem moraltheologischen Standpunkt in Verbindung zu bringen: Der mit seiner Sexualität kämpfende Bischof versucht, die eigenen Probleme mit einer rigiden, körperfeindlichen Ethik in den Griff zu bekommen, die er in seinen Schriften – mit dem Rekurs auf biblische Richtlinien – für allgemein

Psychoanalytische Deutungen

verbindlich erklärt. Von einer biographistischen und psychologisierenden Deutung soll hier jedoch abgesehen werden. Legitim sind aber sowohl die Frage nach der Funktion dieser Äußerungen im Kontext der autobiographischen Schriften wie auch jene nach ihrem Bezug zu den Ansichten zum Themenkreis ‚Sexualität und Ehe‘, wie Augustin sie in anderen Schriften vertritt.

In den *Soliloquia* und den *Confessiones* kann den Selbstreflexionen generell die Funktion zugesprochen werden, in der Erzählung dargestellte Handlungen und Vorgehensweisen zu motivieren. Mit der Analyse der sexuellen Triebe und Erlebnisse wird im Besonderen der Weg des Protagonisten zur zölibatären und schließlich mönchischen Lebensform begründet, die am Ende des 4. Jahrhunderts durchaus nichts Singuläres war, sondern als bekanntes und viel beachtetes Phänomen gelten kann (vgl. dazu Kapitel A I 7 und II 8–12). Die Wahl dieser Lebensform kann auch vor dem Hintergrund der augustinischen Gnaden- und Erbsündenlehre gesehen werden: Der Entschluss zum Zölibat ist das Eingeständnis der psychischen Schwäche, die seit dem Sündenfall Adams dem Menschen eigen ist. Während Adam vor dem Fall – in seiner ‚Paradiesesehe‘ – aufgrund seiner rationalen, durch keine Begierden gesteuerten Willensentscheidung und unter Kontrolle auch der ‚Bewegungen‘ des Geschlechtsorgans hätte Kinder zeugen können, ist der postlapsare Mensch, auf den sich die Ursünde vererbt hat, dem Trieb und der Lust so unterworfen, dass er beim Sexualakt die Kontrolle über sich selbst verliert (vgl. *civ.* 14,10 und 21–24; *c. Iul.* 4,69). Da die Erbsünde bei der Zeugung von Kindern übertragen wird, bietet der Zölibat eine Möglichkeit, wenigstens in dieser Hinsicht dem prälapsaren, also begierdelosen Zustand des Menschen näher zu kommen.

In einer Reihe von Schriften zu Ehe, Jungfräulichkeit, Witwenschaft, Scheidung und Ehebruch (*De Bono Coniugali, De Sancta Virginitate*, beide aus den Jahren 401, *De Bono Viduitatis* aus dem Jahr 414 und *De Adulterinis Coniugiis* aus dem Jahr 421) äußert sich Augustin in Auseinandersetzung mit bestehenden Ansichten zu den Themen Ehe und Sexualethik: Er verteidigt die Ehe als den einzigen Ort, wo Geschlechtsverkehr erlaubt ist, gegen Hieronymus’ ‚Verteufelung‘ von Ehe und Geschlechtsverkehr und gegen ein rigides Askese-Ideal. Gegen eine uneingeschränkt positive Sicht der Ehe, wie sie Hieronymus’ Gegner Jovinian mit seiner anti-asketischen Lehre vertrat, schreibt Augustin der Jungfräulichkeit, der Witwenschaft oder auch der Enthaltsamkeit in der Ehe – aus denselben Gründen wie dem Zölibat – einen höheren Wert zu als der Ehe sexuell aktiver Partner; der Sexualverzicht darf allerdings nicht allein auf der Ebene des Fleisches realisiert werden, sondern die Keuschheit muss auch Gesinnungssache sein. Die Ehe ist immerhin die zweitbeste Lösung für einen Lebensentwurf, sofern in ihr die Voraussetzungen erfüllt sind, die Augustin in einer Art ‚Dreigüterlehre‘ definiert: Gemäß sowohl paganer wie christlicher Tradition schreibt er der Ehe die Funktion der Erzeugung von Nachwuchs (*proles*) zu; hinzu kommen die ‚Güter‘ der Treue (*fides*) und des ‚heiligen Geheimnisses‘ (*sacramentum*), welches das Bündnis nach *Eph* 5,31 f. unauflöslich besiegelt. Diese Ehelehre entspricht in weiten Teilen dem pagan-römischen Ideal, gemäß dem die Partner in Freundschaft und Kameradschaft miteinander leben: „Seite an Seite sind sie miteinander verbunden, die zusammen ihren Weg gehen und zusammen schauen, wohin sie gehen"

Marginalien:

Zölibat – „Paradiesehe"

Ehe, Jungfräulichkeit, Witwenschaft usw.

„Dreigüterlehre" der Ehe

(*b. coniug.* 1: *lateribus enim sibi iunguntur qui pariter ambulant et pariter quo ambulant intuentur*). Doch im Gegensatz zur paganen und auch jüdischen Scheidungspraxis ist die Ehe gemäß christlicher und auch augustinischer Ehelehre wegen des Sakraments im Prinzip unauflöslich: Auch nach der Scheidung bleibt „etwas Eheliches" bestehen (*nupt. et conc.* 1,11: *quiddam coniugale*). Auf der anderen Seite steht Augustin dem Konkubinat wegen des fehlenden Ehesakraments ablehnend gegenüber, obwohl er selbst dreizehn Jahre in einer solchen Verbindung gelebt hat; einzig die lebenslange Treue der Konkubinatspartner würde der Verbindung wenigstens den Namen ‚Ehe' geben können (*b. coniug.* 5, vielleicht mit Bezug auf die eigene Partnerin; vgl. *conf.* 4,2). Nach Augustins Ideal leben die Ehepartner so in Freundschaft verbunden und im Geist vereint, dass auch das sexuelle Verlangen an Bedeutung verliert und die Ehe zur begierdelosen ‚Paradiesesehe' wird (*c. Faust.* 23,8).

Ohne Systematik und teilweise widersprüchlich sind Augustins Äußerungen zum anthropologischen Status der Frau und zu ihrer Rolle in Ehe und Familie. Zwar sind Mann und Frau ohne intellektuelle und moralische Differenz nach dem Ebenbild Gottes geschaffen (*Gn. litt.* 7,24,35; vgl. *Io. ev. tr.* 15,19), doch zeigen sich in der physischen Beschaffenheit und in der sozialen Praxis klare Unterschiede: Eva war bereits im Paradies zur Fortpflanzung fähig, so dass der Frau von Anfang an die Aufgabe von Geburt und Aufzucht der Kinder zugeteilt war. Als Eva sich von der Schlange verführen ließ und ihrerseits Adam verführte, wurde sie zur ‚Dienerin' ihres Mannes, als die sie auch in den alttestamentlichen und paulinischen Schriften repräsentiert ist (*1 Cor* 11,3–7; 14,34f.; vgl. *Gn. litt.* 11,37,50), auch wenn nach *Gal* 3,28 mit dem Erscheinen Christi die Gleichheit von Mann und Frau wiederhergestellt worden ist. Die Bibel erklärt und legitimiert also die traditionelle, auch pagane (!) Hierarchie, in welcher der Mann als Hausherr die Verfügungsgewalt über die weiblichen Familienmitglieder innehat. So erachtet auch Augustin Unterordnung, Gehorsam, Disziplin und Sittsamkeit für die Frau als angemessen (*vera rel.* 78; *c. Faust.* 22,50; *civ.* 2,2; *c. Iul. imp.* 6,30; u.ö.). Dass aber die Folgen dieses Machtverhältnisses auch negativ sein können, wird in den augustinischen Schriften durchaus als Problem gesehen: Gewalt und Untreue der Ehemänner sind sowohl in den moraltheologischen Schriften wie auch besonders in den Predigten öfter ein Thema, nicht zuletzt im biographischen Nachruf auf die Mutter: Hier wird der Umstand, dass Monnica von ihrem Mann *nicht* geschlagen wurde, wie dies sonst in Ehen üblich sei, damit begründet, dass sie das gleichsam sklavische Verhältnis zu ihrem Mann (*conf.* 9,19: *viro servivit veluti domino*) und dessen Untreue geduldig ertragen habe. Augustin kennt auch die Topoi, mit denen in der paganen und christlichen Ethik das eher trübe Schicksal der Ehefrauen beschrieben wird, das sich neben dem durch den Ehemann erlittenen Ungemach auch aus den Beschwerden bei Schwangerschaft und Geburt, der Mühsal der Kindererziehung und des Haushalts, der Schande bei Unfruchtbarkeit ergibt; in der christlichen Tradition werden diese *molestiae nuptiarum* als Folgen von Evas Ursünde erklärt. So anerkennt Augustin in vielen Frauen den Wunsch nach einem ehelosen, jungfräulichen Leben, für das sich jedoch nur wenige entscheiden würden. Er warnt aber die jungfräulichen Asketinnen vor

Status der Frau

Weibliche Perspektive der Ehe

dem Hochmut, da sie ihre Enthaltsamkeit nicht ihrer eigenen Leistung, sondern allein der Gnade Gottes zu verdanken hätten. Dementsprechend spielt in den augustinischen Schriften – im Gegensatz zu mehreren einschlägigen Schriften von Hieronymus und Ambrosius, die die weibliche Jungfräulichkeit geradezu verherrlichen – dieser Lebensentwurf eine geringere Rolle.

Auseinandersetzung mit Julian von Aeclanum

Seine Sexuallehre entwickelt Augustin am prägnantesten in der Auseinandersetzung mit den Pelagianern, namentlich mit Julian von Aeclanum (vgl. dazu Kapitel A II 14). Dieser hatte ihn in seiner Schrift *Ad Turbatium* mit dem Vorwurf konfrontiert, mit seiner Erbsündenlehre und Sexualethik immer noch den manichäischen Dualismus zu vertreten; konkret schreibt er Augustin die Aussage zu, dass die Geschlechtsteile, das ,fleischliche Begehren' (*concupiscentia carnis*) und die Ehe vom Teufel geschaffen beziehungsweise eingerichtet worden seien, womit genau wie in der manichäischen Zwei-Prinzipien-Lehre dem Schöpfergott ein eigenmächtiges ursächliches Prinzip gegenübergestellt würde. Gemäß Augustins anthropologischem Konzept sind jedoch der Körper mit seinen Sexualorganen und auch die ,Paradiesesehe' von Adam und Eva Teil der guten Schöpfung, und deshalb gut. Die Sündhaftigkeit des Geschlechtstriebs wird nicht durch eine böse Substanz verursacht, sondern ist erst eine Folge der Erbsünde. Die ,fleischliche Konkupiszenz' ist selbst kein Übel (*malum*), sondern ein „Mangel an guter Substanz" (*c. Iul. imp.* 3,176: *vitium substantiae bonae*). ,Sündhaft' ist die Konkupiszenz in dem Sinn, dass sie sich nicht mehr von der Vernunft und dem Willen kontrollieren lässt, sondern von der fleischlichen, also nicht-rationalen und nicht-spirituellen Begierde bestimmt wird. Wiederum lässt sich ein Teil der Argumentation auch auf paganes Gedankengut zurückführen: So appelliert Augustin, um seine Position zu stützen, an Julians philosophische Bildung und zitiert den ciceronischen *Hortensius*: Jeder rational denkende Mensch, der das Ideal der Apatheia erreichen wolle, müsse sich wünschen, die Natur hätte ihn nicht mit dem vernunftfeindlichen Trieb der Wollust versehen (*c. Iul.* 4,72 = Cic. *Hort.* Frg. 81 M.). Augustins Verteidigung gegen Julian ist – neben seinen Äußerungen zur Ehe und Konkupiszenz in Briefen und Predigten – in den Schriften *Contra Iulianum* (aus den Jahren 421/422) und *De Nuptiis et Concupiscentia* dokumentiert (aus den Jahren 419–421; vgl. auch *ep.* 6*). Auf Julians erneute Angriffe in *Ad Florum* antwortet Augustin mit der Schrift *Contra Julianum opus imperfectum*, die der 75-Jährige jedoch nicht mehr hat vollenden können.

Augustinische Sexualethik

Die Position der frühen Christen in Fragen der Sexualethik, wie sie nicht nur von Augustin, sondern auch von Ambrosius, Hieronymus und auch schon früher von Tertullian in ihren Schriften vertreten und weiter tradiert wurde, war wohl mit dafür verantwortlich, dass bis in die neueste Zeit im kanonischen Recht der katholischen Kirche Priesterehe, vor- und außerehelicher Beischlaf und Empfängnisverhütung untersagt sind. Immerhin ist Augustin zuzugestehen, dass er sich immer wieder – auch in seinen Predigten – gegen die Auswüchse der am Ende des 4. Jahrhunderts um sich greifenden Askese-Bewegung aussprach, die selbst Jungverheiratete bis zur sexuellen Selbstverleugnung führte, Öfter bezeichnete er – auch in seinen Predigten, also *coram publico* – die sexuelle Befriedigung als Recht beider Ehepartner; zudem dürfe der Wunsch nach Enthaltsamkeit nicht auf Kosten des anderen Ehepartners durchgesetzt werden (*s. Dolbeau* 12,4f. nach *1 Cor* 7). Auch wenn der Beischlaf laut Ehevertrag allein die Funktion haben sollte, Kinder zu zeugen, so sei doch Sex ohne diesen Zweck eine verzeihliche Sünde, da ohne Gottes Hilfe niemand enthaltsam sein könne (*s. Dolbeau* 12,12 nach *Sap* 8,21; vgl. oben S. 119). Diese Aussagen finden sich bezeichnenderweise in einem Corpus von Predigten, das durch das ganze Mittelalter bis in die neueste Zeit – bis zu seiner Wiederentdeckung in einer Mainzer Handschrift durch François Dolbeau im Jahr 1990 (vgl. dazu Kapitel A II 1) – verschollen war und von dem Peter Brown vermutet, dass es im Mittelalter nicht zuletzt wegen der hier vertretenen ‚liberalen' Position nur selten abgeschrieben und später nicht gedruckt worden sei.

3. Die Mönchsregel

Nach dem Vorbild der Mönchsgemeinschaften, die am Ende des 4. Jahrhunderts im Westen des römischen Reichs bereits an mehreren Orten bestanden, konzipierte Augustin einen Lebensentwurf, den er zuerst im Laienkloster in Thagaste und nach der Priesterweihe zunächst im Gartenkloster und danach im Klerikerkloster in der Bischofsresidenz in Hippo umsetzte. Wohl kurz nach der Bischofsweihe und der Übersiedlung in die Räume der bischöflichen Basilika schrieb er die Regeln auf, nach denen sich dieses klösterliche Leben zu richten hatte, möglicherweise, um mit einer schriftlichen Fassung die mündliche Form der Unterweisung zu ersetzen, die ihm die Verpflichtungen des Bischofsamts nicht mehr erlaubten. Andererseits konnte er sich mit einer solchen Zusammenstellung normativer Leitsätze für das Leben in einer Gemeinschaft auf Vorbilder stützen, die nicht nur christlicher, sondern auch paganer Tradition entstammen: Die religiösen Gemeinschaften der Pythagoreer normierten ihre Lebensform nach der Philosophie ihres Meisters und entwickelten dazu ein verbindliches Regelsystem. Augustin selbst stellt in seiner Frühschrift *De Ordine* diesen Zusammenhang her zwischen den ethischen Regeln, nach denen sich ein ‚Student' während seiner Ausbildung auf dem Weg zur Weisheit zu richten habe, und der Lehre des Pythagoras: Im Rahmen der Darlegung von Augustins Bildungskonzept werden zunächst Gebote aufgelistet, die das Sexualleben, die Essgewohnheiten, die Körperpflege und Kleidung, Freizeit und Schlafgewohnheiten, den Umgang mit Erfolg und Besitz, das Zusammenleben mit Mitmenschen, Mitbürgern im Staat und Freunden, die religiösen Pflichten und die Studienzeit regeln (*ord.* 2,25); erst danach wird die Ausbildung in den ‚sieben freien Künsten' als Propädeutikum für die Beschäftigung mit philosophischen und theologischen Fragen expliziert (vgl. dazu Kapitel B II 6). Augustin verweist auf die „Bücher großer und beinahe göttlicher Männer" (*magnorum hominum et paene divinorum libri*), denen er diese „Lebensregeln" entnommen habe (2,28: *praecepta vivendi*). Gegen Ende des Dialogs lässt er sich von seinem Freund Alypius danken für diese Ausführungen, der sowohl in den „Lebensregeln" wie auch im ‚Studienplan' die „Lehre des Pythagoras" erkennt (*ord.* 2,53):

„Lebensregeln"
des Pythagoras

Denn hast du uns nicht die **Lehre des Pythagoras**, die mit Recht für ehrwürdig und fast göttlich gehalten wird und sich auch als solche bewährte, heute – sogar beinahe unseren Augen – erschlossen, indem du die **Lebensregeln** und nicht bloß die Wege, sondern vielmehr die Gefilde und klaren Gewässer des Wissens und das, was jenem Mann große Verehrung eintrug: wo die Heiligtümer der Wahrheit sind, wie sie beschaffen sind und unter welchen Voraussetzungen man sie suchen muss, knapp und deutlich umrissen hast … ?

nobis nonne illa venerabilis ac prope divina quae iure et habita est et probata **Pythagorae disciplina** *abs te hodie nostris etiam paene oculis reserata est, cum et* **vitae regulas** *et scientiae non tam itinera quam ipsos campos ac liquida aequora et, quod illi viro magnae venerationi fuit, ipsa etiam sacraria veritatis ubi essent, qualia essent, quales quaererent et breviter et … plane significasti … ?*

Augustin legt sich selbst im Schlusswort die Bestätigung dieser Identifikation in den Mund und nennt dabei Varro als Quelle (*ord.* 2,54). Da sich in den in *De Ordine* aufgelisteten ‚Lebensregeln' bis ins Detail Gemeinsamkeiten feststellen lassen mit den Leitsätzen in der *Vita Pythagorica* des Neuplatonikers Jamblich, kann man mit einer gewissen Wahrscheinlichkeit davon ausgehen, dass Augustin über Varro als Zwischenquelle Schriften der Pythagoreer oder zumindest Einzelheiten der (neu-)pythagoreischen Lehre kannte (Verheijen). Da nun die Regeln, die Augustin für das Kloster in Hippo niederschrieb, ihrerseits im Tenor mit der Liste der Gebote in *De Ordine* übereinstimmen, lässt sich in letzter Konsequenz sagen, dass die Augustinusregel auch (neu-)pythagoreischen Ursprungs ist. Dabei ist jedoch klar, dass diese Regeln auch bereits vielfältige Erfahrungen aus bestehenden klösterlichen Lebensformen reflektieren, von denen Augustin Kenntnis hatte (vgl. Kapitel A II 9 und 11).

Pythagoreisches in Augustins Mönchsregeln

Unter dem Namen Augustins sind insgesamt neun Regeltexte überliefert, von denen vier für Männer- und fünf für Frauenklöster konzipiert sind. Das Corpus der Nonnenregeln geht möglicherweise auf eine Adaptation der augustinischen Regel für das Frauenkloster zurück, das Augustins Schwester in Hippo geleitet hatte (*ep.* 210 und 211; Possid. *vita* 26,1). Von diesen neun Regeltexten können allerdings nur der *Ordo Monasterii* (‚Klosterordnung') als vielleicht echt und die in den meisten Handschriften mit *Praeceptum* (‚Regel') betitelte Fassung als zweifellos echt gelten. Der *Ordo Monasterii* wird in die Zeit von Augustins Aufenthalt in Thagaste (nach 388), das *Praeceptum* in die Zeit seiner Bischofsweihe datiert (um 397). Für beide Schriften ist in der ältesten Handschrift aus dem 6. oder 7. Jahrhundert der Titel *Regula sancti Augustini* mit den Untertiteln *Regula Secunda* (für den *Ordo Monasterii*) und *Regula ad Servos Dei* (für das *Praeceptum* = *reg. 3*) überliefert, die zwar auch in den modernen Ausgaben erscheinen und für die Abkürzung verwendet werden, jedoch als unecht gelten. Augustin selbst spricht im *Praeceptum* von einem „(Sitten-)Spiegel" oder „Verzeichnis" (*reg. 3* 8: *speculum* bzw. *libellus*). Diese Schrift enthält nach einer kurzen Einleitung sieben ‚präzeptive' Kapitel zum Leben in der Gemeinschaft und dem Verzicht auf individuellen Besitz (*reg. 3* 1), zur Gebetspraxis (2), zu den Essgewohnheiten (3), zum Verhalten außerhalb des Klosters, gegenüber den Frauen (die im Kloster nicht zugelassen sind) und den Mitbrüdern (4), zu den Tätigkeiten in der Gemeinschaft, wie beispielsweise zur Pflege der Kleidung, zu Wäsche und Bad, zu Krankenpflege und

Praeceptum

Bibliotheksbenutzung (5), zum Erbitten und Gewähren von Verzeihung (6) und zur Position des „Vorstehers" (*praepositus*) im Verhältnis zu den Mitbrüdern (7). In Form eines Gebets wird als Grundsatz festgehalten, dass sich die Brüder bei der Beachtung dieser Regeln von der Liebe zur geistigen Schönheit leiten lassen sollen (*tamquam spiritalis pulchritudinis amatores*), und schließlich wird festgelegt, dass diese Regel einmal pro Woche gelesen werden soll (8).

Der Tenor dieser Regeln ist die Betonung der Einheit und Eintracht der Mönche. Als biblische Autorität wird dafür die Wendung „ein Herz und eine Seele" aus der Charakterisierung der Jerusalemer Urgemeinde in der Apostelgeschichte herangezogen (*Act* 4,32: *cor et anima una*). Allerdings lässt sich auch die pagane, als pythagoreisch geltende Definition der Freundschaft als des gemeinsamen Strebens nach Einmütigkeit und seelischer Verbundenheit zum Vergleich heranziehen (Cic. *off.* 1,56), die Augustin offenbar kannte (vgl. *ord.* 2,48; *conf.* 4,13: *e pluribus unum*; 6,24; *reg. 3* 1). Alle augustinischen Verhaltensregeln sind im Sinn der Wahrung dieser Eintracht und Harmonie zu verstehen: die Bekämpfung von Hochmut gegenüber anderen, die schonungslose, aber von Liebe geleitete Kritik am Mitbruder, die Gütergemeinschaft, die gemeinsam zu verwirklichende einfache Lebensform, die Akzeptanz eines Vorstehers, die Regeln für das Alltagsleben. Das Ziel dieser Harmonie ist die Ausrichtung auf Gott, der im Sinn von Augustins Gnadenkonzept das Gelingen des Unternehmens erst möglich macht.

Die Augustinusregel ist seit dem 11. Jahrhundert im Westen Europas zu einem „Grundpfeiler des Ordenswesens" geworden (Zumkeller). Sie beeinflusste eine Reihe anderer Klosterregeln (so auch die Benedictusregel), bildete bei zahlreichen Ordensgründungen die Grundlage, und über 100 Ordensgemeinschaften regeln das klösterliche Leben nach ihr (so zum Beispiel die Augustiner-Chorherren, die Augustiner-Eremiten, die Prämonstratenser, der Ritterorden der Johanniter und Deutschherren, die Mendikantenorden der Dominikaner usw.).

Einheit und Eintracht

173

Einen modernen Leser muss vieles von dem, was wir in Augustins Schriften lesen und von den im Text rekonstruierbaren Gedankengängen verstehen können, befremden. Eine Anthropologie, in der der Mensch von der Erbsünde belastet und bei allem, was er tut, auf die göttliche Gnade angewiesen ist, widerspricht in der Regel dem an den antiken und neuzeitlichen Traditionen orientierten Denken des modernen Menschen. Wir haben gelernt, uns für unsere intellektuellen und moralischen Leistungen und unser Versagen selbst verantwortlich zu fühlen, und es liegt den allermeisten von uns wohl völlig fern, unseren Sexualtrieb und unsere Willensschwäche auf Adam und Eva zurückzuführen. Dennoch wird Augustin zu den „101 wichtigsten Personen der Weltgeschichte" gezählt (Udo Sautter; vgl. Einleitung S. 1). Dies lässt sich dadurch erklären, dass er bereits zu seinen Lebzeiten mit den kirchenpolitischen Aktivitäten und zahlreichen Schriften die afrikanische und auch die ‚römische' Kirche stark geprägt und als Theologe und Philosoph noch mehr als vierzehn Jahrhunderte nach seinem Tod auf verschiedenen Ebenen weiter gewirkt hat.

Nach seinem Tod fanden seine Lehren in Papst Gregor dem Großen (6. Jahrhundert) einen prominenten und auch politisch mächtigen Vertreter und in einer Reihe weiterer Kleriker oder Laien begeisterte Anhänger, wodurch nicht allein seine Position, sondern auch seine Schriften weiter verbreitet und tradiert wurden. Im Mittelalter lasen Mönche und gebildete Kleriker offenbar eifrig Augustin und integrierten seine Lehren in fast alle Bereiche, mit denen sie sich befassten: Er galt als Autorität in theologischen, philosophischen und staatstheoretischen oder auch politischen Fragen, so dass man heute vom theologischen, philosophischen und politi-

Augustinismus   schen Augustinismus spricht. Persönlichkeiten wie der Mönch Gottschalk (9. Jahrhundert), Anselm von Canterbury (11. Jahrhundert), Bonaventura (13. Jahrhundert) und Thomas von Aquin (13. Jahrhundert) schöpften einen großen Teil ihrer Kenntnisse aus Augustins Schriften und legten ihren wissenschaftlichen Arbeiten seine Dogmen als Prämissen zugrunde. Auch wenn ihm nach der Wiederentdeckung des Aristoteles im Spätmittelalter und mit der ‚Wiedergeburt' der Antike und der paganen antiken Autoren im Renaissance-Humanismus harte Konkurrenz erwachsen war, so schreibt doch Francesco Petrarca, dass er bei der Besteigung des Mont Ventoux, die er ins Jahr 1336 datiert, Augustins *Confessiones* bei sich hatte und las, und Marsilio Ficino entwarf seinen ‚Florentiner Platonismus' nicht ohne die augustinische Platon-Rezeption. Die Reformation ist ohne Augustin nicht zu denken, da Luther als ehemaliger Mönch der Augustiner Chorherren, die sich auf die Augustinusregel berufen, vom Augustinismus geprägt war und sich selbst zeitweise eingehend mit einzelnen Schriften des Kirchenvaters auseinandersetzte, und auch Calvin, Zwingli und – der eher kritische – Erasmus sind nachgewiesenermaßen Augustin-Leser; Erasmus hat sogar eine Gesamtausgabe von Augustins Werken gemacht. In der frühen Neuzeit konnte René Descartes seinen systematischen Zweifel und das ‚Cogito' nicht konzipieren, ohne dass er – nach seinen eigenen Aussagen unbewusst – augustinisches Gedankengut mit einbezog. Im 17. Jahrhundert fand Augustin in dem Löwener Theologen und katholischen Bischof Cornelius Jansen (Jansenius) einen getreuen Verfechter seiner Gnadenlehre, der im 17. und 18. Jahrhundert durch die Bewegung des Jansenismus in den theologischen Diskussionen – vor allem in Frankreich (Antoine Arnauld, Blaise Pascal) – weiterwirkte. In der Aufklärung markierten die führenden Intellektuellen – außer Schleiermacher – Distanz zum Kirchenvater, doch war Augustin auch dann präsent, wenn man sich – wie Jean-Jacques Rousseau mit dem Titel und Inhalt der *Confessions* – von ihm absetzen wollte. Ein Resultat der intensiven Beschäftigung mit Augustin im 17. Jh. war die Gesamtausgabe seiner Werke durch die Benediktiner von Saint Maur, die im 19. Jahrhundert von J.-P. Migne in der Reihe *Patrologia Latina* neu aufgelegt wurde. So blieben die Schriften Augustins auch im 19. und 20. Jahrhundert bequem greifbar, und auch wenn Friedrich Nietzsche ihm „verpöbelten Platonismus" vorgeworfen hatte, setzten sich Philosophen wie Edmund Husserl, Bertrand Russell, Ludwig Wittgenstein, Max Scheler, Martin Heidegger, Karl Jaspers, der Augustin neben Platon und Kant stellt, und Hannah Arendt, die 1929 bei Jaspers in Heidelberg mit einer Arbeit über den „Liebesbegriff bei Augustin" promoviert wurde, intensiv mit Augustin auseinander. In der Gegenwart sind Augustins Schriften Gegenstand des Interesses vor allem von Theologen und Philologen und stehen an mehreren Forschungszentren in Europa und den USA im Zentrum der wissenschaftlichen Arbeit: in Paris am Institut d'Etudes Augustiniennes, wo die zweisprachige Reihe der *Bibliothèque Augustinienne*, die Schriftenreihe *Collection des Etudes Augustiniennes* und die beiden Zeitschriften *Revue des Etudes Augustiniennes* und *Recherches Augustiniennes* herausgegeben werden; in Rom am Institutum Patristicum Augustinianum, wo die zweisprachige Reihe *Nuova Biblioteca Agostiniana* und die Zeitschrift *Augustinianum* herausgegeben werden; in Löwen am Augustijns Historisch Instituut, wo die Zeitschrift *Augustiniana* herausgegeben wird; in Wien an der Österreichischen Akademie der Wissenschaften, wo das Editionsunternehmen des *Corpus Scriptorum Ecclesiasticorum Latinorum* lokalisiert ist; in Villanova (USA) am Augustinian Institute der Villanova University, wo die Zeitschrift *Augustinian Studies* und die Schriftenreihe *Collectanea Augustiniana* herausgegeben werden; in Mailand geben die Padres Agostinos Recoletos die Zeitschrift *Augustinus* heraus. In Deutschland ist Würzburg das Zentrum der Augustin-Forschung, wo am Augustinus-Institut eine (teilweise zweisprachige) Übersetzungsreihe sowie die Schriftenreihe *Cassiciacum* verlegt und wo am „Zentrum für Augustinus-Forschung" das *Augustinus-Lexikon* herausgegeben und die elektronische Datenbank *Corpus Augustinianum Gissense* erstellt werden; dort wird auch die Homepage „www.augustinus.de" betreut. An der Ruhr-Universität Bochum wird das Projekt der neuen zweisprachigen Augustinus-Gesamtausgabe redigiert. Auch an den Schweizer Universitäten hat die Augustin-Forschung ihren festen Platz: Im April 2001 organisierte die Université de Fribourg zusammen mit dem Haut Conseil Islamique und dem Eidgenössischen Departement für auswärtige Angelegenheiten eine internationale Tagung in Algier und Annaba (dem antiken Hippo Regius) unter dem Titel „1er Colloque international sur le philosophe algérien Augustin" – vielleicht ein Zeichen, dass Augustin

Maurinerausgabe – Nachdruck von Migne

Forschungszentren – Editionsunternehmen

trotz konfessioneller und religiöser Gegensätze in seiner ‚Heimat‘ Nordafrika wieder zum Gegenstand wissenschaftlicher Auseinandersetzung wird, wie er es im französischen Algerien tatsächlich lange Zeit gewesen war. Nicht zu vergessen ist die Bedeutung der Figur des ‚Heiligen Augustinus‘, der auf unzähligen bildlichen Darstellungen erscheint, von denen die älteste – in der Lateranbibliothek – ins 6. Jahrhundert zu datieren ist, und der auch Eingang gefunden hat in die ‚schöne Literatur‘: als Bühnenfigur in den Adaptationen der *Confessiones* für die Jesuitenbühne, als (nicht-heiliger) Adressat fiktiver Briefe aus der Feder der verstoßenen Konkubine (Jostein Gaarder) oder als verwirrter Kirchenvater in Robert Gernhardts Gedicht-Zyklus „Wörtersee“.

So lässt sich also in mehreren Bereichen dokumentieren, dass Augustin wohl zu Recht zu den „101 wichtigsten Personen der Weltgeschichte“ gezählt werden kann. Als eine der einflussreichsten Persönlichkeiten und einer der produktivsten Autoren der ausgehenden Antike hat er über die Jahrhunderte hin die Tradition unserer Religion, Bildung und Kultur mit geprägt. So rechtfertigt allein schon die enorme Nachwirkung eine weitere intensive Beschäftigung mit Augustins Schriften. Doch letztlich werden es andere Gründe sein, die auch kritische und sogar agnostische Leserinnen und Leser dazu bringen, sich immer noch und immer wieder mit den augustinischen Schriften auseinanderzusetzen: Sein umfangreiches Werk bietet nicht nur eine breite Palette von Themen, die Philosophen, Theologen, Historiker und Literaturwissenschaftler interessieren können, sondern auch eine von der Thematik unabhängige, ungewöhnliche Schreibweise, mit der Gedanken artikuliert, weitergesponnen, korrigiert, Argumente eingesetzt oder widerlegt, Fragen gestellt, beantwortet und gleich wieder neu formuliert und immer wieder mögliche Antworten evaluiert und weitere gesucht werden. Es sind also nicht allein die scholastisch-dogmatische Tradition und die Eigendynamik der Rezeptionsgeschichte, die Augustin auf der Skala der welthistorischen Wichtigkeit zu einem hohen Rang verholfen haben, sondern auch die logische Stringenz der Gedankengänge und die schonungslose Offenheit der Analyse menschlicher Schwächen, die in allen seinen Texten fassbar sind.

Abkürzungen

Die Werktitel der antiken Autoren mit der Ausnahme Augustins sind nach dem *Thesaurus Linguae Latinae,* dem *Greek-English Lexicon* von Liddell & Scott und dem *Greek Patristic Lexicon* von Lampe abgekürzt. Die Abkürzungen der Titel der augustinischen Schriften richten sich nach dem Augustinus-Lexikon.

Zeitschriften, Reihen, Lexika

A&A	Antike und Abendland
AL	Augustinus-Lexikon
AugStud	Augustinian Studies
DNP	Der Neue Pauly
FS	Festschrift für …
HWRh	Historisches Wörterbuch der Rhetorik
JbAC	Jahrbuch für Antike und Christentum
LACL	Lexikon für antike und christliche Literatur
NLH	New Literary History
ThR	Theologische Rundschau
TRE	Theologische Realenzyklopädie
RAC	Reallexikon für Antike und Christentum
REAug	Revue des Etudes Augustiniennes
RecAug	Recherches Augustiniennes
StPatr	Studia patristica
WdF	Wege der Forschung
WJA	Würzburger Jahrbücher für die Altertumswissenschaft
ZPhF	Zeitschrift für philosophische Forschung

Abgekürzt zitierte Werke Augustins

Acad.	*Contra Academicos (De Academicis)*
adn. Iob	*Adnotationes in Iob*
agon.	*De Agone Christiano*
an. et or.	*De Anima et eius Origine*
an. quant.	*De Animae Quantitate*
bapt.	*De Baptismo*
beata v.	*De Beata Vita*
b. coniug.	*De Bono Coniugali*
brevic.	*Breviculus Collationis contra Donatistas*
cat. rud.	*De Catechizandis Rudibus*
civ.	*De Civitate Dei*
conl. Max.	*Conlatio cum Maximino Arrianorum Episcopo*
correct.	*De Correctione Donatistarum = ep.* 185
corrept.	*De Correptione et Gratia*

Cresc.	*Ad Cresconium Grammaticum Partis Donati*
dial.	*De Dialectica*
div. qu.	*De Diversis Quaestionibus octoginta tribus*
divin. daem.	*De Divinatione Daemonum*
doctr. chr.	*De Doctrina Christiana*
duab. an.	*De Duabus Animabus*
Dulc. qu.	*De Octo Dulcitii Quaestionibus*
Emer.	*Gesta cum Emerito Donatistarum Episcopo*
en. Ps.	*Enarrationes in Psalmos*
ench.	*De Fide, Spe et Caritate*
ep.	*Epistulae*
ep. ...*	*Epistulae ab I. Divjak repertae*
ep. Io. tr.	*In Epistulam Iohannis ad Parthos tractatus*
c. ep. Man.	*Contra Epistulam Manichaei quam vocant Fundamenti*
c. ep. Parm.	*Contra Epistulam Parmeniani*
c. ep. Pel.	*Contra duas Epistulas Pelagianorum*
ep. Rm. inch.	*Epistulae ad Romanos Inchoata Expositio*
exp. Gal.	*Expositio Epistulae ad Galatas*
exp. Iac.	*Expositio Epistulae Iacobi ad duodecim tribus*
exp. prop. Rm.	*Expositio quarundam Propositionum ex Epistula Apostoli ad Romanos*
c. Faust.	*Contra Faustum Manichaeum*
c. Fel.	*Contra Felicem Manichaeum*
f. et symb.	*De Fide et Symbolo*
c. Fort.	*Acta Contra Fortunatum Manichaeum*
c. Gaud.	*Contra Gaudentium Donatistarum Episcopum*
Gn. litt.	*De Genesi ad Litteram*
Gn. litt. inp.	*De Genesi ad Litteram liber imperfectus*
Gn. adv. Man.	*De Genesi adversus Manichaeos*
gramm.	*De Grammatica: Regulae*
gr. et lib. arb.	*De Gratia et Libero Arbitrio*
gr. et pecc. or.	*De Gratia Christi et de Peccato Originali*
imm. an.	*De Immortalitate Animae*
Io. ev. tr.	*In Iohannis Evangelium tractatus*
c. Iul.	*Contra Iulianum*
c. Iul. imp.	*Contra Iulianum opus imperfectum*
lib. arb.	*De Libero Arbitrio*
c. litt. Pet.	*Contra Litteras Petiliani*
loc.	*Locutiones in Heptateuchum*
mag.	*De Magistro*
c. Max.	*Contra Maximinum Arrianum*
mor.	*De Moribus Ecclesiae Catholicae et De Moribus Manichaeorum*
mus.	*De Musica*
nat. b.	*De Natura Boni*
nupt. et conc.	*De Nuptiis et Concupiscentia ad Valerium*
ord.	*De Ordine*
pecc. mer.	*De Peccatorum Meritis et Remissione et De Baptismo Parvulorum ad Marcellinum*

persev.	*De Dono Perseverantiae liber ad Prosperum et Hilarium secundus*
praed. sanct.	*De Praedestinatione Sanctorum liber ad Prosperum et Hilarium primus*
ps. c. Don.	*Psalmus contra Partem Donati*
pulch.	*De Pulchro et de Apto*
qu.	*Quaestiones in Heptateuchum*
reg. 2	*Regula (Ordo Monasterii)*
reg. 3	*Regula (Praeceptum)*
retr.	*Retractationes*
rhet.	*De Rhetorica*
s.	*Sermones*
s. Dolbeau	*Sermones a F. Dolbeau editi*
s. Guelf.	*Sermones Moriniani ex collectione Guelferbytana* (Wolfenbüttel)
c. s. Arrian.	*Contra Sermonem Arrianorum*
Simpl.	*Ad Simplicianum*
sol.	*Soliloquia*
spir. et litt.	*De Spiritu et Littera*
trin.	*De Trinitate*
un. bapt.	*De Unico Baptismo contra Petilianum ad Constantinum*
util. cred.	*De Utilitate Credendi*
vera rel.	*De Vera Religione*

Biblische Schriften

LXX	Septuaginta

Altes Testament

Gn	Genesis
Ex	Exodus
Ps	Psalmen (*Psalmi*)
Sap	Weisheit (*Sapientia*)
Is	Jesaja (*Isaia*)
2 Mcc	Zweites Makkabäerbuch (*Maccabaeorum liber secundus*)

Neues Testament

Mt	Matthäusevangelium (*Evangelium secundum Matthaeum*)
Lc	Lukasevangelium (*Evangelium secundum Lucam*)
Io	Johannesevangelium (*Evangelium secundum Iohannem*)
Act	Apostelgeschichte (*Actus Apostolorum*)
Rm	Römerbrief (*Epistula Pauli ad Romanos*)
1 Cor/2 Cor	Erster und Zweiter Korintherbrief (*Epistulae Pauli ad Corinthios*)
Gal	Galaterbrief (*Epistula Pauli ad Galatas*)
Phil	Philipperbrief (*Epistula Pauli ad Philippenses*)
Col	Kolosserbrief (*Epistula Pauli ad Colossenses*)
1 Io	Erster Johannesbrief (*Epistula Iohannis*)

179

Bibliographischer Anhang

1. Einführungen zu Person und Werk Augustins

www.augustinus.de: *Augustinus hat auch eine Homepage! Unter dieser Web-Adresse findet man eine Literatur-Datenbank (s. u. zu 6) sowie Informationen zu „Leben, Denken und Werk".*

Bonner, G., Augustinus (vita), AL 1 (1986–1994) 519–550. *Knappe, aber umfassende Zusammenstellung der wichtigsten Daten und Fakten in englischer Sprache.*

Brown, P., Augustine of Hippo. A Biography. A New Edition with an Epilogue (London ²2000, erweiterte Ausgabe der 1. Auflage von 1967) / Augustinus von Hippo. Eine Biographie. Erweiterte Neuausgabe, aus dem Engl. von J. Bernard und W. Kumpmann (München ²2000, erweiterte Ausgabe der 1. Auflage Frankfurt a. M. 1982). *Ein Standardwerk! Die 2. Auflage enthält einen Epilog, in dem Brown auf die neuentdeckten Briefe und Predigten eingeht und sein – oft kritisches – Urteil über Augustin teilweise revidiert. Die dt. Übersetzung dieser Neuauflage ist als Taschenbuch erschienen.*

Dassmann, E., Augustinus. Heiliger und Kirchenlehrer (Stuttgart/Berlin/Köln 1993). *Eine lebendig geschriebene Darstellung von Leben und Denken Augustins aus der Feder eines Theologen.*

Flasch, K., Augustin. Einführung in sein Denken (Stuttgart 1980). *Die kritische Sicht des Philosophen Kurt Flasch ist teilweise wohltuend nüchtern, teilweise aber auch etwas destruktiv.*

Geerlings, W., Augustinus. Leben und Werk. Eine bibliographische Einführung (Paderborn etc. 2002). *Mit einer kurzen Darstellung der Biographie, einer Werkübersicht, kurzen Zusammenfassungen und einem ausführlichen Literaturverzeichnis zu jeder Schrift.*

Harrison, C., Augustine. Christian Truth and Fractured Humanity (Oxford 2000). *Eine exzellente Einführung in Zeitgeschichte, Biographie und Schriften Augustins, speziell für Studierende.*

Horn, C., Augustinus (München 1995). *Eine intelligent geschriebene Einführung, die auch philosophische Aspekte herausarbeitet.*

Kreuzer, J., Augustinus (Frankfurt/New York 1995). *Eine Darstellung der wichtigsten Themenbereiche in Augustins Werk.*

Madec, G., Augustin, Handbuch der Lateinischen Literatur der Antike, Bd. 6 (HAW VIII/6) § 691 [im Druck]. *Umfassende Darstellung von Biographie*

und einzelnen Schriften, mit einer reichen Bibliographie.

Neumann, U., Augustinus (Reinbek bei Hamburg 1998). *Ersetzt die ältere Monographie von H.-I. Marrou in der Reihe rororo Monographien, illustriert.*

Schindler, A., Augustin/Augustinismus I, TRE 4 (1979) 645–698. *Eine gute Zusammenstellung von Daten und Informationen zu Augustins Leben und Denken sowie zu den verschiedenen Standpunkten in der Forschung.*

Schöpf, A., Augustinus. Einführung in sein Philosophieren (Freiburg/München 1970). *Mit einem Schwerpunkt auf der Erkenntnistheorie. Kap. I zu „Modernen Parallelen zum Augustinischen Denken".*

2. Lexika

AL: Augustinus-Lexikon, Bd. 1, hrsg. von C. Mayer/ K. H. Chelius (Basel/Stuttgart 1986–1994); Bd. 2, hrsg. von C. Mayer/K. H. Chelius/A. Grote (Basel/Stuttgart 1996–2002). *Das AL ist ein Begriffs-, Namens- und Werk-Lexikon. Neben Eigennamen und Begriffen werden sämtliche Werke Augustins ausführlich besprochen.*

Augustine through the Ages. An Encyclopedia, hrsg. von A. D. Fitzgerald (Grand Rapid, Michigan/ Cambridge U. K. 1999). *Ein Begriffslexikon, auch in ital. Übersetzung.*

LACL: Lexikon für antike und christliche Literatur, hrsg. von S. Döpp/W. Geerlings (Freiburg 1998, ²1999, ³2002). *Enthält Einträge zu (fast) allen antiken christlichen Autoren, auch zu literarischen Formen und Gattungen, die in der christlichen Literatur eine Rolle spielen.*

3. Kritische Ausgaben/Überlieferung

Maur./Ben.: Sancti Aurelii Augustini opera omnia, studio monachorum ordinis s. Benedicti, 11 Bde (Paris 1679–1700). *Die sogenannte ‚Mauriner-Ausgabe' der Benediktiner-Mönche von St. Maur der Abtei von St. Germain-des-Prés. Keine kritische Ausgabe im strengen Sinn, da die Mauriner nur eine Auswahl von Handschriften kollationiert haben. Dient aber als Grundlage für eine Reihe von neueren Ausgaben, v. a. der PL.*

PL: Patrologia Latina, ed. J. P. Migne, Bde. 32–47 (Paris 1841–1849). *Druckt im wesentlichen den*

181

Text der Maurinerausgabe ab. Für einige der Schriften jedoch immer noch die grundlegende Ausgabe, öfter abgedruckt in zweisprachigen Ausgaben.

CSEL: Sancti Augustini opera, in: Corpus Scriptorum Ecclesiasticorum Latinorum (Wien 1887 ff.). *Editionsunternehmen der Österreichischen Akademie der Wissenschaften mit höchsten Ansprüchen; ältere Ausgaben werden sukzessive ersetzt.*

Die handschriftliche Überlieferung der Werke des heiligen Augustinus: M. Oberleitner, Bd. 1,1/2: Italien (Wien 1969) 18 f.; F. Römer, Bd. 2,1/2: Großbritannien und Irland (Wien 1972); ders., Bd. 3,1/2: Polen (Wien 1973); J. Divjak, Bd. 4,1/2: Spanien und Portugal (Wien 1974); R. Kurz, Bd. 5,1/2: Bundesrepublik Deutschland und Westberlin (Wien 1976); D. Weber, Bd. 6,1/2: Österreich (Wien 1993); C. Weidmann, Bd. 7,1/2: Tschechische und Slowakische Republik (Wien 1979); M. T. Wieser, Bd. 8,1/2: Belgien, Luxemburg, Niederlande (Wien 2000); S. Janner/R. Jurot/D. Weber, Bd. 9, 1/2: Schweiz (Wien 2001). *Wie das CSEL ein Projekt der Österr. Akademie, das die Bestände mittelalterlicher und frühneuzeitlicher Handschriften in den Bibliotheken aller Länder systematisch erfassen soll (je 1 Halbbd. „Werkverzeichnis" und „Verzeichnis nach Bibliotheken").*

CChrSL/CCL: Aurelii Augustini opera, in: Corpus Christianorum. Series Latina (Turnhout 1954 ff.). *Kritische Ausgaben verschiedener augustinischer Schriften, allerdings mit Druckfehlern!*

s. Dolbeau: Augustin d'Hippone, Vingt-six sermons au peuple d'Afrique, ed. par. F. Dolbeau (Paris 1996). *Ausgabe der ‚Mainzer Predigten' mit ausführlichen Kommentaren (= Sammlung von Dolbeaus Erstpublikationen in verschiedenen Zeitschriften, mit Addenda).*

4. Übersetzungsreihen – Zweisprachige Ausgaben

a) Deutsch

Aufgeführt sind nur Reihen, keine Einzelübersetzungen oder -ausgaben.

Augustinus-Gesamtausgabe
Augustinus, Opera – Werke, krit. Gesamtausgabe lat.-dt., hrsg. von W. Geerlings (Paderborn etc. 2002 ff.). *Auf ca. 130 Bände angelegtes Unternehmen, mit ausführlichen Einleitungen und Laufkommentaren. Bisher 3 Bde. und ‚Vorausband' erschienen. Vgl. oben zu 1 und unten zu 7 (B II.7: De Magistro).*

Deutsche Augustinusausgabe
Aurelius Augustinus' Werke in deutscher Sprache, hrsg. und übers. von C. J. Perl u. a. (Paderborn etc. 1955 ff.). *Nicht vollständig, enthält u. a. „Die Auslegung der Psalmen" (Auswahl), „Über den Wortlaut der Genesis", „Die Retractationen". Übersetzungen teilweise sehr frei.*

Augustinus-Verlag
St. Augustinus der Seelsorger. Deutsche Gesamtausgabe seiner moraltheoretischen Schriften, hrsg. von A. Kunzelmann/A. Zumkeller (Würzburg 1949 ff.). *Übersetzungen der Schriften zum Themenbereich Ehe, Jungfräulichkeit, Witwenschaft, Mönchsgemeinschaften usw.*

St. Augustinus, der Lehrer der Gnade. Lat.-dt. Gesamtausgabe seiner antipelagianischen Schriften, hrsg. von S. Kopp/T. G. Ring/A. Zumkeller (Würzburg 1955 ff.). *Zweisprachige Ausgaben der Schriften zur Gnadenlehre, mit ausführlicher Einleitung.*

T. G. Ring, An Simplicianus zwei Bücher über verschiedene Fragen (1991). *Explizit gegen K. Flaschs 'Logik des Schreckens'.*

Bibliothek der Alten Welt (BAW)
Augustinus, 7 Bde. (Zürich/München 1950–1973). *Teilweise zweisprachig. Konzentration auf philosophische Schriften, inkl. Confessiones und De Civitate Dei. Soliloquia zusätzlich in der Reihe Tusculum (München/Zürich 1986), De Civitate Dei auch bei dtv (München ³1991).*

Bibliothek der Kirchenväter
Des heiligen Kirchenvaters Aurelius Augustinus ausgewählte Schriften, aus dem Lat. übers., Bde.1–12 (Kempten/München 1911 ff.). *Enthält u. a. die einzige vollständige Übersetzung von De Trinitate.*

Fontes Christiani (FC)
Augustinus, De Utilitate Credendi – Über den Nutzen des Glaubens, übers. und eingel. von A. Hoffmann, FC Bd. 9 (Freiburg etc. 1992). *Mit ausführlicher Einleitung.*

Augustinus-Hieronymus, Epistulae Mutuae/Briefwechsel, übersetzt und eingeleitet von A. Fürst, FC Bd. 41/1–2 (Turnhout 2002). *Mit vorzüglicher Einleitung.*

Meiner
Aurelius Augustinus, De trinitate (Bücher VIII–XI, XIV–XV, Anhang: Buch V), lat.-dt., übers. und mit Einl. hrsg. von J. Kreuzer (Hamburg 2001).

Aurelius Augustinus, De musica, Bücher I und VI. Vom ästhetischen Urteil zur metaphysischen Erkenntnis, lat.-dt., eingel., übers. und mit Anmm. versehen von F. Hentschel (Hamburg 2002).

Reclam
Aurelius Augustinus, De beata vita – Über das Glück, lat.-dt., Übers., Anmm. und Nachwort von I. Schwarz-Kirchenbauer/W. Schwarz (Stutt-

gart 1982). *Nachdruck der Übersetzung aus der Reihe Bibliothek der Alten Welt.*

Aurelius Augustinus, De vera religione – Über die wahre Religion, lat.-dt., Übers. und Anmm. von W. Thimme, Nachwort von K. Flasch (Stuttgart 1983). *Nachdruck der Übersetzung aus der Reihe Bibliothek der Alten Welt.*

Aurelius Augustinus, Bekenntnisse, mit einer Einl. von K. Flasch, übers., mit Anmm. und hrsg. von K. Flasch/B. Mojsisch (Stuttgart 1989). *Einsprachig.*

Aurelius Augustinus, De magistro – Über den Lehrer, lat.-dt., übers. und hrsg. von B. Mojsisch (Stuttgart 1998).

Aurelius Augustinus. Die christliche Bildung (De doctrina Christiana), Übers., Anmm. und Nachwort von K. Pollmann (Stuttgart 2002). *Einsprachig.*

b) Andere Sprachen

Franz.

Œuvres de saint Augustin, Bibliothèque Augustinienne (BA/BAug), Paris. *Mit ausführlichen Einleitungen und Anmerkungen. Oft mit dem Text der Mauriner-Ausgabe. Auf 85 Bde. geplant, bisher knapp 50 erschienen, teilweise neu bearbeitet und mit neu ediertem Text. Unternehmen des Institut d'Etudes Augustiniennes in Paris.*

Nouvelle Bibliothèque Augustinienne, Paris. *Einsprachige Reihe desselben Unternehmens.*

Saint Augustin. Oeuvres, La Pléiade, 3 Bde., Paris. *Dünndruckausgabe, Übers., mit Anmerkungen.*

Ital.

Opere di Sant'Agostino, Nuova Biblioteca Agostiniana (NBA), Edizione latino-italiana, Rom.

Sant'Agostino, Scrittori Greci e Latini, Fondazione Lorenzo Valla, Mailand. *Zweisprachige, kommentierte Ausgabe u. a. der Confessiones (5 Bde.).*

Aurelio Agostino, I Classici del Pensiero, Mailand. *Übersetzungen v. a. philosophischer Schriften, mit Einleitung, von M. Bettetini.*

Span.

Obras de San Augustín, Biblioteca de Autores Cristianos (BAC), Madrid.

Engl./USA

The Works of Saint Agustine (WSA). A Translation for the Twenty-First Century, ed. J. Rotelle, New York.

5. Zeitschriften

Aufgeführt sind hier nur diejenigen Zeitschriften, die hauptsächlich Publikationsorgane für die Augustinus-Forschung sind, obwohl sie auch Beiträge zu anderen antiken christlichen Autoren und Themen enthalten. Aufsätze zu Augustin finden sich jedoch auch in den meisten Fachzeitschriften auf dem Gebiet der Klassischen Philologie, teilweise der Alten Geschichte, der Philosophie und Theologie.

Aug: Augustinianum. Periodicum semestre Instituti Patristici Augustinianum, Rom.

Aug(L): Augustiniana. Tijdschrift voor de studie van S. Augustinus en de Augustijnerorde, Löwen.

AugStud: Augustinian Studies, Villanova (USA).

Augustinus: Augustinus. Revista trimestral publicada por los Padres Agustinos Recoletos, Madrid.

REAug: Revue des Etudes Augustiniennes, Paris.

RechAug: Recherches Augustiniennes, Paris.

6. Bibliographien/Forschungsberichte

www.augustinus.de: Eine ausführliche Literatur-Datenbank mit ca. 22 000 Titeln, die auch verschlagwortet sind.

Andresen, C., Bibliographia Augustiniana (Darmstadt ²1973).

Bavel, T. van, Répertoire bibliographique de saint Augustin, 1950–1960 (New York/Oxford 1963).

Lorenz, R., Zwölf Jahre Augustinus-Forschung (1959–1970), ThR 39 (1974) 95 ff., 253 ff., 331 ff.

Revue des Etudes Augustiniennes: „Bulletin Augustinien". *Erscheint jährlich.*

Mayer, C./Chelius, K. H. (Hrsg.), Internationales Symposium über den Stand der Augustinus-Forschung, vom 12. bis 16. April in Gießen, Cassiciacum 39, 1 (Würzburg 1989). *Mit Forschungsberichten zu einzelnen Themenbereichen.*

7. Literatur zu den einzelnen Kapiteln

Die Einträge sind entsprechend der Gliederung im Hauptteil dieses Buches angeordnet. Einzelnen Monographien oder Aufsätzen sind Kurzkommentare beigefügt, die rein informativen Charakter haben sollen. Sie fehlen, wenn der Titel selbst genügend Informationen enthält. In der Regel nicht kommentiert sind auch die Lexikonartikel.

A. „Augustin im Diskurs der Spätantike"

A I. „Der Diskurs der Spätantike: Personen, Themen und Tendenzen"

Übergreifende Literatur:
Campenhausen, H. von, Lateinische Kirchenväter (Stuttgart etc. ⁶1986).

Demandt, A., Die Spätantike. Römische Geschichte von Diocletian bis Justinian 284–565 n. Chr., Handbuch der Altertumswissenschaft III.6 (München 1989).

Fuhrmann, M., Rom in der Spätantike. Porträt einer Epoche (Düsseldorf/Zürich [3]1998).

Leppin, H., Die Kirchenväter und ihre Zeit (München 2000).

Martin, J., Spätantike und Völkerwanderung, Oldenbourg Grundriss der Geschichte, Bd. 4 (München [3]1995).

A I.8. „Frauenpersönlichkeiten":

Feichtinger, B., Apostolae apostolorum. Frauenaskese als Befreiung und Zwang bei Hieronymus (Frankfurt a. M. etc. 1995).

Jensen, A., Frauen im frühen Christentum (Berlin etc. 2002).

A II. „Leben: ‚Dichtung und Wahrheit'"

Übergreifende Literatur:
S. o. zu 1. „Einführungen zu Person und Werk Augustins".

A II.1. „Die Quellenlage":

Elm, E., Die Macht der Weisheit. Das Bild des Bischofs in der Vita Augustini des Possidius und anderen spätantiken und frühmittelalterlichen Bischofsviten (Leiden/Boston 2003).

A II.2. „Curriculum Vitae Augustini":

Hombert, P.-M., Nouvelles recherches de chronologie Augustinienne (Paris 2000). *Mit teilweise überraschend neuen Datierungen, insbesondere von Predigten.*

Vössing, K., Schule und Bildung im Nordafrika der Römischen Kaiserzeit (Brüssel 1997).
Siehe auch unten zu A II.6.

A II.4. „Der junge Augustin und die Religion der Christen":

E. Dassmann, Ambrosius, AL 1 (1986–1994) 270–285.

A. Schindler, Catholicus, -a, AL 1 (1986–1994) 815–820.

A II.5. „Augustin und die Manichäer":

Decret, F., Faustum Manicheum (Contra –), AL 2 (1996–2002) 1244–1252.

Decret, F., Faustus Manichaeus, AL 2 (1996–2002) 1252–1255.

Oort, J. van /Wermelinger, O./Wurst, G. (Hrsg.), Augustine and Manichaeism in the Latin West. Proceedings of the Fribourg-Utrecht Symposium of the International Association of Manichaean Studies (IAMS) (Leiden/Boston/Köln 2001). *Darin besonders:* K. Rudolph, Augustinus Manichaicus – das Problem von Konstanz und Wandel, S. 1–15.

A II.6. „Augustins Bildungsweg: Vom Sprachunterricht zur Philosophie":

Marrou, H.-I., Augustinus und das Ende der antiken Bildung (= Saint Augustin et la fin de la culture antique, Paris 1938), übers. von L. Wirth-Poelchau, in Zus.arb. mit W. Geerlings, hrsg. von J. Götte (Paderborn etc. [2]1995). *Die deutsche Übersetzung basiert auf der 4. Auflage aus dem Jahr 1958, in der Marrou dem 1938 als Dissertation erschienenen Buch mehrere Berichtigungen und Erweiterungen hinzugefügt hat. Ein monumentales Werk, das allerdings maßgeblich dazu beigetragen hat, dass die Spätantike als Epoche des Verfalls der antiken Kultur betrachtet wurde. Marrou selbst relativiert diese Sicht in der „Retractatio" von 1958 (dt. Ausgabe Ss. 483–543).*

Vössing *(s. o. zu A II.2).*

Hadot, I., Erziehung und Bildung bei Augustin, in: Mayer/Chelius *(s. o. zu 6)* 99–130. *Vgl. auch zu B II.6.*

A II.7. „Karrierepläne":

Zumkeller, A., Die geplante Eheschließung Augustins und die Entlassung seiner Konkubine. Kulturgeschichtlicher und rechtlicher Hintergrund von conf. 6,23 und 25, in: A. Zumkeller (Hrsg.), Signum Pietatis. FS C. P. Mayer (Würzburg 1989) 21–35.

A II.8. „Konversion und Taufe: Die Absage an Karriere und Ehe":

Madec, G., Conuersio, AL 1 (1986–1994) 1282–1294.

O'Daly, G. J. P., Cassiciacum, AL 1 (1986–1994) 771–781.

Suso Frank, K. Antonius Aegyptius Monachus, AL 1 (1986–1994) 381–383.

A II.10. „Africa":

Lancel, S., Africa, AL 1 (1986–1994) 180–219.

A II.11. „Vom Zönobiten in Thagaste zum Kleriker in Hippo":

Feldmann, E./Schindler, A./Wermelinger, O., Alypius, AL 1 (1986–1994) 245–267.

Madec, G., Adeodatus, AL 1 (1986–1994) 87–90.
Siehe auch unten zu A II.12.

A II.12. „Die Klerikalisierung des Mönchtums und Monastisierung des Klerus":

Grote, A., Anachorese und Zönobium. Der Rekurs des frühen westlichen Mönchtums auf monastische Konzepte des Ostens (Stuttgart 2001).

Lawless, A., Augustine of Hippo and his Monastic Rule (Oxford 1987).

Zumkeller, A., Das Mönchtum des heiligen Augustinus (Würzburg ²1968).

A II.13. „Priester und Bischof: Der Kampf gegen die Donatisten":

Chelius, K. H., Compelle intrare, AL 1 (1986–1994) 1084f.

Frend, W. H. C., The Donatist Church. A Movement of Protest in Roman North Africa (Oxford ²1971).

Grossi, V., Baptismus, AL 1 (1986–1994) 583–591.

Lamirande, E., Coercitio, AL 1 (1986–1994) 1038–1046.

Lancel, S./Alexander, J. S., Donatistae, AL 2 (1996–2002) 606–638.

Mara, M. G., Arriani, Arrius, AL 1 (1986–1994) 450–459.

Schindler, A., Die Theologie der Donatisten und Augustins Reaktion, in: Mayer/Chelius (s.o. zu 6) 131–147.

A II.14. „Der Kampf gegen die Pelagianer":

Bonner, G., Caelestius, AL 1 (1986–1994) 690–698.

Bonner, G., Concupiscentia, AL 1 (1986–1994) 1113–1122.

Bonner, G., Baptismus paruulorum, AL 1 (1986–1994) 592–602.

Lamberigts, M., Iulianus IV (Iulianus von Aeclanum), RAC 19 (2001) 483–505.

Mayer, C., Causa finita est, AL 1 (1986–1994) 828.

Wermelinger, O., Neuere Forschungskontroversen um Augustinus und Pelagius, in: Mayer/Chelius (s.o. zu 6) 199–217.

A II.15. „Bilanz":

Divjak, J./Red., Epistulae, AL 2 (1996–2002) 893–1057.

Morgenstern, F., Die Briefpartner des Augustinus von Hippo. Prosopographische, sozial- und ideologiegeschichtliche Untersuchungen (Bochum 1993).

Munier, C./Sieben, H.-J., Concilium (concilia), AL 1 (1986–1994) 1085–1107.

A II.16. „Tod im belagerten Hippo":

Dolbeau, F., Le Liber XXI sententiarum (CPL 373): Edition d'un texte de travail, RecAug 30 (1997) 113–165. Edition der Notizzettel aus der augustinischen Werkstatt, mit Kommentar.

Lancel, S., Eraclius (Heraclius), AL 2 (1996–2002) 1084–1086.

A II.17. „Die bischöfliche Basilika von Hippo?":

Caillet, J.-P., Basilica, AL 1 (1986–1994) 608–614.

B. „Die Schriften: Themenschwerpunkte"

B I. „Überblick"

Übergreifende Literatur:

Chelius, K.-H., Augustins Werke und kritische Editionen, AL 2 (1996–2002) XI–XXX. Eine vollständige Liste der (bis jetzt) bekannten Schriften.

Geerlings, W., Augustinus, LACL (Freiburg ³2002) 78–98.

Geerlings (s.o. zu 1).

Elektronische Datenbanken:

CETEDOC library of Christian Latin texts (CLCLT-4), Universitas Catholica Lovanensis, ed. P. Tombeur (Turnhout 1996) bzw. Neuauflage: Library of Latin Texts (CLCLT-5). Enthält den Text der augustinischen Schriften vollständig, nicht lemmatisiert.

Corpus Augustinianum Gissense (CAG), a C. Mayer editum (1996). Eine Datenbank mit dem lemmatisierten lateinischen Text sämtlicher augustinischen und pseudoaugustinischen Schriften sowie einer verschlagworteten Bibliographie.

B I.1. „Augustin und seine Bücher":

Drecoll, V. H., Etiam posteris aliquid profuturum. Zur Selbststilisierung bei Augustin und der Beeinflussung der eigenen Wirkungsgeschichte durch Bücher und Bibliothek, REAug 47 (2002) 313–335.

May, G./Hönscheid, G. (Hrsg.), Die Mainzer Augustinus-Predigten. Studien zu einem Jahrhundertfund (Mainz 2003). Eine Aufsatzsammlung zu Inhalt und Überlieferung dieses Textcorpus.

Hübner, W., Emendatio, editio, AL 2 (1996–2002) 797–801.

B I.3. „Zu Sprache und Stil der augustinischen Schriften":

Bartelink, G. J. M., Augustin und die lateinische Umgangssprache, Mnemosyne 35 (1982) 283–289.

Mohrmann, C., Die altchristliche Sondersprache in den Sermones des heiligen Augustin (Amsterdam ²1965).

Schrijnen, J., L'évolution de la langue de saint Augustin, in: Collectanea Schrijnen (Nijmegen/Utrecht 1939) 321–334.

B II. „Die Frühdialoge: Klassische Formen und Fragestellungen"

B II.1. „Der literarische Dialog: Typologie":
Schmidt, P. L., Formtradition und Realitätsbezug im frühchristlichen lateinischen Dialog, WJA 3 (1977) 221–223.

Voss, B. R., Der Dialog in der frühchristlichen Literatur (München 1970). *Ein Grundlagenwerk.*

B II.2. „Die Cassiciacum-Dialoge":
Baltes, M., Academia, AL 1 (1986–1994) 40–45.

Doignon, J., Beata uita (De-), AL 1 (1986–1994) 618–624.

Fuhrer, T., Augustin, Contra Academicos (vel ‹De Academicis›), Bücher 2 und 3. Einleitung und Kommentar (Berlin/New York 1997).

Noronha Galvão de, H. Beatitudo, AL 1 (1986–1994) 624–638.

Schlapbach, K., Augustin, Contra Academicos vel De Academicis, Buch 1. Einleitung und Kommentar (Berlin/New York 2003).

Voss, B. R., Academicis (De –), AL 1 (1986–1994) 45–51.

B II.3. „Augustin als Leser platonischer Schriften":
Madec, G., Le Néoplatonisme dans la conversion d'Augustin, in: Mayer/Chelius *(s. o. zu 6)* 9–25 = ders., Petites Etudes Augustiniennes (Paris 1994) 51–69.

Ruhstorfer, K., Confessiones 7: Die Platoniker und Paulus. Augustins neue Sicht auf das Denken, Wollen und Tun der Wahrheit, in: N. Fischer/ C. Mayer *(s. u. zu B IV)* 283–341. *Mit einer Übersicht über die Forschungsdiskussion zu Augustins Kenntnis der platonischen Philosophie/Schriften.*

B II.4. „Augustins Auseinandersetzung mit dem Skeptizismus":
Fuhrer *(s. o. zu B II.2.).*

B II.5. „Glauben und Wissen":
Hofmann, A., Augustins Schrift „De utilitate credendi". Eine Analyse (Münster 1997).

Lütcke, K.-H., „Auctoritas" bei Augustin (Stuttgart/ Köln/Mainz 1968). *Zur Tradition des Begriffspaars ‚auctoritas/ratio' in der römischen Literatur, insbesondere bei Augustin.*

Lütcke, K.-H., Auctoritas, AL 1 (1986–1994) 498–510.

TeSelle, E., Crede ut intellegas, AL 2 (1996–2002) 116–119.

TeSelle, E., Credere, AL 2 (1996–2002) 119–131.

B II.6. „Die disciplinae liberales und die Philosophie":
Blumenberg, H., Die Legitimität der Neuzeit (Frankfurt a. M. 1996) 261–528 („Der Prozess der theoretischen Neugierde"), bes. 358–376 („Aufnahme der Neugierde in den Lasterkatalog").

Fussl, M./Pingree, D., Disciplinae liberales, AL 2 (1996–2002) 432–485.

Hübner, W., Disciplinarum libri, AL 2 (1996–2002) 485–487.

Hadot, I., Arts libéraux et philosophie dans la pensée antique (Paris 1984). *Hadot vertritt die These, dass Augustins Bildungskonzept auf Porphyrios zurückgehe, jedenfalls neuplatonisch sei. Vgl. auch oben zu A II.6.*

Marrou *(s. o. zu A II.6.).*

Müller, G. A., Formen und Funktionen der Vergilzitate und –anspielungen bei Augustin von Hippo (Paderborn 2003). *Eine umfassende Zusammenstellung und Interpretation der Stellen, an denen Augustin auf Vergil rekurriert.*

Ruef, H., Dialectica (De-), AL 2 (1996–2002) 401–407.

Ruef, H., Dialectica, dialecticus, AL 2 (1996–2002) 407–413.

B II.7. „Sprache und Erkenntnis":
Augustinus, De Magistro – Der Lehrer, zweisprachige Ausgabe unter Mitarbeit von P. Schulthess und R. Rohrbach eingel., komm. und hrsg. von T. Fuhrer (Paderborn etc. 2002). *Mit einer ausführlichen Einleitung.*

Borsche, T., Macht und Ohnmacht der Wörter. Bemerkungen zu Augustins ‚De magistro', in: B. Mojsisch (Hrsg.), Sprachphilosophie in Antike und Mittelalter (Amsterdam 1986) 121–163.

B III. „Mensch – Welt – Gott"

Übergreifende Literatur:
Dodaro, R./Lawless, G. (eds.), Augustine and his Critics (London/New York 2000). *Eine Aufsatzsammlung mit Schwerpunkt auf Augustins Auseinandersetzung mit seinen Gegnern zu verschiedenen Themenbereichen.*

Stump, E./Kretzmann, N., The Cambridge Companion to Augustine (Cambridge 2000). *Eine Sammlung von Aufsätzen, in denen die in den augustinischen Schriften prominenten philosophischen und theologischen Fragen je überblicksartig diskutiert werden.*

B III.1. „Die Weltordnung, das Böse und der freie Wille":

Bianchi, C./Müller, C., Diabolus, AL 2 (1996–2002) 381–396.

Blumenberg, H., Die Legitimität der Neuzeit (Frankfurt a.M. 1996) 139–149 („Die misslungene Abwendung der Gnosis als Vorbehalt ihrer Wiederkehr").

Bonner, G., Adam, AL 1 (1986–1994) 63–87.

Bonner, G., Eua, AL 2 (1996–2002) 1135–1140.

Drecoll, V. H., Die Entstehung der Gnadenlehre Augustins (Tübingen 1999).

Fischer, N., Bonum, AL 1 (1986–1994) 671–681.

Horn, C., Augustinus und die Entstehung des philosophischen Willensbegriffs, ZPhF 50 (1996) 113–132.

Mayer, C., Creatio, creator, creatura, AL 2 (1996–2002) 56–116.

Peetz, S., Augustin über die menschliche Freiheit (Buch V), in: Horn (*s.u. zu B V*) 63–86.

B III.2. „Die augustinische Seelenlehre und ihre Metaphorik":

Courcelle, P., Flügel (Flug) der Seele I, RAC 8 (1972) 29–65.

O'Daly, G. J. P., Anima, animus, AL 1 (1986–1994) 315–340.

O'Daly, G. J. P., Augustine's Philosophy of Mind (Berkeley/Los Angeles 1987). *Ein Standardwerk.*

B III.3. „Die Auferstehung des Leibes":

Bynum, C. W., The Resurrection of the Body in Western Christianity (New York 1995) 95–104.

Miles, M. R., Corpus, AL 2 (1996–2002) 6–20.

B III.4. „Das augustinische ,Cogito'":

Horn, C., Welche Bedeutung hat das Augustinische Cogito (Buch XI 26)?, in: Horn (*s.u. zu B V*) 109–129.

B III.5. „Gottesvorstellung und Trinität":

Brachtendorf, H. (Hrsg.), Gott und sein Bild. Augustins De Trinitate im Spiegel gegenwärtiger Forschung (Paderborn etc. 2000). *Eine Sammlung von Aufsätzen von Theologen und Philosophen.*

Madec, G., Christus, AL 1 (1986–1994) 845–908.

Madec, G., Deus, AL 2 (1996–2002) 313–365.

Madec, G., Ego sum qui sum, AL 2 (1996–2002) 738–741.

Schindler, A., Wort und Analogie in Augustins Trinitätslehre (Tübingen 1965). *Ein Standardwerk.*

Stead, G. C., Consubstantialis (homousios), AL 1 (1986–1994) 1250–1252.

B IV. „Die **Confessiones:** *Subjekt- und Textanalyse im Gespräch mit ,Gott'"*

Übergreifende Literatur:

Feldmann, E., Confessiones, AL 1 (1986–1994) 1134–1193.

Fischer, N./Mayer, C. (Hrsg.), Die Confessiones des Augustinus von Hippo. Einführung und Interpretation zu den dreizehn Büchern (Freiburg 1998). *Eine Sammlung von Aufsätzen zu jedem einzelnen Buch, mit einer nützlichen Einleitung (Forschungsüberblick).*

Quinn, J. M., A Companion to the Confessions of St. Augustine (New York etc. 2002). *Kapitelweise Zusammenfassung der ganzen Schrift.*

Kommentare:

Clark, G., Augustine. The Confessions. Books I–IV (Cambridge 1995). *Guter, knapper Kommentar.*

O'Donnell, J. J., Augustine, Confessions, Bd. 1: Introduction and Text by J. J. O'D.; Bd. 2: Commentary on Books 1–7; Bd. 3: Commentary on Books 8–13. Indexes (Oxford 1992). *Ein monumentaler Kommentar, allerdings kaum sprachliche Erläuterungen.*

Simonetti, M. (Hrsg.), Sant'Agostino. Confessioni, testo criticamento riveduto e apparati scritturistici a cura di M. S., Scrittori Greci e Latini, 5 Bde. (Milano 1992–²1997). *Mit guten Kommentaren von versch. Autoren.*

Solignac, A., Les Confessions, Œuvres de saint Augustin 13/14 (Paris 1962/²1992, Nachdruck 1996). *Mit ausführlicher Einleitung und Anmerkungen.*

B IV.1. „Form und Inhalt: Übersicht":

Mayer, C., Confessio, confiteri, AL 1 (1984–1994) 1122–1134.

B IV.2. „Zum Inhalt der einzelnen Bücher":
Zu Buch 2:

Brecht, B., Tagebücher 1920–1922 (Frankfurt a.M. 1975).

Nietzsche, F., Brief an Franz Overbeck in Basel vom 31. März 1885, in: Sämtliche Briefe, Bd. 7, hrsg. von G. Colli/M. Montanari (Berlin/New York 1986) 33–35.

Russell, B., Philosophie des Abendlandes (München ⁵1988) = History of Western Philosophy (1945).
Zu Buch 10:

Mayer, C., Da quod iubes et iube quod vis, AL 2 (1996–2002) 211–213.

B IV.3. „,Autobiographie' und Schöpfungsmythos":

Feldmann, E., Confessiones, AL 1 (1986–1994) 1134–1193.

Hombert *(s. o. zu A II.2.).*

Jaspers, K., Die großen Philosophen, Bd. 1 (München 1957). *Auch als Sonderausgabe:* Plato – Augustin – Kant. Drei Gründer des Philosophierens (München 1967).

Jauss, H.-R., Ästhetische Erfahrung und literarische Hermeneutik (Frankfurt a. M. 1982). *Zum Konzept der sympathetischen und admirativen Identifikation.*

Weber, D., Augustinus, De Genesi contra Manichaeos. Zu Augustins Darstellung und Widerlegung der manichäischen Kritik am biblischen Schöpfungsbericht, in: van Oort/Wermelinger/Wurst *(s. o. zu A. II.5.)* 298–306. *Aufschlussreich zur manichäischen Interpretation der Genesis bzw. zu Augustins antimanichäischer Genesis-Exegese.*

B IV.5. „Die Frage nach dem Sein der Zeit":

Fischer, N., Aurelius Augustinus, Was ist Zeit? (Confessiones XI/Bekenntnisse 11), lat.-dt., eingel., übers. und mit Anmm. versehen von N. F. (Hamburg 2000). *Mit einer ausführlichen Einleitung.*

Flasch, K., Was ist Zeit? Augustinus von Hippo. Das XI. Buch der Confessiones. Historisch-philosophische Studie (Frankfurt a. M. 1993). *Eine gegenüber Augustins denkerischer Leistung kritische Position.*

Mesch, W., Augustinus als Wegbereiter der modernen Zeittheorie? Zu den ontologischen Voraussetzungen von Confessiones XI, A&A 44 (1998) 139–162.

Schmidt, E. A., Zeit und Geschichte bei Augustin (Heidelberg 1985).

Schulte-Klöcker, U., Das Verhältnis von Ewigkeit und Zeit als Widerspiegelung der Beziehung zwischen Schöpfer und Schöpfung. Eine textbegleitende Interpretation der Bücher XI–XIII der ‚Confessiones' des Augustinus (Bonn 2000).

B V. „De Civitate Dei: Die ‚Befreiung von der Geschichte'"

Übergreifende Literatur:

Horn, C. (Hrsg.), Klassiker Auslegen. Augustinus, De Civitate Dei (Berlin 1997). *Eine Aufsatzsammlung zu verschiedenen Themenbereichen mit einer vorzüglichen Einleitung.*

O'Daly, G. J. P., Civitate dei (De –), AL 1 (1986–1994) 969–1010.

O'Daly, G. J. P., Augustine's City of God. A Reader's Guide (Oxford 1999). *Eine Einführung für englischsprachige Studierende.*

B V.1. „Die historischen Voraussetzungen":

Angehrn, E. ‚Geschichtsphilosophie (Stuttgart 1991). *Eine Einführung mit einem Kapitel zu Augustin; zum Ausdruck "Befreiung von der Geschichte".*

B V.2. „Die ‚Geschichte' der zwei civitates – Inhaltsübersicht":

Dihle, A., Die Theologia tripertita bei Augustin, in: H. Cancik et al. (Hrsg.), Geschichte-Tradition-Reflexion, Bd. 2: Griechische und Römische Religion, FS M. Hengel (Tübingen 1996) 183–202.

Höffe, O., Positivismus plus Moralismus: zu Augustinus' eschatologischer Staatstheorie, in: Horn *(s. o. zu „Übergreifende Literatur")* 259–287. *Zu Augustin als Vorläufer der Rechts- und Staatspositivisten.*

Lamirande, E., Civitas dei, AL 1 (1986–1994) 958–969.

Schmidt *(s. o. zu B IV.4/5.).*

Thraede, K., Gottesstaat (Civitas Dei), RAC 12 (1983) 58–81.

Oort, J. van, Jerusalem and Babylon. A study into Augustine's City of God and the Sources of his Doctrine of the two Cities (Leiden etc. 1991). *Das Standardwerk zu Ursprung und Geschichte der civitates-Lehre.*

B V.3. „Die Platoniker und die Dämonen":

Boeft, J. den, Daemon(es), AL 2 (1996–2002) 213–222.

Fuhrer, T., Die Platoniker und die Civitas Dei (Buch VIII–X), in: Horn *(s. o. zu „Übergreifende Literatur")* 87–108.

Madec, G., Angelus, AL 1 (1986–1994) 303–315.

B V.4. „Die Weltalterlehre":

Kötting, B./Geerlings, W., Aetas, AL 1 (1986–1994) 150–158.

Schwarte, K.-H., Die Vorgeschichte der Augustinischen Weltalterlehre (Bonn 1966).

B VI. „Die exegetischen Schriften: Text und ‚Wahrheit'"

B VI.1. „Sinnermittlung: Methoden der Textinterpretation – Augustins Hermeneutik":

Pollmann, K., Doctrina Christiana. Untersuchungen zu den Anfängen der christlichen Hermeneutik unter besonderer Berücksichtigung von Augustinus, De doctrina christiana (Fribourg 1996). *Das Standardwerk zur augustinischen Hermeneutik in De Doctrina Christiana.*

Pollmann, K., Doctrina christiana (De –), AL 2 (1996–2002) 551–575.

Schildgen, B. D., Augustine's Answer to Jacques

Derrida in De Doctrina Christiana, NLH 25 (1994) 383–397.

Strauss, G., Schriftgebrauch, Schriftauslegung und Schriftbeweis bei Augustin (Tübingen 1959). *Ein älteres, aber immer noch grundlegendes Buch zu Augustin als ‚Textwissenschaftler'.*

B VI.2. „Literarische Formen der Exegese":

Fuhrer, T., Zu Form und Funktion von Augustins exegetischen Schriften, in: M. F. Wiles/E. Y. Yarnold (edd.), StPatr 38 (Leuven 2001) 136–152.

Plumer, E., Augustine's Commentary on Galatians, introd., text, transl., and notes (Oxford 2003). *Zum ‚Sitz im Leben' des Galaterbriefkommentars und den Analogien zur augustinischen Mönchsregel.*

B VI.3. „Die Römerbriefauslegung und das Gnadenkonzept":

Drecoll *(s. o. zu. B III.1.).*

Flasch, K., Logik des Schreckens. Augustinus von Hippo. De diversis quaestionibus ad Simplicianum I 2. Die Gnadenlehre von 397, lat.-dt., übers. von W. Schäfer, hrsg. und erklärt von K. F., 2., verbesserte Auflage mit Nachwort (Mainz 1995). *Ein provokatives und wegen seiner kritischen Position gegenüber Augustins Gnadenlehre höchst umstrittenes Buch.*

Ring, G., Expositio quarundam propositionum ex epistula apostoli ad Romanos, AL 2 (1996–2002) 1209–1218.

B VII. „Körperlichkeit, Sexualität und Mönchtum: Die moraltheologischen Schriften"

B VII.1. „Körper, Krankheit und Schmerz":

Feichtinger, B./Seng, H. (Hrsg.), Die Christen und der Körper. Aspekte der Körperlichkeit in der christlichen Literatur der Spätantike (München/Leipzig 2004).

Lössl, J., Dolor (dolere), AL 2 (1996–2002) 581–591.

Miles, M. R., Corpus, AL 2 (1996–2002) 6–20.

B VII.2. „Sexualität und Ehe":

Berrouard, M.-F., Bono coniugali (De –), AL 1 (1986–1994) 658–666.

La Bonnardière, A.-M., Adulterinis coniugiis (De –), AL 1 (1986–1994) 116–125.

La Bonnardière, A.-M., Adulterium, AL 1 (1986–1994) 125–137.

Bonner, G., Concupiscentia, AL 1 (1986–1994) 1113–1122.

Bonner, G., Cupiditas, AL 2 (1996–2002) 166–172.

Brown, P., Die Keuschheit der Engel. Sexuelle Entsagung, Askese und Körperlichkeit im frühen Christentum, aus dem Engl. übers. von M. Pfeiffer (München 1994) = The Body and Society. Men, Women and Sexual Renunciation in Early Christianity (New York 1988). *Ein Standardwerk.*

Clark, E. A., St. Augustine on Marriage and Sexuality (Washington D.C. 1996). *Die Autorin ist eine führende Spezialistin zum Thema ‚Frau und Alte Kirche'.*

Crouzel, H., Divortium, AL 2 (1996–2002) 532–534.

Müller, C./Red., Femina, AL 2 (1996–2002) 1266–1281. *Mit ausführlicher Bibliographie auch zum Thema ‚Frau und Spätantike'.*

Munier, C., Concubinatus, AL 1 (1986–1994) 1112 f.

Schmitt, E., Coniugium (coniux), AL 1 (1986–1994) 1202–1204.

Seelbach, L. C., „Das weibliche Geschlecht ist ja kein Gebrechen … ". Die Frau und ihre Gottebenbildlichkeit bei Augustinus (Würzburg 2002).

Thraede, K., Augustin-Texte aus dem Themenkreis ‚Frau', ‚Gesellschaft' und ‚Gleichheit', JbAC 22 (1979) 70–97.

Zumkeller, A., Bono viduitatis (De –), AL 1 (1986–1994) 666–671.

B VII.3. „Die Mönchsregel":

Lawless *(s. o. zu A II.12).*

Schmid, M., Augustiner-Chorherren, TRE 4 (1979) 723–728.

Verheijen, L. M. J., La Règle de saint Augustin (Paris 1967). *Die Standardausgabe der augustinischen Mönchsregel (Praeceptum).*

Verheijen, L. M. J., Eléments d'un commentaire de la Règle de saint Augustin, Augustiniana 22 (1972) 469–510. *Zum pythagoreischen Einfluss auf De Ordine und die augustinische Mönchsregel (Praeceptum).*

Zumkeller *(s. o. zu A II.12).*

Zumkeller, A., Augustiner-Eremiten, TRE 4 (1979) 728–739.

Zumkeller, A., Augustinusregel, TRE 4 (1979) 745–748.

„Epilog: Ausblick"

Die folgende Liste enthält eine kleine Auswahl der umfangreichen Literatur zu Augustins Wirkungsgeschichte. Informativ sind die drei Lexikon-Artikel in der TRE zum Augustinismus in Mittelalter, Reformationszeit und Neuzeit (Bubenheimer, Leff, Schmidt). Einen Überblick enthalten auch die oben zu 1 zitierten Einführungen von Dassmann, Horn, Neumann und Schöpf.

Übergreifende Literatur/Sammelbände:

Courcelle, P., Les Confessions de saint Augustin dans la tradition littéraire. Antécédents et postérité (Paris 1963).

Geerlings, W., Augustinismus, DNP 13 (1999) 350–353. *Mit weiterer Literatur.*

Matthews, G. B. (ed.), The Augustinian Tradition (Berkeley/Los Angeles/London 1999) 286–303. *Beiträge zu Dante, Anselm von Canterbury, Descartes, John Locke, Kant, Rousseau, Wittgenstein, Updike u. a.*

Sautter, U., Die 101 wichtigsten Personen der Weltgeschichte, Wissen in der Beckschen Reihe Bd. 2193 (München 2002).

Augustinismus im Mittelalter:

Flasch, K., Das philosophische Denken im Mittelalter (Stuttgart 1986). *Mit einem (kritischen) Kapitel zu Augustin.*

Kahnert, K., Entmachtung der Zeichen? Augustin über Sprache (Amsterdam/Philadelphia 2000). *Mit einem Ausblick auch auf die mittelalterlichen Zeichentheorien (Gregor von Rimini, Nikolaus von Kues).*

Leff, G., II. Augustinismus im Mittelalter, TRE 4 (1979) 699–717. *Ausführliche Darstellung der mittelalterlichen Philosophie in Relation zu Augustin.*

Augustinismus in der Renaissance/im Humanismus: Petrarca:

Francesco Petrarca, Die Besteigung des Mont Ventoux, lat.-dt., übers. und hrsg. von K. Steinmann. *Zweisprachige Reclam-Ausgabe, mit Nachwort und Bibliographie.*

Augustinismus in der Reformationszeit:

Bubenheimer, U., III. Augustinismus in der Reformationszeit, TRE 4 (1979) 718–721.

Delius, H.-U., Augustin als Quelle Luthers. Eine Materialsammlung (Berlin 1984).

Lange van Ravenswaay, J. M. J., Augustinus totus noster. Das Augustinusverständnis bei Johannes Calvin (Göttingen 1990).

Augustinismus in der Neuzeit:
Vgl. auch zu B III. 4.

Bermon, E., Le cogito dans la pensée de saint Augustin (Paris 2002).

Flasch, K./de Courcelles, D., Augustinus in der Neuzeit (Turnhout 1998). *Beiträge zu Marsilio Ficino, Montaigne, Erasmus, Jansenius, Fénelon, Descartes, Leclerc, Schleiermacher u. a.; mit einem Beitrag zu den Adaptationen der Confessiones für die Jesuitenbühne.*

Kahnert *(s. o. zu „Augustinismus im Mittelalter"). Mit einem Ausblick auch auf die neuzeitlichen Zeichentheorien (Fichte, Humboldt).*

Matthews, G. B., Thought's Ego in Augustine and Descartes (Ithaca/London 1992).

Menn, S., Descartes and Augustine (Cambridge 1998).

Rommel, H., Zum Begriff des Bösen bei Augustinus und Kant (Frankfurt a. M. 1997).

Schmidt, M., IV. Augustinismus in der Neuzeit, TRE 4 (1979) 721–723.

Rousseau:

Hartle, A., The Modern Self in Rousseau's Confessions. A Reply to St. Augustine (Notre Dame 1983).

Augustin in der modernen Philosophie:
Vgl. auch zu B IV. 5 (Augustin und die moderne Zeitphilosophie) und zu B VI.1. (Augustin und Derrida).

Arendt, H., Der Liebesbegriff bei Augustin (Berlin 1929).

Arendt, H., Love and Saint Augustine, ed. and with an Interpretive Essay by J. Vecchiarelli Scott/ J. Chelius Stark (Chicago/London 1996). *Von Arendt selbst revidierte Übersetzung ihrer Heidelberger Dissertation.*

Heidegger, M., Phänomenologische Interpretation von Confessiones Liber X, in: Gesamtausgabe II. Abteilung Vorlesungen 1919–1944, Bd. 60: Phänomenologie des religiösen Lebens (Frankfurt a. M. 1995).

Heidegger, M., Augustinus und der Neuplatonismus, in: s. o.

Husserl, E., Texte zur Phänomenologie des inneren Zeitbewusstseins (1893–1917), hrsg. von R. Bernet (Hamburg 1985).

Jaspers *(s. o. zu B IV.3.).*

Ikonographie:

Courcelle, J./Courcelle, P. Iconographie de saint Augustin, 4 Bde. (Paris 1965 ff.).

Schnaubelt, J. C./Van Fleteren, F. Augustine in Iconography. History and Legend (New York 1999) 65–112.

Bildband:

Ferdi, S., Augustin de retour en Afrique 388–430. Repères archéologiques dans le patrimoine Algérien (Tipasa, Algerien/Freiburg, Schweiz 2000). *Abbildungen der Ausgrabungen von Stätten, an denen Augustin gelebt und gewirkt hat, beschränkt auf Algerien.*

Belletristik:

Gernhardt, Robert, Wörtersee (Frankfurt a. M. 1981) 100–103: „Nimm und lies. Die drei Berufungen des Kirchenvaters Augustin". *Für Leser mit Sinn für Gernhardts bissigen und blasphemischen Sprachwitz.*

Gaarder, Jostein, Das Leben ist kurz. Vita brevis, aus dem Norwegischen übers. von G. Haefs, mit einem Nachwort von O. A. Böhmer (München/ Wien 1997). *Fingierte Briefe von Augustins Konkubine (Floria Aemilia) an den Bischof, die dessen Confessiones gelesen hat und nun ihre eigene (kritische) Perspektive darstellt.*

Register

1. Stellen/Werktitel

Augustin

Acad. 18, 19, 21, 23, 29, 30, 66–81, 100, 126f., 164–166
adn. Iob. 158
agon. 64
an. et or. 95
an. quant 31, 66–68, 84f., 90, 95, 97
bapt. 43
beata v. 18, 22, 27, 30, 66–77, 100, 126f., 164–166
b. coniug. 168f.
brevic. 42
cat. rud. 139
civ. passim, bes. 137–149
conf. passim, bes. 16–18, 106–136
conl. Max. 38
correct. = ep. 185 38, 43
corrept. 49
Cresc. 43
dial. 85, 86
div. qu. 158
divin. daem. 146
doctr. chr. 40, 63–65, 86, 115, 151f., 155
duab. an. 95, 100, 126f.
Dulc. qu. 158
Emer. 68
en. Ps. 40, 50, 96, 98, 144, 158
ench. 100
ep. 14, 51, 56, 156
ep. 1–14 18
ep. 5–14 34
ep. 6f. 131
ep. 11 103
ep. 21,3 38, 150
ep. 27 52
ep. 31,7 52
ep. 38,1 52
ep. 40 56
ep. 93,17 42
ep. 101,1 56
ep. 118,14 99
ep. 137 104
ep. 143 95
ep. 144,2 29
ep. 146 46
ep. 166 95
ep. 169,13 57
ep. 173,10 43
ep. 175–177 47
ep. 181–183 47
ep. 185 = correct. 38, 43
ep. 188 47
ep. 190 95

ep. 210 172
ep. 211 37, 172
ep. 213 51
ep. 214f. 49
ep. 225f. 49
ep. 261,3 57
ep. ab I. Divjak repertae 14, 52, 57, 140, 141, 170
ep. Io. tr. 50
c. ep. Man. 23, 126f.
c. ep. Parm. 43, 68
c. ep. Pel. 48
ep. Rm. inch. 40, 157, 159
exp. Gal. 157, 159
exp. Iac. 158
exp. prop. Rm. 40, 45, 64, 159–162
c. Faust. 23, 41, 56, 68, 126, 169
c. Fel. 41, 54, 68
f. et symb. 39
c. Fort. 38, 68
c. Gaud. 43
Gn. litt. 95, 99, 152, 157, 169
Gn. litt. inp. 125, 151, 157
Gn. adv. Man. 23, 125, 142, 148, 157, 166
gramm. 85
gr. et lib. arb. 49
gr. et pecc. or. 47
imm. an. 73, 95
Io. ev. tr. 50, 97, 169
c. Iul. 29, 48, 74, 111, 168, 170
c. Iul. imp. 48, 52, 68, 169f.
lib. arb. 31, 45, 57, 66–68, 79, 89f., 95, 97, 100
c. litt. Pet. 43, 68
loc. 158
mag. 34, 66–68, 80, 82f., 86–88, 97, 131, 151f.
c. Max. 38, 68
mor. 31
mus. 66–68, 75, 85
nat. b. 41, 165f.
nupt. et conc. 48, 169f.
ord. 22, 30, 66–69, 71f., 74, 81f., 83–85, 90, 102f., 105, 164f., 171–173
pecc. mer. 46
persev. 49, 52, 122
praeceptum: siehe reg. 3
praed. sanct. 49, 52
ps. c. Don. 39
pulch. 22, 112
qu. 158
reg. 2 (Ordo Monasterii) 172
reg. 3 (Praeceptum/Regula ad Servos Dei) 36f., 159, 172f.

retr. 14, 30, 43, 52, 53, 56, 65, 68, 69, 73, 85, 99, 106, 122, 139, 140, 154, 156, 158, 161
rhet. 85
s. 14, 34, 35, 36, 47, 50, 56, 64, 83, 99, 105, 169, 170
s. Dolbeau 14, 116, 171
s. Guelf. 83
c. s. Arrian. 38
Simpl. 40, 45, 124, 159f., 162
sol. 30, 57, 66–73, 74, 94–99, 100, 109, 127, 164f., 167f.
spir. et litt. 46, 158
trin. 38, 51, 56, 57, 95, 100, 101, 103–105, 131, 166
un. bapt. 43
util. cred. 18, 19, 21, 23, 77, 81f., 126f., 151, 152
vera rel. 23, 82, 85, 89, 97, 102, 126, 147, 169

Ps.-Aug. 14

Regularis Informatio 37
Liber XXI Sententiarum 53

Bibelstellen

Altes Testament

Gn 21, 23, 89, 92, 95, 106f., 114, 117, 119–122, 123–126, 132, 142, 152, 159
Ex 10, 115
Ps 64, 71, 107, 108, 118, 119, 120, 142, 146, 149
Sap 94, 119, 171
Is 83
2 Mcc 92

Neues Testament

Mt 108, 115, 117, 148, 162, 166
Lc 43, 112, 148
Io 75, 115, 116, 117, 118
Act 173
Rm 29, 40, 45, 48, 64, 97, 115, 117, 118, 122, 159–163
1 Cor 74, 99, 118, 122, 161, 169, 171
2 Cor 97, 158, 166
Gal 169
Eph 168
Phil 115
Col 74, 111, 122
1 Io 119
Apc 139

2. Personen

3. Orte

4. Begriffe/Sachen

5. Lateinische Wörter

6. Griechische Wörter